2026 임용 전공물리 Master Key 시리즈

정승현
열 및 통계물리학
양자역학

정승현 편저

PREFACE
머리말

열역학은 물질의 열적 특성을 이해하고 설명하는 학문으로, 물질의 열에 의한 운동을 분석하는 데 초점을 둡니다. 또한 우리 주변에서 일어나는 현상들을 설명하고 예측하는 데 중요한 역할을 합니다. 예를 들어, 자동차의 엔진, 냉장고, 에어컨, 난방 시스템 등의 열적인 기기를 설계하며, 대기 및 해양 열전달과 같은 현상을 이해하는 데 활용되고 있습니다.

통계역학은 열역학에서 발전한 학문으로, 분자운동론을 기반으로 하여 열에 의한 에너지의 전달 및 변환에 관해 연구합니다. 자연 상태에서 우리는 열이 고온에서 저온으로, 연기가 주변으로 자연스럽게 퍼지는지에 대해 경험적 이해에서 그친 상태로 이유를 알지 못했습니다. 볼츠만은 이를 통계적 확률로 설명하고 엔트로피라는 개념을 도입하였는데, 통계의 핵심은 단순합니다. 우리가 정의 가능하고, 측정 가능한 물리적 개념으로부터 시간이 지날 때 시스템의 변화를 이해하는 데 있습니다. 그리고 이 시간의 흐름을 엔트로피가 대체합니다. 그래서 물리 학문 중 거의 유일하게 통계역학에서 시간이라는 변수가 등장하지 않는 것입니다.

20세기 발견된 학문 중 가장 영향력이 강력한 분야는 양자역학이라고 해도 무방합니다. 그만큼 최첨단 시대에 모든 전자기기는 이 양자역학을 기반으로 만들어졌습니다. 양자역학은 결정론적 세계관의 붕괴를 일으켰습니다. 그리고 우리의 일반적인 상식과 인식에 반하는 현상을 보여 이해하는 데 어려움이 큰 학문입니다. 동전을 던져 바닥에 떨어뜨리면 앞면과 뒷면이 결정이 납니다. 땅에 떨어지기 전에는 앞면과 뒷면이 공존상태인데 이것이 양자역학에서 말하는 관측 전 상태입니다. 측정 전에는 물질의 상태가 정해지지 않고, 중첩된 상태라는 게 양자역학에서 말하는 핵심입니다. 양자역학에서 양자란 측정 가능한 불연속이라는 말입니다. 양자 세계에서는 모든 것이 불연속입니다. 위치, 운동량, 에너지 등등 우리가 측정하려고 하는 모든 것이 양자 세계에서는 불연속으로 이루어져 있습니다. 우리가 모니터나 TV로 영상을 관측할 때, 연속적 움직임을 보이지만 사실 아주 작은 불연속적인 픽셀들이 불연속적인 빛의 밝기의 조합으로 구성되는 것을 관측할 뿐입니다. 양자역학은 관측 전에는 모든 것이 중첩된 상태이고, 관측되면 불연속적인 것들 중 하나의 값을 얻을 수 있습니다. 그래서 양자역학을 한 줄로 정의한다면 '중첩된 세계의 관측적 디지털화'라고 할 수 있습니다.

이 책은 수학적으로 엄밀함을 추구하기보다는 물리적 이해를 돕기 위함에 초점을 맞춰 기술하였습니다. 제가 이해하는 열 및 통계역학과 양자역학이 임용을 공부하는 여러분에게 셰르파 역할을 하길 바랍니다.

저자 정승현

물리에 필요한 수학

1. 벡터 및 좌표계

(1) 두 벡터의 내적(Inner product, scalar product, dot product)

두 벡터 $\vec{a}, \vec{b}$의 내적은 다음과 같이 정의된다.

$$\vec{a} = (a_1, a_2), \ \vec{b} = (b_1, b_2)$$
$$\vec{a} \cdot \vec{b} = |\vec{a}||\vec{b}|\cos(\theta) = a_1 b_1 + a_2 b_2$$

벡터의 내적은 상대벡터로 연직선을 그렸을 때 두 벡터의 수평성분의 곱이다.

(2) 두 벡터의 외적(vector product, cross product)

두 벡터 $\vec{a}, \vec{b}$의 외적은 다음과 같이 정의된다.

$$\vec{a} \times \vec{b} = |\vec{a}||\vec{b}|\sin(\theta)\vec{n}$$

$$\vec{a} \times \vec{b} = \begin{vmatrix} \hat{x} & \hat{y} & \hat{z} \\ a_x & a_y & a_z \\ b_x & b_y & b_z \end{vmatrix} = (a_y b_z - a_z b_y)\hat{x} + (a_z b_x - a_x b_z)\hat{y} + (a_x b_y - a_y b_x)\hat{z}$$

벡터의 외적은 두 벡터가 이루는 평행사변형의 넓이와 방향은 평행사변형과 수직한 방향이다. 회전 파트에서 주로 사용된다.

(3) 좌표계

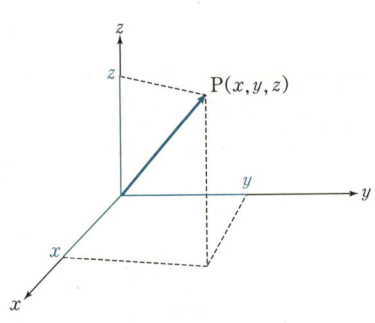

① **직교 좌표계**: x, y, z축 각 수직을 이루는 3차원 일반적인 좌표계이다. 평행이동 대칭성이 있어서 일반적인 병진운동에서 많이 활용된다.

직교 좌표계는 회전 대칭성과는 별개로 평행이동 대칭성을 관계에 있으므로 단위벡터를 시간에 대해 미분한 값 즉, $\dfrac{d\hat{x}}{dt} = \dfrac{d\hat{y}}{dt} = \dfrac{d\hat{z}}{dt} = 0$

- 단위벡터: $\hat{x}, \ \hat{y}, \ \hat{z}$
- 위치, 속도, 가속도

$$\vec{s} = \overrightarrow{OP} = (x, y, z) = x\hat{x} + y\hat{y} + z\hat{z}$$
$$\vec{v} = \frac{d\vec{s}}{dt} = (v_x, v_y, v_z) = \dot{x}\hat{x} + \dot{y}\hat{y} + \dot{z}\hat{z}$$
$$\vec{a} = \frac{d^2\vec{s}}{dt^2} = (a_x, a_y, a_z) = \ddot{x}\hat{x} + \ddot{y}\hat{y} + \ddot{z}\hat{z}$$

- 미소 부피: $dV = dxdydz$

② **원통형 좌표계**: ρ, ϕ, z축 각 수직을 이루는 3차원 좌표계이다. x, y평면 회전 대칭성 및 z축 평행이동 대칭성이 있다.

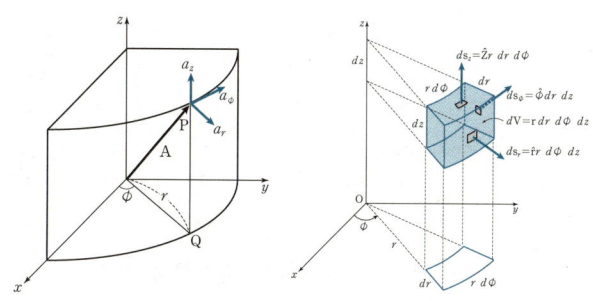

- 단위벡터 $\hat{\rho}, \hat{\phi}, \hat{z}$: 원통형 좌표계에서 단위벡터 $\hat{\rho}, \hat{\phi}$는 회전 대칭성을 가지므로 회전하게 되면 시간에 따라 단위벡터의 방향이 바뀌게 된다. 즉, 시간에 대한 상수가 아니다.

- 위치, 속도, 가속도

$$\vec{s} = \overrightarrow{OP} = (x, y, z) = (\rho\cos\phi, \rho\sin\phi, z) = \vec{\rho} + \vec{z} = \rho\hat{\rho} + z\hat{z}$$

$$\frac{d\vec{s}}{dt} = (\dot{\rho}\cos\phi - \rho\dot{\phi}\sin\phi, \dot{\rho}\sin\phi + \rho\dot{\phi}\cos\phi, \dot{z}) = \dot{\rho}\hat{\rho} + \rho\dot{\phi}(-\sin\phi, \cos\phi) + \dot{z}\hat{z}$$

$$\vec{v} = \frac{d\vec{s}}{dt} = \frac{d}{dt}(\vec{\rho} + \vec{z}) = \frac{d}{dt}(\rho\hat{\rho} + z\hat{z}) = \dot{\rho}\hat{\rho} + \rho\dot{\hat{\rho}} + \dot{z}\hat{z}$$

$$\vec{v} = \frac{d\vec{s}}{dt} = (v_\rho, v_\phi, v_z) = \dot{\rho}\hat{\rho} + \rho\dot{\phi}\hat{\phi} + \dot{z}\hat{z}$$

$$\therefore \dot{\hat{\rho}} = \dot{\phi}\hat{\phi}$$

$$\hat{\phi} = (-\sin\phi, \cos\phi)$$

$$\dot{\hat{\phi}} = \dot{\phi}(-\cos\phi, -\sin\phi) = -\dot{\phi}\hat{\rho}$$

$$\vec{a} = (a_\rho, a_\phi, a_z) = \frac{d}{dt}(\dot{\rho}\hat{\rho} + \rho\dot{\phi}\hat{\phi} + \dot{z}\hat{z})$$

$$= \ddot{\rho}\hat{\rho} + \dot{\rho}\dot{\hat{\rho}} + \dot{\rho}\dot{\phi}\hat{\phi} + \rho\ddot{\phi}\hat{\phi} + \rho\dot{\phi}\dot{\hat{\phi}} + \ddot{z}\hat{z}$$

$$= (\ddot{\rho} - \rho\dot{\phi}^2)\hat{\rho} + (\rho\ddot{\phi} + 2\dot{\rho}\dot{\phi})\hat{\phi} + \ddot{z}\hat{z}$$

- 미소 부피: $dV = d\rho(\rho d\phi)dz = \rho\, d\rho\, d\phi\, dz$

③ 구면 좌표계: r, θ, ϕ축 각 수직을 이루는 3차원 좌표계이다. ϕ, θ회전 대칭성이 있다.

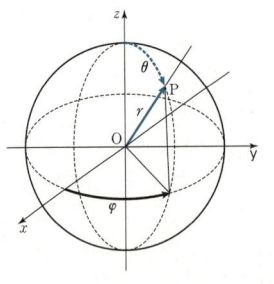 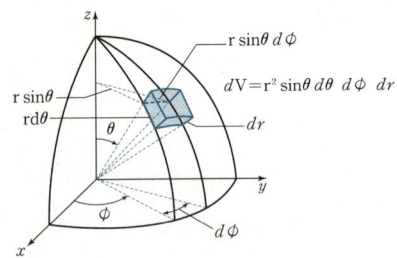

- 단위벡터 $\hat{r}, \hat{\theta}, \hat{\phi}$: 구면 좌표계에서 $\hat{r}, \hat{\theta}, \hat{\phi}$는 회전 대칭성을 가지므로 회전하게 되면 시간에 따라 단위 벡터의 방향이 바뀌게 된다. 즉, 시간에 대한 상수가 아니다.

- 위치, 속도

$$\vec{s} = \overrightarrow{OP} = (x, y, z) = (r\sin\theta\cos\phi, r\sin\theta\sin\phi, r\cos\theta) = r\hat{r}$$

$$\frac{d\vec{s}}{dt} = (\dot{r}\sin\theta\cos\phi + r\dot{\theta}\cos\theta\cos\phi - r\dot{\phi}\sin\theta\sin\phi, \dot{r}\sin\theta\sin\phi + r\dot{\theta}\cos\theta\sin\phi + r\dot{\phi}\cos\phi, \dot{r}\cos\theta - r\dot{\theta}\sin\theta)$$

$$= \dot{r}\hat{r} + r\sin\theta\dot{\phi}(-\sin\phi, \cos\phi, 0) + r\dot{\theta}(\cos\theta\cos\phi, \cos\theta\sin\phi, -\sin\theta)$$

$$\vec{v} = \frac{d\vec{s}}{dt} = \dot{r}\hat{r} + r\dot{\hat{r}}$$

$$\vec{v} = \frac{d\vec{s}}{dt} = (v_r, v_\theta, v_\phi) = \dot{r}\hat{r} + r\dot{\theta}\hat{\theta} + r\sin\theta\dot{\phi}\hat{\phi}$$

$$\therefore \dot{\hat{r}} = \dot{\theta}\hat{\theta} + \sin\theta\dot{\phi}\hat{\phi}$$

- 미소 부피: $dV = dr(r\sin\theta d\phi)rd\theta = r^2\sin\theta\, drd\theta d\phi$

2. 미적분 공식

(1) 3차원 미분 연산자 ∇

① Gradient ∇f : 기하적 의미는 특정 좌표에서 기울기를 의미한다.

- 직교좌표계(x, y, z): $\nabla f = \left(\dfrac{\partial f}{\partial x}, \dfrac{\partial f}{\partial y}, \dfrac{\partial f}{\partial z}\right)$

- 원통좌표계(ρ, ϕ, z): $\nabla f = \left(\dfrac{\partial f}{\partial \rho}, \dfrac{1}{\rho}\dfrac{\partial f}{\partial \phi}, \dfrac{\partial f}{\partial z}\right)$

- 구면좌표계(r, θ, ϕ): $\nabla f = \left(\dfrac{\partial f}{\partial r}, \dfrac{1}{r}\dfrac{\partial f}{\partial \theta}, \dfrac{1}{r\sin\theta}\dfrac{\partial f}{\partial \phi}\right)$

② Divergence $\vec{\nabla} \cdot \vec{F}$: 기하학적 의미는 특정 좌표계에서 각 좌표축 방향으로 이동 성분을 의미한다. 즉, 중심에 대해 퍼져나가는 성분을 말한다.

- 직교좌표계$(x,\ y,\ z)$: $\nabla \cdot F = \dfrac{\partial F_x}{\partial x} + \dfrac{\partial F_y}{\partial y} + \dfrac{\partial F_z}{\partial z}$
- 원통좌표계$(\rho,\ \phi,\ z)$: $\nabla \cdot F = \dfrac{1}{\rho}\dfrac{\partial}{\partial \rho}(\rho F_\rho) + \dfrac{1}{\rho}\dfrac{\partial F_\phi}{\partial \phi} + \dfrac{\partial F_z}{\partial z}$
- 구면좌표계$(r,\ \theta,\ \phi)$: $\nabla \cdot F = \dfrac{1}{r^2}\dfrac{\partial}{\partial r}(r^2 F_r) + \dfrac{1}{r\sin\theta}\dfrac{\partial}{\partial \theta}(\sin\theta F_\theta) + \dfrac{1}{r\sin\theta}\dfrac{\partial F_\phi}{\partial \phi}$

③ Curl $\vec{\nabla} \times \vec{F}$: 기하적 의미는 특정 좌표계에서 각 좌표축을 회전축으로 회전 성분을 의미한다. 즉, 중심에 대해 회전 성분을 말한다.

- 직교좌표계$(x,\ y,\ z)$

$$\nabla \times F = \begin{vmatrix} \hat{x} & \hat{y} & \hat{z} \\ \dfrac{\partial}{\partial x} & \dfrac{\partial}{\partial y} & \dfrac{\partial}{\partial z} \\ F_x & F_y & F_z \end{vmatrix} = \left(\dfrac{\partial F_z}{\partial y} - \dfrac{\partial F_y}{\partial z},\ \dfrac{\partial F_x}{\partial z} - \dfrac{\partial F_z}{\partial x},\ \dfrac{\partial F_y}{\partial x} - \dfrac{\partial F_x}{\partial y}\right)$$

- 원통좌표계$(\rho,\ \phi,\ z)$

$$\nabla \times F = \dfrac{1}{\rho}\begin{vmatrix} \hat{\rho} & \rho\hat{\phi} & \hat{z} \\ \dfrac{\partial}{\partial \rho} & \dfrac{\partial}{\partial \phi} & \dfrac{\partial}{\partial z} \\ F_\rho & \rho F_\phi & F_z \end{vmatrix} = \left(\dfrac{1}{\rho}\dfrac{\partial F_z}{\partial \phi} - \dfrac{\partial F_\phi}{\partial z}\right)\hat{\rho} + \left(\dfrac{\partial F_\rho}{\partial z} - \dfrac{\partial F_z}{\partial \rho}\right)\hat{\phi} + \left(\dfrac{1}{\rho}\dfrac{\partial}{\partial \rho}(\rho F_\phi) - \dfrac{1}{\rho}\dfrac{\partial F_\rho}{\partial \phi}\right)\hat{z}$$

- 구면좌표계$(r,\ \theta,\ \phi)$

$$\nabla \times F = \dfrac{1}{r^2 \sin\theta}\begin{vmatrix} \hat{r} & r\hat{\theta} & r\sin\theta\hat{\phi} \\ \dfrac{\partial}{\partial r} & \dfrac{\partial}{\partial \theta} & \dfrac{\partial}{\partial \phi} \\ F_r & rF_\theta & (r\sin\theta)F_\phi \end{vmatrix}$$

$$= \dfrac{1}{r\sin\theta}\left[\dfrac{\partial}{\partial \theta}(\sin\theta F_\phi) - \dfrac{\partial F_\theta}{\partial \phi}\right]\hat{r} + \dfrac{1}{r}\left[\dfrac{1}{\sin\theta}\dfrac{\partial F_r}{\partial \phi} - \dfrac{\partial}{\partial r}(rF_\phi)\right]\hat{\theta} + \dfrac{1}{r}\left[\dfrac{\partial}{\partial r}(rF_\theta) - \dfrac{\partial F_r}{\partial \theta}\right]\hat{\phi}$$

(2) 가우스 발산 법칙

$$\int \vec{\nabla} \cdot \vec{F}\, dV = \int \vec{F} \cdot d\vec{S}$$

가우스 발산 법칙은 벡터장 $\vec{F}$의 발산, 즉 뻗어나가는 성분을 알아내는데 사용된다.

물리에 필요한 수학

(3) 스토크스 법칙

$$\int (\vec{\nabla} \times \vec{F}) \cdot d\vec{S} = \int \vec{F} \cdot d\vec{l}$$

스토크스 법칙은 벡터장 $\vec{F}$의 회전 성분을 알아내는데 사용된다.

3. 행렬

1차식 $x + by = m$, $cx + dy = n$일 때 행렬로 표현하면

$$\begin{pmatrix} a & b \\ c & d \end{pmatrix} \begin{pmatrix} x \\ y \end{pmatrix} = \begin{pmatrix} m \\ n \end{pmatrix} \rightarrow \begin{pmatrix} x \\ y \end{pmatrix} = \begin{pmatrix} a & b \\ c & d \end{pmatrix}^{-1} \begin{pmatrix} m \\ n \end{pmatrix}$$

$$\begin{pmatrix} x \\ y \end{pmatrix} = \frac{1}{ad - bc} \begin{pmatrix} d & -b \\ -c & a \end{pmatrix} \begin{pmatrix} m \\ n \end{pmatrix}$$

복잡한 1차 방정식의 해를 동시에 구하거나 해의 존재성을 판명할 때 사용된다.

※ 회전 변환

$$\begin{pmatrix} x' \\ y' \end{pmatrix} = \begin{pmatrix} \cos\theta & -\sin\theta \\ \sin\theta & \cos\theta \end{pmatrix} \begin{pmatrix} x \\ y \end{pmatrix} \qquad \begin{pmatrix} x' \\ y' \end{pmatrix} = \begin{pmatrix} \cos\theta & \sin\theta \\ -\sin\theta & \cos\theta \end{pmatrix} \begin{pmatrix} x \\ y \end{pmatrix}$$

▲ 점의 회전 변환 　　　　　　　　　　▲ 좌표축의 회전 변환

4. 삼각함수 공식

(1) 피타고라스 정리

- $\cos^2\theta + \sin^2\theta = 1$
- $1 + \tan^2\theta = \sec^2\theta$
- $1 + \cot^2\theta = \csc^2\theta$

(2) 삼각함수 합차 공식

- $\sin(\alpha+\beta) = \sin\alpha\cos\beta + \cos\alpha\sin\beta$
- $\sin(\alpha-\beta) = \sin\alpha\cos\beta - \cos\alpha\sin\beta$
- $\cos(\alpha+\beta) = \cos\alpha\cos\beta - \sin\alpha\sin\beta$
- $\cos(\alpha-\beta) = \cos\alpha\cos\beta + \sin\alpha\sin\beta$
- $\tan(\alpha+\beta) = \dfrac{\tan\alpha + \tan\beta}{1 - \tan\alpha\tan\beta}$
- $\tan(\alpha-\beta) = \dfrac{\tan\alpha - \tan\beta}{1 + \tan\alpha\tan\beta}$

(3) 삼각함수 두배각 공식

- $\sin 2\theta = 2\sin\theta\cos\theta$
- $\cos 2\theta = \cos^2\theta - \sin^2\theta$
  $= 2\cos^2\theta - 1$
  $= 1 - 2\sin^2\theta$
- $\tan 2\theta = \dfrac{2\tan\theta}{1 - \tan^2\theta}$

(4) 삼각함수 반각 공식

- $\cos^2\theta = \dfrac{1 + \cos 2\theta}{2}$
- $\sin^2\theta = \dfrac{1 - \cos 2\theta}{2}$

(5) 삼각함수 합성 공식

- $\sin A + \sin B = 2\sin\left(\dfrac{A+B}{2}\right)\cos\left(\dfrac{A-B}{2}\right)$
- $\sin A - \sin B = 2\cos\left(\dfrac{A+B}{2}\right)\sin\left(\dfrac{A-B}{2}\right)$
- $\cos A + \cos B = 2\cos\left(\dfrac{A+B}{2}\right)\cos\left(\dfrac{A-B}{2}\right)$
- $\cos A - \cos B = -2\sin\left(\dfrac{A+B}{2}\right)\sin\left(\dfrac{A-B}{2}\right)$

CONTENTS 차례

Part 01 열 및 통계물리학

Chapter 01 열역학

01. 열 ··· 14
02. 열역학 법칙 ··· 21
03. 열역학 제2법칙 ··· 31
04. 열기관 ··· 37
05. 냉동기관 ··· 38
06. 열기관의 원리와 효율 정리 ··· 39
07. 카르노 기관 ··· 42
08. 스털링 기관 ··· 43
09. 오토 기관 ··· 44
연습문제 ··· 46

Chapter 02 열통계역학의 기본

01. 고전 열역학에서 통계로의 출발점 ··· 58
02. 열평형 상태 ··· 61
03. 자유 에너지의 정의 ··· 63
04. 현실기체에서 열역학 ··· 64
연습문제 ··· 67

Chapter 03 고전 통계

01. 통계 기본 정리 ··· 72
02. 순수 통계의 시작 ··· 74
연습문제 ··· 92

Chapter 04 고전 통계의 응용

01. 맥스웰-볼츠만 통계 응용 ··· 101
연습문제 ··· 114

Chapter 05 양자 통계

01. 양자역학의 태동 ··· 129
02. 보존 통계의 비유적 이해 ··· 131
03. 흑체 복사 이론 ··· 134
04. 빈의 변위 법칙 ··· 136
연습문제 ··· 138

Chapter 06 양자 통계의 응용

01. 고체 이론: 고전 및 광자 통계 이론의 응용 ··· 142
02. 고체 이론: 전자 페르미 기체 모델 ··· 146
03. 현실 고체 열용량 ··· 150
04. 레이저 ··· 152
연습문제 ··· 156

Part 02 양자역학

Chapter 01 양자역학 기본/연산자 성질 및 슈뢰딩거 방정식

01. 양자역학의 탄생과 기초 원리 ··· 164
02. 파동함수 성질 ··· 165
03. 양자역학의 수학적 특성 ··· 167
04. 슈뢰딩거 방정식 유도 ··· 168
05. 파동함수의 해석적 확장 ··· 169
06. 교환자 ··· 172
07. 하이젠베르크 불확정성 원리 ··· 174
08. 측정 확률 기본 ··· 175
09. 시간 의존 파동함수 해석 ··· 176
10. 연산자 기댓값 보존의 확인 ··· 179
연습문제 ··· 182

Chapter 02 무한 퍼텐셜 우물

01. 1차원 무한 퍼텐셜 우물 ··· 188
02. 2차원 무한 퍼텐셜 우물 ··· 196
03. 3차원 무한 퍼텐셜 우물 ··· 198
04. 3차원 무한 퍼텐셜 박스에 갇힌 전자의 바닥상태 ··· 199
05. 무한 퍼텐셜의 팽창 ··· 200
연습문제 ··· 202

Chapter 03 유한 및 델타 함수 퍼텐셜 우물

01. 델타함수 퍼텐셜 ··· 210
02. 유한 퍼텐셜 ··· 214
연습문제 ··· 222

Chapter 04 조화진동자

01. 1차원 조화진동자 기본 ··· 227
02. 해석적 접근 ··· 227
03. 사다리 연산자 ··· 228
04. 사다리 연산자의 활용 ··· 229
05. 조화진동자의 대칭성 ··· 232
06. 2, 3차원 조화진동자 ··· 233
07. 시간 의존 파동함수 ··· 235
연습문제 ··· 238

Chapter 05 섭동이론과 수소 원자

01. 섭동이론 ··· 247
02. 수소 원자 ··· 248
연습문제 ··· 261

Chapter 06 각운동량과 스핀

01. 각운동량 ··· 271
02. 전자스핀 ··· 278
연습문제 ··· 286

Chapter 07 LS, SS 커플링

01. 스핀의 일반적인 해 ··· 293
02. LS 커플링 ··· 296
03. SS 스핀 커플링 ··· 297
연습문제 ··· 300

연습문제 정답 ··· 308

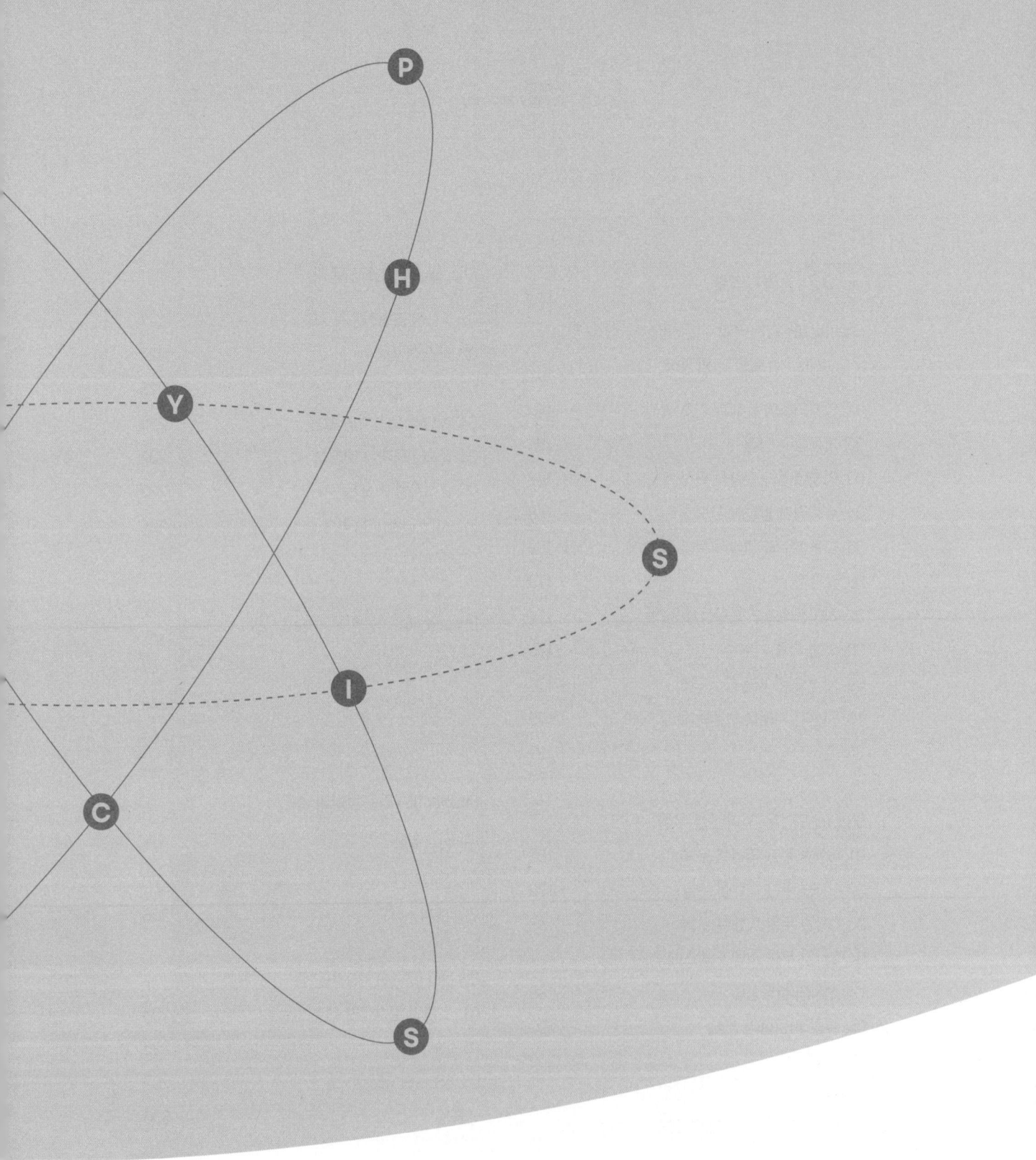

정승현
열 및 통계물리학
양자역학

Part 01

열 및 통계물리학

Chapter 01 열역학
Chapter 02 열통계역학의 기본
Chapter 03 고전 통계
Chapter 04 고전 통계의 응용
Chapter 05 양자 통계
Chapter 06 양자 통계의 응용

Chapter 01 열역학

01 열(heat)

뜨겁다 또는 차갑다고 하는 표현은 일상적으로 많이 사용되는 표현으로 열과 온도가 관련되어 있다. 그러나 이러한 표현들은 감각에 의존하는 것으로써 동일한 상황에서 서로 다르게 느껴질 수 있다. 예를 들어, 한 손을 뜨거운 물에 담그고 다른 한 손을 차가운 물에 담갔다가 두 손을 동시에 미지근한 물에 담근다면 뜨거운 물에 담갔던 손은 차갑게 느껴질 것이고 차가운 물에 담갔던 손은 뜨겁게 느껴질 것이다.

이와 같이 주관적인 감각은 물체의 열적 성질(thermal properties)을 정확하게 나타낼 수 없다. 뜨겁거나 차갑게 느끼는 것은 단지 열의 이동에 의한 것일 뿐이다. 어떤 물체를 손으로 잡았을 때 차갑게도 뜨겁게도 느껴지지 않는다면 그 물체와 손 사이에 열의 이동이 없는 것을 의미하고 이러한 경우 두 물체 사이에 열평형(thermal equilibrium)이 이루어졌다고 한다. 열평형을 이룬 두 물체는 열적으로 서로 동등한 상태에 있으며 이러한 시스템의 열적 성질을 나타내는 물리량이 온도이다.

1. 온도

(1) **섭씨온도**

일상생활에서 주로 사용하는 온도인 섭씨온도는 스웨덴의 셀시우스(Celsius, A.; 1701~1744)가 제안한 것으로, 1기압에서 물이 어는 온도를 0℃, 물이 끓는 온도를 100℃로 정하고 그 사이를 100등분 한 값이다.

(2) **절대온도**

과학에서 주로 사용하는 절대온도는 분자 운동의 정도를 온도로 표시한 것이다. 절대온도에서 가장 낮은 온도는 분자 운동이 거의 멈춘 상태로 0K으로 표시한다.

$$절대온도(K) = 섭씨온도(℃) + 273$$

(3) **화씨온도**

독일의 파렌하이트(Fahrenheit, D. G. ; 1686~1736)의 이름을 딴 온도 단위이며, 처음에는 소금물이 어는 온도를 0°F, 사람의 체온을 100°F로 정하였다. 이후 이를 정량적으로 규정하여, 1기압에서 물이 어는 온도를 32°F, 물이 끓는 온도를 212°F로 정하고 그 사이를 180 등분한 값이다.

$$화씨온도(°F) = \frac{9}{5} \times 섭씨온도(°C) + 32$$

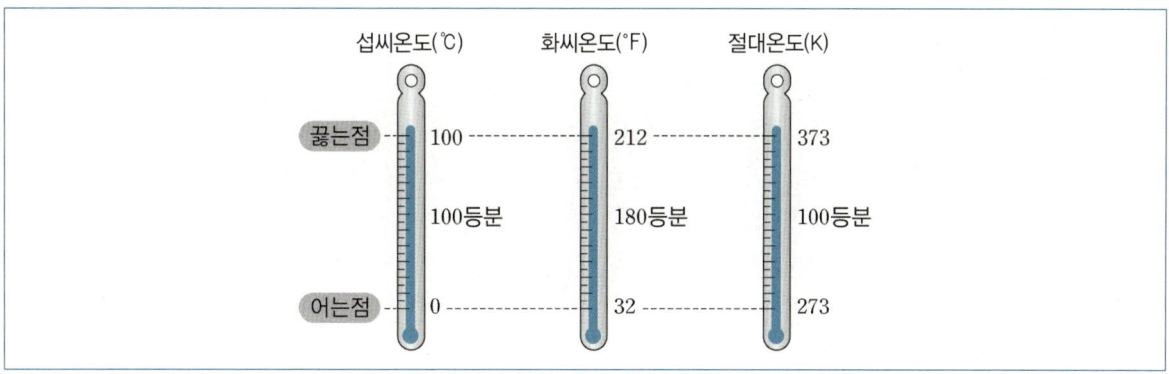

2. 열평형 상태와 동적 평형

열평형 상태는 두 물체의 온도가 같아져 열의 이동이 균형을 이룬 상태를 말한다. 이때 열의 이동이 균형을 이룬다는 말은 열이 이동하지 않는다는 말이 아니다. 모든 물체는 표면으로부터 열을 방출하는데 열평형에서는 방출하는 열량과 흡수하는 열량이 같은 상태이기 때문에 두 물체의 온도가 변하지 않는 것이다.

이렇게 두 물체 사이에 무언가 이동하며 교환하지만 서로의 물리적 상태가 변하지 않는 평형의 상태를 동적 평형(dynamic equilibrium)이라고 한다.

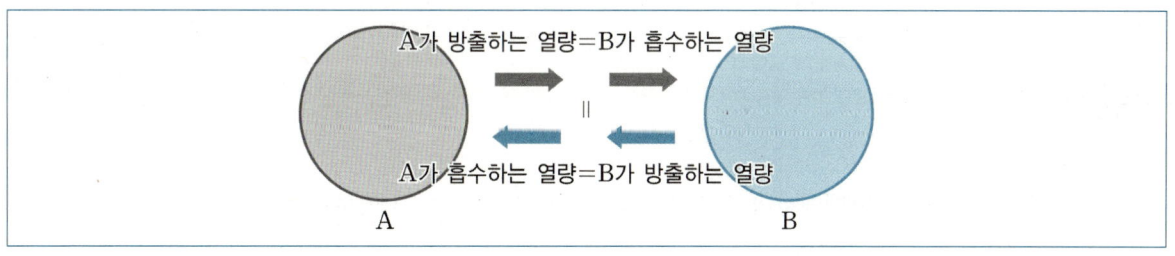

| A와 B의 열평형 상태 |

(1) **열역학 제0법칙**

두 물체가 열적 평형 상태에 있으면 두 물체의 온도는 서로 같다.

> **예제 1** 다음 그림은 외부와 단열된 상태에서 서로 접촉해 있는 두 금속 A, B로 이루어진 계를 나타낸 것이다. A, B의 질량은 각각 m, $\frac{3}{2}m$이고, 비열은 c와 $\frac{4}{3}c$이다. 처음 A와 B의 절대 온도는 각각 $4T$, T이었고, 이후 열평형 상태에 도달하여 온도가 T_0이 되었다.
>
>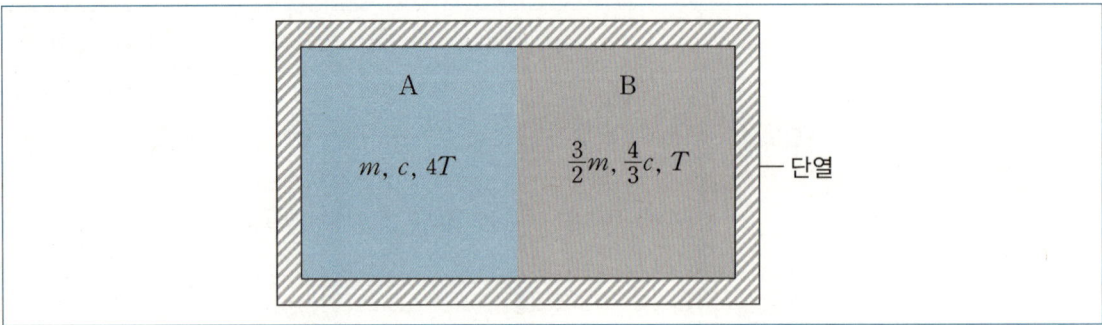
>
> A에서 B로 전달된 열량과 T_0을 각각 구하시오.
>
> **정답** 1) $Q_{전달}= 2mcT$, $T_0 = 2T$, 2) $\Delta S_T = mc\ln 2$
>
> **풀이** 에너지 보존식으로부터
> $Q_A + Q_B = Q_A' + Q_B'$
> $mc(4T) + \frac{3}{2}m\left(\frac{4}{3}c\right)T = (mc + 2mc)T_0$
> $\therefore T_0 = 2T$
> 전달된 열량은 $\Delta Q = Q_A - Q_A' = mc4T - mc2T = 2mcT$
> $\therefore Q_{전달} = 2mcT$

(2) **열전달**

① **전도**

한쪽 끝이 가열된 쇠막대에서의 열전달 방식은 열전도의 대표적인 예이다. 전도는 시스템을 구성하는 원자 또는 분자 간의 충돌에 의한 에너지 전달 방식이다. 시스템의 어느 곳에서나 온도가 같다면 알짜 열의 이동은 발생하지 않는다. 반면에 온도가 일정하지 않다면 온도가 높은 곳의 원자들의 평균 에너지가 커서 활발히 움직이며 충돌에 의해 평균 에너지가 낮은 원자들에 에너지를 전달함으로써 평균적으로 높은 온도에서 낮은 온도로 전달되는 알짜 열의 이동이 이루어진다.

② 열전도

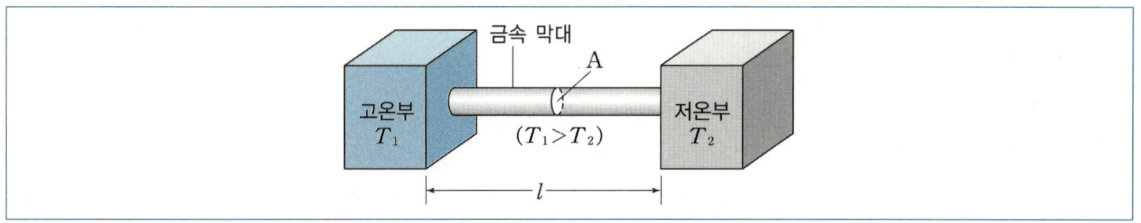

열전도율은 시간 t동안 온도가 높은 면에서 온도가 낮은 면으로 판을 통하여 전달되는 에너지를 Q라고 할 때 단위시간당 전달되는 에너지의 양을 의미한다. 즉, 식으로 표현하면

$$Q = kA\frac{(T_1 - T_2)}{d} \times t$$

이때 d는 물체의 두께, A는 접촉면의 넓이다. 그리고 k는 열전도율이 되고, $P = \dfrac{Q}{t}$를 열전달률이라 한다.

> **예제 2** 다음 그림은 단면적이 같은 원기둥 모양의 물체 A, B를 접촉시켜 양 끝을 각각 30°C 와 20°C 의 열원에 연결한 것을 나타낸 것이다. 열은 30°C 의 열원에서 20°C 의 열원으로 A와 B를 통해 80W로 일정하게 전달된다. A와 B의 열전도도는 각각 200W/m·°C 와 400W/m·°C 이다. A, B의 단면적은 0.01m² 로 같고, A와 B의 길이의 합은 0.4m이다.
>
>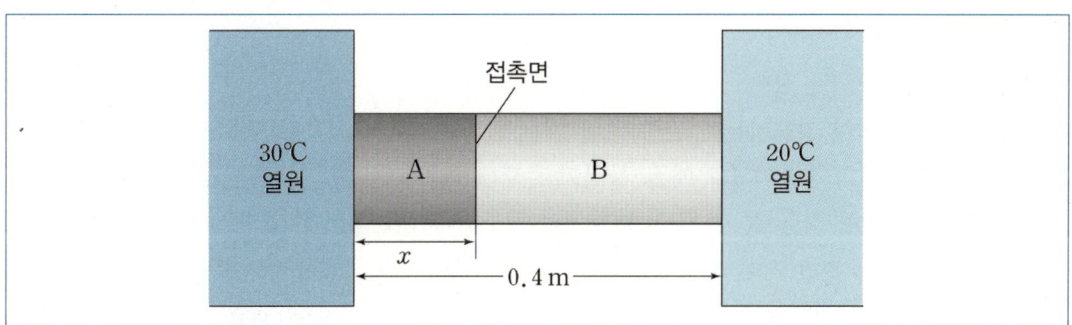
>
> 이때 A의 길이 x를 구하시오. 또한 A와 B의 접촉면의 온도를 구하시오. (단, 열의 전달은 전도에 의해서만 이루어지고, 외부외의 열 출입은 없다.)
>
> **정답** 1) $x = 0.1$m, 2) 26°C

3. 대류(Convection)

대류는 물질의 이동에 의해 열전달이 이루어지는 방식이다. 방안 한쪽 면에 있는 난방기에 의해 방안 전체가 따뜻해지는 것은 대류에 의한 열전달에 의한 것으로 난방기 근처의 공기가 가열되어 팽창되면 공기의 밀도가 감소하여 공기가 상승하고 이러한 공기의 순환운동으로 방 전체가 고루 가열되게 된다. 물질의 이동이 가능한 경우는 액체와 기체이므로 대류는 유체에서 일어나는 열전달 방식이다. 뜨거운 곳과 차가운 곳의 밀도 차로 인해 발생하는 자연스러운 물질의 이동에 의해 열전달이 되는 경우를 자연 대류라고 한다. 반면 온수난방 장치와 같이 가열된 물질이 팬이나 펌프에 의하여 강제 순환되는 경우를 강제 대류라고 한다.

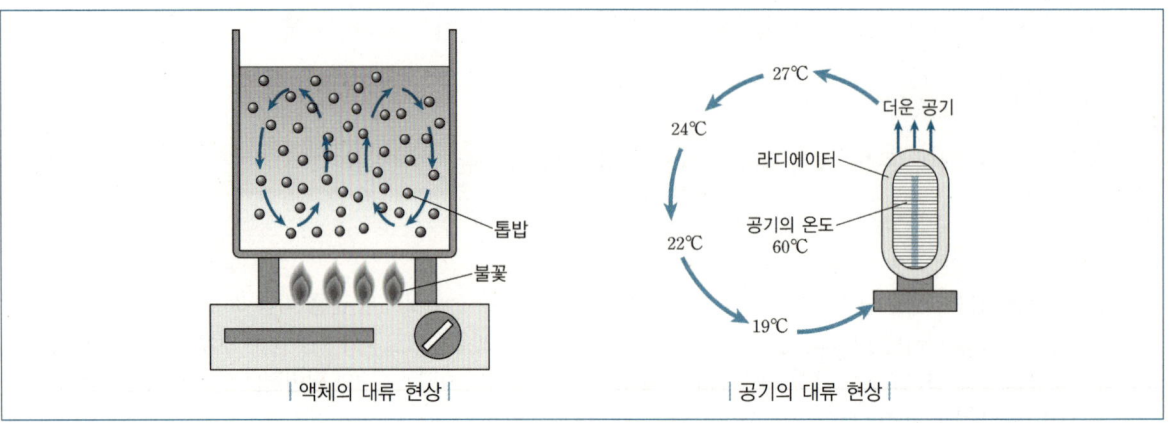

| 액체의 대류 현상 | | 공기의 대류 현상 |

4. 복사

일상적으로 가장 많이 경험하는 열전달의 한 예는 태양으로부터 지구로 에너지가 전달되는 경우이다. 이 경우 우주공간은 거의 진공이므로 매질, 물질이 존재해야만 열전달이 가능한 전도나 대류 방식의 열전달이 아닌 다른 방식이라는 것을 알 수 있다. 태양에서 지구로의 열전달은 전자기파 복사에 의한 것이다. 전자기파는 매질이 없어도 전파되고 에너지를 전달한다. 물체를 이루는 원자 속 전하가 진동하면서 전자기파를 방출하는 방식으로 열전달을 하는 것을 복사라고 한다. 모든 물체는 온도가 절대영도가 아닌 이상 복사파를 방출한다. 그러나 단지 방출만 한다면 물체의 온도는 점점 낮아져 영도에 이르게 될 것이다. 실제로 그렇지 않고 일정한 온도를 유지한다는 것은 방출한 만큼의 에너지를 주변으로부터 흡수한다는 것을 의미한다. 즉 주변과 열평형 상태에 있을 때 흡수하는 열과 방출하는 열이 같아 알짜 열전달은 없다. 반면에 물체의 온도가 주변보다 높거나 낮다면 주변과 열전달이 이루어져야 한다. 복사의 경우 물체의 온도가 높을수록 더 많은 복사열을 방출하기 때문에 주변보다 온도가 높은 물체는 방출하는 열이 흡수하는 열보다 많아 주변으로의 알짜 열전달이 일어난다. 온도에 따른 복사 에너지 방출률은 절대온도의 네제곱에 비례한다는 사실을 실험적으로 정량화한 사람은 스테판(Stefan)으로 스테판 법칙은 다음과 같이 주어진다.

스테판-볼츠만 법칙: $I = \sigma T^4$ ($\because \sigma = 5.670 \times 10^{-8} \text{W/m}^2 \cdot \text{k}^4$)

I(단위 면적당 단위시간당 방출 에너지) $= \dfrac{E}{At}$ (E: 방출 에너지, A: 면적, t: 시간)

스테판 법칙은 같은 방출률을 갖는 물체들인 경우 방출되는 복사 에너지는 물체의 모양이나 크기 또는 다른 특성들에 상관없이 온도에만 관계된다는 것을 명확히 보여주고 있다. 또한 온도의 네제곱에 비례하기 때문에 온도 변화에 굉장히 민감한 것을 알 수 있다. 복사파는 전자기파이므로 한 물체가 내는 복사파에는 여러 파장(또는 진동수) 영역대의 전자기파들이 섞여 있다. 최대 복사가 일어나는 파장은 온도에 반비례하는데 이것을 빈의 변위법칙(Wien's displacement law)이라고 하고 다음과 같다.

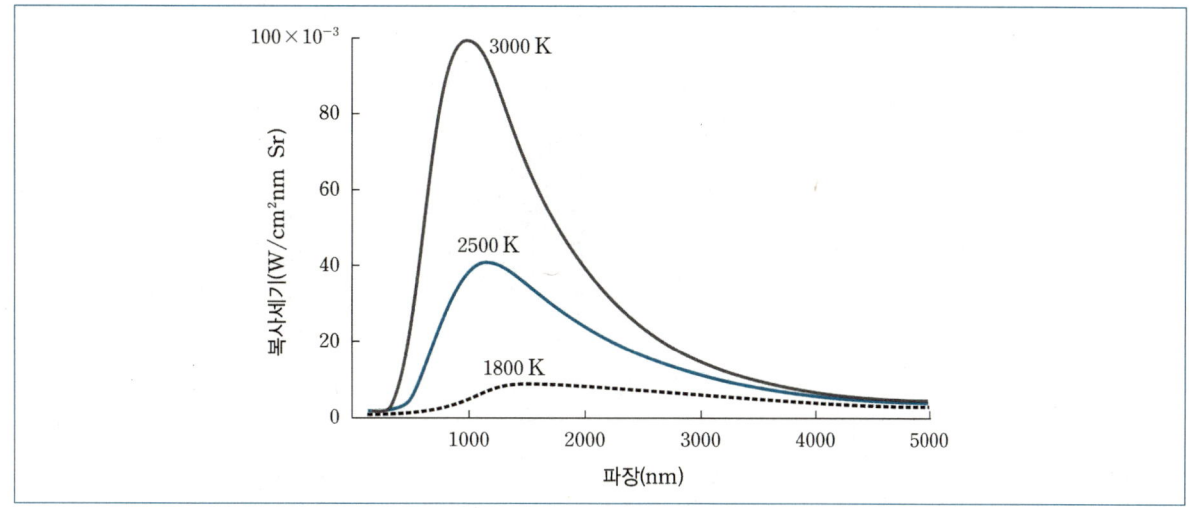

| 여러 온도에서의 흑체 복사 스펙트럼 |

빈의 변위 법칙의 최대 세기 파장 $\lambda_{\max} = \dfrac{2.898 (\mathrm{mm \cdot K})}{T}$

5. 열팽창

온도가 상승하여 물체의 부피가 팽창하는 것을 열팽창이라고 한다. 교과 과정에서 배운 다리와 철로의 이음매, 전신주, 금속 마개, 송유관 등에서 열팽창의 예를 알 수 있었다. 이러한 열팽창은 선팽창과 부피 팽창으로 구분되는데, 이를 정확하게 계산할 수 있어야 열팽창을 제대로 활용할 수 있다.

(1) 선팽창

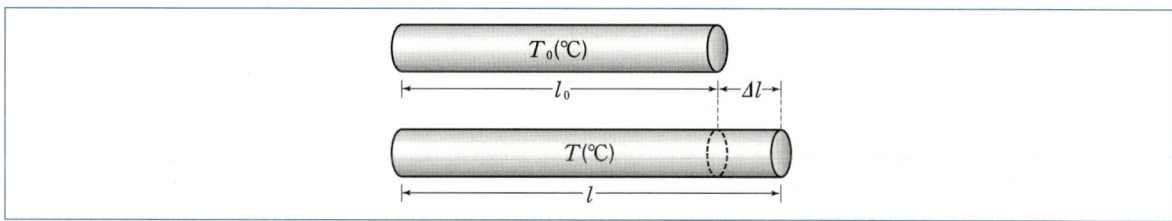

선팽창은 물체를 가열하면 물체의 길이 방향으로 늘어나는 것을 의미한다. 이때 물체가 늘어나는 길이는 물체의 길이와 온도에 비례한다. 따라서 이때의 식은 다음과 같이 정리할 수 있다.

$$l' = l(1+\alpha t)$$

l'는 물체가 선팽창하여 늘어난 길이, l은 물체의 원래 길이, t는 온도를 의미하고 α는 선팽창 계수라고 한다. 선팽창 계수 α는 물질마다 다르기 때문에 물질의 특성이라고 말할 수 있다.

(2) 부피 팽창

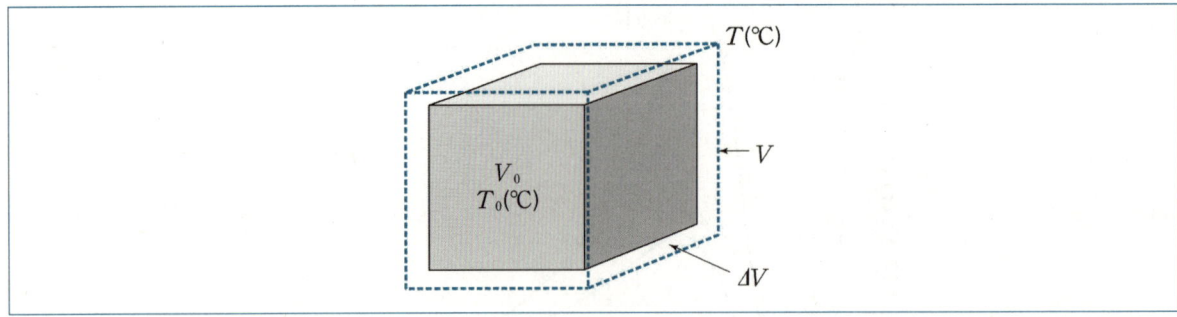

부피 팽창은 물체의 길이뿐만 아니라 전체 부피를 고려해야 할 때 필요하다. 부피 팽창은 선팽창의 3제곱으로 생각하면 된다. 선팽창이 1.2배 발생했을 때 부피 팽창은 이의 3제곱인 1.728배 발생한다고 계산할 수 있다. 마찬가지로 물체의 부피 팽창을 이용할 때는 물질의 선팽창 계수와 물체의 길이를 측정해서 이를 부피 팽창으로 변환하여 계산할 수 있다. 보통 같은 온도 변화에서 부피 팽창은 기체가 가장 크고, 액체, 고체의 순서로 발생한다.

(3) 금속의 선팽창 계수

금속의 선팽창 계수는 다음과 같다. 단, 선팽창 계수는 값이 매우 작기 때문에 아래 값에 10^{-5}를 곱해야 한다.

금속	계수	금속	계수	금속	계수
알루미늄	2.38	안티몬	1.09	납	2.93
크롬	0.84	철	1.20	금	1.43
구리	1.71	망간	2.28	몰리브덴	0.52
니켈	1.30	은	1.97	텅스텐	0.45
아연	2.97	주석	2.70	백금	0.90

※ 1m의 알루미늄의 경우 온도가 1℃ 상승할 때 길이가 $1.0000238(=1+2.38\times10^{-5})$m가 된다.

6. 우리 주변에서의 열팽창

(1) 에펠탑의 높이

철로 만든 에펠탑은 계절에 따라 온도가 변하면 열팽창에 의해 높이가 달라진다. 에펠탑의 높이는 여름에는 높아지고, 겨울에는 낮아진다. 여름에는 온도가 높아지므로 철 분자들의 운동이 활발해지고 분자와 분자 사이의 거리가 멀어져 전체적으로 에펠탑의 높이가 높아진다.

(2) 내열유리의 사용

차가운 유리컵에 뜨거운 물을 부으면 열팽창에 의해 컵이 깨지기도 한다. 따라서 뜨거운 물이나 음식을 담을 때는 보통 유리보다 열팽창 정도가 작은 내열유리로 만든 그릇을 사용한다.

(3) 나무통을 만드는 방법

포도주를 담을 때 사용하는 나무통은 나무판을 연결하여 만든다. 여기에 금속 테를 가열하여 부피가 늘어난 상태에서 끼우면 금속 테의 온도가 낮아지면서 수축하여 나무판을 단단히 조이게 된다.

02 열역학 법칙

1. 이상기체와 상태 방정식

(1) 이상기체

① 분자의 크기와 분자 사이에 작용하는 힘을 무시할 수 있는 가상적인 기체이다.
② 상태 변화가 없으며 기체 분자들은 탄성 충돌한다.
③ 실제 기체도 고온 저압에서 밀도가 작으면 이상기체에 가까워진다.

(2) 보일 법칙

T = 일정, 압력과 부피는 반비례. 즉, $P_1 V_1 = P_2 V_2 = Const$ ...... ①

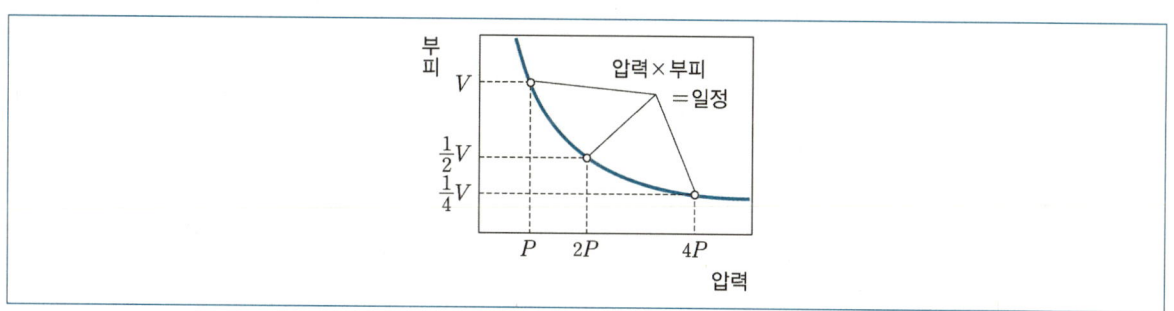

> **예제 3** 헬륨 기체를 채운 고무풍선의 부피는 0℃, 1기압($1.013 \times 10^5 N/m^2$)에서 1L였다. 이때 압력이 2기압이 되면 부피는?
>
> **정답** $V_2 = 0.5L$
>
> **풀이** ∴ $1 \times 1 = 2 \times V_2$에서 $V_2 = 0.5L$

(3) 샤를 법칙

P=일정, 부피는 절대온도에 비례. 즉 $\dfrac{V_1}{T_1} = \dfrac{V_2}{T_2} = Const$ ...... ②

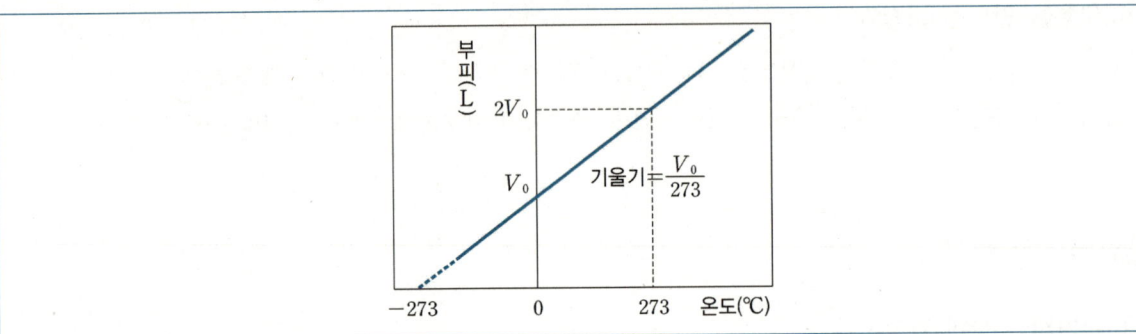

➡ 이상기체에서만 성립 (∵ 실제 기체는 −273℃가 되기 전에 액체나 고체로 변하므로 부피가 0이 되지 않는다.)

> **예제 4** 27℃, 1기압에서 부피가 3L인 기체의 온도를 127℃로 올리면 부피는?
>
> **정답** $V_2 = 4L$
>
> **풀이** ∴ $\dfrac{3}{300} = \dfrac{V_2}{400}$에서 $V_2 = 4L$

(4) 보일 – 샤를 법칙

기체의 압력과 온도가 함께 변할 때 부피는 식 ①과 ②에서 $\dfrac{P_1 V_1}{T_1} = \dfrac{P_2 V_2}{T_2} = Const$

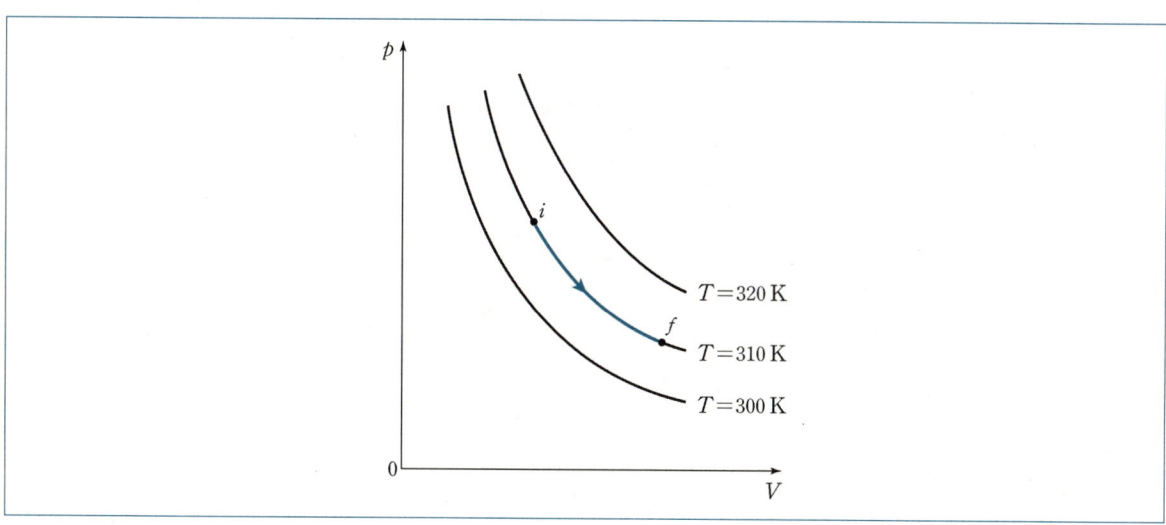

(5) 아보가드로 법칙

"모든 기체는 기체의 종류에 무관하게 같은 온도, 같은 압력, 같은 부피 속에는 같은 수의 분자를 포함한다."
(1811년 Avogadro)

➡ 0℃(273K), 1기압($1.013 \times 10^5 N/m^2$)에서 모든 기체 1mol의 부피는 22.4L($2.24 \times 10^{-2} m^3$)이므로

$$\dfrac{PV}{T} = \dfrac{1.013 \times 10^5 \times 2.24 \times 10^{-2}}{273} = 8.31 (J/mol \cdot K) = R(기체\ 상수)$$

(6) 이상기체의 상태 방정식

1mol의 기체에 대하여 $\dfrac{PV}{T} = R$로 일정하므로, $n$mol의 기체에 대해서는 $\dfrac{PV}{T} = nR$에서

$$PV = nRT = Nk_B T$$

볼츠만 상수 $k_B = 1.38066244 \times 10^{-23} J/K = \dfrac{R}{N_0}$

2. 기체 분자의 운동과 압력

질량 m인 기체 분자가 한 변의 길이가 L인 정육면체 용기 내부의 벽에 v의 속도로 탄성 충돌하여 같은 속도로 되돌아 나갈 때(용기 안에서 자유롭게 운동할 때), 기체의 압력은 $P = \dfrac{F}{A}$이다. 이때 먼저 기체 분자 1개가 벽에 작용하는 힘 F를 구해보자.

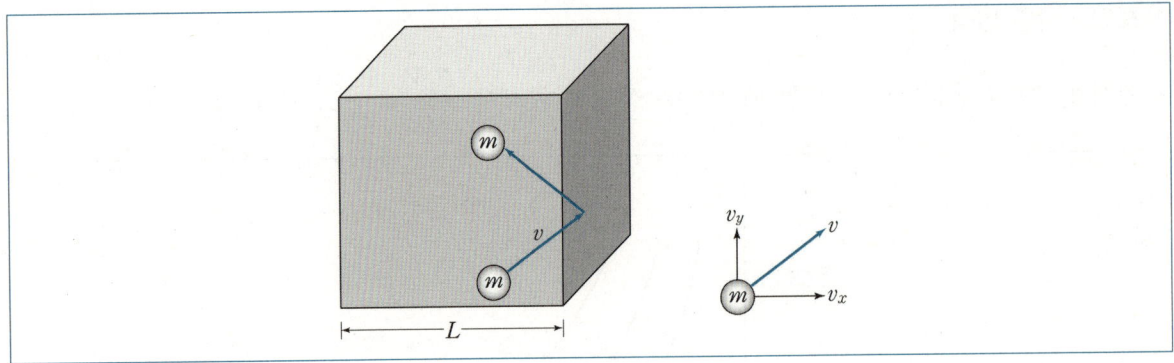

(1) 기체 분자 1개가 벽에 작용하는 힘

① 속도의 y방향 성분 v_y는 변하지 않았으므로, 운동량의 변화량 $\Delta p = 2mv_x$이다.

② x방향으로 v_x의 속력으로 L을 왕복(이동거리 $2L$)하는데 걸린 시간은 $t = \dfrac{2L}{v_x}$

③ 벽에 작용하는 힘 즉, 충격력은 $I = F \cdot t = \Delta p$에서

$$F = \dfrac{\Delta p}{t} = \dfrac{2mv_x}{\dfrac{2L}{v_x}} = \dfrac{mv_x^2}{L} = \dfrac{1}{3L}m\overline{v^2} \quad (\because \text{기체 분자 1개가 벽에 작용하는 힘})$$

중요 분자의 개수가 너무 많고 운동의 방향성이 없으므로 $\overline{v^2} = \overline{v_x^2} + \overline{v_y^2} + \overline{v_z^2} = 3\overline{v_x^2}$로 근사시킬 수 있다.

④ 직육면체 안에 N개의 분자가 있다면 벽이 받는 힘은 $F = \dfrac{1}{3}\dfrac{N}{L}m\overline{v^2}$

⑤ 따라서 기체의 압력은 $P = \dfrac{F}{A} = \dfrac{1}{3}\dfrac{N}{L^3}m\overline{v^2} = \dfrac{1}{3}\dfrac{N}{V}m\overline{v^2}$

(2) 기체 분자의 운동과 온도 ➡ 내부 에너지

이상기체 상태 방정식으로부터 온도와의 관계를 이끌어 낸다.

① 이상기체 상태 방정식 $PV = nRT$ …… ㉠이고

앞에서 기체 분자의 압력은 $P = \dfrac{1}{3}\dfrac{N}{V}m\overline{v^2}$ …… ㉡이므로,

② 식 ㉡을 식 ㉠에 대입하면 $PV = \dfrac{N}{3}m\overline{v^2} = \dfrac{2N}{3}\dfrac{1}{2}m\overline{v^2} = \dfrac{2}{3}NE_{k,1} = nRT$이다. ($E_{k,1}$은 입자 1개의 운동 에너지)

③ 즉, 전체 운동 에너지 $E_k = \dfrac{3}{2}nRT = \dfrac{3}{2}NkT$ ($\because$ n mol의 분자수는 $N = nN_0$이므로)

$$where \quad k = \dfrac{R}{N_0} = \dfrac{8.31 \text{J/mol·K}}{6.02 \times 10^{23}/\text{mol}} = 1.38 \times 10^{-23} \text{J/K는 볼츠만 상수이다.}$$

(3) 평균 속력의 3가지 정의

① 제곱 평균 제곱근 $v_{rms} = \sqrt{\langle v^2 \rangle} = \sqrt{\dfrac{3kT}{m}}$

② 맥스웰 볼츠만 통계 이용

최빈 $v_{\max}$ ➡ $\dfrac{d}{dv}f(v) = 0$

$f(v) = 4\pi \left(\dfrac{m}{2\pi kT}\right)^{\frac{3}{2}} v^2 e^{-\frac{mv^2}{2kT}}$

$v_{mp} = \sqrt{\dfrac{2kT}{m}}$

③ 평균값 $v_{avg} = \langle v \rangle = \sqrt{\dfrac{8kT}{\pi m}}$

$\overline{v} = \langle v \rangle = \int_0^\infty v f(v) dv = 4\pi \left(\dfrac{m}{2\pi kT}\right)^{\frac{3}{2}} \int_0^\infty v^3 e^{-\frac{mv^2}{2kT}} dv$

$let \ a = \dfrac{m}{2kT}$

$\langle v \rangle = \dfrac{4}{\sqrt{\pi}} a^{\frac{3}{2}} \int_0^\infty v^3 e^{-av^2} dv = \dfrac{4}{\sqrt{\pi}} a^{\frac{3}{2}} \dfrac{1}{2a^2}$
$= \dfrac{2}{\sqrt{a\pi}} = 2\sqrt{\dfrac{2kT}{m\pi}}$

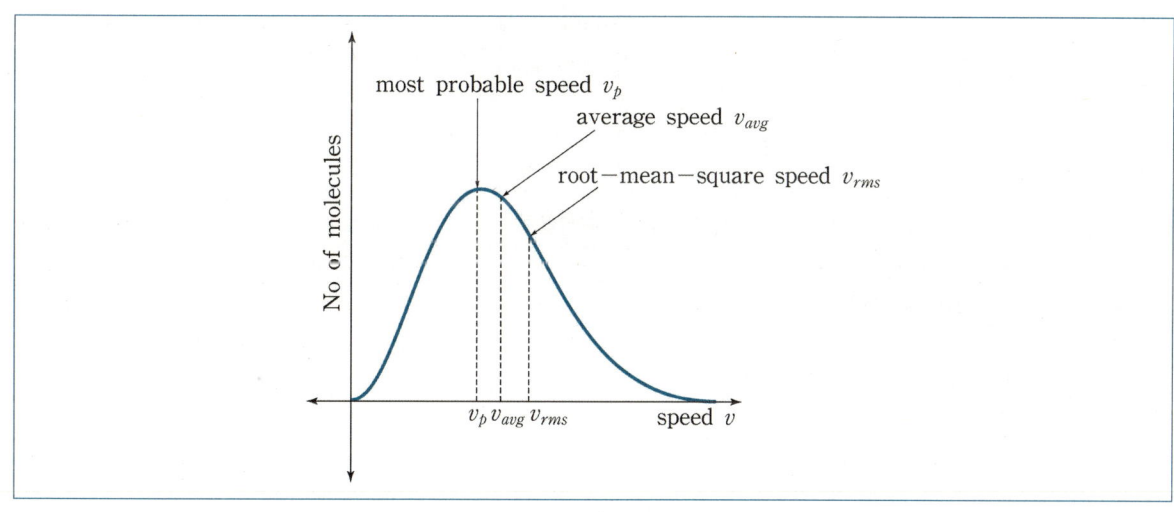

3. 기체가 하는 일

(1) 기체의 부피 변화와 일

기체가 팽창할 때 외부에 일을 한다.

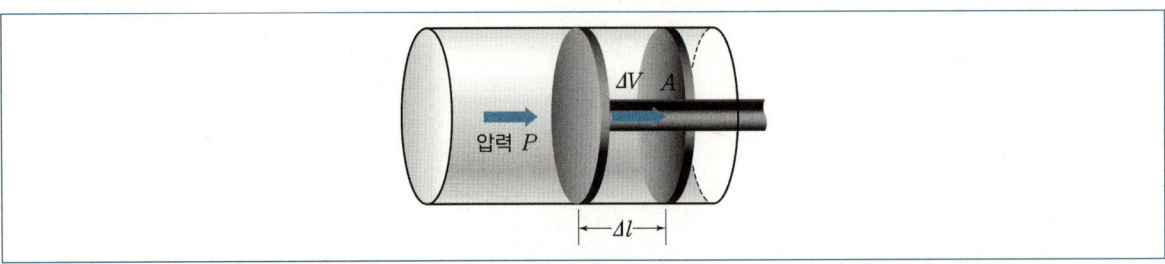

$$W = F\Delta l = PA\Delta l = P\Delta V$$

① $W > 0$

   기체가 외부에 일을 하였다. (➡ 부피 증가)

② $W < 0$

   기체가 외부에서 일을 받았다. (➡ 부피 감소)

(2) 기체가 외부에 하는 일

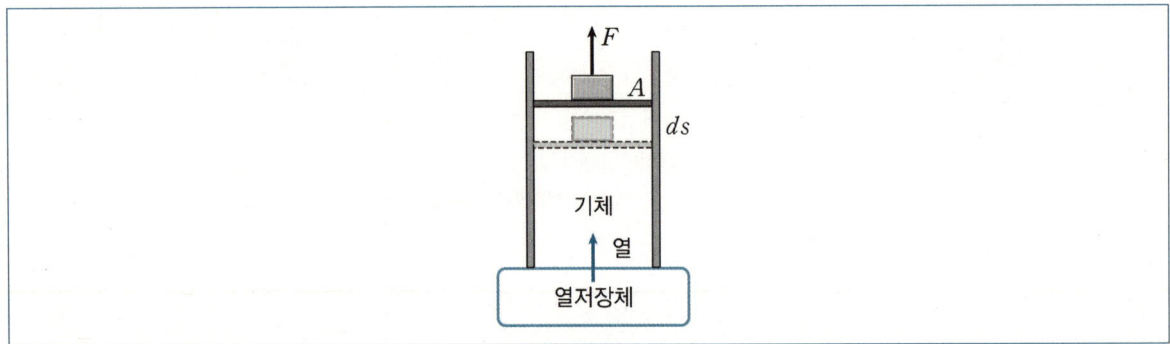

$dW = Fds = PAds = PdV$

$W = \int_1^2 dW = \int_{V_1}^{V_2} P(V)dV$ ($\because W = P-V$곡선의 밑면적)

열역학적 과정의 경로에 따라 다르다.

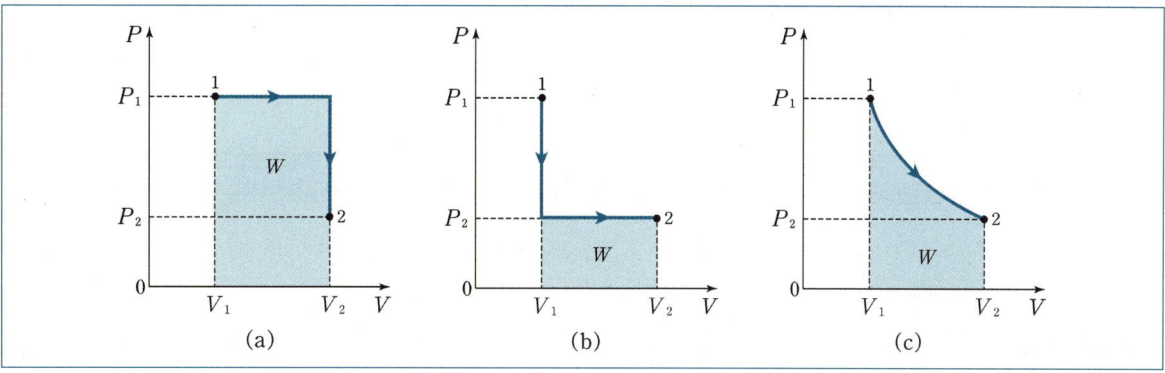

(3) 열역학 제1법칙

기체에 가해 준 열에너지(Q)는 내부 에너지의 증가(ΔU)와 외부에 한 일(W)의 합과 같다. 즉, 열에너지와 역학적 에너지를 포함한 에너지 보존 법칙이다.

$$\text{공급한 열에너지}(Q) = \text{내부 에너지의 증가}(\Delta U) + \text{외부에 하는 일}(W)$$

4. 열역학 과정(등압, 등적, 단열, 등온)

$$\text{가역 과정}: PV = nRT, \ \Delta Q = \Delta U + P \Delta V$$

상태 방정식과 에너지 보존식의 독립된 열역학적 변수는 P, V, T, Q이다. 아주 이상적으로 개별적 영향력에 해당하는 과정을 알아보고자 한다.

(1) 등압 과정

압력이 일정한 열역학 과정이다.

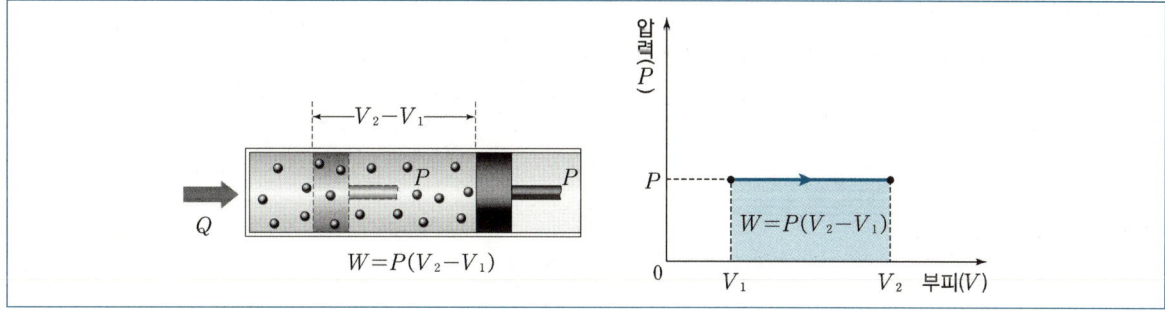

① 압력이 일정하게 유지되는 상태에서 열을 가하면 기체의 부피가 팽창하고 기체가 일을 한다.

② 압력 P에서 기체의 부피가 ΔV만큼 팽창하였을 때 기체가 외부에 한 일

$$W = P\Delta V = nR\Delta T$$

㉠ 부피가 팽창하였어도 기체가 일정한 압력을 유지하는 것은 기체의 온도가 높아져서 기체 분자의 평균 속력이 빨라지기 때문이다.

㉡ 기체에 공급된 열은 기체의 내부 에너지의 증가와 기체가 외부에 한 일의 합과 같다.

$$\Delta Q = \Delta U + P\Delta V$$

(2) 등적 과정

부피가 일정한 열역학 과정($W = 0$)이다.

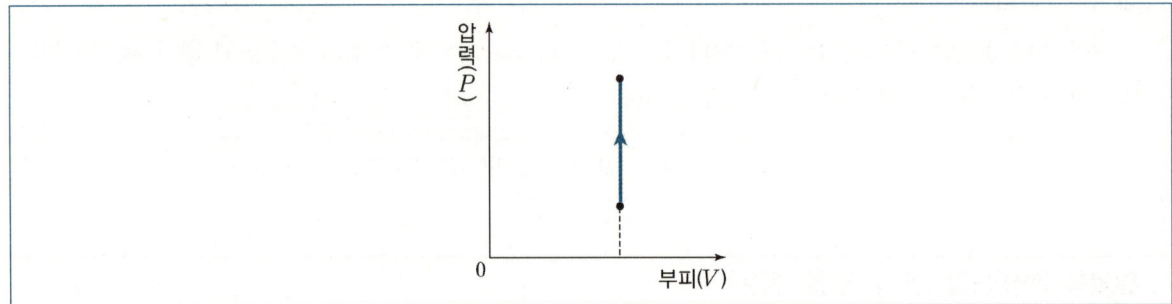

① 부피가 일정하게 유지되는 상태에서 기체에 열을 가하면 기체의 온도가 증가하고 압력이 커진다.

② 기체의 부피 변화가 없으므로 기체가 외부에 하는 일은 없다. ($W = 0$)

③ 기체에 공급된 열은 모두 내부 에너지의 증가에 쓰인다.

$$\Delta Q = \Delta U = \frac{3}{2}nR\Delta T$$

(3) 등온 과정

온도가 일정한 열역학 과정(과정 간의 온도가 일정한 과정)이다. ($\because \Delta T = 0, \ T_1 = T_2$)

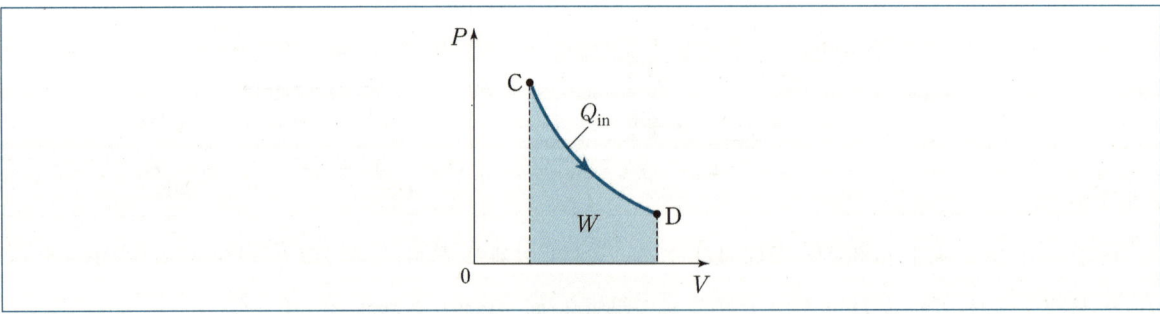

| 등온 변화 과정 |

$$\Delta U = 0$$
$$W = \int_{V_1}^{V_2} P dV = \int_{V_1}^{V_2} \frac{nRT}{V} dV = nRT \ln \frac{V_2}{V_1}$$

온도가 일정하므로 $\Delta T=0$, $\Delta U=0$이다. 기체의 내부 에너지가 일정하므로 기체가 열을 흡수하면 그만큼 외부에 일을 하고, 반대로 일을 받게 되면 ($\Delta V < 0$) 그만큼 열을 방출하게 된다. 기체에 공급된 열은 모두 기체가 하는 일에 쓰인다.

$$\Delta Q = P \Delta V = nRT \ln \frac{V_2}{V_1}$$

(4) 단열 과정

기체가 외부와의 열 출입이 없는 상태($\Delta Q = 0$)에서 부피가 변하는 과정이다.

① 단열 팽창($a \to b$)

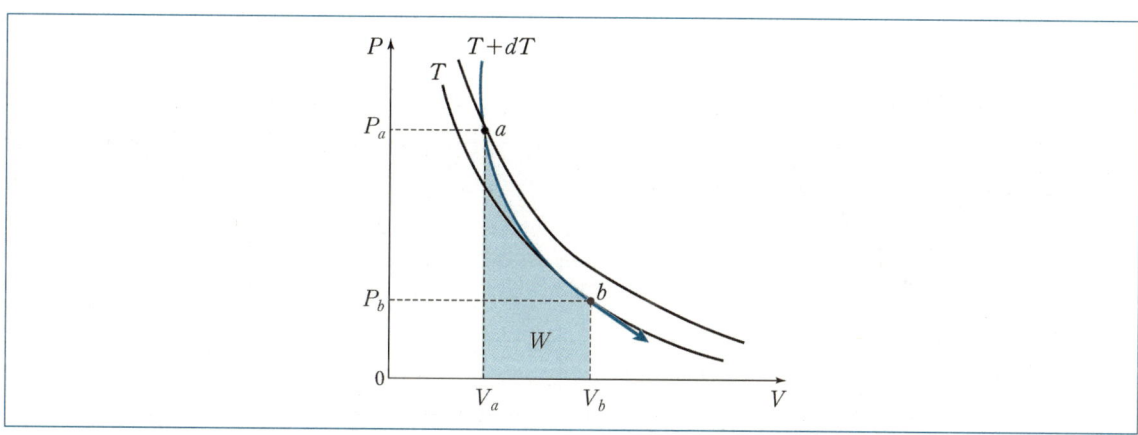

외부와의 열 출입이 없는 상태에서 기체의 부피가 팽창하는 변화이다. 기체의 부피가 팽창하면서 하는 일($W = P \Delta V > 0$)만큼 내부 에너지($\Delta U < 0$)가 감소한다.

$$P \Delta V = -\Delta U > 0$$
내부 에너지 감소, 주위 온도 하강

② 단열 압축($b \to a$)

외부와의 열 출입이 없는 상태에서 기체의 부피가 감소하는 변화이다. 기체의 부피가 감소하면서 하는 일($W = P \Delta V < 0$)만큼 내부 에너지($\Delta U > 0$)가 증가한다.

$$P \Delta V = -\Delta U < 0$$
내부 에너지 증가, 주위 온도 상승

③ 단열 과정의 방정식 유도

  ㉠ 등적 열용량 정의: $C_V = \dfrac{U}{T}$

  ㉡ 등압 열용량 정의: $C_P = \dfrac{Q}{T}\Big|_P$

  ㉢ 등압 열용량: $C_P = C_V + nR$

  ㉣ 열용량비(비열비): $\gamma = \dfrac{C_P}{C_V}$

$$dQ = C_V dT + PdV = C_V dT + \dfrac{nRT}{V}dV = 0$$

$$C_V dT + \dfrac{(C_P - C_V)T}{V}dV = 0$$

$$\dfrac{dT}{T} + \dfrac{(C_P - C_V)}{C_V}\dfrac{dV}{V} = 0$$

$$\ln T + (\gamma - 1)\ln V = C$$

$$\therefore TV^{\gamma - 1} = C$$

이상기체 상태 방정식 $PV = nRT$를 대입하면 $PV^\gamma = C$

기체	C_V	C_P	γ
단원자	$\dfrac{3}{2}nR$	$\dfrac{5}{2}nR$	$\dfrac{5}{3}$
이원자	$\dfrac{5}{2}nR$	$\dfrac{7}{2}nR$	$\dfrac{7}{5}$
다원자	$3nR$	$4nR$	$\dfrac{4}{3}$

이상기체에서 다원자로 가면 비열비가 작아지는 것을 알 수 있다. 이것은 같은 온도에서 내부 에너지가 회전 성분을 갖게 되기 때문이다. 따라서 단원자와 동일한 온도변화를 얻기 위해서는 더 많은 팽창(외부에 일)을 해야 한다.

03 열역학 제2법칙

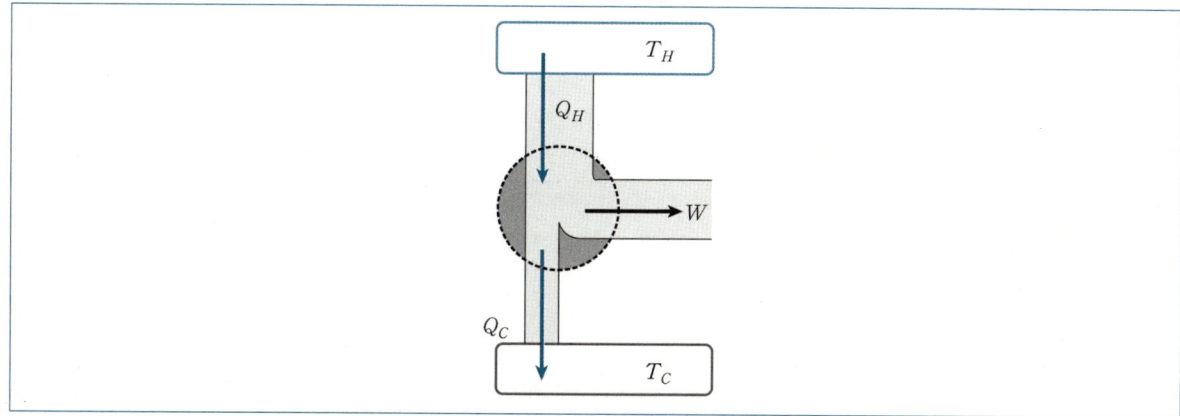

어떤 계가 임의의 과정을 지나 다른 상태로 변화할 경우 주위에 아무런 변화도 남기지 않고 이루어지며 그 변화를 반대 방향으로 해도 원래 상태로 돌아가게 하는 과정을 reversible process(가역 과정)이라 하고 위의 조건이 만족하지 않는 과정을 irreversible process(비가역 과정)이라 한다. 우주의 모든 변화를 통해서 항상 보존되는 것이 에너지인 반면에 비가역 현상처럼 이런 변화가 방향성을 나타낸다는 사실을 경험적으로 이해하고 있다. 예를 들어 왜 뜨거운 물체와 차가운 물체를 접촉시켰을 때 고온에서 저온으로 열이 이동하는지, 공기 중의 연기가 왜 사방으로 퍼져나가고 그 반대 현상은 일어나지 않는지를 경험적으로만 알고 있을 뿐이었다. 비가역 과정의 반대 현상은 에너지 보존 법칙만으로 설명하기 힘들다. 자연 현상의 방향성이 왜 한쪽으로 일어나는지를 설명하기 위해서 '엔트로피'라는 개념을 알아야 한다.

1. 가역 변화와 비가역 변화

(1) 가역 변화

자연 현상의 변화 중 가역 변화는 없으며 마찰이나 저항이 없는 이상적인 역학적 변화는 가역적 현상이다.
① 진폭이 작은 단진자의 한 번 진동은 거의 가역 변화이다.
② 태양 주위를 공전하고 있는 행성의 운동은 가역 변화라고 생각할 수 있다.

(2) 기체의 가역적 팽창과 압축

그림과 같이 피스톤이 달린 실린더 안의 기체가 열원에 접촉되어 있다. 먼저 피스톤 위에 작은 추를 여러 개 얹어 놓고 추를 한 개씩 치우면 부피는 팽창하고 이때 내려간 온도는 열원에서 열을 흡수하여 평형 상태를 유지한다. 반대로 팽창된 기체의 피스톤 위에 추를 한 개씩 다시 얹으면서 천천히 압축하면 평형 상태 하에서 원래의 부피로 되돌아가고 주위에 아무 변화도 일어나지 않게 할 수 있다.

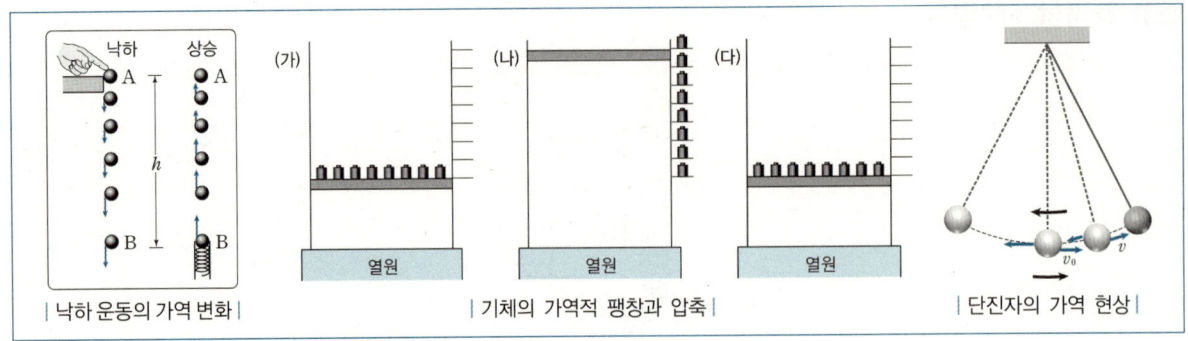

| 낙하 운동의 가역 변화 | | 기체의 가역적 팽창과 압축 | | 단진자의 가역 현상 |

(3) 비가역 변화

자연 현상의 대부분은 비가역 현상이며 변화 과정에 관계없이 물체계 전체의 에너지는 항상 일정하게 보존된다. 이와 같이 자연계에서 일어나는 현상들 중에는 열역학 제1법칙(에너지 보존 법칙)에 비추어 볼 때는 아무 모순이 없기 때문에 그 역과정은 일어나지 않는다.

비가역 현상은 계가 평형 상태에 도달할 때까지 진행되며 여기서 평형 상태란 온도, 부피, 압력과 같은 양들이 평형을 이루어 시간이 경과해도 변하지 않는 상태를 의미한다.

다음과 같은 예는 비가역 변화이다.

① 기체의 진공 속(또는 저압부)으로 자유 팽창
② 고온의 물체에서 저온의 물체 쪽으로 열 이동
③ 마찰에 의한 열이 발생
④ 잉크 방울의 확산
⑤ 바위가 풍화 작용에 의해 모래나 흙으로 되는 과정

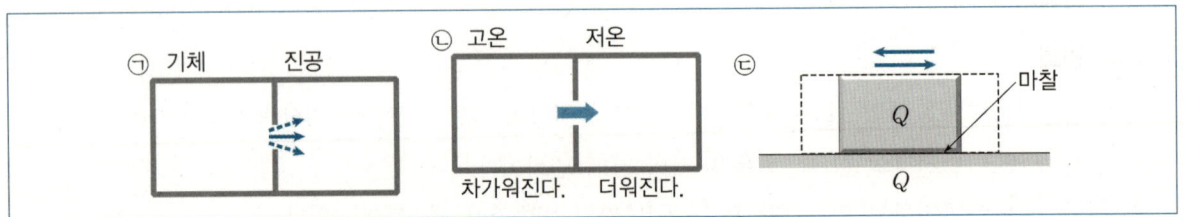

| 비가역 변화의 예 |

2. 열역학 제2법칙

고립된 계에서 온도가 다른 두 물체를 접촉시켰을 때 저온의 물체는 열에너지가 고온의 물체로 이동해서 더 차가워지고 고온의 물체는 더 뜨거워져도 이때 이동하는 에너지의 양만 같다면 열역학 제1법칙, 즉 에너지 보존법칙에는 모순이 되지 않는다. 따라서 이러한 과정이 가능한 것으로 보이지만 실제로는 이러한 과정은 일어나지 않는다. 열역학 제1법칙은 에너지가 보존됨을 의미할 뿐이며 에너지의 이동 방향에 대하여 아무런 제한을 주지 않는다. 이러한 에너지의 방향성을 정해주는 일반적인 표현을 열역학 제2법칙이라 한다.

> ### 열역학 제2법칙
> "어떤 계를 고립시켜서 외부와의 상호작용을 없애 주었을 때 그 계의 분자나 원자들은 더욱 불규칙한 운동, 즉 무질서한 운동을 하게 되는 쪽으로 어떤 현상이 일어나며 그 반대의 현상은 일어나지 않는다."

열역학 제2법칙은 다음과 같이 여러 가지로 표현되나, 그 내용은 궁극적으로 같다.

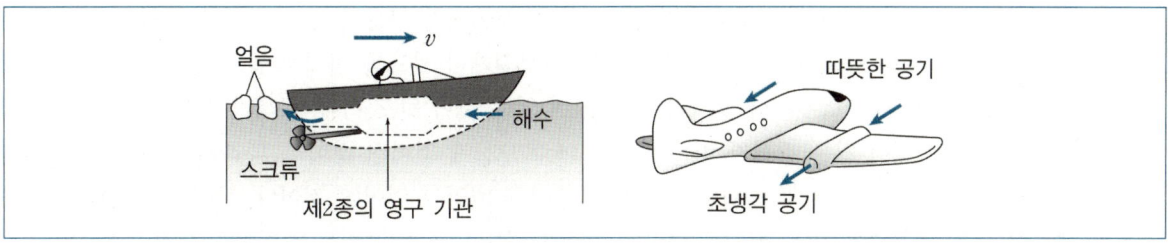

| 제2종 영구 기관의 예 |

(1) **클라우지우스의 표현**

열은 고온의 물체에서 저온의 물체 쪽으로 흘러가고 스스로 저온에서 고온으로는 흐르지 않는다.

(2) **켈빈-플랑크의 표현**

일정한 온도의 물체로부터 열을 빼앗아 이것을 모두 일로 바꾸는 순환 과정(장치)은 존재하지 않는다.

(3) **제2종 영구기관은 존재하지 않는다.**

(4) **고립된 계의 비가역 변화는 엔트로피(무질서도)가 증가하는 방향으로 진행한다.**

처음 시작은 열역학 제2법칙이 수학적 추론에 의해서나 이론적 증명을 통해서 얻어진 것이 아니라 경험적인 사실이라는 점으로부터 시작한다. 클라우지우스와 톰슨이 불가능하다고 했던 일들, 곧 열이 낮은 온도에서 높은 온도로 흐르거나 다른 변화 없이 열이 일로 바뀌는 것은 사람들의 경험을 통해 과거에 한 번도 일어나지 않았고, 따라서 앞으로도 일어나지 않을 것으로 사실상 확신할 수 있는 일들이지만, 그것들은 이론적으로 불가능함이 증명된 일들은 아니다. 이런 일들은 일어날 수는 있지만, 그 확률이 극히 낮아서 경험적으로 그것이 일어나는 것을 관측하기가 불가능한 것이다. 이러한 엔트로피의 이론적 접근은 열역학에 통계역학을 접목시킨 볼츠만에 의해서 완성된다. 주어진 상태에 대한 엔트로피가 그 상태에 해당되는 분자들의 배열 방법 수에 관계됨을 보일 수 있었고, 어떤 상태가 존재할 확률이 배열 방법 수에 비례하기 때문에 이는 엔트로피가 확률과 관련됨을 의미했다.

어떤 상태에 대한 엔트로피는 그 상태에 대한 확률의 척도일 뿐만 아니라, 또한 그 상태의 무질서함의 척도이기도 하다. 어떤 계(system)의 무질서한 상태(예 기체상태)에 해당하는 분자들의 배열 방법 수는 퍽 많고, 그에 대한 확률이 큰 데 반해, 질서가 있는 상태(예 고체상태)에 대한 배열 방법 수와 그 확률은 극히 낮기 때문이다. 따라서 어떤 계 속에 담겨 있는 기체 분자들의 가능한 배열 방법들을 모두 찾아볼 수 있다면(예 순간순

간마다 분자들의 스냅사진을 찍을 경우) 그 중의 거의 모든 배열이 분자들이 아무렇게나 섞여 있는 무질서한 상태에 해당되고, 극히 드문 경우에만 질서가 있는 상태(예 모든 분자들이 용기의 한쪽에만 모여 있거나, 속도가 빠른 분자들은 모두 한쪽에 있고 느린 분자들은 모두 다른 쪽에 있는 경우)가 얻어질 것이다. 이로부터 볼츠만은 어떤 계의 분자들이 질서 있는 배열로부터 시작해서 움직인다면 시간이 지나면서 점점 무질서한 배열들로 가게 되리라는 것을 쉽게 예측할 수 있었다.

무질서한 배열들은 가능한 배열 방법의 수가 훨씬 많고, 그에 따른 확률이 높기 때문이다. 볼츠만의 이 같은 논리는 카드놀이의 예를 들어보면 이해가 쉬워진다. 아무렇게나 카드를 섞어서 놓으면 대부분의 카드 배열은 무질서한 것이 될 것이고, 무늬나 숫자가 마구 섞여 있는 것이 될 것이다. 무늬가 같은 것끼리 모여 있거나 숫자가 순서대로 되어 있는 질서가 있는 배열은 아주 드물게 얻어질 것이다. 따라서 질서가 있는 배열로부터 시작해 카드를 섞으면 거의 틀림없이 질서가 줄어든 배열이 얻어질 것이다. 무질서한 상태가 확률이 높기 때문이다. 물론 무수히 많은 배열들 중에서 아주 드물게는 질서가 있는 배열이 얻어질 수도 있다. 그러나 아무리 섞기를 오래 되풀이한다고 해도 52장의 카드가 완전히 처음과 같이 질서 있는 배열로 얻어지는 일이 생길 것을 기대하는 사람은 아무도 없을 것이다. 그리고 52장의 카드의 배열에서 무질서한 배열의 확률의 크기가 이러하다면, 아보가드로수에 근접하거나 육박한 10^{20} 훨씬 넘는 숫자의 분자들로 이루어진 계의 분자배열에서는 그 정도가 얼마나 심하겠는가 하는 점에서 볼츠만의 논리의 힘을 짐작할 수가 있다. 즉, 아보가드로수에서는 질서가 있는 특이한 현상을 관측할 확률이 거의 제로에 가깝다. 우주의 나이가 10^{18}초 정도 되므로 방안의 아보가드로수만큼 존재하는 공기가 갑자기 방안의 한쪽으로 이동하고 방안의 절반이 진공이 되는 확률은 우주 나이만큼 살아도 없다고 말할 수 있다.

따라서 볼츠만의 이 같은 논의로부터 분자들로 이루어진 계가 겪게 될 어느 물리적 과정에서나 무질서함(엔트로피)이 증가할 것은 거의 확실하다. 그리고 열역학 제2법칙은 많은 숫자의 분자들로 이루어진 계에 적용되는 확실한 사실에 대한 확률적인 법칙이다. 물론 확률적 법칙인 까닭에 엔트로피가 감소하는 것과 같은 극히 드문 경우가 일어날 수 있는 것은 사실이다. 예를 들어, 컵 속의 물의 분자들은 보통 아무 방향으로나 무질서하게 움직이지만, 한순간에 모든 분자들이 한 방향으로만 - 예를 들어, 위로만 - 질서 있게 움직인다는 것이 절대적으로 불가능한 일은 아니며, 그러면 물은 저절로 컵 위로 용솟음쳐 올라올 것이다. 이 경우에는 무질서한 움직임이 저절로 질서 있는 움직임으로 된 셈이며, 엔트로피는 감소한다. 그러나 이런 일이 일어날 확률은 극히 낮아서 거의 불가능에 가깝고, 엔트로피가 항상 증가한다는 열역학 제2법칙은 바로 그것을 말해 주는 것이다.

3. 비가역 현상과 확률

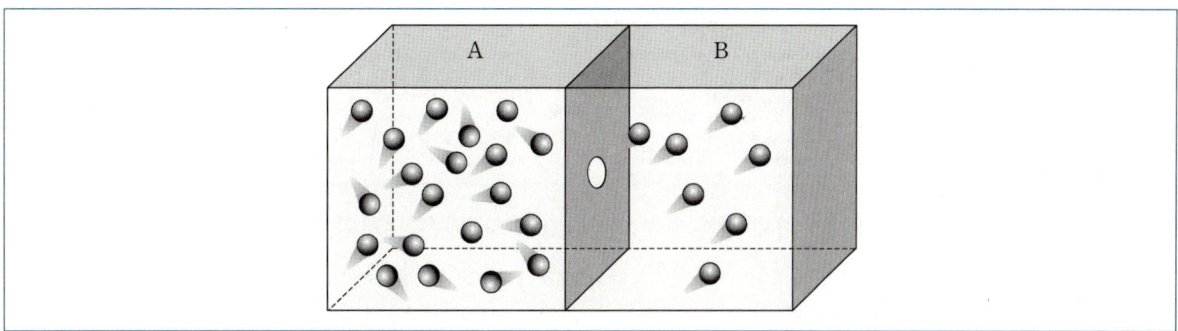

| 기체의 확산 |

그림과 같이 용기 안에 칸막이를 하고 A쪽에는 기체, B쪽은 진공으로 한 다음 칸막이에 구멍을 뚫으면 기체는 A에서 B로 확산되어 잠시 후에는 전체가 균일한 압력이 된다. 그러나 B쪽이 스스로 진공이 되고 기체는 모두 A쪽에 채워지는 현상은 일어나지 않는다. 용기 속에 기체 분자 N개가 들어 있다고 할 때 분자 1개가 A쪽에 있을 확률은 $\frac{1}{2}$, 1번 기체와 2번 기체가 같이 A에 있을 확률은 $\left(\frac{1}{2}\right)^2$, 따라서 N개 모두 동시에 A에 들어갈 확률은 $\left(\frac{1}{2}\right)^N$이 된다. 예로 $N=100$이면 확률 P는 $P=\left(\frac{1}{2}\right)^{100} ≒ 8\times 10^{-31}$이다.

※ 엔트로피(S, entropy)
- 계를 구성하는 분자들의 무질서한 척도
- 고립계 전체 에너지를 일정하게 유지시켜주는 자발적인 변화의 구분 기준
- 고립계가 자발적 변화를 일으키면 엔트로피는 증가함($\triangle S_{total} = \triangle S_{system} + \triangle S_{surroundings}$)
- 자발적 변화의 기준

  $\triangle S_{total} > 0$: 반응이 자발적임

  $\triangle S_{total} = 0$: 반응 혼합물은 평형 상태에 있음(예 단열 과정)

  $\triangle S_{total} < 0$: 반응이 비자발적임 (자연적으로 일어나지 않음)

- 엔트로피의 열역학적 정의 : $\Delta S = \frac{\Delta Q}{T}$ (가역 현상의 경우)

4. 비가역 과정(자유 팽창/진공 팽창)

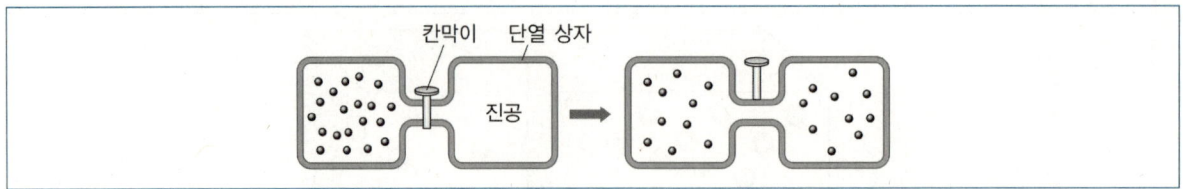

부피가 V인 공간에 N개의 이상기체 입자가 존재한다고 하자. 같은 부피의 진공인 공간이 존재하고 두 영역은 칸막이로 분할되어 있다. 칸막이를 치울 때 이런 과정을 진공 팽창 혹은 자유 팽창이라고 한다. 이 현상은 열역학적인 네 가지 과정으로 해결이 불가능하다. 이유는 비가역 과정이기 때문이다.

열역학 1법칙 $\Delta Q = \Delta U + W$ 입자는 외부와 완전히 차단되어 있다. 즉, ΔQ는 0이다. 또한 칸막이를 치울 때 한쪽이 진공이기 때문에 입자의 활동 범위만 넓어질 뿐 외부와 입자가 존재하는 공간 $2V$는 변화가 없다. 이를 오해하면 안 되는 것이 우리가 밖에서 보았을 때 한쪽이 V이고 다른 쪽이 V인 즉, 전체 부피가 $2V$인 공기탱크를 보는 것이다. 공기탱크 부피는 $2V$로 고정이다. 따라서 $W=0$이다. 자연스럽게 $\Delta U = C_V \Delta T = 0$이다. 즉, 외부와 열 교환이 없고, 등온상태로 팽창한다는 것이다.

여기서 $\Delta S = \dfrac{\Delta Q}{T}$는 사용이 불가능하다. 이것은 가역 과정을 가정할 때만 사용할 수 있기 때문이다. 본래의 엔트로피 정의 $S = Nk \ln \Omega$를 사용해야 한다. 나중에 통계 시간에 자세히 설명하겠지만 Ω는 입자의 상태 가짓수이다. 즉, 에너지와 공간 배치 가짓수인데 여기서 이상기체의 자체 에너지 변화 $\Delta Q = 0$이므로 공간변화만 고려하면 된다. 이상기체이므로 모든 입자가 동일하고, 입자 1개만 보면 $V \rightarrow 2V$로 움직일 수 있는 공간이 증가한다. 좀 더 정확히 말하면 입자당 평균 공간이 증가하게 된다.

$$\dfrac{V}{N} \rightarrow \dfrac{2V}{N}$$

$S_0 = Nk \ln V \rightarrow S' = Nk \ln 2V$

$\Delta S = S' - S_0 = Nk \ln 2$

그런데 이를 잘 보면 등온 팽창일 때 $\Delta Q_{\text{등온}} = \int P dV = nRT \ln \dfrac{V_2}{V_1} = NkT \ln 2$에서 $\Delta S = \dfrac{\Delta Q}{T}\bigg|_{\text{등온}}$ $= Nk \ln 2$와 동일함을 알 수 있는데, Ω는 정의 때문이다. 에너지와 공간 배치 가짓수를 보면 외부와 열 교환이 없으므로 입자의 에너지가 초기 상태와 동일하다고 가정할 수 있다. 입자의 에너지는 운동 에너지만 갖게 되므로 등온상태에서 공간변화의 상태수만 고려하면 되는 것이다. 따라서 비가역 자유 팽창은 가역 등온 팽창으로 간주해서 풀기도 한다. 단, 수식적 결과가 같을 뿐이지 물리적으로는 자유 팽창과 등온 팽창은 완전히 다른 말임을 명심하자.

04 열기관(heat engine)

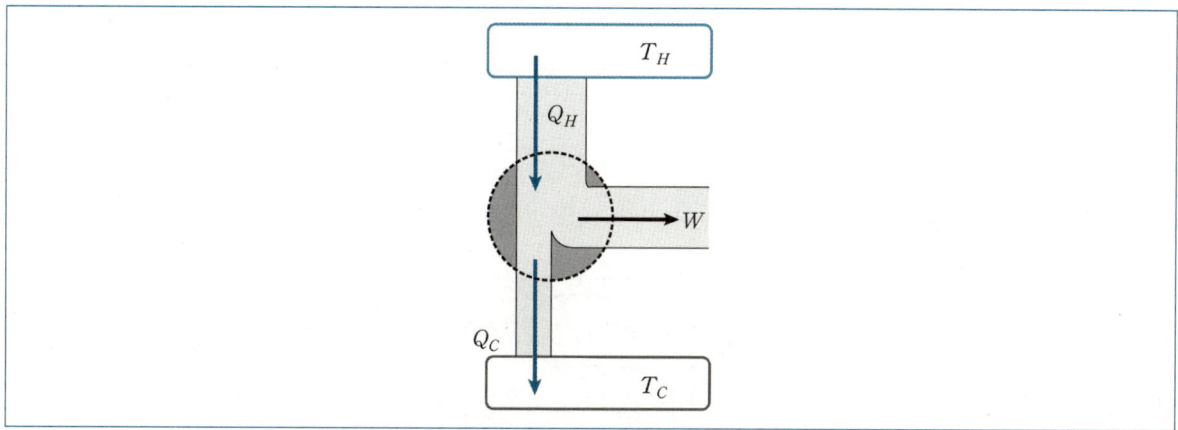

| 열기관의 개략도 |

열기관은 열을 흡수하여 그 일부를 일로 바꾸어 주는 장치이다. 열역학 제1법칙에 의하면 열을 모두 일로 바꿀 수 있을 것으로 생각되나 실제 기관은 투입된 열의 일부만을 일로 바꿀 수 있을 뿐이다. 그 이유는 열역학 제1법칙만으로는 설명되지 않으며 열역학 제2법칙의 발견을 이끌었다.

모든 열기관이 가지고 있는 중요한 특징은 시스템이 온도가 T_H인 고온 열 저장고에서 열 Q_H를 흡수하여 일 W을 하고 남은 열 Q_C를 온도 T_C인 저온 열저장고로 방출하여 원래의 상태로 되돌아온다는 것이다. 이와 같이 열기관은 순환장치로 열을 투입하여 일을 할 수 있도록 하는 것이 목적이다.

1. 열기관의 효율

$$e = \frac{W}{Q_H}$$

열기관의 효율 e는 고온 열 저장고에서 유입된 열 대비 기관이 한 일이다.

열역학 제1법칙에 의하면 $\Delta Q = Q_H - Q_C = \Delta U + W$ (순환 과정: $\Delta U = 0$)

열효율은 $e = \dfrac{Q_H - Q_C}{Q_H} = 1 - \dfrac{Q_C}{Q_H}$이 된다. 이 값은 1보다 클 수 없고 $Q_C = 0$인 경우, 즉 유입된 열이 모두 일로 바뀌었을 때에만 효율이 1이 될 수 있다. 이와 같이 열역학 제1법칙인 에너지 보존 법칙만을 고려한다면 효율이 1인 기관도 나올 수 있다. 그러나 실제로 효율이 1인 기관은 존재하지 않는다.

2. 2종 영구기관

100% 효율을 가진 열기관 ➡ 불가능

> 열기관의 한 순환 과정 동안 열저장고에서 얻은 열을 모두 일로 바꿀 수는 없다. - 캘빈 -

05 냉동기관

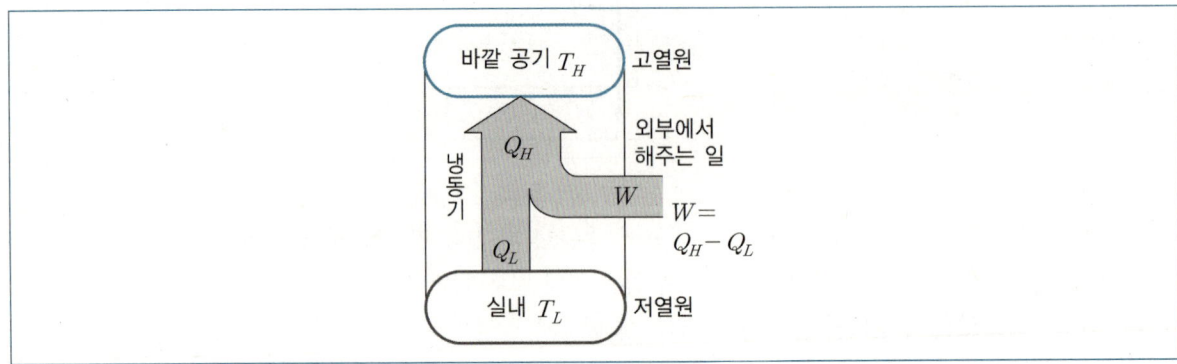

| 냉동기의 원리 |

냉동기는 외부에서 일을 하여 저온체에서 고온체로 열을 배출하는 장치이다. 냉동기의 실행 계수 K는 $K = \dfrac{\text{저온체에서 추출한 열량}}{\text{외부에서 공급한 일}}$로 정의된다. 그림과 같이 낮은 온도 T_L인 저열원에서 Q_L의 열을 빼앗아 높은 온도 T_H인 고온체로 열량 Q_H을 방출하게 된다.

$$K = \frac{Q_L}{W} = \frac{Q_L}{Q_H - Q_L} \leq \frac{T_L}{T_H - T_C}$$

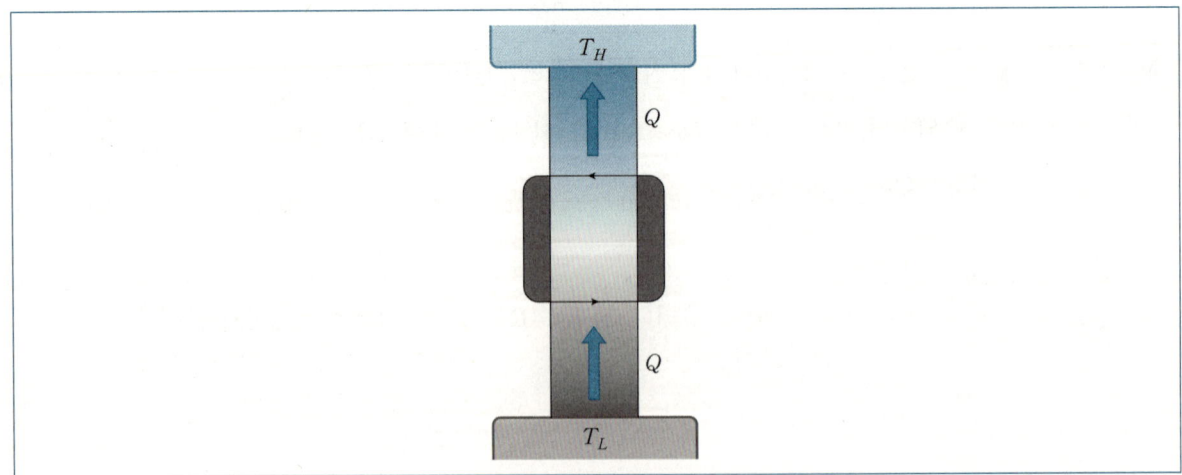

외부에서 일을 해주지 않고 저열원에서 고열원으로 자동적으로 열이 이동하지 않는 이유는 $\Delta S_{total} = \dfrac{Q}{T_H} - \dfrac{Q}{T_L} < 0$ ($\because T_H > T_L$) 엔트로피가 감소하게 되므로 저런 현상은 자발적으로 일어나지 않는다. 더욱 정확한 표현으로 저런 현상이 일어날 확률은 거의 제로에 가깝다.

06 열기관의 원리와 효율 정리

1. 열기관

열에너지(Q)를 일(W)로 바꾸는 기관

(1) 열역학적 과정을 거쳐서 원래의 상태로 되돌아오는 과정을 통해 작동하면서 공급한 열에너지의 일부를 일로 전환한다.

(2) 높은 온도의 열원에서 열을 흡수하고 일을 한 후 남은 열을 온도가 낮은 곳으로 방출한다.

2. 열기관의 효율(e, $0 < e < 1$)

열기관에 공급된 열에너지 중 일로 이용되는 에너지의 비율

높은 온도(T_H)의 열원에서 열을 흡수하여 일을 한 후 온도가 낮은 곳으로 열을 방출한다. 이때 열기관이 외부에 한 일은 ($W = Q_H - Q_C$)이고, 열기관의 효율은 다음과 같다.

$$e = \frac{W}{Q_H} = \frac{Q_H - Q_C}{Q_H} = 1 - \frac{Q_C}{Q_H}$$

※ 열효율을 다룰 때는 온도는 무조건 절대온도를 사용한다.

3. 열역학 제2법칙(엔트로피 증가의 법칙)

열은 스스로 고온의 물체에서 저온의 물체로 이동하지만 반대로는 저절로 이동하지 않는다.
(➡ 열 또는 에너지 이동에 방향성이 있음을 나타내는 법칙)

(1) 다른 표현

열기관의 효율 e는 항상 1보다 작고, 우주의 엔트로피는 항상 증가한다.

(2) 엔트로피(S)

$$\Delta S = \int \frac{dQ}{T} = \int_{T_1}^{T_2} \frac{C_V dT}{T} + \int_{V_1}^{V_2} nR \frac{dV}{V} = C_V \ln \frac{T_2}{T_1} + nR \ln \frac{V_2}{V_1}$$

엔트로피는 경로에 무관한 상태함수라는 것을 명심하자. 물질계의 열적 상태를 나타내는 물리량, 무질서도 라고 번역하기도 하나, 무질서하게 흩어지는 것이 아닌, 완벽하게 안정된 상태를 향하는 혹은 균질화의 과정 으로 해석하는 것이 바람직하다.

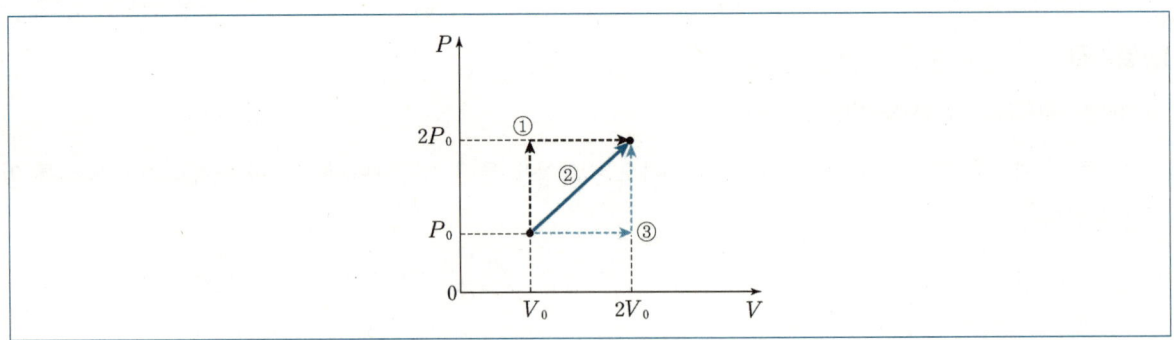

경로에 무관하게 초기 상태와 최종상태가 엔트로피를 결정하므로 가장 쉬운 경로를 선택해서 계산하면 된 다. 각 경로에 해당하는 엔트로피를 구하면 다음과 같다.

①번 경로(등적+등압)

$$\Delta S = \int_{T_0}^{2T_0} \frac{dU}{T} + \int_{2T_0}^{4T_0} \frac{dQ}{T} = 4nR\ln 2$$

②번 경로

$$\Delta S = \int_{T_0}^{4T_0} \frac{dU}{T} + \int_{V_0}^{2V_0} \frac{dW}{T} = 4nR\ln 2$$

③번 경로(등압+등적)

$$\Delta S = \int_{T_0}^{2T_0} \frac{dQ}{T} + \int_{2T_0}^{4T_0} \frac{dU}{T} = 4nR\ln 2$$

(3) 과정별 엔트로피 변화량

① 등압 과정

$$dQ = C_V dT + PdV = (C_V + nR)dT$$

$$\Delta S_{\text{등압}} = (C_V + nR)\ln \frac{T_2}{T_1} \quad \Rightarrow \quad \text{단원자 이상기체} \; \Delta S_{\text{등압}} = \frac{5}{2}nR\ln\frac{T_2}{T_1}$$

② 등적 과정

$dQ = C_V dT$

$\Delta S_{\text{등적}} = C_V \ln \dfrac{T_2}{T_1}$ ➡ 단원자 이상기체 $\Delta S_{\text{등적}} = \dfrac{3}{2} nR \ln \dfrac{T_2}{T_1}$

③ 등온 과정

$dQ = PdV$

$\Delta S_{\text{등온}} = nR \ln \dfrac{V_2}{V_1}$ ➡ 기체 종류에 관계없이 동일

④ 단열 과정

$dQ = 0$ ➡ $\Delta S_{\text{단열}} = 0$

그래서 가역 단열 과정을 등엔트로피 과정이라고 한다.

⑤ 자유 팽창

$S_0 = nR \ln V_1$ ➡ $S' = nR \ln V_2$

$\Delta S = S' - S_0 = nR \ln \dfrac{V_2}{V_1}$ 가 된다.

그런데 엔트로피는 과정에 관계없이 시작과 끝만 중요한 상태함수므로 이상기체 자유 팽창은 수학적으로 이상기체 등온 팽창일 때의 엔트로피 변화량과 같다.

$\Delta S = \left. \dfrac{\Delta Q}{T} \right|_{\text{등온}} = nR \ln \dfrac{V_2}{V_1}$

※ 과정별 열역학 정리

과정	일정한 양	ΔQ	ΔS
등압 과정	P	$\dfrac{5}{2} nR \Delta T$	$\dfrac{5}{2} nR \ln \dfrac{T_2}{T_1}$
등적 과정	V	$\dfrac{3}{2} nR \Delta T$	$\dfrac{3}{2} nR \ln \dfrac{T_2}{T_1}$
등온 과정	T	$nRT \ln \dfrac{V_2}{V_1}$	$nR \ln \dfrac{V_2}{V_1}$
단열 과정	$PV^\gamma, TV^{\gamma-1}$	0	0
자유 팽창	T, Q	0	$nR \ln \dfrac{V_2}{V_1}$

07 카르노 기관

카르노 기관은 카르노가 제안한 이상적인 열기관으로 최대 효율을 내는 열기관이다. 카르노 기관은 등온 과정과 단열 과정으로 이루어져 있다.

$$e_{카} = \frac{T_H - T_L}{T_H} = 1 - \frac{T_L}{T_H} (< 1)$$

저열원의 온도가 0K일 수는 없으므로 카르노 기관의 효율은 100%가 될 수 없다. (➡ 실제 열기관의 효율은 40% 이하이다.)

다음 그림은 카르노 기관에서 이상기체의 상태가 A → B → C → D → A의 경로를 따라 변할 때, 기체의 부피와 압력의 관계를 나타낸 것이다. A → B와 C → D 는 등온 과정이고, B → C와 D → A는 단열 과정이며, T_H와 T_L은 각각 고온 열원과 저온 열원의 절대온도이다.

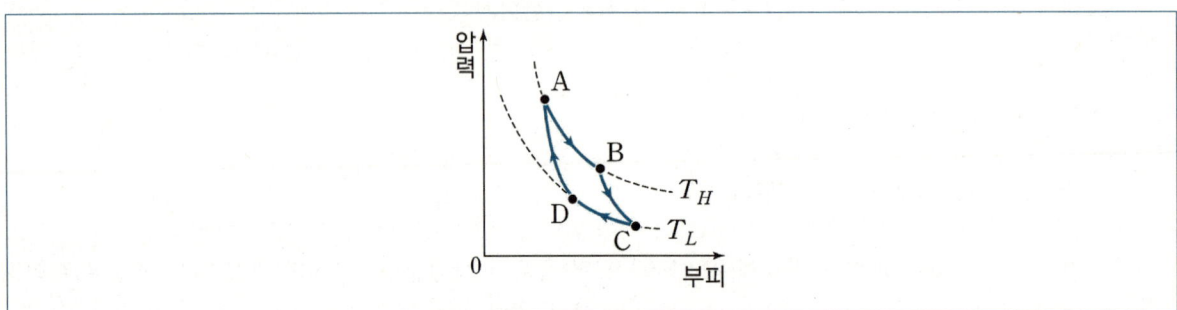

$\Delta Q_{AB} = W_{AB} = nRT_H \ln \frac{V_B}{V_A} > 0$

$\Delta Q_{BC} = 0$

$\Delta Q_{CD} = W_{CD} = -nRT_L \ln \frac{V_C}{V_D} < 0$

$\Delta Q_{DA} = 0$

$$e = \frac{\sum Q}{\sum Q > 0} = \frac{\Delta Q_{AB} + \Delta Q_{CD}}{\Delta Q_{AB}} = \frac{W_{AB} + W_{CD}}{W_{AB}} = \frac{nRT_H \ln \frac{V_B}{V_A} - nRT_L \ln \frac{V_C}{V_D}}{nRT_H \ln \frac{V_B}{V_A}}$$

단열 과정에서 $TV^{\gamma-1}$ = 일정

$T_H V_B^{\gamma-1} = T_L V_C^{\gamma-1}$

$T_H V_A^{\gamma-1} = T_L V_D^{\gamma-1}$

$$\left(\frac{V_B}{V_A}\right)^{\gamma-1} = \left(\frac{V_C}{V_D}\right)^{\gamma-1}$$

➡ $\therefore \dfrac{V_B}{V_A} = \dfrac{V_C}{V_D}$

결과를 열효율 식에 대입하면

$\therefore e = \dfrac{T_H - T_L}{T_H}$

카르노 기관은 온도만으로도 열효율을 알 수 있다.

한 순환 과정 동안 한 일은 $W = nRT_H \ln\dfrac{V_B}{V_A} - nRT_L \ln\dfrac{V_C}{V_D} = nR(T_H - T_L)\ln\dfrac{V_B}{V_A} = nR(T_H - T_L)\ln\dfrac{V_C}{V_D}$

08 스털링 기관

1816년 스코틀랜드의 목사 로버트 스털링(Robert Stirling, 1790~1878)이 원리를 발명하고 특허를 얻은 열기관이다. 스털링 기관은 등온 과정과 등적 과정으로 이루어져 있다.

다음 그림은 스털링 기관에서 이상기체의 상태가 A → B → C → D → A를 따라 순환하는 열역학 과정의 압력과 부피를 나타낸 것이다. A → B, C → D는 등온 과정, B → C, D → A는 등적 과정이다.

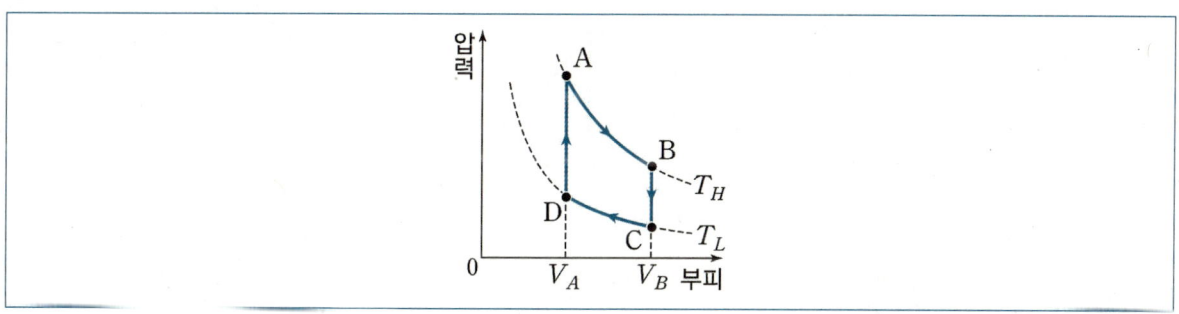

| 스털링 사이클 |

$\Delta Q_{AB} = W_{AB} = nRT_H \ln\dfrac{V_B}{V_A} > 0$

$\Delta Q_{BC} = \Delta U_{BC} = C_V(T_L - T_H) < 0$

$\Delta Q_{CD} = W_{CD} = nRT_L \ln\dfrac{V_A}{V_B} < 0$

$\Delta Q_{DA} = C_V(T_H - T_L) > 0$

$$e = \frac{\sum Q}{\sum Q > 0} = \frac{\Delta Q_{AB} + \Delta Q_{CD}}{\Delta Q_{AB} + \Delta Q_{DA}} = \frac{nR(T_H - T_L)\ln\frac{V_B}{V_A}}{nRT_H\ln\frac{V_B}{V_A} + C_V(T_H - T_L)}$$

$$\therefore e = \frac{nR(T_H - T_L)\ln\frac{V_B}{V_A}}{nRT_H\ln\frac{V_B}{V_A} + C_V(T_H - T_L)}$$

한 순환 과정 동안 한 일은 $W = nR(T_H - T_L)\ln\frac{V_B}{V_A}$

09 오토(The Otto) 기관

니콜라우스 오토가 설계한 이상적인 가솔린 열기관이다. 오토기관은 단열 과정과 등적 과정으로 이루어져 있다. 다음 그림은 오토 기관에서 이상기체의 상태가 A → B → C → D → A를 따라 순환하는 열역학 과정의 압력과 부피를 나타낸 것이다. A → B, C → D는 단열 과정, B → C, D → A는 등적 과정이다.

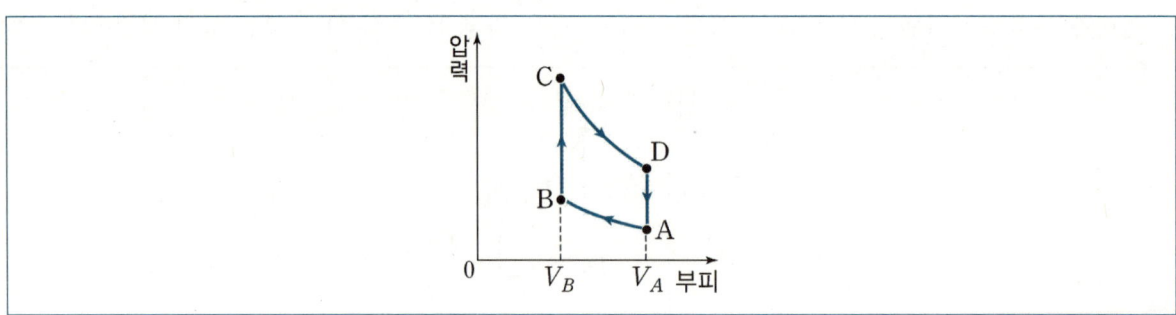

$\Delta Q_{AB} = 0$

$\Delta Q_{BC} = \Delta U_{BC} = C_V(T_C - T_B) > 0$

$\Delta Q_{CD} = 0$

$\Delta Q_{DA} = \Delta U_{DA} = C_V(T_A - T_D) < 0$

$$e = \frac{\sum Q}{\sum Q > 0} = \frac{\Delta Q_{BC} + \Delta Q_{DA}}{\Delta Q_{BC}} = \frac{T_A - T_D + T_C - T_B}{T_C - T_B}$$

$$e = 1 - \frac{T_D - T_A}{T_C - T_B}$$

$T_C V_C^{\gamma - 1} = T_D V_D^{\gamma - 1}$ ······ ①

$T_B V_B^{\gamma-1} = T_A V_A^{\gamma-1}$ ······ ②

①식에서 ②식을 빼주면

$(T_C - T_B)V_B^{\gamma-1} = (T_D - T_A)V_A^{\gamma-1}$ ($\because V_B = V_C, V_A = V_D$)

➡ $\dfrac{T_D - T_A}{T_C - T_B} = \left(\dfrac{V_B}{V_A}\right)^{\gamma-1}$

식 ①, ②로부터 $\dfrac{T_D - T_A}{T_C - T_B} = \left(\dfrac{V_B}{V_A}\right)^{\gamma-1} = \dfrac{T_A}{T_B} = \dfrac{T_D}{T_C}$

$\therefore e = 1 - \dfrac{T_D - T_A}{T_C - T_B} = 1 - \left(\dfrac{V_B}{V_A}\right)^{\gamma-1} = 1 - \dfrac{T_A}{T_B} = 1 - \dfrac{T_D}{T_C}$

한 순환 과정 동안 한 일은 $W = C_V(T_A + T_C - T_B - T_D)$

※ 주요 기관 정리

기관	주요 과정	열효율 e	한 일 W
카르노	등온, 단열	$\dfrac{T_H - T_L}{T_H} = 1 - \dfrac{T_L}{T_H}$	$nR(T_H - T_L)\ln\dfrac{V_B}{V_A} = nR(T_H - T_L)\ln\dfrac{V_C}{V_D}$
스털링	등온, 등적	$\dfrac{nR(T_H - T_L)\ln\dfrac{V_B}{V_A}}{nRT_H\ln\dfrac{V_B}{V_A} + C_V(T_H - T_L)}$	$nR(T_H - T_L)\ln\dfrac{V_B}{V_A}$
오토	단열, 등적	$1 - \left(\dfrac{V_B}{V_A}\right)^{\gamma-1} = 1 - \dfrac{T_A}{T_B} = 1 - \dfrac{T_D}{T_C}$	$W = C_V(T_A + T_C - T_B - T_D)$

연습문제

▶ 정답_308p

01 그림 (가)는 절대온도가 T_0이고 부피가 V_0인 단원자 이상기체 1몰이 실린더 안에 있는 것을 나타낸 것이다. 그림 (나)는 (가)에서 외부압력을 P_0으로 일정하게 유지한 채 서서히 열을 가하여 기체의 부피가 $2V_0$이 된 것을 나타낸 것이다.

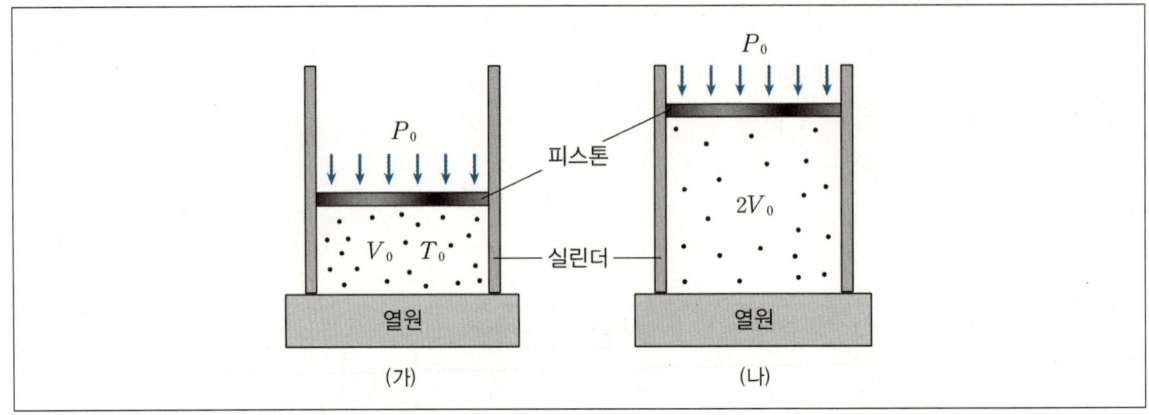

이때 (가)와 (나)의 제곱평균제곱근 속력의 비 $\dfrac{v_\text{나}}{v_\text{가}}$와 엔트로피 변화 ΔS를 구하시오.

02 다음 그림은 1몰의 이상기체의 상태가 A → B → C → A를 따라 변화할 때 부피와 절대온도를 나타낸 것이다. A → B 과정은 등적 과정, B → C 과정은 단열 과정, C → A 과정은 등온 과정이다.

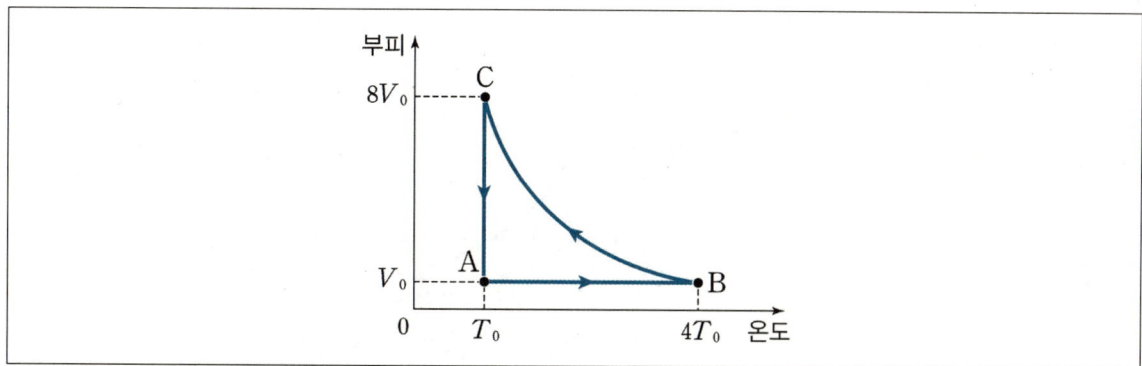

이때 B와 C에서의 압력의 비 $\dfrac{P_B}{P_C}$와 한 순환 과정 동안 열효율 e를 구하시오.

03 다음 그림은 1몰의 단원자 분자 이상기체의 상태가 A → B → C → D → A를 따라 변할 때 압력과 부피를 나타낸 것이다. A → B, C → D 과정은 등온 과정이다. A → B 과정에서 기체가 흡수한 열량은 $2P_0V_0$이며, 1회의 순환 과정에서 기체가 한 일은 P_0V_0이다.

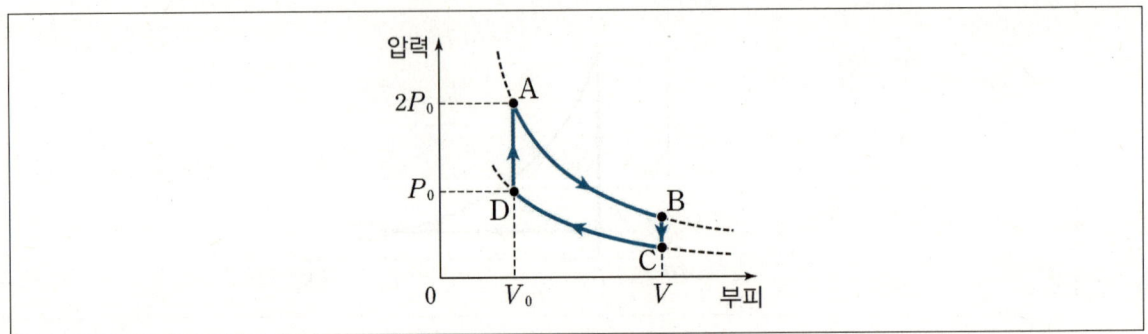

이때 V를 구하고, 한 순환 과정동안 열효율 η를 구하시오.

04 다음 그림은 n몰의 단원자 분자 이상기체의 상태가 A → B → C → A를 따라 변할 때 압력과 부피를 나타낸 것이다. 두 점선은 온도가 각각 T_0, $2T_0$인 등온선이다. A → B는 등압 과정, B → C는 단열 과정, C → A는 등온 과정이고, 빗금 친 부분의 면적은 S이다.

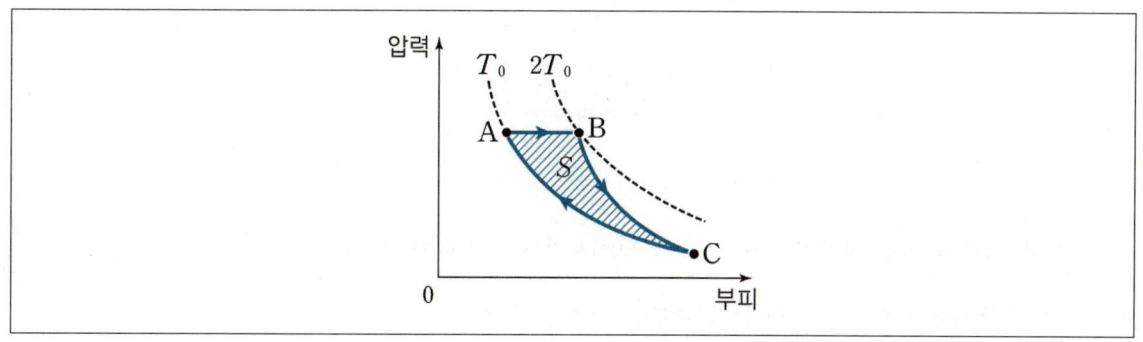

이때 A와 C의 부피의 비 $\dfrac{V_C}{V_A}$와 면적 S를 각각 구하시오. 또한 한 순환 과정 동안 열효율 e를 구하시오. (단, 기체 상수는 R이다.)

05 다음 그림과 같이 금속판에 의해 같은 부피로 나뉜 단열된 상자의 두 공간 A와 B에 질량이 각각 m, $2m$인 1몰의 단원자 분자 이상기체가 들어 있다. A와 B에서 기체의 압력은 서로 같다.

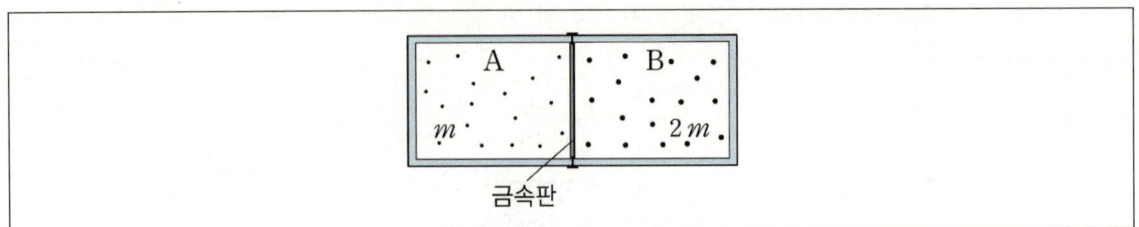

이때 기체의 내부 에너지의 비 $\dfrac{U_A}{U_B}$와 단위시간당 금속판에 충돌하는 분자의 평균 개수의 비 $\dfrac{(N_A/t)}{(N_B/t)}$를 각각 구하시오. (단, 입자는 금속판과 탄성 충돌한다.)

06 다음 그림은 n몰의 이상기체의 상태가 A → B → C → D를 따라 변할 때 압력과 절대온도를 나타낸 것이다. A → B, C → D 과정은 등압 과정, B → C, D → A 과정은 등온 과정이다.

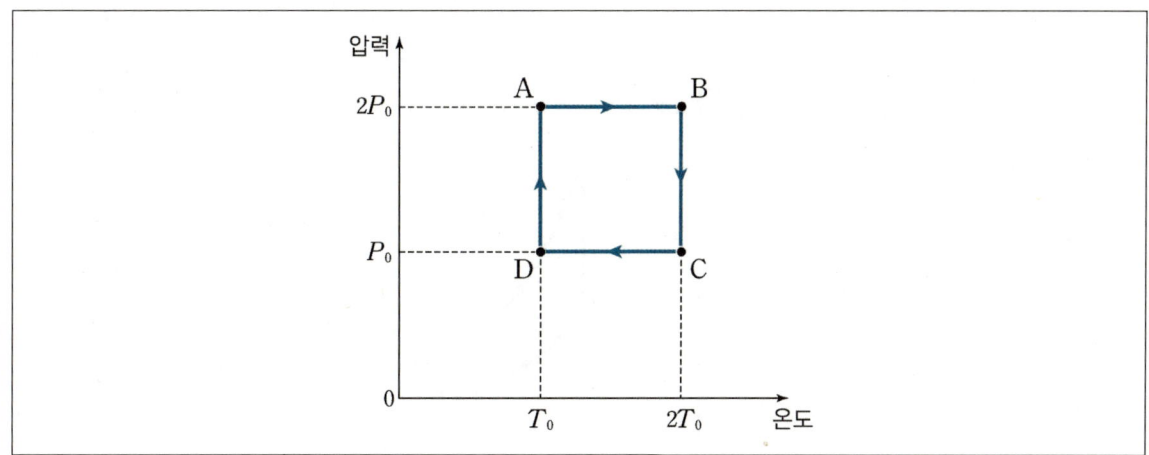

이때 A와 C에서의 부피의 비 $\dfrac{V_C}{V_A}$와 B → C 과정에서 기체의 엔트로피 증가량 ΔS_{BC}를 구하시오. (단, 기체 상수는 R이다.)

07 다음 그림은 이상적인 열기관에 사용된 단원자 분자 이상기체의 상태가 A → B → C → D → A의 경로를 따라 변할 때, 기체의 부피 V와 절대온도 T의 관계를 나타낸 것이다. A → B와 C → D는 등온 과정이고, B → C와 D → A는 단열 과정이며, T_H와 T_L은 각각 고온 열원과 저온 열원의 절대온도이다.

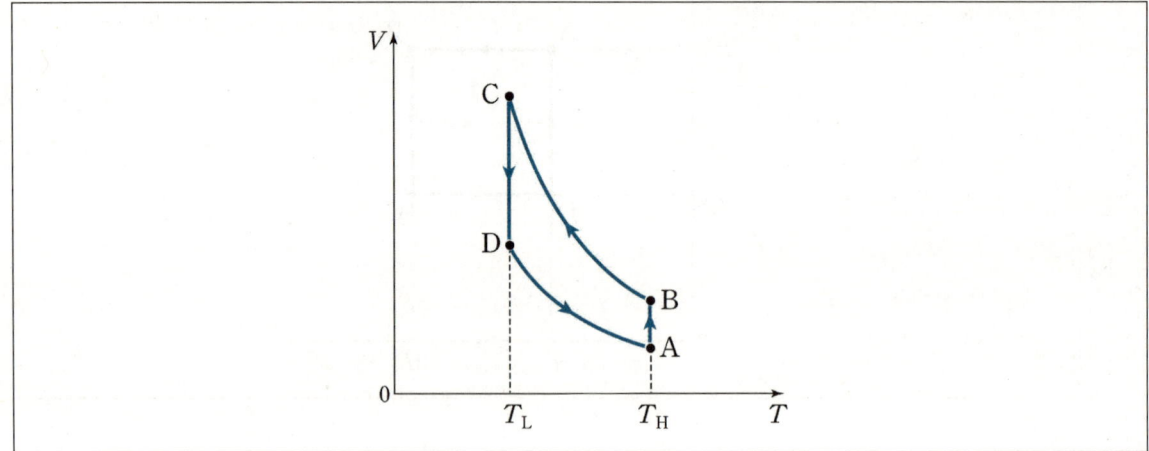

이때 A → B에서 한 일의 크기 W_{AB}와 C → D에서 한 일의 크기 W_{CD}의 비 $\dfrac{W_{AB}}{W_{CD}}$와 열기관의 효율 e를 구하시오.

08 다음 그림은 열적으로 고립된 실린더 속에서 같은 종류의 기체가 얇은 벽으로 나누어진 것을 나타낸 것이다. 초기에 왼쪽 부분의 압력, 부피, 온도는 각각 $3P$, $2V$, T_1이고 오른쪽은 P, V, T_2이다.

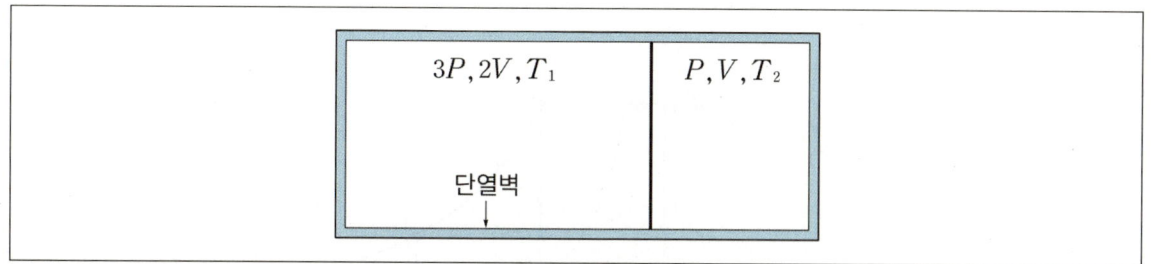

기체 분자는 단원자 분자이고 이상기체처럼 행동한다고 할 때, 얇은 벽을 제거한 후 평형 상태에 도달하였을 때 온도 T'와 압력 P'을 각각 구하시오.

09 다음 그림은 1몰의 이상기체의 상태가 A → B → C → D → A를 따라 순환하는 열역학 과정의 압력과 부피를 나타낸 것이다. A → B, C → D는 등온 과정, B → C, D → A는 정적 과정이다.

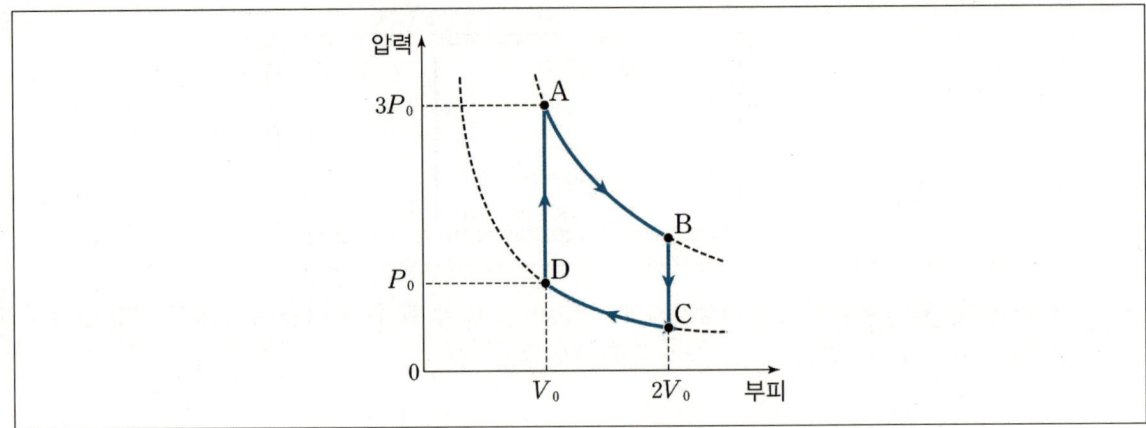

이때 B와 C의 압력 P_B, P_C를 각각 구하고, 한 순환 과정동안 열효율 e를 구하시오.

22-B11

10 다음 그림은 1몰(mol)의 단원자 분자 이상기체의 상태가 A → B → C → D → E → A의 경로를 따라 변할 때, 기체의 압력 P와 부피 V의 관계를 나타낸 것이다. A → B, D → E는 정적, B → C, E → A는 정압, C → D는 등온 과정이다. 이 기체의 정적 비열은 $\frac{3}{2}R$이고, 정압 비열은 $\frac{5}{2}R$이다.

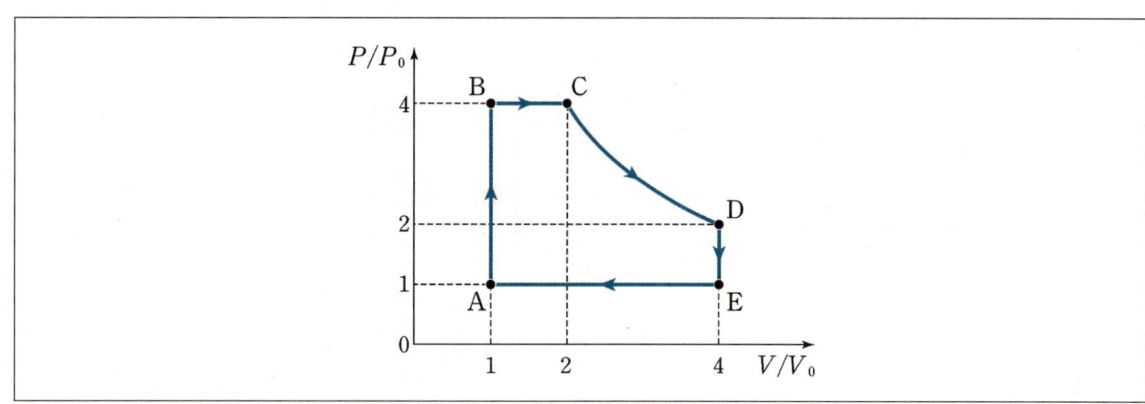

D → E → A 과정에서 방출된 열을 Q_{out}이라 하고, 한 번의 순환 과정에서 기체가 한 일을 W라 할 때, $\frac{|Q_{\text{out}}|}{P_0 V_0}$ 과 $\frac{|W|}{P_0 V_0}$ 를 각각 풀이 과정과 함께 구하시오. (단, R는 기체 상수이다.)

20-B11

11 그림 (가)는 1몰의 단원자 이상기체를 실린더에 넣어 용수철이 원래 길이에서 l만큼 줄어들어 피스톤이 정지해 있는 모습을 나타낸 것이다. 실린더와 피스톤은 단열되어 있다. 그림 (나)는 (가)에서 기체에 열을 서서히 가했더니 용수철이 $\dfrac{l}{2}$만큼 더 줄어서 힘의 평형을 이루어 피스톤이 정지해 있는 모습을 나타낸 것이다. 용수철 상수는 k이고, 용수철이 있는 부분은 진공이다.

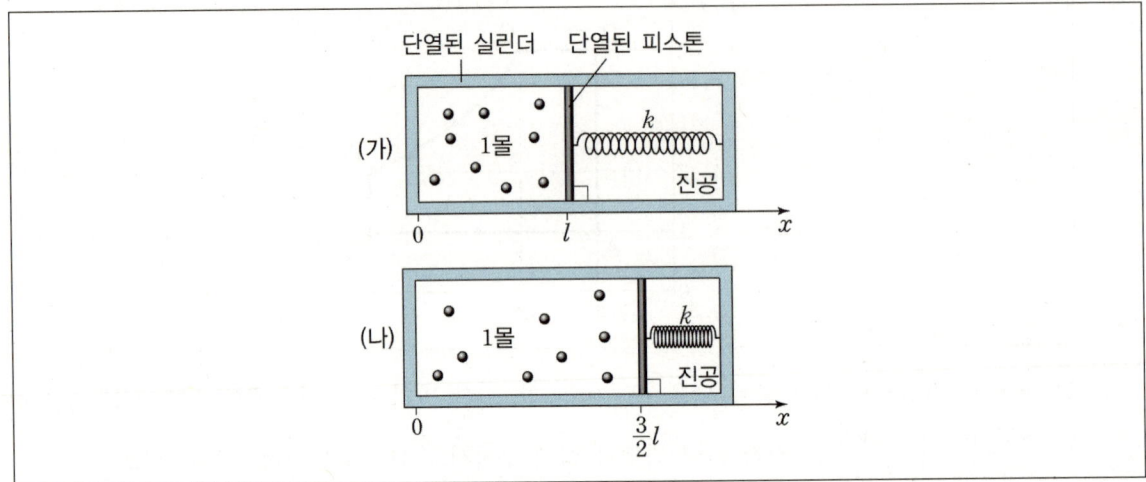

용수철이 원래 길이에서 $x\left(l \leq x \leq \dfrac{3}{2}l\right)$만큼 줄어들었을 때, 기체의 절대온도 T를 x, k, R로 나타내시오. (가)의 상태에서 (나)의 상태에 도달하는 동안 기체에 공급한 열량 Q를 풀이 과정과 함께 k와 l로 구하시오. 또한 (가)의 상태와 (나)의 상태에서 기체의 엔트로피의 차 $\triangle S$를 구하시오. (단, R은 기체상수이고, 실린더와 피스톤의 마찰은 무시한다.)

┤자료├
용수철이 원래 길이에서 x만큼 줄어들었을 때, 이상기체의 압력은 $P = \dfrac{kx}{A}$이고, 이상기체의 부피는 $V = Ax$이다. A는 피스톤의 단면적이다.

12 1몰의 단원자 분자 이상기체가 그림과 같이 시간에 따라 압력과 부피가 변하는 상태에 있다.
$$P(t) = P_0(1-\alpha\sin\omega t), \quad V(t) = V_0(1+\alpha\cos\omega t)$$
여기서 α는 1보다 작은 양의 상수이고, 각진동수 ω는 충분히 작아 계는 매 순간 열적 평형 상태를 만족하며 가역 현상이다.

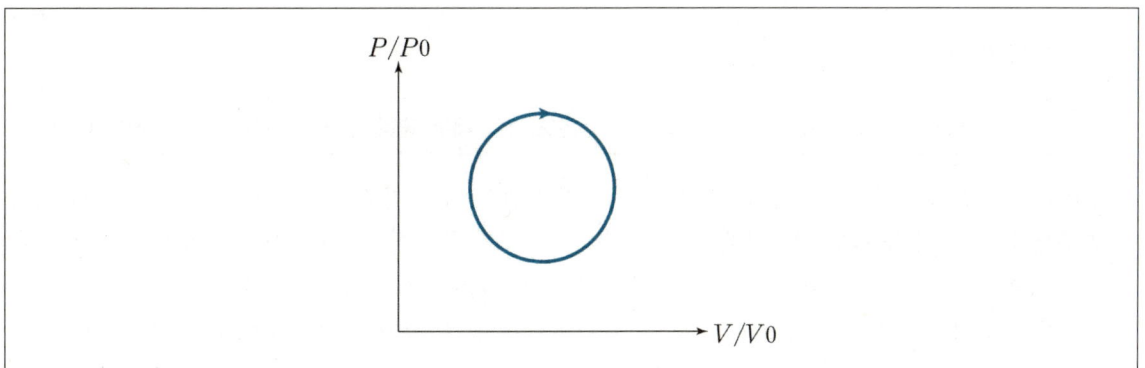

이때 한 순환 과정 $t=0$에서 $t=\frac{2\pi}{\omega}$ 동안 기체가 한 일 W를 구하고, 시간에 따른 기체의 내부 에너지를 $E(t)$라 할 때 내부 에너지 변화량 $\Delta E = E\left(t=\frac{\pi}{\omega}\right) - E(t=0)$를 구하시오. 또한 시간 $t_1 = \frac{\pi}{\omega}$에서 $t_2 = \frac{2\pi}{\omega}$까지의 엔트로피 변화량 $\Delta S = S\left(t_2=\frac{2\pi}{\omega}\right) - S\left(t_1=\frac{\pi}{\omega}\right)$를 풀이 과정과 함께 구하시오.
(단, 기체 상수는 R이다.)

Chapter 02 열통계역학의 기본

01 고전 열역학에서 통계로의 출발점

1. 열역학적 변수

> N : 입자수, V : 전체 부피, P : 압력, T : 온도, U : 내부 에너지, S : 엔트로피, F : 자유 에너지

우리는 이러한 변수들 중 몇 가지의 정보를 파악하고 관심 있는 변수들을 알아내고자 열역학 및 통계역학을 연구한다. 즉, 변수들 간의 상관관계를 통해 어떠한 정보가 주어질 때 무슨 정보를 알아낼 수 있는지를 공부하는 것이다. 특정 함수가 변수로 확정이 되면 그때 할 일은 우리가 배웠던 미분과 적분을 이용하여 새로운 변수를 정의하고 시스템을 이해하는 방식으로 나아가게 된다. 통계에서는 전미분 형식을 이용한다. 예를 들어 함수 $f(x, y)$가 x, y의 변수들의 정보로 이루어져있다고 하자. 그러면 y가 고정일 때 x의 미소 변화량 dx일 때 어떻게 함수가 변하는지, 반대로 x가 고정일 때 y의 미소 변화량 dy일 때 어떻게 함수가 변하는지를 확인한다.

$$df(x, y) = \frac{\partial f(x, y)}{\partial x} dx + \frac{\partial f(x, y)}{\partial y} dy$$

위에서 언급한 열역학적 변수는 다른 열역학적 변수들의 함수로 만들 수 있다.

쉽게 예를 들면 이상기체 상태 방정식 $PV = NkT$라고 하면

$P(V, T, N) = \dfrac{NkT}{V}$ ➡ 압력은 부피, 온도, 입자수의 변수로 함수를 생성한다.

$T(P, V, N) = \dfrac{PV}{Nk}$ ➡ 온도는 압력, 부피, 입자수의 변수로 함수를 생성한다.

위에서 언급한 변수들은 다른 변수들을 다양한 조합으로 함수를 형성한 것이므로 어떤 변수들로 이루어져 있는지 확인이 반드시 필요하다.

> 기체의 상태를 나타내는 방정식 : $PV = f(N)T$ ($\because$ P: 압력, V: 부피, T: 온도, N: 입자수)
> (단, 현실기체처럼 입자의 크기와 다른 요소들이 고려되는 경우 제외)

뉴턴역학에서는 운동방정식이 존재하고, 초기 조건 v_0와 s_0가 주어진다면 $a(t), v(t), s(t)$를 구할 수 있다. 즉, 모든 시간에 대해 뉴턴 역학의 물리적 변수인 가속도, 속도, 위치를 알아 내는 것이 목표이다. 통계 열역학에는 초기 조건이 주어지면 열역학적 변수를 구할 수 있는 것과 동일하다. 통계역학에서 시간이 등장하지 않는 이유는 비가역 현상에서 외부 개입이 없으면 항상 엔트로피가 증가하기에 엔트로피 S가 시간 t를 대변하기 때문이다. 가역 현상은 시간의 방향성에 대해 구별이 없다. 예를 들어 무한히 진동하는 진자운동이 있을 때 우리가 이를 촬영해서 필름을 거꾸로 돌리더라도 구별이 불가능한 것과 같다. 비가역 시스템은 시간의

방향성이 있으므로 외부 개입이 없으면 엔트로피는 항상 증가하게 되고, 만약 평형 상태에 이르게 된다면 더 이상 이전과 구별이 없어지므로 이때의 엔트로피는 최댓값이 된다. 예를 들어 방안에 구석에서 연기를 피우면 구석에서 점차 연기가 방안에 퍼지게 되는데 충분한 시간이 흐르게 되면 방안 전체에 연기가 구석구석 퍼지게 되고 이후에는 그 상태를 유지한다. 촬영하여 보면 퍼지는 순간에는 연기의 움직임이 발생하므로 시간 흐름이 인식되지만 방안 전체에 퍼지면 이때부터는 시간 흐름의 구별이 없어지게 된다. 그래서 비가역 현상에서는 엔트로피를 통계적 정의로 사용해야 한다.

2. 열역학 제1법칙

$$dQ = dU + PdV$$

(1) 기체의 내부 에너지 $U(N, T)$

내부 에너지는 기체의 전체 운동 에너지로 기술한다. 즉, 입자수 N과 온도 T로만 이루어져 있다.

(2) 기체가 한 일 $W = \int_{V_1}^{V_2} PdV$

기체가 부피팽창을 하면 외부로 일을 한다. 반대로 수축하면 한 일은 음수이다.

(3) 등적 열용량 C_V

입자수가 고정이고 부피가 일정할 때 단위 온도당 열량 변화

$$C_V = \left.\frac{\partial Q(T, V, N)}{\partial T}\right|_{V, N} = \left.\frac{\partial U(T, V, N)}{\partial T}\right|_{V, N}$$

(4) 등압 열용량 C_P

입자수가 고정이고 압력이 일정할 때 단위 온도당 열량 변화

$$C_P = \left.\frac{\partial Q(T, V, N)}{\partial T}\right|_{P, N}$$

3. 열역학 제2법칙

$$dQ = TdS \Rightarrow dS = \frac{dQ}{T}$$

고전적 가역 상태 엔트로피의 정의이다. 이것은 dQ라는 즉, 외부에 에너지를 공급하거나 방출하여 시스템이 고립 상태가 아닌 경우이다. 엔트로피는 상태함수이므로 초기 상태로 다시 온다면 변화값은 없다. 외부 개입이 없는 비가역적 엔트로피의 정의는 $S = k\ln\Omega$이고, 결국 에너지의 방향성, 고온에서 저온으로 열 이동이 자발적으로 일어남을 설명하기 위해서 도입된 개념이다. 추후 통계에서 자세히 언급하겠지만 엔트로피는 입자의 공간 및 에너지의 상태수와 관계된 개념이다.

$dQ = dU + PdV$

열역학 제1법칙과 열역학 제2법칙을 합하면

$TdS = dU + PdV$ …… ①

$dU = TdS - PdV$

N이 고정된 상태에서 내부 에너지는 S, V의 함수로 이뤄져 있다고 본다면

$$dU(S, V) = \left(\frac{\partial U}{\partial S}\right)_{V,N} dS + \left(\frac{\partial U}{\partial V}\right)_{S,N} dV$$

$$T = \left(\frac{\partial U}{\partial S}\right)_{V,N}, \quad -P = \left(\frac{\partial U}{\partial V}\right)_{S,N}$$

이 말은 내부 에너지가 엔트로피 S와 V의 함수로 되어 있을 때 온도 T와 압력 P를 알아낼 수 있다는 말이다. 입자수가 고정일 때 ①식으로부터 엔트로피는 내부 에너지 U와 부피 V의 함수가 됨을 알 수 있다.

$$dS(U, V) = \frac{1}{T}dU + \frac{P}{T}dV$$

$$\frac{1}{T} = \left(\frac{\partial S}{\partial U}\right)_{V,N}, \quad \frac{P}{T} = \left(\frac{\partial S}{\partial V}\right)_{U,N}$$

엔트로피가 내부 에너지 U와 V의 함수로 되어 있을 때 온도 T와 $\frac{P}{T}$를 알아낼 수 있다는 말이다.

내부 에너지가 T, V의 함수로 표현 가능함을 알고 있다. 엔트로피도 그렇게 표현된다고 한다면 아래 같은 식이 성립한다.

$$dU(T, V) = \left(\frac{\partial U}{\partial T}\right)_V dT + \left(\frac{\partial U}{\partial V}\right)_T dV$$

$$dS(T, V) = \frac{1}{T}\left[\left(\frac{\partial U}{\partial T}\right)_V dT + \left(\frac{\partial U}{\partial V}\right)_T dV\right] + \frac{P}{T}dV$$

$$= \frac{1}{T}\left(\frac{\partial U}{\partial T}\right)_V dT + \frac{1}{T}\left(\left(\frac{\partial U}{\partial V}\right)_T + P\right)dV$$

그런데 여기서 엔트로피를 가역적인 상태와 비가역적 상태를 동시에 알아보는 것은 엔트로피는 상태함수이므로 중간 과정은 중요하지 않고 처음과 나중만 중요하게 된다. 즉, 비가역적인 상태가 온도가 일정하게 유지된다면 가역적인 등온상태로 계산해도 같은 결과가 나오게 된다. 후자가 일반적으로 계산이 더 쉽다.

아래 그림과 같이 초기 P, V, T, N인 이상기체가 등온 팽창 하여 부피가 2배로 증가한 상황과 진공 팽창하여 부피가 2배로 증가한 상황을 보자. 엔트로피는 상태함수이므로 중간 과정은 고려하지 않고 오직 시작과 끝만 중요하다. 두 상황은 수학적으로 열역학적 변수가 초기값과 나중값이 동일하다. 그래서 물리적 상황은 다르지만, 수학적으로 엔트로피는 동일하다. 단, 등온 팽창은 실린더가 존재하므로 다시 원상태로 만들 수 있는 가역 시스템이고, 진공 팽창은 외부와 완벽히 차단되어 있으므로 다시 원상태로 되돌리기 불가능한 비가역 시스템이다.

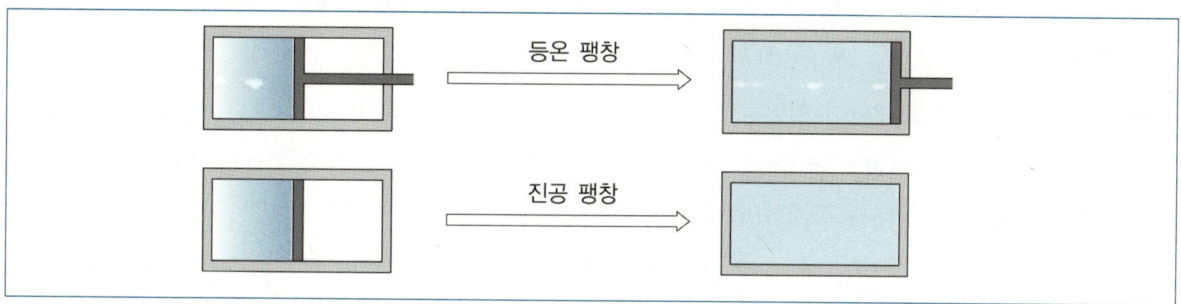

02 열평형 상태(열역학 제0법칙의 의의)

열평형 상태란 시스템이 안정화 상태 즉, 충분한 시간이 흘렀을 때 더 이상 변화하지 않는 상태를 말한다. 이것은 열통계적으로 엔트로피가 최댓값을 가진 상태로 정의한다.

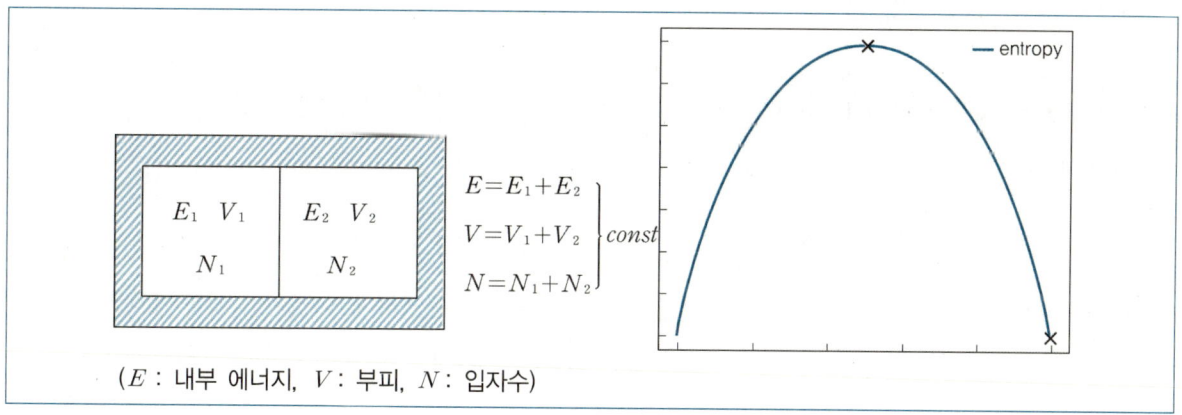

열평형 상태는 외부 개입이 없이 자연적으로 이루어지므로 가역적인 $dS = \dfrac{dQ}{T}$의 정의를 사용하지 못하지만 앞에서 언급하였던 것처럼 초기 상황과 나중 상황이 가역 시스템과 수학적으로 구별이 불가능하다면 열역학적 정의를 사용 가능하다.

볼츠만이 정의한 비가역 통계적 엔트로피 $S = k\ln\Omega$로 정의해야 한다.

E_1, V_1, N_1과 E_2, V_2, N_2로 이루어진 두 시스템이 서로 접촉되어 전도로 열 교환이 이뤄진다고 하자. 우리는 충분한 시간이 지났을 때 어떠한 일이 벌어지는지 관심이 있다.

에너지 보존 법칙 $E = E_1 + E_2 =$ 일정 ➡ $dE = dE_1 + dE_2 = 0$ …… ①

전체 시스템의 변수가 E_1, E_2, V_1, V_2, N_1, N_2로 이루어져 있으므로 계의 엔트로피는

$S(E, V, N) = S(E_1, V_1, N_1) + S(E_2, V_2, N_2)$

그런데 전도만으로 열 교환이 일어나므로 V_1, V_2, N_1, N_2은 고정값이다.

고립된 시스템의 엔트로피는 증가하는 방향으로 움직인다. 즉, 충분한 시간이 지나면 엔트로피는 최댓값을 가지게 되며 열평형 상태를 유지하여 극값을 가지게 된다.

$dS(E_1, E_2, V, N) = \dfrac{\partial S}{\partial E_1}dE_1 + \dfrac{\partial S}{\partial E_2}dE_2 = 0$

$dS(E, V, N) = dS_1(E_1, V_1, N_1) + dS_2(E_2, V_2, N_2)$

$\qquad\qquad\quad = \dfrac{\partial S_1}{\partial E_1}dE_1 + \dfrac{\partial S_2}{\partial E_2}dE_2 = 0$

개별적 고립 시스템은 자체적으로 평형 상태에 있으므로 가역 시스템의 특정 상황을 볼 수 있다.

$dS(E, V) = \dfrac{1}{T}dE + \dfrac{P}{T}dV$

$\dfrac{1}{T} = \left(\dfrac{\partial S}{\partial E}\right)_{V, N}$, $\dfrac{P}{T} = \left(\dfrac{\partial S}{\partial V}\right)_{U, N}$

이용하면

$dS(E, V, N) = \dfrac{1}{T_1}dE_1 + \dfrac{1}{T_2}dE_2 = 0$

식 ①을 대입하면 $T_1 = T_2$ 즉, 열평형 상태에서 두 계의 온도는 동일하다. 이것이 열역학 제0법칙이다. 열역학에서 통계적인 개념을 도입한 이후 경험적이고 실험적인 법칙이 유도되어 제0법칙이라고 한다.

03 자유 에너지의 정의

1. 외부 개입이 존재하는 시스템에서 열평형 상태의 확인

앞에서 시스템이 열평형 상태인지 아닌지를 확인하는 방법은 엔트로피를 정의하여 극값인지 아닌지 확인하는 방법을 알고 있다. 하지만 외부 개입이 존재한다면 엔트로피가 극값이 아닐 때 평형 상태에 이르게 된다. 예를 들어 중력이 없는 상태의 공간에서 이산화탄소 기체는 공간에 균일하게 퍼져 엔트로피가 최대가 되지만, 중력이 존재하는 공간에서는 바닥에 존재할 확률이 늘어나게 되어 이전과 상황이 달라지게 된다. 이를 해결하기 위해 자유 에너지의 개념이 도입된다. 이후에 왜 외부 개입이 존재할 때 자유 에너지가 극값으로 가는지를 배우게 된다.

2. 자유 에너지 F

$$F = U - TS$$

$$\begin{aligned} dF &= dU - TdS - SdT \\ &= (TdS - PdV) - TdS - SdT \\ &= -SdT - PdV \end{aligned}$$

$$-S = \left(\frac{\partial F}{\partial T}\right)_{V,\,N},\quad -P = \left(\frac{\partial F}{\partial V}\right)_{T,\,N}$$

외부 개입이 존재하여 열평형 상태에 도달하였을 때 온도와 부피 변화가 없으므로 자유 에너지는 극값을 갖는다.

자유 에너지의 정의는 온도와 부피가 일정한 상태에서 시스템이 가지는 최소한의 퍼텐셜 에너지다. 자유상태의 입자는 퍼텐셜 에너지가 낮아지는 쪽으로 움직이려는 경향이 있다. 역학으로 잠시 예를 들어보면 자유 에너지가 위치 에너지라고 한다면 물체는 위치 에너지가 극솟값을 가질 때 안정적인 상태를 유지할 수 있다.

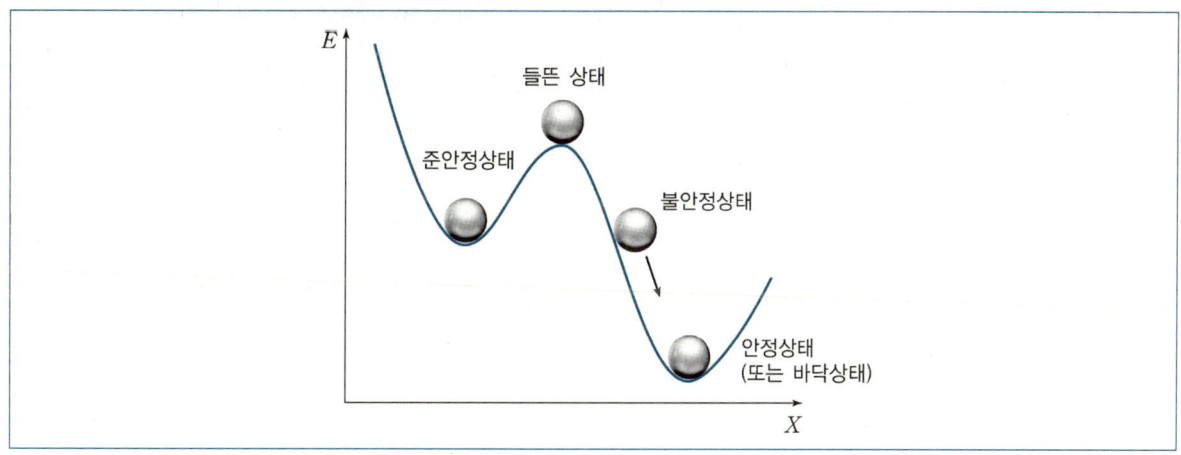

04 현실기체에서 열역학

1. 현실적인 기체에 적용된 상태변화와 상태 방정식

입자의 크기를 무시할 수 없을 때 입자수 N개의 반데르발스 기체의 상태 방정식은 다음과 같다.

$$\left(p+\frac{n^2 a}{V^2}\right)(V-nb)=nRT$$

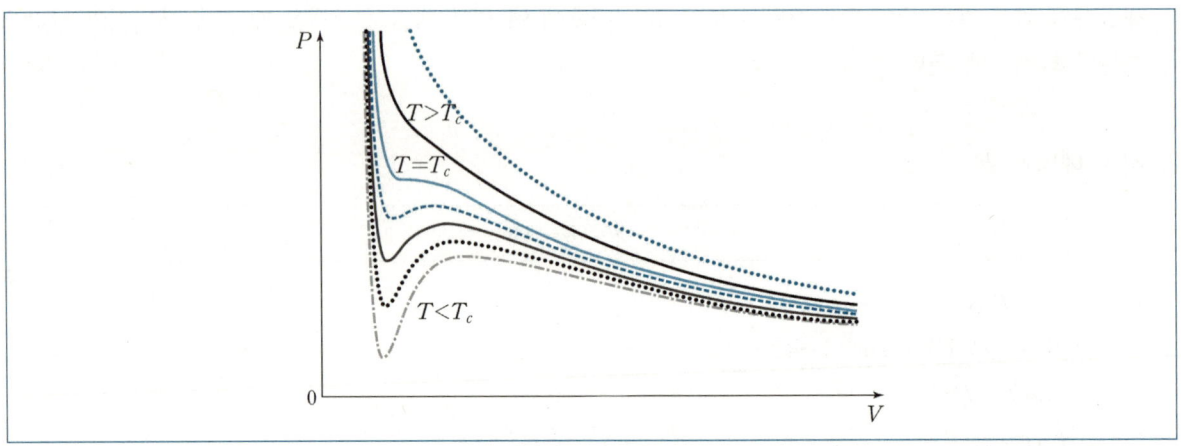

반데르발스 상태 방정식의 등온곡선을 보면 임계온도 T_c 이하에서는 수축할 때 압력의 기울기가 음수가 됨을 알 수 있다. 원래 이상기체는 화학결합이 없으므로 등온 수축하면 무조건 압력이 상승해야 한다. 그런데 임계온도 이하에서 압력이 주는 이유는 상변화하기 때문이다. 즉, 기체가 액체로 변화하면서 압력이 급격히 줄어들게 된다. 그리고 상변화를 모두 하고 나면 액체의 부피 변화는 매우 작으므로 압력이 급격히 상승하게 된다. 그리고 임계온도 이상에서는 상변화가 없이 이상기체와 비슷한 곡선과 같이 움직인다.

상변화가 일어나려면 등온상태에서 $P-V$그래프에 기울기 값이 변하는 극점이 존재해야 한다. 상변화가 일어나는 상태와 일어나지 않는 상태의 중간인 상황에서는 극소점과 극대점이 서로 만나게 되는 임계점이 형성된다. 임계점에서는 압력-부피 그래프에서 $\left(\frac{\partial p}{\partial V}\right)_{T_c}=\left(\frac{\partial^2 p}{\partial V^2}\right)_{T_c}=0$을 만족한다. 이때 임계압력 p_c, 임계부피 V_c, 임계온도 T_c를 각각의 상수 a, b, n, R로 나타낼 수 있다.

$$p_c=\frac{a}{27b^2},\ V_c=3nb,\ T_c=\frac{8a}{27bR},\ \frac{p_c V_c}{T_c}=\frac{3}{8}nR$$

현실기체의 에너지 보존 법칙: $dQ=dU+W$

상태 방정식이 매우 복잡하므로 단순화한 과정 외에는 알기 어렵다.

2. 현실기체의 등온 과정(가역 과정)

압력 P, 부피 V, 온도 T인 1몰의 반데르발스 기체는 다음과 같은 상태 방정식을 만족한다.

$$\left(P+\frac{a}{V^2}\right)(V-b)=RT$$

이 시스템의 엔트로피 변화는 다음을 만족한다.

$$TdS=C_V dT+T\left(\frac{\partial P}{\partial T}\right)_V dV$$

예제 1 온도가 T인 반데르발스 기체 1몰이 부피 V_0에서 $2V_0$로 등온 팽창하는 동안 기체가 외부에 한 일 W를 구하시오. 또한 엔트로피 변화 ΔS를 구하시오. (단, 상태 방정식은 $\left(P+\frac{a}{V^2}\right)(V-b)=RT$이고, 여기서 a, b, R은 모두 상수이다.)

정답

1) $W=RT\ln\dfrac{2V_0-b}{V_0-b}+a\left(\dfrac{1}{2V_0}-\dfrac{1}{V_0}\right)$, 2) $\Delta S=\displaystyle\int_{V_1}^{V_2}\left(\dfrac{\partial P}{\partial T}\right)_V dV=\int_{V_1}^{V_2}\dfrac{R}{V-b}dv=R\ln\dfrac{2V_0-b}{V_0-b}$

풀이

$$P=\frac{RT}{V-b}-\frac{a}{V^2}$$

$$W=\int_{V_1}^{V_2}PdV=\int_{V_1}^{V_2}\left(\frac{RT}{V-b}-\frac{a}{V^2}\right)dV$$

$$\therefore W=RT\ln\frac{2V_0-b}{V_0-b}+a\left(\frac{1}{2V_0}-\frac{1}{V_0}\right)$$

$$TdS=C_V dT+T\left(\frac{\partial P}{\partial T}\right)_v dV=T\left(\frac{\partial P}{\partial T}\right)_V dV$$

$$\therefore \Delta S=\int_{V_1}^{V_2}\left(\frac{\partial P}{\partial T}\right)_V dV=\int_{V_1}^{V_2}\frac{R}{V-b}dv=R\ln\frac{2V_0-b}{V_0-b}$$

3. 현실기체의 자유 팽창(비가역 과정)

예제 2 다음 그림과 같이 부피가 모두 V_0인 2개의 단열 용기가 밸브를 통해 연결되어 있다. 왼쪽 용기에는 1몰 반데르발스 기체가 채워져 있고, 오른쪽 용기는 진공 상태이다. 잠겨있던 밸브를 열었더니 기체가 자유롭게 팽창하여 부피가 $2V_0$이 되고 평형 상태에 도달하였다. 이 과정에서 기체는 일을 하지 않는다.

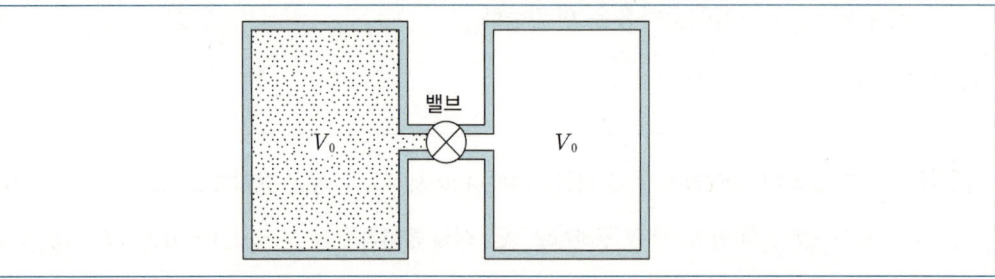

이때 기체의 내부 에너지 변화 ΔE를 구하고, 〈자료〉를 참고하여 기체의 온도 변화 ΔT를 풀이 과정과 함께 구하시오. (단, 용기와 밸브의 비열은 무시하며, 팽창하는 동안 기체의 정적 비열 C_V는 일정하다고 가정한다.)

자료
- 1몰 반데르발스 기체의 상태 방정식은 다음과 같다.
$$\left(p + \frac{a}{V^2}\right)(V-b) = RT$$
  a와 b는 상수, p는 기체의 압력, V는 기체의 부피, T는 기체의 절대온도, R은 기체 상수이다.
- 기체의 내부 에너지 E의 미소 변화는 다음과 같다.
$$dE = C_V dT + \left[T\left(\frac{\partial p}{\partial T}\right)_V - p\right]dV$$

정답 1) $\Delta E = 0$, 2) $\Delta T = -\dfrac{a}{2C_V V_0}$

풀이

$\left(p + \dfrac{a}{V^2}\right)(V-b) = RT$ 식을 내부 에너지 미소 변화식에 대입하여 정리하면

$$dE = C_V dT + \left[T\left(\frac{\partial p}{\partial T}\right)_V - p\right]dV$$

$$= C_V dT + \frac{a}{V^2}dV$$

양변을 각각의 변수에 대해 적분하면

$\Delta E = C_V \Delta T - a\left(\dfrac{1}{V_2} - \dfrac{1}{V_1}\right)$ 이 된다.

단열 자유 팽창이므로 열역학 1법칙 $\Delta Q = \Delta E + W$에 의해서 기체가 한 일 $W=0$이고 단열 과정이므로 ΔQ가 0이므로 기체의 내부 에너지 변화 $\Delta E = 0$이다.

$\Delta T = \dfrac{a}{C_V}\left(\dfrac{1}{2V_0} - \dfrac{1}{V_0}\right)$

$\therefore \Delta T = -\dfrac{a}{2C_V V_0}$

연습문제

21-A4

01 N개의 입자로 이루어진 계가 있다. 이 계의 허용 가능한 상태수는 $\Omega = aU^N V^N$ 이고, a는 상수, U는 내부 에너지, V는 부피이다.

> **자료**
> 엔트로피 $S = k_B \ln \Omega$ 의 변화량 dS는
> $$dS = \frac{1}{T}dU + \frac{p}{T}dV = \left(\frac{\partial S}{\partial U}\right)_V dU + \left(\frac{\partial S}{\partial V}\right)_U dV$$
> 이고, k_B는 볼츠만 상수이다.

이때 U와 압력 p를 각각 N, V, T로 나타내시오.

02 부피 V와 온도 T 상태의 흑체 복사 방출에너지는 $U(T, V) = \dfrac{4\sigma}{c}VT^4$ 이다. 이때 방출 압력은 $P = \dfrac{4\sigma}{3c}T^4$ 이고, 이 과정은 등엔트로피과정(quasi-static and adiabatic)으로 팽창하고 있다. 계의 엔트로피변화가 없음을 이용하여, 이 과정의 온도와 부피의 관계식 즉, $TV^k =$ 일정 을 만족할 때 k값을 구하시오.

03 어떤 기체의 내부 에너지가 다음과 같다.

$$U(S,\ V,\ N) = U_0 \left(\frac{N}{N_0}\right)^{\frac{5}{3}} \left(\frac{V_0}{V}\right)^{\frac{2}{3}} e^{\frac{2}{3}\left(\frac{S-S_0}{Nk}\right)}$$

이때 기체의 엔트로피 $S(T,\ V,\ N)$와 기체의 등적열용량 C_V를 구하시오. 그리고 자유 에너지 $F(T,\ V,\ N)$를 구하시오.

04 입자수 N개의 반데르발스 기체의 상태 방정식은 다음과 같다.

$$\left(p + \frac{N^2 a}{V^2}\right)(V - Nb) = NkT$$

기체의 엔트로피 변화 $dS(T, V) = \frac{C_V}{T} dT + \left(\frac{\partial p}{\partial T}\right)_V dV$를 만족한다. 온도와 부피가 T_0, V_0에서 T, V로 변화하였을 때, 엔트로피 변화량 $\Delta S(T, V)$와 내부 에너지 변화량 $\Delta U(T, V)$를 각각 구하시오.

05 다음 그림과 같이 동일한 개수의 단원자 분자 이상기체가 2개의 영역으로 나뉘어 있는데 부피가 V_1, V_2이고 온도가 T_1, T_2이다. 기체는 칸막이로 나뉘어져 있고 압력은 서로 동일하다. 이상기체의 온도와 압력, 그리고 입자수에 대한 엔트로피는 다음과 같다.

$$S(T,\ V,\ N) = Nk\left(\frac{5}{2} + \ln\left(\frac{VT^{3/2}}{aN}\right)\right)$$

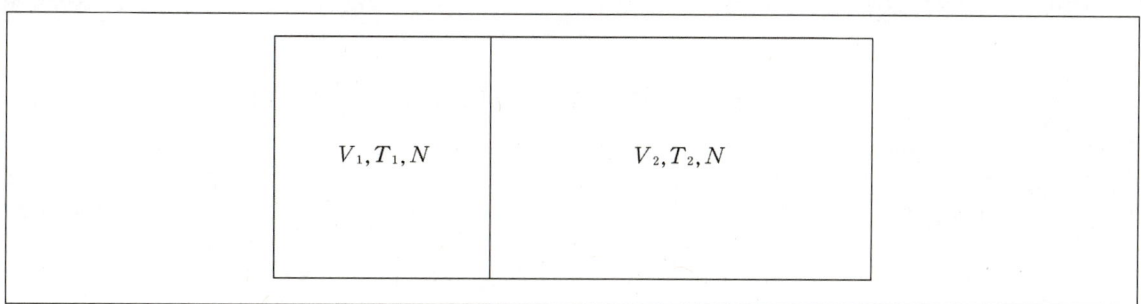

여기서, a는 양의 상수이다. 칸막이가 제거되어 혼합된 기체가 새로운 열적 평형 상태에 도달하였을 때, 온도 T를 구하고 계의 전체 엔트로피 변화값 ΔS를 구하시오. (단, k는 볼츠만 상수이고, 계는 외부와 단열 상태이다.)

Chapter 03 고전 통계

01 통계 기본 정리

통계	통계적 정의	시스템	변수	기본정의	물리적 예시
고전 통계	작은 바른틀 앙상블(Micro canonical Ensemble)	거시 상태	E, V, N	$\Sigma(E, V, N) = \int \Omega(E, V, N) dE$	고전 이상기체
MB	바른틀 앙상블 (Canonical Ensemble)	연속 미시	T, V, N	$Z(T, V, N) = \int D(E) e^{-\beta E} dE$	기체 분자
MB	바른틀 앙상블 (Canonical Ensemble)	불연속 미시	T, V, N	$Z(T, V, N) = \sum g_i e^{-\beta E_i}$	양자적 조화진동자
BE	큰 바른틀 앙상블(Grand canonical Ensemble)	보존	T, V, μ	$N = \int D(E) n_{BE} dE$	흑체 복사
FD	큰 바른틀 앙상블(Grand canonical Ensemble)	페르미온	T, V, μ	$N = \int D(E) n_{FD} dE$	페르미 기체 모형

※ μ : 계의 바닥상태일 때 최고의 에너지($T=0$)

통계는 입자의 에너지와 위치의 상태수를 표현하는 데부터 시작이 된다. ($\Omega \leftrightarrow D \leftrightarrow g$)

앙상블(Ensemble)이란 전체적 조화 혹은 오케스트라 합주단을 의미한다. 오케스트라에서 악기에서 나오는 선율 하나하나가 전체적인 화음으로 우리에게 하나의 감동스런 음악을 선사하듯 통계에서 입자들이 하나하나 모여 전체적인 시스템을 형성하여 우리에게 물리적인 의미를 부여하게 한다. 그래서 통계에서 앙상블(Ensemble)이란 단어를 사용한다. 또한 바른틀(Canonical)이란 통계적 정의에 맞는 시스템을 의미한다.

1. 고전 거시 통계

고전 통계에서 작은 바른틀 앙상블(Micro canonical Ensemble)은 특정 에너지 E상태일 때 입자들이 모두 같은 에너지를 가지고 있다고 생각하므로 에너지 분포를 고려하지 않기에 '작은'이라는 말이 포함된다. 이것은 고전적인 이상기체 모델을 설명할 때 사용된다. 제한된 부피에서 입자의 에너지에 따른 운동량의 상태수를 찾는 것이 핵심이다.

2. 고전 미시 통계

MB(맥스웰-볼츠만) 통계에서는 연속적인 미시 상태(하나의 기체가 가질 수 있는 에너지 상태가 연속)를 설명하는데 이때는 총 상태수가 분배함수라는 새로운 정의가 도입이 된다.

MB(맥스웰-볼츠만) 통계에서는 불연속적인 미시 상태(하나의 기체가 가질 수 있는 에너지 상태가 불연속)를 설명하기도 한다. 이는 주로 양자적 조화진동자 $E_1 = \hbar\omega\left(\frac{1}{2}+n\right) n = 0, 1, 2 \cdots$처럼 불연속 에너지를 설명하는데 활용된다.

3. 양자 통계

양자 통계에서는 입자의 생성과 소멸이 끊임없이 일어나므로 우리는 시스템의 입자수를 정확히 특정하는 것이 불가능하다. 흑체 복사는 외부에서 빛이 들어오고 또한 내부에서 방출하는 소통이 일어나므로 정확한 입자수 특정이 어렵다. 또한 FD(페르미-디락)은 전자들이 전이되어 특정 에너지 상태에 있는 것을 정확히 확정짓는 것이 하이젠베르크의 불확정성 원리 $\Delta E \Delta t \geq \frac{\hbar}{2}$로 인해 불가능하다. 따라서 우리는 고전과 같이 입자수를 특정하지 못하고 근사적으로 구하는 것부터 출발한다. 두 경우를 보면 외부와 끊임없는 소통이 이뤄진다. 보존의 경우 방출과 소멸, 페르미온의 경우 측정이라는 요소가 작용한다. 그래서 큰 바른틀 앙상블이라는 용어적 정의를 한다.

(1) BE(보제-아인슈타인) 통계

BE(보제-아인슈타인) 통계는 특정 진동수를 가진 광자의 에너지 상태가 불연속이라는 플랑크 아이디어에서 출발하여 모든 진동수의 분포를 갖는 흑체 복사를 설명 가능하게 한다. 흑체 복사는 온도를 가진 시스템이 자체적으로 광자를 배출하기 때문에 실제 내부 입자수 N을 파악하기 힘들다.

(2) FD(페르미-디락) 통계

FD(페르미-디락) 통계는 파울리 배타 원리로 인해 한 에너지 상태에 한 개의 선사만이 들어갈 수 있다. 그러면 절대온도일 때는 입자들이 바닥상태부터 차례대로 채워지는데 가장 높은 에너지를 페르미 에너지라고 한다. 그러면 상태 밀도 $D(E)$를 페르미 에너지 E_F까지 적분하면 우리는 시스템의 입자수를 예측 가능하다.

끝으로 오케스트라에 비유하면 고전 거시 통계는 오직 하나의 악기로만 이루어진 피아노 연주, 고전 미시 통계는 고정된 여러 악기로 이루어진 오케스트라, 양자 통계는 탈퇴와 가입이 끊임없이 이루어진 오케스트라이다.

02 순수 통계의 시작

볼츠만은 통계를 상태수의 정의로부터 출발하였다. 상태수 Ω는 (입자 N개를 가능한 에너지 상태 개수 r개로 분포시키는 가짓수)×(공간 V에 입자 N개를 배치시키는 가짓수)이다.

1. 상태개수 Ω와 엔트로피 S의 관계 정의

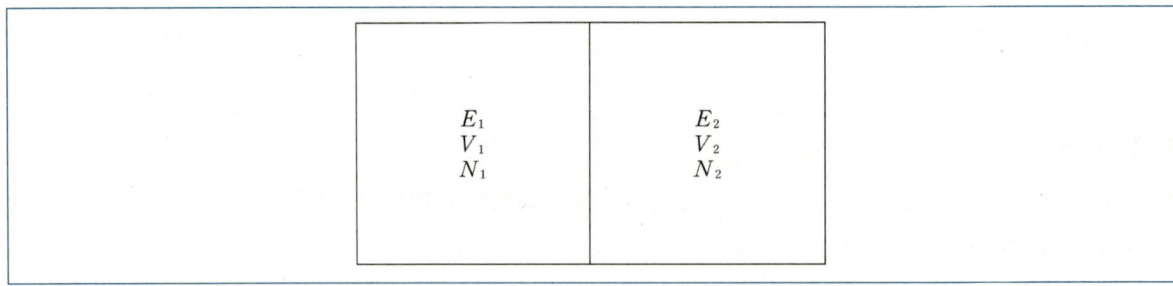

$E = E_1 + E_2 \;\Rightarrow\; dE_1 + dE_2 = 0$
$V = V_1 + V_2 \;\Rightarrow\; dV_1 + dV_2 = 0$
$N = N_2 + N_2 \;\Rightarrow\; dN_1 + dN_2 = 0$

입자들의 위치와 에너지 상태수를 $\Omega(E, V, N)$라 하면 상태수는 각각의 상태수의 곱으로 이루어진다.
총 상태수는 $\Omega(E, V, N) = \Omega_1(E_1, V_1, N_1) \times \Omega_2(E_2, V_2, N_2)$ …… ①

평형 상태에서는 가장 큰 상태수를 만족한다. 외부 개입이 존재할 때는 Ω는 최댓값에서 평형 상태가 아닐 수 있다.

평형 상태 = $\Omega_{\max}(E, V, N) \;\Rightarrow\; d\Omega_{\max} = 0$

$d\Omega = \Omega_2 d\Omega_1 + \Omega_1 d\Omega_2$ …… ②

식 ②의 양변을 식 ①로 나누면

$$\frac{d\Omega}{\Omega} = \frac{d\Omega_1}{\Omega_1} + \frac{d\Omega_2}{\Omega_2}$$

$\ln \Omega = \ln \Omega_1 + \ln \Omega_2 = \ln(\Omega_1 \Omega_2)$

일관성을 잃지 않는 선에서 우리는 새로운 함수 $S(E, V, N)$을 이렇게 정의한다.

$$S(E, V, N) = k \ln \Omega(E, V, N)$$
$$S(E, V, N) = S_1(E_1, V_1, N_1) + S_2(E_2, V_2, N_2)$$

그렇다면 우리는 입자수 N이 주어질 때 부피 V와 에너지 E에 대해서 상태수 $\Omega(E, V, N)$을 정의해서 찾을 수만 있다면 통계적으로 열평형과 열의 방향성을 설명할 수 있게 된다.

> 통계적 엔트로피 정의: $S = k \ln \Omega$

Ω는 (입자 N개를 가능한 에너지 상태 개수 r개로 분포시키는 가짓수)×(공간 V에 입자 N개를 배치시키는 가짓수)이다.

(1) 에너지 상태개수 Ω_E

거시적 통계에서는 모든 입자의 에너지가 동일하다고 가정한다.

입자 한 마리의 운동 에너지는 $\epsilon = \frac{1}{2}mv^2 = \frac{1}{2}m(v_x^2 + v_y^2 + v_z^2)$이다. 이때 각 입자들이 에너지가 동일하다고 해서 모두 x, y, z축의 운동 에너지가 동일한 것은 아니다. 그래서 에너지에 따른 입자의 에너지 상태개수가 정해지게 된다. 단, 에너지가 동일한 상태라면 상태 개수는 같다. 에너지에 따른 상태 개수는 다음 시간에 자세히 다루기로 하자. 앞으로 우리는 에너지 상태에 대해 자세히 다룰 것이다. 시스템에 따라서 에너지 분포와 계산이 달라지게 된다.

① 고전 거시 통계

모든 입자의 에너지는 동일하다. ➡ 에너지 확률 분포가 없고 x, y, z의 운동 에너지 가짓수만 고려하면 된다.

② 미시 통계(MB)

구별 가능한 입자의 에너지는 맥스웰-볼츠만 통계를 가진다. 이때는 입자들의 에너지가 다양하게 분포되어 있다. 그래서 가짓수를 고려할 때 통계함수를 도입해야 한다. 예를 들어, 전체 에너지가 100인 시스템이 있는데 에너지 1을 가진 입자도 있고 에너지 2를 가진 입자도 있는 것이다. 그런데 이 둘을 발견할 확률이 다르다. 그래서 동일하게 취급하여 배치시키면 안 된다. 성인 키의 합이 100m라 하자. 170cm인 사람들로 구성하는 거랑 2m 넘는 사람들로 구성하려고 할 때 누가 더 빨리 인원 배치를 시킬 수 있겠는가? 평균 키를 가진 사람은 길을 가다 쉽게 마주칠 수 있으므로 아주 쉽게 배치할 수 있지만(확률이 높나), 2m인 사람들로만 배치하려고 하면 배구선수나, 농구선수를 찾아가야 한다.(확률이 낮다.)

③ 양자통계(BE/FD)

구별 불가능한 입자의 에너지는 각각 보제-아인슈타인 통계와 페르미-디랙 통계를 가진다. 광자는 BE 통계를 따르고, 전자는 FD 통계를 따른다. 이는 응용 통계 시간에 자세히 다루기로 하자.

(2) 공간 배치(제한된 부피 V에 입자가 들어갈 수 있는 총 상태수)

입자 개수가 매우 클 때, 볼츠만의 아이디어는 공간을 격자로 나눠서 입자를 격자에 배치시키는 방식으로 통계를 계산하였다. 입자의 무질서도 즉, 엔트로피는 여유 공간이 증가함에 따라 커진다고 가정하였다. 예를 들어 금괴가 노량진 사육신 공원에 묻혀있다고 하면 사육신 공원만 파면 되지만, 우리나라 어딘가에 묻혀있다고 한다면 파야 할 공간은 급격히 증가하게 된다. 제한된 부피 V에 입자의 개수가 N개라면 입자당 여유 공간(평균 차지하는 공간)은 $\frac{V}{N}$가 되고, 여유 공간의 수는 입자 개수와 동일하게 N개가 된다. 금괴가 존재할 특정 공간이 커짐에 따라 파야 할 경우의 수가 증가하는 것처럼 입자당 여유 공간이 크면 클수록 상태수가 상승하게 된다. 총 상태수는 입자가 구별 가능하다면 중복 순열로 $\left(\frac{V}{N}\right)^N$에 비례하게 된다.

① 총 공간 상태수

$$\Omega(N, V) \simeq \left(\frac{V}{N}\right)^N$$

만약 입자수가 그대로 이고, 허용 가능한 공간이 V에서 $2V$로 증가하게 된다면 총 공간 상태수는 다음과 같이 변화한다.

$$\left(\frac{V}{N}\right)^N \Rightarrow \left(\frac{2V}{N}\right)^N$$

② 입자수 N이 작을 때 특정 상태수

기본 공간에 입자수가 적은 경우에는 직접적인 계산이 가능하다. 입자수가 매우 커지게 되면 경우의 수가 상상을 초월하기 때문에 근사적 방법을 사용하지만 입자수가 작은 경우에는 공간을 상황에 맞게 나누어 특정 공간에 들어갈 가짓수 즉, 이항정리 형태로 이해할 수 있다.

공간의 개수가 r개로 주어진다고 하자. 이때 r개의 공간에 입자 N개를 배치시키는 것이므로 다음과 같다.

$$\text{입자수가 적을 때 총 상태수: } \Omega = r^N$$

r개의 공간이 각각 $a, b, c, \cdots$ 방으로 이루어져 있다면 특정 공간의 배치수는 $(a+b+c+\cdots)^N$의 특정 항의 상태수와 동일하다. 예를 들어 공간의 개수 $r = 2$으로 a와 b 2개의 방으로 이루어져 있고 입자수가 4일 때, a방에 입자 3개, b방에 입자 1개가 배치되는 상태수는 $_4C_3 \times _1C_1 = 4$이다.

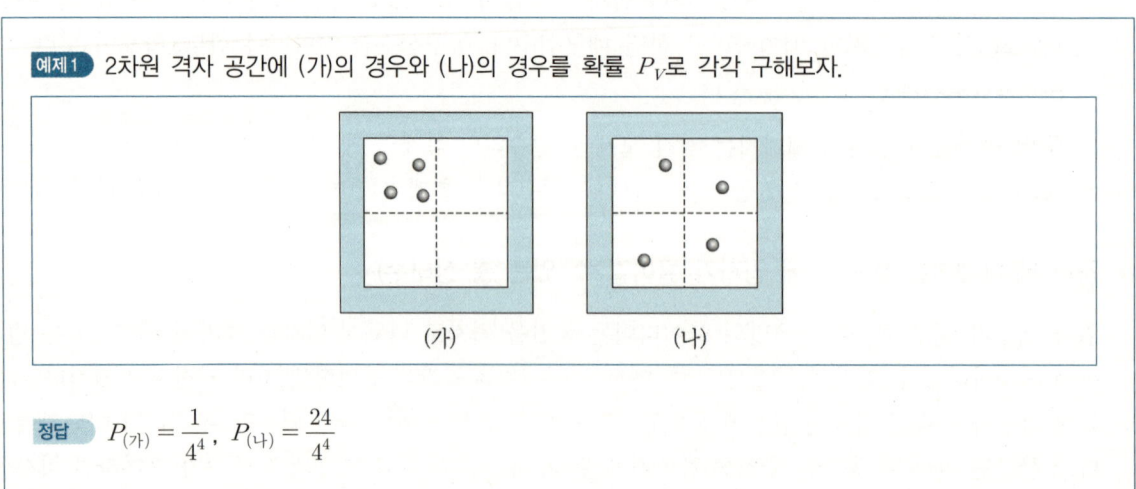

예제 1 2차원 격자 공간에 (가)의 경우와 (나)의 경우를 확률 P_V로 각각 구해보자.

정답 $P_{(가)} = \frac{1}{4^4}$, $P_{(나)} = \frac{24}{4^4}$

[풀이]

전체 공간에서 격자로 주어진 공간이 4개이고, 입자수는 4개이다.

총 상태수 : 4^4

(가)와 같은 상태의 수는 한쪽에 4개를 채우는 경우이므로 경우의 수는 4개의 방 중에 모두 특정 a방을 선택할 가짓수이므로 $_4C_4$이다.

$$\therefore P_{(가)} = \frac{1}{4^4}$$

(나)와 같은 상태의 수는 4개의 모퉁이에 각각 하나씩 채우는 경우이므로 입자 중 하나를 선택해서 a방에 채우고, 나머지 3개 입자 중 하나를 선택해서 b방에 채우고, 또 나머지 입자 2개 중 하나를 선택해서 c방에 채우는 가짓수이므로 $_4C_1 \times {}_3C_1 \times {}_2C_1 = 24$ 이다.

$$\therefore P_{(나)} = \frac{24}{4^4}$$

참고로 이것을 수학으로 바라보기 시작하면 골 때려지기 시작한다. 볼츠만은 입자가 구별 가능한지 불가능한지 따위에는 관심 자체가 없었다. 구별 가능하든 불가능하든 간에 확산은 일어나기 때문이다. 즉, 자연 상태에서 (가) 상태에 있다면 입자는 (나) 상태로 변화하는 게 확률 상 유리하다는 것이다. 입자수가 아보가드로수 10^{23}만큼 존재한다면 (나) 상태에서 (가) 상태로 자연적으로 갈 확률은 우주 망할 때까지 일어날 확률이 없다.

예제 2 윷놀이

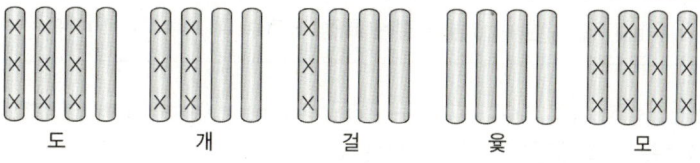

도　　　개　　　걸　　　윷　　　모

[풀이]

각 나무토막을 입자로 생각하고, 입자의 앞면, 뒷면을 공간으로 생각하면 입사 하나당 공간 상태는 2개이다. 즉, 기본 공간인 방이 2개가 있는데 이곳에 4개의 입자를 배치시키는 경우의 수와 동일하다.

총 상태수 : $2^4 = 16$

특정 상태수 : $(앞 + 뒤)^4$

도 : 4개 중 앞면이 3개, 뒷면이 1개 이므로 $_4C_1 = 4$
개 : 4개 중 앞면이 2개, 뒷면이 2개 이므로 $_4C_2 = 6$
걸 : 4개 중 앞면이 1개, 뒷면이 3개 이므로 $_4C_3 = 4$
윷 : 4개 중 앞면이 0개, 뒷면이 4개 이므로 $_4C_4 = 1$
모 : 4개 중 앞면이 4개, 뒷면이 0개 이므로 $_4C_0 = 1$

따라서 개의 상태수가 가장 크므로 확률이 가장 높고, 통계적 개념으로 말하면 엔트로피가 가장 높다.

그런데 여기서 입자가 구별 가능하든 불가능하든 윷놀이에서 도가 나올 확률은 동일하다. 즉, 특정 '빽도' 말고 윷놀이에 번호가 쓰여 있든 색깔이 칠해져 있든 '도가 나올 확률은 변하지 않는다는 것이다. 그래서 에너지 분포 말고 순수 공간 분포만 고려한다면 고전 통계(양자 통계 제외) 입자는 구별 가능한지 불가능한지가 크게 의미가 없다. 다시 말하면 우리는 입자의 확산이 일어나는 이유를 설명하기 위해 통계를 배우는 것이지 수학적으로 계산하려고 배우지 않는다. 고립된 계에서 시간이 흐르면 어느 상태로 갈 확률이 가장 높은가를 배우는 게 통계이다.

※ 입자수가 많을 때와 적을 때의 비교

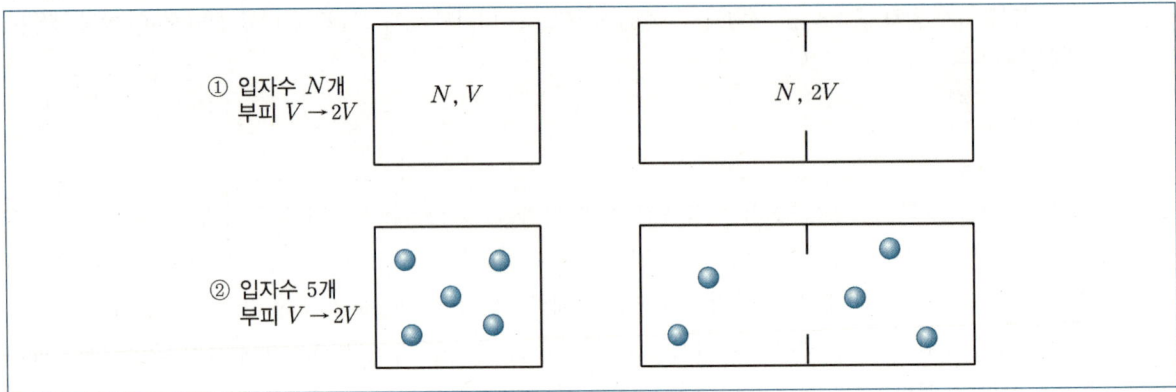

① 총 상태수 $\Omega(N, V) \simeq \left(\dfrac{V}{N}\right)^N$ ➡ $\Omega'(N, 2V) \simeq \left(\dfrac{2V}{N}\right)^N$

② 총 상태수 : $\Omega(N=5, r=1) = 1^5 = 1$ ➡ $\Omega'(N=5, r=2) = 2^5 = 32$
방이 2개고, 입자수가 5개일 때, 오른쪽 그림과 같은 특정 상태수 $_5C_2 \times _3C_3 = 10$개다.

예제 3 입자 N개가 에너지 상태 $+\epsilon$과 $-\epsilon$의 두 상태만 가능하다. 에너지가 $+\epsilon$인 상태의 입자수를 N_+, 에너지가 $-\epsilon$인 상태의 입자수를 N_-라 할 때 입자의 에너지는 $E = (N_+ - N_-)\epsilon$ 이다. (단, $N \gg 1$일 때, $\ln N! \simeq N \ln N$이다.)
1) 입자의 가능한 상태수 $\Omega(E, N)$을 구하고, 이로부터 엔트로피 $S(E, N)$을 구하시오.
2) 이 시스템의 온도 T를 구하시오.
3) 온도가 $T \to 0$일 때 N_+, N_-를 구하시오.
4) 온도가 $T \to \infty$일 때 각각 N_+, N_-를 구하시오.

풀이

1) 입자를 2그룹으로 나누는 가짓수이므로 $\Omega(E, N) = {_N}C_{N_+} = \dfrac{N!}{N_+! N_-!}$ 이다.

$E = (N_+ - N_-)\epsilon,\ N = N_+ + N_-$

$N_+ = \dfrac{1}{2}\left(N + \dfrac{E}{\epsilon}\right),\ N_- = \dfrac{1}{2}\left(N - \dfrac{E}{\epsilon}\right)$

따라서 $\Omega(E, N) = \dfrac{N!}{N_+! N_-!} = \dfrac{N!}{\left[\dfrac{1}{2}\left(N + \dfrac{E}{\epsilon}\right)\right]! \left[\dfrac{1}{2}\left(N - \dfrac{E}{\epsilon}\right)\right]!}$

$$S(E, N) = k\ln\Omega(E, V)$$
$$= k\ln(N!) - \ln\left(\left[\frac{1}{2}\left(N+\frac{E}{\epsilon}\right)\right]!\right) - \ln\left(\left[\frac{1}{2}\left(N-\frac{E}{\epsilon}\right)\right]!\right)$$
$$\simeq kN\ln N - \frac{k}{2}\left(N+\frac{E}{\epsilon}\right)\ln\left[\frac{1}{2}\left(N+\frac{E}{\epsilon}\right)\right] - \frac{k}{2}\left(N-\frac{E}{\epsilon}\right)\ln\left[\frac{1}{2}\left(N-\frac{E}{\epsilon}\right)\right]$$

2) $dS(E, N) = \left(\frac{\partial S}{\partial E}\right)_N dE$

$$dS = \frac{1}{T}dE + \frac{p}{T}dV$$

$$\frac{1}{T} = \left(\frac{\partial S}{\partial E}\right)_N = -\frac{k}{2\epsilon}\ln\left[\frac{1}{2}\left(N+\frac{E}{\epsilon}\right)\right] - \frac{k}{2\epsilon} + \frac{k}{2\epsilon}\ln\left[\frac{1}{2}\left(N-\frac{E}{\epsilon}\right)\right] + \frac{k}{2\epsilon}$$

$$= \frac{k}{2\epsilon}\ln\left[\frac{N-\frac{E}{\epsilon}}{N+\frac{E}{\epsilon}}\right]$$

3) $T \to 0$일 때 $\frac{1}{T} = \frac{k}{2\epsilon}\ln\left[\frac{N-\frac{E}{\epsilon}}{N+\frac{E}{\epsilon}}\right] = \frac{k}{2\epsilon}\ln\left[\frac{2N_-}{2N_+}\right]$ ➡ $N_+ \to 0,\ N_- \to N$

4) $T \to \infty$일 때 $\frac{1}{T} = \frac{k}{2\epsilon}\ln\left[\frac{N-\frac{E}{\epsilon}}{N+\frac{E}{\epsilon}}\right] = \frac{k}{2\epsilon}\ln\left[\frac{2N_-}{2N_+}\right]$ ➡ $N_+ \to \frac{N}{2},\ N_- \to \frac{N}{2}$

2. 고전 거시 통계(작은 바른틀 앙상블)

(1) 모든 입자의 에너지는 동일

앞에서 입자수가 매우 많은 경우에 약간의 논리성을 가지고 근사적으로 유추하여 공간의 배치수를 구하였다. 이제는 좀 더 수학적으로 공간과 에너지 모두를 고려한 총 상태수를 구해보고자 한다. 먼저 위상공간을 정의해야 한다. 위상공간은 위치의 차원과 운동량의 차원으로 이루어진 수학적인 공간을 의미한다. 총 상태수는 공간의 배수와 에너지 상태수의 곱 $\Omega = \Omega_V \times \Omega_E$으로 표현된다고 하였으므로, 위상공간 상에서 위치와 운동량을 배치시키는 가짓수로 계산 할 수 있다.

3차원 공간 상태에서 위치와 운동량은 다음과 같이 표현된다.

$$\vec{q} = (x, y, z),\ \vec{p} = (p_x, p_y, p_z)$$

입자수가 매우 크므로 입자 1개가 들어가 배치될 공간과 에너지 상태를 구해보자. 고전 거시 통계는 모든 입자의 에너지가 동일하고 구별 가능한 상황을 가정한다. 예를 들어 특정 온도가 T일 때 이상기체의 입자 1개의 에너지는 $\frac{1}{2}mv^2 = \frac{1}{2m}(p_x^2 + p_y^2 + p_z^2) = \frac{3}{2}kT$이다.

위치 $q_i : 0 \Rightarrow q_{\max}$, 운동량 $p_i : -p_{\max} \Rightarrow p_{\max}$

입자가 매우 많으므로 입자가 가질 수 있는 위치 및 운동량은 연속변수로 간주할 수 있다. 공간은 크기에 비례하므로 큰 문제가 안 되는데 특정온도일 때 즉, 에너지가 일정할 때 운동량의 상태수를 정하는 것은 조금 복잡하다.

$$\frac{1}{2}mv^2 = \frac{1}{2m}(p_x^2 + p_y^2 + p_z^2) = \frac{3}{2}kT = \text{일정}$$

$(p_x^2 + p_y^2 + p_z^2) = p_{\max}^2 = $ 일정 ➡ 방향성이 없으므로 모든 운동량의 최댓값이 동일하다.

그러면 운동량을 각각 직교좌표의 축으로 하는 구 형태의 공간에 표면적과 상태수가 비례함을 알 수 있다.

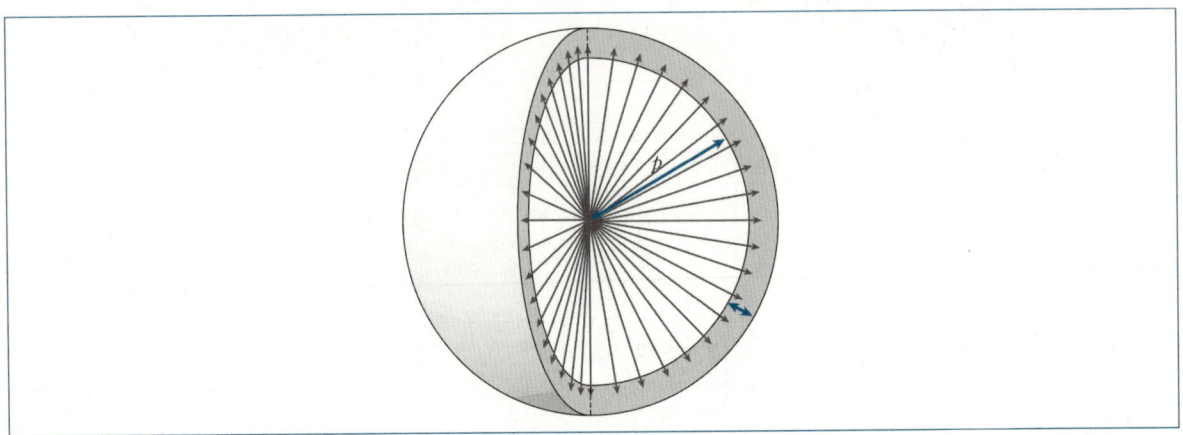

$dV = d^3q$, $dV_p = d^3p$으로 표현할 수 있다. $d\Omega \propto d^3q \times d^3p$ 인데 상태 가짓수는 단위가 없다. 위치와 운동량의 곱의 단위는 파장 λ과 단위가 동일하고 운동량은 물질파 이론의 운동량 $p = \frac{h}{\lambda}$ 와 단위가 동일하므로 $d^3q \times d^3p$ 의 단위는 h^3에 비례한다.

입자수가 N이면 $\ln\Omega = \ln\Omega_1 + \ln\Omega_2 = \ln(\Omega_1\Omega_2)$로부터 $d\Omega \propto d^{3N}q \times d^{3N}p$ 이다.

만약 에너지 E가 $E_0 \leq E \leq E_0 + \Delta E$에서 상태수 $\Delta\Omega$는

$$\Delta\Omega = \int d\Omega = \frac{1}{h^{3N}} \int_{E_0 \leq E \leq E_0 + \Delta E} d^{3N}q\, d^{3N}p$$

우리는 상태수의 정확한 정의보다 실제로 에너지가 공급이 되었을 때 상태수의 변화량에 더욱 관심이 있다. 이유는 상태수가 엔트로피를 결정하고 엔트로피 변화가 증가 혹은 감소하는지에 관심이 있기 때문이다. 그러므로 특정 에너지 E가 주어진다면 위상공간의 전체 부피 $\Sigma(E, V, N)$를 구하는 것은 어렵지가 않다.

$$\Sigma(E, V, N) = \frac{1}{h^{3N}} \int_{E' \leq E} d^{3N}q\, d^{3N}p$$

전체부피 $\Sigma(E, V, N)$와 상태수 $\Omega(E, V, N)$과의 관계를 파악해 보자.

에너지가 아주 작은 ΔE만큼 증가하였을 때 부피증가량을 보면 이것은 $\Delta\Omega$와 동일함을 알 수 있다.

$$\Sigma(E+\Delta E) = \frac{1}{h^{3N}} \int_{E' \leq E+\Delta E} d^{3N}q\, d^{3N}p \text{ 이므로}$$

$$\Sigma(E+\Delta E) - \Sigma(E) = \frac{1}{h^{3N}} \int_{E \leq E' \leq E+\Delta E} d^{3N}q\, d^{3N}p$$

$$\Delta\Omega = \Sigma(E+\Delta E) - \Sigma(E) = \frac{\partial \Sigma}{\partial E} \Delta E$$

따라서 우리는 $\Omega(E, V, N) = \frac{\partial \Sigma}{\partial E} E$ 로 정의한다.

입자수 N일 때 공간적인 요소를 결정하는 부피 V와 운동량 위상공간의 크기를 결정하는 내부 에너지 E가 중요하므로 거기적 통계에서는 E, V, N이 시작 변수가 된다.

(2) 고전 거시 통계 이상기체 모델

이상기체는 위치와 운동량이 상호 연계되어 있지 않다. 에너지는 오직 $E = \frac{p^2}{2m}$ 으로 표현된다. 아래 내용은 참고만 하도록 하자. (거시 통계는 Σ로부터 Ω를 이끌어 내는 것은 수학적으로 매우 복잡하므로 실제 문제에서는 상태수 $\Omega(E, V, N)$나 $S(E, V, N)$이 주어지니 걱정 안 해도 된다.)

$$\Sigma(E, V, N) = \frac{V^N}{h^{3N}} \int_0^E (4\pi p^2 dp)^N \;\; (p^2 = 2mE)$$
$$= \frac{V^N (4\pi)^N}{h^{3N}} \int_0^E (2^{\frac{1}{2}} m^{\frac{3}{2}} E^{\frac{1}{2}} dE)^N$$
$$= f(N)\, V^N E^{\frac{3}{2}N}$$
$$\Omega(E, V, N) = \frac{\partial \Sigma}{\partial E} E = g(N) \left(\frac{V}{N}\right)^N \left(\frac{E}{N}\right)^{\frac{3}{2}N}$$
$$S(E, V, N) = k\ln\Omega(E, V, N) = k\ln\left(g(N) \left(\frac{V}{N}\right)^N \left(\frac{E}{N}\right)^{\frac{3}{2}N}\right)$$

$dS(E, V) = \frac{1}{T} dE + \frac{P}{T} dV$ ➡ $\frac{P}{T} = \left(\frac{\partial S}{\partial V}\right)_{E, N}$ 를 이용하여 온도와 상태 방정식을 유도할 수 있다.

$\frac{1}{T} = \frac{3}{2} Nk \frac{1}{E}$ ➡ $\therefore E = \frac{3}{2} NkT$

$\frac{P}{T} = \left(\frac{\partial S}{\partial V}\right)_{E, N} = Nk \frac{1}{V}$ ➡ $\therefore PV = NkT$

위와 같이 우리가 열역학에서 가정한 상태 방정식과 내부 에너지를 이끌어 낼 수 있다. 불필요한 상수들을 $g(N)$으로 치환하여 일반화하면 $\Omega(E, V, N) = \frac{\partial \Sigma}{\partial E} E = g(N) \left(\frac{V}{N}\right)^N \left(\frac{E}{N}\right)^{\frac{f}{2}N}$

여기서 f는 입자 1개의 자유도를 말한다. 3차원 단원자 이상기체 입자 하나의 자유도는 3이다. 그러므로 거시적 통계에서 총 상태수는 (단위 입자당 부피)^N×(단위 입자당 에너지)$^{\frac{f}{2}N}$에 비례함을 알 수 있다. 입자 수가 N으로 고정된다면 좀 더 쉽게 $\Omega(E, V, N) = aV^N E^{\frac{f}{2}N}$으로 표현이 가능하다.

여기서 $a = \dfrac{g(N)}{N^N \times N^{\frac{f}{2}N}}$이다.

고전 거시 통계 상태수: $\Omega(E, V, N) = aV^N E^{\frac{f}{2}N}$

상태 방정식: $PV = NkT$

내부 에너지: $E = \dfrac{f}{2}NkT$

이것을 알아두면 21-A4번 문항(Chapter 2 1번 문제)은 계산하지도 않고 답을 낼 수 있다.

3. 고전 미시 통계(MB 통계: 바른틀 앙상블)

➡ 구별 가능한 입자의 에너지가 통계적 분포를 갖는다.

고전 거시 통계에서 모든 입자의 에너지가 동일하다고 가정하였다. 하지만 고전 미시 통계는 개별적으로 입자의 에너지가 다르다고 가정한다. 계의 전체 에너지가 E일 때 고전 거시에서는 모든 입자가 $\dfrac{E}{N}$으로 동일하지만, 고전 미시 통계에서는 개별적인 입자는 통계적인 분포를 갖는다. 따라서 개별 입자들이 서로 다른 물리량을 가질 수 있으므로 고전 미시 통계에서는 물리적 변수들의 평균값이 계의 성질을 규정한다.

$\dfrac{1}{h^{3N}} \int \rho(q, p) d^{3N}q d^{3N}p = 1$

$\rho(q, p)$는 위상공간에서 미시 상태의 확률밀도함수를 의미한다. 통계적으로 분포할 때 전체 에너지가 E일 경우 특정 에너지가 E_i인 부분적인 내부 시스템이 존재한다고 하자.

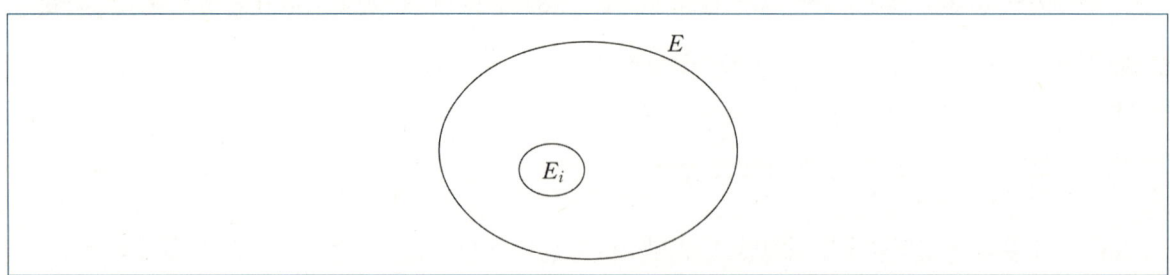

전체 E에 비해 E_i가 매우 작다고 한다면 $\rho(q_i, p_i) \propto \Omega(E_i) = \Omega(E-E_i)$

➡ 동전 100개 시스템에서 앞면이 1개 나올 가짓수는 뒷면이 99개 나올 가짓수와 동일하다.

$$k\ln\Omega(E_i) = k\ln\Omega(E-E_i) = k\ln\Omega(E) + \frac{\partial(k\ln\Omega(E))}{\partial E}(-E_i) + \cdots$$

$$dS(E, V) = \frac{1}{T}dE + \frac{P}{T}dV$$

$$\frac{1}{T} = \left(\frac{\partial S}{\partial E}\right)_{V, N} = \left(\frac{\partial(k\ln\Omega)}{\partial E}\right)$$

$$k\ln\Omega(E_i) = k\ln\Omega(E) - \frac{E_i}{T} \quad \Rightarrow \quad \ln\frac{\Omega(E_i)}{\Omega(E)} = -\frac{E_i}{kT}$$

$$\therefore \frac{\Omega(E_i)}{\Omega(E)} = e^{-\frac{E_i}{kT}}$$

전체 에너지 E가 일정한 값일 때 분포를 보는 것이므로 $\rho(q, p) \propto \frac{\Omega(E_i)}{\Omega(E)} = e^{-\frac{E_i}{kT}}$

$\frac{1}{h^{3N}} \int \rho(q, p) d^{3N}q d^{3N}p = 1$ 을 만족해야 하므로

$$\rho(q, p) = \frac{e^{-\beta E}}{\frac{1}{h^{3N}}\int e^{-\beta E}d^{3N}q d^{3N}p} = \frac{e^{-\beta E}}{Z}$$

$$Z(T, V, N) = \frac{1}{h^{3N}}\int e^{-\beta E}d^{3N}q d^{3N}p = \int D(E, V, N)e^{-\beta E}dE$$

MB 통계에서 상태수 $\Omega(E, V, N)$을 상태 밀도 $D(E, V, N)$으로 표현하기도 한다. 고전 거시 통계에서는 모든 입자의 에너지가 동일하므로 단순하게 배치만 고려하면 되었다. 하지만 고전 미시 통계인 MB 통계에서는 입자의 에너지에 따른 $e^{-\beta E}$에 비례하는 값을 가지므로 통계적 분포를 고려하게 된다. 거시 통계가 계를 규정하는 시작 변수가 E, V, N이 있다면 미시 통계에서는 계를 규정하는 시작 변수가 T, V, N이 된다. 통계적 분포가 등장하게 되면 확률을 규격화하는 요소가 필요한데 분배함수 $Z(T, V, N)$가 그 역할을 한다. 즉, 분배함수는 미시 통계의 총 상태수 역할을 한다. 고전 거시 통계와 달리 입자 개별적으로 에너지가 분산되어 있기 때문에 평균값의 정의로 시스템을 규정한다.

(1) **내부 에너지 평균값의 정의**

$$U = \langle E \rangle = \frac{1}{Z}\int ED e^{-\beta E}dE = -\frac{\partial}{\partial\beta}(\ln Z)$$

(2) 자유 에너지의 정의

맥스웰-볼츠만 통계에서는 시작이 분배함수 $Z(T, V, N)$에서부터 출발한다.

평균의 정의로부터 $U=\langle E \rangle = \int EPdE$이다. 여기서 확률 밀도 함수 $P=\dfrac{\Omega}{Z}e^{-\beta E}$는 단위 에너지당 입자의 확률값의 의미를 갖는다. 특정 에너지 E일 때 입자의 확률값을 생각해도 된다. 엄밀하게 말해서는 특정 에너지에서 확률 밀도 함수이다.

$$1 = \int \Omega \dfrac{e^{-\beta E}}{Z} dE = \int \rho dE$$

$$\ln P = \ln\left(\dfrac{\Omega}{Z}e^{-\beta E}\right) = \ln \Omega - \ln Z - \dfrac{E}{kT}$$

거시적 엔트로피의 정의는 특정 E에서 정의가 되기 때문에 에너지가 E로 특정화된 시스템을 규정하자. 만약 에너지가 E로 한 개인 시스템이라고 하면 $P=\dfrac{\Omega}{Z}e^{-\beta E}=1$를 만족한다. (이것은 엄밀하게 증명하려면 완전히 수학으로 가버리기 때문에 어느 정도 받아들이는 게 좋다. 구별 가능한 시스템이라면 특정 에너지 상태 즉, 윷놀이로 치면 특정 도를 발견할 확률은 도의 전체 상태수 Ω의 역수 $\dfrac{1}{\Omega}$로 동등하다. 윷놀이에 구별 가능하게 숫자를 부여하면 도가 나올 가짓수는 4가지이다. 그런데 1번, 2번, 3번, 4번이 나올 확률은 각각 $\dfrac{1}{4}$로 동일하다.)

그러면 $P=\dfrac{\Omega}{Z}e^{-\beta E}=1$ ➡ $\Omega = Ze^{\beta E}$

$$\therefore S = k\ln \Omega = k\ln(Ze^{\beta E}) = k\ln Z + \dfrac{E}{T}$$

미시 통계에서는 평균값이 의미를 가진다.

$$\langle S \rangle = k\ln Z + \dfrac{\langle E \rangle}{T}$$

$$F = \langle E \rangle - T\langle S \rangle = -kT\ln Z$$

$$\therefore F = U - TS = -kT\ln Z(T, V, N)$$

동일 시스템이 N개 존재할 때 하나의 시스템에 대한 분배함수 $Z(T, V, 1)$과 $Z(T, V, N)$과의 관계를 알아보자. 예를 들어, 구별 가능한 동전이 N개 있다고 하면 동전 하나의 분배함수가 중복순열로 배치하는 것과 동일한 결과를 갖는다. 또한 자유 에너지로 보면 동일 시스템이 N개가 존재한다. 에너지는 덧셈의 결과를 만족한다.

$$F(T, V, 1) = -kT\ln Z(T, V, 1)$$

$$F(T, V, N) = NF(T, V, 1) = -NkT\ln Z(T, V, 1) = kT\ln Z^N(T, V, 1)$$

$$\therefore Z(T, V, N) = Z^N(T, V, 1)$$

MB 통계에서는 $Z(T, V, N)$의 정의로 출발하기 때문에 자유 에너지 F의 도입이 시스템을 더욱 쉽게 이해할 수 있다. T, V, N로 Z가 정의되면 F가 정의되고, Z로부터 평균 에너지를 얻어서 엔트로피도 구할 수 있게 된다. 일반적으로 $F = U - TS = -kT\ln Z$으로 표현한다.

시스템이 외부와 에너지를 주고받을 수 있다면, 즉, 외부에 에너지 개입이 존재할 때는 엔트로피의 최댓값일 때 평형 상태라 말할 수 없다. 이는 분배함수 Z가 시스템의 상태수에 비례하는데, Z가 최대라면 자유 에너지 F가 최소가 된다. 내부 에너지가 변화한다면(외부와 소통) 시스템의 평형 상태인 지점은 엔트로피가 최대일 때가 아니라 자유 에너지가 최소일 때이다. 이를 확장하면 만약 어떤 시스템이 $S_{\max}$에서 평형 상태가 안 되고 $F_{\min}$에서 평형을 이룬다면 이는 외부 개입이 존재한다는 것을 알 수 있다.

4. 거시 통계와 미시 통계의 연결

통계에서는 같은 시스템이면 통계적 변수 P, V, T, U, S가 같아야 한다. 이상기체를 설명하는 고전 거시 통계와 미시 통계는 서로 같은 결과를 내야 한다. 그렇다면 고전 거시와 미시의 연결점을 확인해보자.

이상기체 거시 통계에서 $\Omega(U, V, N) = aV^N U^{\frac{f}{2}N}$의 형태를 갖는다. 그리고 상태수 $\Omega(U, V, N)$은 엔트로피 $S(U, V, N)$을 설명한다.

이상기체 미시 통계에서는 $Z(T, V, N)$이 자유 에너지 $F = U - TS = -kT\ln Z(T, V, N)$을 설명한다. 이상기체 내부 에너지 $U = \frac{f}{2}NkT$이므로 이를 대입하면 $\Omega(T, V, N) = aV^N \left(\frac{f}{2}NkT\right)^{\frac{f}{2}N} = bV^N T^{\frac{f}{2}N}$이다.

그리고 자유 에너지에 대입하면 $F = \frac{f}{2}NkT - TS = -kT\ln Z(T, V, N)$

$$S(T, V, N) = \frac{f}{2}Nk + k\ln Z(T, V, N) = k\left(\frac{f}{2}N + k\ln Z(T, V, N)\right) = k\ln(cZ(T, V, N))$$

따라서 거시 통계의 $\Omega(T, V, N) = aV^N\left(\frac{f}{2}NkT\right)^{\frac{f}{2}N} = bV^N T^{\frac{f}{2}N}$와 미시 통계의 $cZ(T, V, N)$이 서로 같다. 이것은 $Z(T, V, N)$이 $\Omega(U, V, N)$을 대체 가능 혹은 설명이 가능함을 의미한다. 그래서 미시 통계의 이상기체 시스템과 거시 통계의 이상기체 시스템은 같은 걸 설명한다.

5. 에너지 등분배 법칙

에너지 등분배 법칙이란 고전 통계역학에서 중요하게 여겨지는 법칙으로, 열평형 상태에 있는 계의 모든 자유도에 대해 계가 가질 수 있는 평균 에너지가 같다는 원리이다. 이를 좀 더 엄밀한 수학적인 표현으로 말하면 다음과 같다. "이차식 형태 에너지의 한 자유도에 대한 평균 에너지는 $\frac{1}{2}kT$이다."

간단히 이 원리를 증명해보면 에너지가 $E(q) = cq^2$ 형태에만 적용된다는 것을 명심하자. 여기서 q가 x, P_x, L_x 형태와 같은 좌표 혹은 특정 운동량을 나타내는 변수이다.

$$Z = \frac{1}{h}\int e^{-\beta cq^2} dq\,dp = \frac{p}{h}\int_{-\infty}^{+\infty} e^{-\beta cq^2} dq = \frac{p}{h}\sqrt{\frac{\pi}{\beta c}} \quad (\text{참고}: \int_{-\infty}^{+\infty} e^{-ax^2} dx = \sqrt{\frac{\pi}{a}}\,)$$

$$\boxed{\text{평균 에너지}: \langle E(q) \rangle = -\frac{\partial (\ln Z)}{\partial \beta} = \frac{1}{2\beta} = \frac{1}{2}kT}$$

즉, $\left\langle \frac{1}{2}kx^2 \right\rangle = \left\langle \frac{P_x^2}{2M} \right\rangle = \left\langle \frac{P_y^2}{2M} \right\rangle = \left\langle \frac{P_z^2}{2M} \right\rangle = \left\langle \frac{L_\theta^2}{2I} \right\rangle = \left\langle \frac{L_\phi^2}{2I\sin^2\theta} \right\rangle = \frac{1}{2}kT$ 라는 말이다.

거시 통계에서는 가설로 '모든 입자의 에너지가 서로 동일하다'고 가정하여 이상기체를 정의한다. 즉, 입자 한 개의 에너지는 $U_1 = \frac{U}{N}$이다. 그런데 이상기체는 운동 에너지만 가지므로 모든 운동 에너지의 형태는 cq^2이다. 따라서 미시 통계에서 증명한 에너지 등분배 법칙은 거시 통계의 비약적 가정인 '모든 입자의 에너지가 서로 동일하다'에 힘을 실어준다. 이유는 통계에서는 평균값이 중요하므로 '모든 에너지의 평균 에너지는 서로 동일하다'는 증명으로 거시 통계 이상기체 시스템의 초기 가정이 의미가 있게 된다.

6. 예시 1 : 이상기체 시스템 맥스웰-볼츠만 확률 분포 구하기

확률 밀도 함수의 정의 $1 = \int p(x)dx$ 특정 위치 x에서의 확률을 $p(x)$라 하면 이것을 정의된 공간에 적분하면 전체 확률 1이 된다. 이때 단위 길이당 확률을 확률 밀도 함수라 한다. 만약 단위 부피당 확률로 정의하면 $1 = \int p(r,\theta,\phi)dV$가 되고 이때 $p(r,\theta,\phi)$는 확률 밀도 함수이다. 그러면 속력에 대해서 $1 = \int_0^\infty p(v)dv$에서 $p(v)$가 속력에 대한 확률 밀도 함수이다. 이상기체에서는 이를 맥스웰-볼츠만 속력 분포함수 $f_{MB}(v)$라 명명한다.

이상기체 입자 1개에 대한 맥스웰-볼츠만 속력 분포함수

(단, $\int_0^\infty x^{\frac{1}{2}} e^{-x} dx = \frac{\sqrt{\pi}}{2}$, $\int_0^\infty x^{\frac{3}{2}} e^{-x} dx = \frac{3\sqrt{\pi}}{4}$, $\int_0^\infty x^{2n+1} e^{-ax^2} dx = \frac{n!}{2a^{n+1}}$ 이다.)

$$E = \frac{p^2}{2m} = \frac{1}{2}mv^2$$

$$1 = \frac{V}{h^3 Z} \int_{-\infty}^{+\infty} e^{-\frac{E}{kT}} d^3p = \frac{4\pi V}{h^3 Z} \int_0^{+\infty} p^2 e^{-\frac{mv^2}{2kT}} dp = \frac{4\pi m^3 V}{h^3 Z} \int_0^{+\infty} v^2 e^{-\frac{mv^2}{2kT}} dv \quad \left(\frac{mv^2}{2kT} = \alpha v^2 = x\right)$$

$$= \frac{4\pi m^3 V}{h^3 Z} \frac{1}{2} \left(\frac{2kT}{m}\right)^{\frac{3}{2}} \frac{\sqrt{\pi}}{2} = 1$$

$\frac{4\pi m^3 V}{h^3 Z} = 4\pi \left(\frac{m}{2\pi kT}\right)^{\frac{3}{2}}$ 이다. 여기서 $Z(T, V, N=1) = cVT^{\frac{3}{2}}$ 의 형태를 갖는다. 이것은 앞에서 보였던 이상기체의 분배함수와 같은 형태이다.

> 맥스웰 속력 분포함수: $f_{MB}(v) = 4\pi \left(\dfrac{m}{2\pi kT}\right)^{\frac{3}{2}} v^2 e^{-\frac{mv^2}{2kT}}$

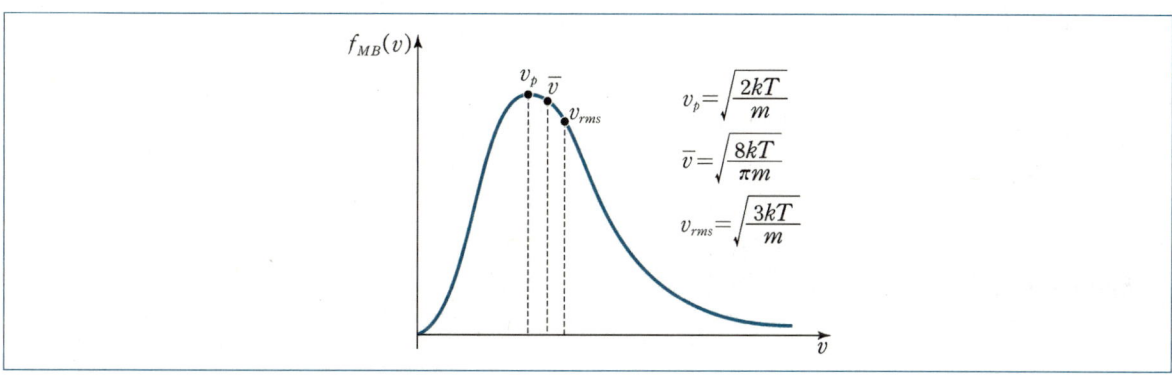

속력 분포함수에서 속력의 3가지 정의는 다음과 같다.

(1) v_p 최빈 속력(확률밀도가 가장 큰 값)

$$v_p \Rightarrow \frac{df(v)}{dv} = 0$$

$$\therefore v_p = \sqrt{\frac{2kT}{m}}$$

(2) $\bar{v} = \langle v \rangle$ 통계적 평균 속력

$$\bar{v} = \int_0^\infty v f_{MB}(v) dv = 4\pi \left(\frac{m}{2\pi kT}\right)^{\frac{3}{2}} \int_0^\infty v^3 e^{-\frac{mv^2}{2kT}} dv$$

$$= 4\pi \left(\frac{m}{2\pi kT}\right)^{\frac{3}{2}} \frac{(2kT)^2}{2m^2} = \sqrt{\frac{8kT}{\pi m}}$$

$$\therefore \bar{v} = \sqrt{\frac{8kT}{\pi m}}$$

(3) $v_{rms} = \sqrt{\langle v^2 \rangle}$ 제곱 평균 제곱근 속력

에너지 등분배 법칙을 이용하면

$$\langle E \rangle = \frac{1}{2}m\langle v^2 \rangle = \frac{1}{2}m\langle v_x^2 + v_y^2 + v_z^2 \rangle = \frac{3}{2}kT$$

$$\langle v^2 \rangle = \frac{3kT}{m}$$

$$\therefore v_{rms} = \sqrt{\langle v^2 \rangle} = \sqrt{\frac{3kT}{m}}$$

➡ 통계적 방식을 이용하면

$$\langle v^2 \rangle = \int_0^\infty v^2 f_{MB}(v)\,dv = A\int_0^\infty v^4 e^{-av^2}\,dv \quad \left(A = 4\pi\left(\frac{a}{\pi}\right)^{\frac{3}{2}},\ a = \frac{m}{2kT}\right)$$

$$= A\int_0^\infty \frac{1}{2a}\left(\frac{x}{a}\right)^{\frac{3}{2}} e^{-x}\,dx \quad (x = av^2)$$

$$4\pi\left(\frac{a}{\pi}\right)^{\frac{3}{2}} \frac{1}{2a^{\frac{5}{2}}} \frac{3\sqrt{\pi}}{4} = \frac{3}{2a} = \frac{3kT}{m}$$

7. 예시 2 : 이상기체 시스템 미시 통계적 관점

$$E = \frac{p^2}{2m}$$

$$\begin{aligned}
Z(T, V, N) &= \frac{1}{h^{3N}} \int e^{-\beta E} d^{3N}q\, d^{3N}p \\
&= \frac{V^N}{N!\, h^{3N}} \left[\int 4\pi p^2 e^{-\beta E}\,dp\right]^N \\
&= \frac{V^N}{N!\, h^{3N}} (4\pi m)^N (2m)^{\frac{N}{2}} \left[\int_0^\infty E^{\frac{1}{2}} e^{-\beta E}\,dE\right]^N \\
&= \frac{V^N}{N!} \left(\frac{2\pi mkT}{h^2}\right)^{\frac{3N}{2}}
\end{aligned}$$

(참고 $\int_0^\infty x^{\frac{1}{2}} e^{-ax}\,dx = \frac{\sqrt{\pi}}{2a^{\frac{3}{2}}}$)

$$F(T, V, N) = -kT\ln Z(T, V, N) = -kT\ln\left(\frac{V^N}{N!}\left(\frac{2\pi mkT}{h^2}\right)^{\frac{3N}{2}}\right)$$
$$= -kT\ln\left(V^N\left(\frac{2\pi mkT}{h^2}\right)^{\frac{3N}{2}}\right) + kT\ln N! \quad (\ln N! \simeq N\ln N - N)$$
$$\simeq -NkT\ln\left(V\left(\frac{2\pi mkT}{h^2}\right)^{\frac{3}{2}}\right) + kT(N\ln N - N)$$
$$= -NkT\left[1 + \ln\left(\frac{V}{N}\left(\frac{2\pi mkT}{h^2}\right)^{\frac{3}{2}}\right)\right]$$

내부 에너지 $U = -\frac{\partial}{\partial \beta}\ln Z(T, V, N) = \frac{3}{2}NkT$

엔트로피 S

$F = U - TS = -kT\ln Z(T, V, N)$

$$S = \frac{3}{2}Nk + Nk\left[1 + \ln\left(\frac{V}{N}\left(\frac{2\pi mkT}{h^2}\right)^{\frac{3}{2}}\right)\right]$$
$$= Nk\left[\frac{5}{2} + \ln\left(\frac{V}{N}\left(\frac{2\pi mkT}{h^2}\right)^{\frac{3}{2}}\right)\right]$$

$$\therefore S(T, V, N) = Nk\left[\frac{5}{2} + \ln\left(\frac{V}{N}\left(\frac{2\pi mkT}{h^2}\right)^{\frac{3}{2}}\right)\right]$$

압력 $p = -\frac{\partial F}{\partial V} = \frac{NkT}{V}$

내부 에너지가 $U = \frac{3}{2}NkT$이므로 이를 엔트로피에 대입하자. 그렇게 되면 앞에서 언급하였던 미시 통계와 고전 거시 통계의 관계를 확인할 수 있다.

$$S(U, V, N) = Nk\left[\frac{5}{2} + \ln\left(\frac{V}{N}\left(\frac{4\pi mU}{3h^2N}\right)^{\frac{3}{2}}\right)\right]$$
$$= Nk\ln\left(e^{\frac{5}{2}}\frac{V}{N}\left(\frac{4\pi mU}{3h^2N}\right)^{\frac{3}{2}}\right)$$
$$= k\ln\left(e^{\frac{5N}{2}}\left(\frac{V}{N}\right)^N\left(\frac{4\pi mU}{3h^2N}\right)^{\frac{3N}{2}}\right)$$

고전 거시 통계 엔트로피 $S(U, V, N) = k\ln\Omega(U, V, N)$

고전 거시 통계 상태수 $\Omega(U, V, N) = aV^N U^{\frac{f}{2}N}$이므로 일치한다.

➡ 통계적 관점에서 진공 팽창

열역학에서 했던 비가역 과정(자유 팽창/진공 팽창)을 미시 통계적 관점으로 해결해 보자. 이상기체는 거시 통계와 미시 통계가 통계적 변수 관점에서 같은 결과를 보이므로 더 쉬운 것으로 접근하면 된다.

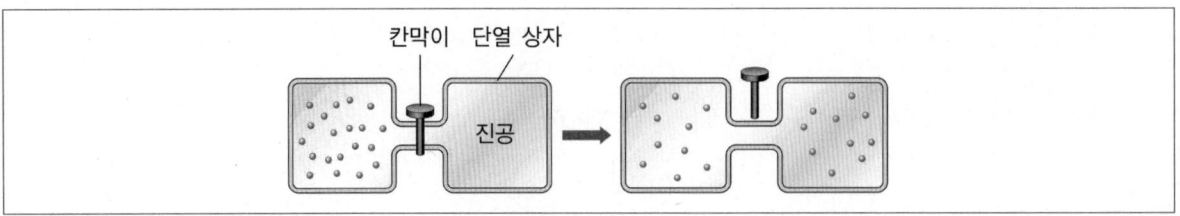

$S(T, V, N) = Nk\left[\dfrac{5}{2} + \ln\left(\dfrac{V}{N}\left(\dfrac{2\pi mkT}{h^2}\right)^{\frac{3}{2}}\right)\right]$ 이다. 단열 상태이므로 T는 일정하고, $V \to 2V$로 증가한다.

$\Delta S = Nk\ln 2$를 얻을 수 있다. 열역학에서 설명하지 못하였던 진공 팽창이 왜 일어나는지를 통계적으로 설명할 수 있고, 반대의 경우는 확률이 너무나도 작기 때문에 현실에서는 일어나지 않는다.

8. 예시 3 : 광자처럼 행동하는 초상대론적 입자의 미시 통계적 관점

입자의 운동량의 크기를 p라 할 때, 입자의 에너지가 $E = pc$로 주어지는 시스템이 있다고 하자.

$$\begin{aligned}
Z(T, V, N) &= \dfrac{1}{h^{3N}}\int e^{-\beta E} d^{3N}q\, d^{3N}p \\
&= \dfrac{V^N}{N!\, h^{3N}}\left[\int_0^\infty 4\pi p^2 e^{-\beta pc}\, dp\right]^N \\
&= \dfrac{V^N}{N!\, h^{3N}}(4\pi)^N\left[\int_0^\infty p^2 e^{-\beta pc}\, dp\right]^N \\
&= \dfrac{V^N}{N!}\left((8\pi)\left(\dfrac{kT}{hc}\right)^3\right)^N
\end{aligned}$$

$$Z(T, V, N) = \dfrac{1}{N!}\left(8\pi V\left(\dfrac{kT}{hc}\right)^3\right)^N$$

(참고 $\int_0^\infty x^n e^{-ax}\, dx = \dfrac{n!}{a^{n+1}}$)

$$\begin{aligned}
F(T, V, N) &= -kT\ln Z(T, V, N) = -kT\ln\left(\dfrac{1}{N!}\left(8\pi V\left(\dfrac{kT}{hc}\right)^3\right)^N\right) \\
&= -kT\ln\left(8\pi V\left(\dfrac{kT}{hc}\right)^3\right)^N + kT\ln N! \quad (\ln N! \simeq N\ln N - N) \\
&\simeq -NkT\ln\left(8\pi V\left(\dfrac{kT}{hc}\right)^3\right) + kT(N\ln N - N) \\
&= -NkT\left[1 + \ln\left(\dfrac{8\pi V}{N}\left(\dfrac{kT}{hc}\right)^3\right)\right]
\end{aligned}$$

내부 에너지 $U = -\dfrac{\partial}{\partial \beta}\ln Z(T, V, N) = 3NkT$

엔트로피 S

$F = U - TS = -kT \ln Z(T, V, N)$

$S = 3Nk + Nk(1 + \ln\left(\dfrac{8\pi V}{N}\left(\dfrac{kT}{hc}\right)^3\right))$

$\quad = Nk\left[4 + \ln\left(\dfrac{8\pi V}{N}\left(\dfrac{kT}{hc}\right)^3\right)\right]$

$\therefore S(T, V, N) = Nk\left[4 + \ln\left(\dfrac{8\pi V}{N}\left(\dfrac{kT}{hc}\right)^3\right)\right]$

압력 $p = -\dfrac{\partial F}{\partial V} = \dfrac{NkT}{V}$

입자 한 개의 자유도 $f = 6$인 이상기체와 동일한 결과를 갖는다. 물리적으로 보면 아주 높은 고온 상태일 때의 조화진동자 시스템이거나 다원자 분자 이상기체 시스템이다.

연습문제

01 민속놀이 윷놀이를 생각해보자. 4개의 윷을 가지고 던질 때 각각의 상태가 나오게 되는데 윷의 경우 무게 중심에 의해서 둥근면이 바닥을 향할 확률이 $\frac{3}{5}$이고, 둥근면이 위를 향할 확률이 $\frac{2}{5}$이다.

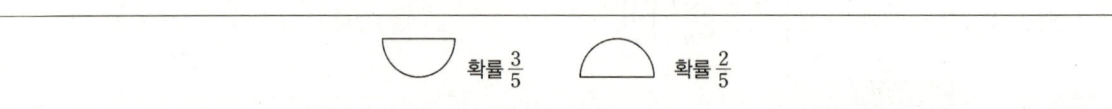

도가 나올 확률은 $P_도$이고, 걸이 나올 확률은 $P_걸$이라고 할 때, 각각의 확률을 구하고 엔트로피 차 ($S_걸 - S_도$)를 볼츠만 상수 k를 포함하는 식으로 구하시오. (단, 도는 둥근면이 위를 향하는 개수가 3개, 걸은 위를 향하는 개수가 1개이다.)

15-A03

02 다음 그림과 같이 흰 상자 3개와 검은 상자 3개가 있고 상자에 들어갈 수 있는 입자가 4개 있다. 각 상자에는 입자가 하나씩만 들어갈 수 있고, 모든 입자는 반드시 상자에 들어가야 한다. 입자가 흰 상자에 들어가면 J의 에너지를 갖고, 검은 상자에 들어가면 $2J$의 에너지를 갖는다. 각 상자는 구별되지만, 입자는 구별되지 않는다.

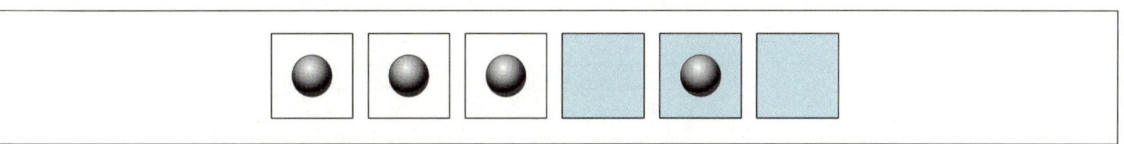

이때 계가 가질 수 있는 에너지값을 모두 쓰고, 에너지값 각각에 대해 미시 상태의 겹침수(축퇴도)를 쓰시오. 또한 계의 엔트로피가 가장 클 때의 에너지값을 쓰고, 그 값에서 엔트로피가 가장 큰 이유를 설명하시오.

18-A08

03 다음 그림은 상자 안에 서로 구별되지 않는 입자 4개가 운동하고 있는 고립계 모형을 나타낸 것이다. 상자를 같은 크기인 4개의 구역으로 나눌 때, 어느 순간에 입자가 각 구역에 들어가 있을 확률은 $\frac{1}{4}$로 모두 같다. 그림 (가)의 경우처럼 왼쪽 위 구역에 4개의 입자가 모두 들어가 있는 상태를 A라 하고, 그림 (나)의 경우처럼 4개의 구역 각각에 1개의 입자만 들어가 있는 상태를 B라 하자.

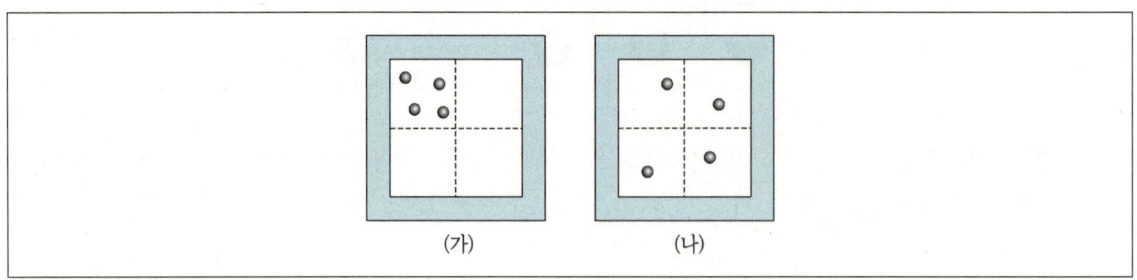

(가)   (나)

이때 A와 B의 상태가 나타날 확률은 각각 P_A와 P_B이고, A와 B의 엔트로피는 각각 S_A와 S_B이다. 확률의 비 $\frac{P_B}{P_A}$를 구하고, 엔트로피 차 $(S_B - S_A)$를 볼츠만 상수 k를 포함하는 식으로 구하시오.

04 자기 쌍극자 모멘트 m인 N개의 원자가 고체의 격자점에 고정된 계가 있다. 이 계가 세기 B인 자기장 속에 놓일 때, 원자들의 자기 쌍극자 모멘트는 자기장과 상호작용하여 자기장과 같은 방향이거나 반대 방향인 두 가지 상태만 가능하고 원자들 사이의 상호작용은 없다고 가정한다. 온도 T인 상태에서 어떤 순간에 자기 쌍극자 모멘트가 자기장과 같은 방향인 원자수를 N_+, 자기장에 반대 방향인 원자수를 N_-이라 하자. 이때 $N_+ = \dfrac{N}{2} + s$, $N_- = \dfrac{N}{2} - s$라 두면 계의 자기 에너지 E와 엔트로피 S는 변수 s의 함수로서 $N \gg 1, N \gg s$인 경우 다음과 같이 표현된다.

$$E = -(N_+ - N_-)mB = -2smB$$

$$S = k \ln \frac{N!}{N_+! N_-!} \approx k\left[N \ln N - \left(\frac{N}{2} + s\right) \ln\left(\frac{N}{2} + s\right) - \left(\frac{N}{2} - s\right) \ln\left(\frac{N}{2} - s\right) \right]$$

이때 이 계의 헬름홀츠 자유 에너지 F를 s의 함수로 나타내고, F는 평형 상태에서 극솟값을 가짐을 이용하여 평형 상태의 자기 에너지 $E_{평형}$을 풀이 과정과 함께 구하시오. (단, $F = E - TS$이고, k는 볼츠만 상수, $\beta = \dfrac{1}{kT}$이다.)

05 입자가 온도는 T인 평형 상태에 있으며 이때 시스템의 분배함수 $Z = a(2\pi k_B T)^2$로 주어진다. 여기서 a는 상수이다. 입자의 평균 에너지 U와 엔트로피 S를 구하시오. (단, $\beta = \dfrac{1}{k_B T}$이고, k_B는 볼츠만 상수이다.)

06 질량이 m인 단원자 분자 이상기체의 속력 v에 대한 규격화된 맥스웰 분포함수는

$$f(v) = 4\pi \left(\frac{m}{2\pi kT}\right)^{\frac{3}{2}} v^2 e^{-\frac{mv^2}{2kT}}$$

이다. 최빈 속력(the most probable speed) v_p와 기체 분자의 평균 속력 $\langle v \rangle$과 속력의 표준편차 Δv를 구하시오. 또한 입자의 운동 에너지 평균값 $\langle E_k \rangle$를 구하시오.

(단, $\int_0^\infty x^{2n+1} e^{-ax^2} dx = \dfrac{n!}{2a^{n+1}}$, $\int_0^\infty x^{\frac{3}{2}} e^{-x} dx = \dfrac{3}{4}\sqrt{\pi}$ 이다.)

07 질량 m, 선운동량 p_x, 탄성계수 K인 1차원 고전 단진자의 에너지는 $\dfrac{p_x^2}{2m}+\dfrac{1}{2}Kx^2$으로 주어진다. 그리고 질량 M, 선운동량 $\vec{P}=P_x\hat{i}+P_y\hat{j}+P_z\hat{k}$, 관성 모멘트 I인 3차원 고전 자유 이원자 분자의 운동 에너지는 병진 운동 에너지와 회전 운동 에너지의 합 $\dfrac{1}{2M}(P_x^2+P_y^2+P_z^2)+\dfrac{1}{2I}\left(L_\theta^2+\dfrac{L_\phi^2}{\sin^2\theta}\right)$으로 주어진다. 여기서 L_θ와 L_ϕ는 각각 각운동량의 θ성분과 ϕ성분이다. 상온의 절대온도 T에서 이들 분자 한 개의 평균 운동 에너지를 옳게 짝지은 것은? (단, k_B는 볼츠만 상수이다.)

	1차원 고전 단진자	3차원 고전 이원자 분자
①	$\dfrac{1}{2}k_BT$	$\dfrac{3}{2}k_BT$
②	$\dfrac{1}{2}k_BT$	$\dfrac{5}{2}k_BT$
③	k_BT	$\dfrac{3}{2}k_BT$
④	k_BT	$\dfrac{5}{2}k_BT$
⑤	$\dfrac{3}{2}k_BT$	$\dfrac{7}{2}k_BT$

08 3차원에서 운동하는 질량 m인 입자들로 구성된 단원자 분자 이상기체가 절대온도 T인 열원과 평형 상태에 있다. 이 기체 입자들은 맥스웰 속도 분포를 따르며, 최빈 속력(the most probable speed)은 $v_M = \sqrt{2k_B T/m}$ 이다. 이 기체 입자 속도의 x방향 성분을 v_x라 할 때, $(v_x - v_M)^2$의 평균값은? (단, k_B는 볼츠만 상수이다.)

① $\dfrac{3k_B T}{2m}$ ② $\dfrac{2k_B T}{m}$

③ $\dfrac{5k_B T}{2m}$ ④ $\dfrac{3k_B T}{m}$

⑤ $\dfrac{7k_B T}{2m}$

23-B10

09 부피가 V인 공간에 서로 상호작용하지 않는 동일한 입자 N개로 구성된 계가 있다. 입자 하나의 에너지는 $E = pc$이고, p는 입자의 운동량의 크기, c는 빛의 속력이다. 계는 절대온도 T인 열원과 접촉하여 열평형 상태에 있다. 이때 이 계의 입자 하나의 분배 함수 Z_1을 구하시오. 또한 입자 하나의 평균 에너지 U_1을 풀이 과정과 함께 구하고, 계의 정적 열용량 C_V를 구하시오. (단, 계는 볼츠만 통계를 따른다.)

─┤ 자료 ├─

- $Z_1 = \dfrac{1}{h^3}\int d^3r\, d^3p\, \exp\left[-\dfrac{E}{k_B T}\right] = \dfrac{4\pi V}{h^3}\int_0^\infty p^2 \exp\left[-\dfrac{E}{k_B T}\right] dp$

  r는 공간 좌표, h는 플랑크 상수, k_b는 볼츠만 상수이다.

- $\int_0^a dx\, x^n e^{-x} = n!$

Chapter 04 고전 통계의 응용

01 맥스웰-볼츠만 통계 응용(상호작용하지 않는 구별 가능한 입자)

1. 에너지 E_i 연속함수

우리는 Chapter 03에서 이상기체의 속력 분포함수를 이끌어 내었다.

$$f_{MB}(v) = 4\pi \left(\frac{m}{2\pi kT}\right)^{\frac{3}{2}} v^2 e^{-\frac{mv^2}{2kT}} : \text{속력에 대한 확률분포}$$

예제 1 다음 그림은 부피가 V인 통에 단면적이 A인 작은 구멍이 뚫려 기체가 방출되는 것을 나타낸 것이다.

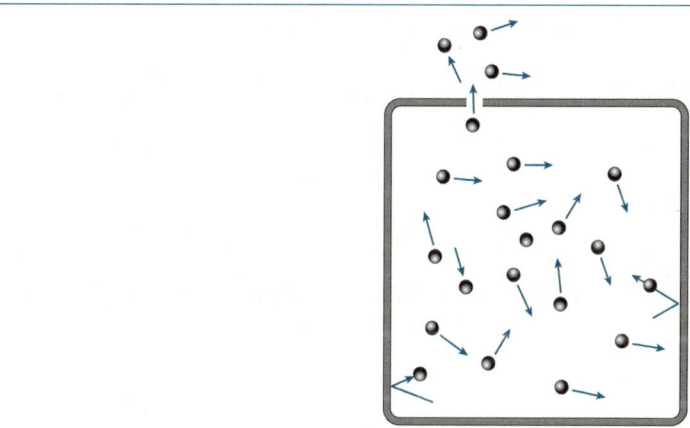

온도 T일 때, 통 안에 존재하는 입자의 개수를 N이라 할 때, 단위시간당 입자방출 개수 $\frac{dN}{dt}$를 구하시오. 또한 통 안에 입자의 초기($t=0$) 개수를 N_0라 할 때, 시간 $t > 0$에서 통 안에 남아있는 입자의 개수 $N(t)$를 구하시오. (단, 입자가 빠져나가는 동안 통 안의 내부 온도는 T로 유지되고, $\int_0^\infty x^n e^{-x} dx = n!$ 이다.)

정답 1) $\dfrac{dN}{dt} = \dfrac{NA}{V}\sqrt{\dfrac{kT}{2\pi m}}$, 2) $N(t) = N_0 e^{-\frac{A}{V}\left(\frac{kT}{2\pi m}\right)^{\frac{1}{2}} t} = N_0 e^{-\lambda t}$

풀이

$f_{MB} = 4\pi g_{MB}$ 라 하면 $g_{MB} = \left(\dfrac{m}{2\pi kT}\right)^{\frac{3}{2}} v^2 e^{-\frac{mv^2}{2kT}} = v^2 \rho(v)$

$$1 = \int f_{MB} dv = \int 4\pi g_{MB} dv = \int \rho(v) d^3v \, (d^3v = v^2 \sin\theta \, dv d\theta d\phi)$$
$$= \int g_{MB} dv \int_0^\pi \sin\theta \, d\theta \int_0^{2\pi} d\phi$$

1) $\dfrac{dN}{dt} = N\left\langle \dfrac{Al_z}{Vt} \right\rangle = \dfrac{NA}{V}\langle v_z^+ \rangle$: $N \times$입자 1개가 단위시간당 면적 A에 충돌할 비율

   여기서 $\langle v_z^+ \rangle = \left\langle v\cos\theta |_0^{\frac{\pi}{2}} \right\rangle$ 빠져나가는 입자의 z축 방향의 속도가 $+$방향이어야 한다.

   $$\langle v_z^+ \rangle = \left\langle v\cos\theta \,|\, _0^{\frac{\pi}{2}} \right\rangle = \int_0^{\phi=2\pi} d\phi \int_0^{\frac{\pi}{2}} \cos\theta \sin\theta \, d\theta \int_0^{v=\infty} v g_{MB} dv \, (d^3v = v^2 \sin\theta \, dv \, d\theta d\phi) = \frac{1}{4}\langle v \rangle$$

   $$\langle v \rangle = \int_0^\infty v f_{MB}(v) dv = 4\pi \left(\frac{m}{2\pi kT}\right)^{\frac{3}{2}} \int_0^\infty v^3 e^{-\frac{mv^2}{2kT}} dv = 4\pi \left(\frac{m}{2\pi kT}\right)^{\frac{3}{2}} \frac{(2kT)^2}{2m^2} = \sqrt{\frac{8kT}{\pi m}}$$

   $$\therefore \frac{dN}{dt} = \frac{NA}{V}\sqrt{\frac{kT}{2\pi m}}$$

2) $\dfrac{dN}{dt} = \dfrac{NA}{V}\sqrt{\dfrac{kT}{2\pi m}} = \lambda N$이라 하면 단위시간당 빠져나가는 양은 남아있는 입자수에 비례한다.

   통 안에 남아있는 양으로 치면 변화량은 점점 줄기 때문에 $dN < 0$ 이다. 즉, $\dfrac{dN}{dt} = -\dfrac{NA}{V}\sqrt{\dfrac{kT}{2\pi m}} = -\lambda N$

   $$\therefore N(t) = N_0 e^{-\frac{A}{V}\left(\frac{kT}{2\pi m}\right)^{\frac{1}{2}} t} = N_0 e^{-\lambda t}$$

예제 2 방사성 붕괴 $N = N_0 e^{-\lambda t}$ (앞의 문제와 비슷한 형태를 갖는다. 입자 N개중 붕괴하여 방출되는 현상)

정답 $N = N_0 e^{-\lambda t} = N_0 \left(\dfrac{1}{2}\right)^{\frac{t}{T}}$

풀이

$\dfrac{dN}{dt} = -N\langle \lambda \rangle \;\Rightarrow\; \dfrac{\Delta N}{N\Delta t}$: $\dfrac{\text{1초당 붕괴 개수}}{\text{입자 개수}} =$ 단위시간당 붕괴 비율

$\lambda = \langle \lambda \rangle$ 단위시간당 평균 붕괴 확률(단위 = 1/s)

$N = N_0 e^{-\lambda t}$ ...... ①

붕괴율: $R = \left|\dfrac{dN}{dt}\right| = \lambda N_0 e^{-\lambda t} = \lambda N \;\Rightarrow\;$ 단위시간당 붕괴 개수 (단위 = 개수/s)

반감기: $T = \dfrac{\ln 2}{\lambda}$ ...... ②

증명: $\dfrac{N}{N_0} = \dfrac{1}{2} = e^{-\lambda T} \;\Rightarrow\; \lambda T = \ln 2$

②를 ①에 대입하면 $N = N_0 e^{-\frac{\ln 2}{T} t} = N_0 \left(e^{-\ln 2}\right)^{\frac{t}{T}} = N_0 \left(\dfrac{1}{e^{\ln 2}}\right)^{\frac{t}{T}} = N_0 \left(\dfrac{1}{2}\right)^{\frac{t}{T}}$ (참고: $a^{\log_b c} = c^{\log_b a}$)

$\therefore N = N_0 e^{-\lambda t} = N_0 \left(\dfrac{1}{2}\right)^{\frac{t}{T}}$

2. 에너지 E_i 불연속 함수

(1) 온도 T로 열적 평형 상태에 있는 구별 가능한 시스템

에너지가 연속적인 시스템에서 분배함수는 $Z(T, V, N) = \int D(E, V, N) e^{-\beta E} dE$ 이다. $D(E, V, N)$은 상태밀도이다. 상태수 $\Omega(E, V, N)$와 상태 밀도 $D(E, V, N)$와 겹침수(축퇴도) g_i는 모두 같은 말이다. 불연속적인 시스템에서는 $Z(T, V, N) = \sum_i g_i e^{-\beta E_i}$로 정의한다. 여기서 g_i는 에너지 축퇴도이다. 윷놀이로 예를 들어보겠다. 온도 T로 열적 평형 상태에 있는 윷 1개 세트가 있다고 하자. 윷 한 개가 앞면(×)이면 에너지가 0이고 뒷면이면 에너지 ϵ라 하자.

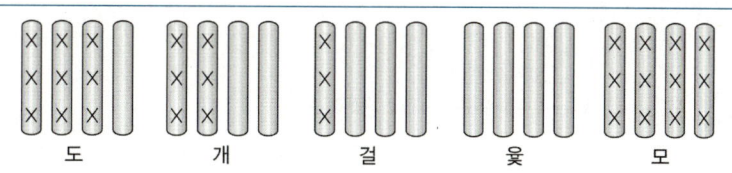

상태	겹침수	에너지
도	$_4C_1 = 4$	ϵ
개	$_4C_2 = 6$	2ϵ
걸	$_4C_3 = 4$	3ϵ
윷	$_4C_4 = 1$	4ϵ
모	$_4C_0 = 1$	0

윷놀이 1개 세트의 분배함수는 $Z_1 = \sum_i g_i e^{-\beta E_i} = 4e^{-\beta\epsilon} + 6e^{-2\beta\epsilon} + 4e^{-3\beta\epsilon} + e^{-4\beta\epsilon} + 1$ 이다. 미시 통계에서 윷놀이 1개 세트는 분배함수이고 만약 윷놀이 N개 세트가 있다면 구별 가능한 N개의 윷놀이 시스템의 분배함수는 $Z_N = Z_1^N$ 이 된다. 또한 윷놀이 1개 세트에서 도를 발견할 확률은 $P_도 = \dfrac{g_도 e^{-\beta E_도}}{Z_1} = \dfrac{4e^{-\beta\epsilon}}{Z_1}$ 이다. 온도에 따라 앞면과 뒷면이 나올 확률이 달라지는 미시 통계 시스템은 거시 통계와 차이가 있다. 임의 상태에 대한 확률은 $P_i = \dfrac{g_i e^{-\beta E_i}}{Z_1}$ 이다.

$Z_N(T, V, N) = (Z_1(T, V, 1))^N$

$F = U - TS$

$F(T, V, N) = -kT \ln Z(T, V, N) = -NkT \ln Z_1$

$$dF = dU - TdS - SdT$$
$$= (TdS - PdV) - TdS - SdT$$
$$= -SdT - PdV$$

$$-S = \left(\frac{\partial F}{\partial T}\right)_{V,\,N},\ -P = \left(\frac{\partial F}{\partial V}\right)_{T,\,N} \quad : \text{상태 방정식 유도가능}$$

고전 미시 통계의 경우 기체 모델의 대부분은 기체 분자를 이상기체로 가정하고 푼다. 고전과 다른 것은 맥스웰-볼츠만 통계 분포가 존재한다는 것이다. (고전 거시와 다르게 기체 분자들이 에너지가 모두 같지 않고, 통계적 분포를 가질 뿐이다.) 그리고 한 가지 분명한 것은 시스템이 같다면 거시 통계와 미시 통계의 열통계 변수가 동일하다.

$$U = N\langle E_n \rangle = N\sum_n E_n \rho_n = N\frac{\sum_n E_n g_n e^{-\beta E_n}}{Z_1} = -N\frac{\partial \ln Z_1}{\partial \beta}$$

$$\therefore U = N\langle E_n \rangle = -N\frac{\partial \ln Z_1}{\partial \beta} = -\frac{\partial \ln Z}{\partial \beta}$$

내부 에너지는 평균값의 의미가 있다.

$$U = N\langle E_n \rangle = -N\frac{\partial \ln Z_1}{\partial \beta} = -\frac{\partial \ln Z}{\partial \beta}$$

(2) 통계적 분포

① 에너지와 축퇴의 개념적 정의

㉠ 에너지 준위의 축퇴: 아래 그림과 같이 3개의 에너지 준위가 존재하는 바닥상태에 해당하는 0인 에너지 상태가 2개 존재할 경우 바닥상태의 에너지 축퇴도는 2이다.

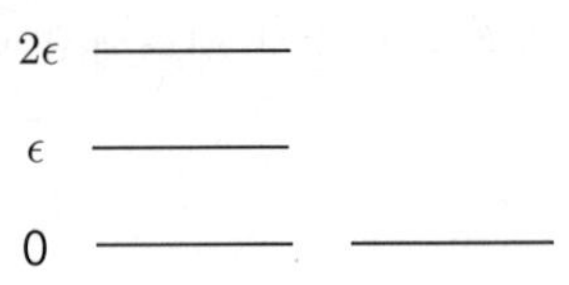

2ϵ ———

ϵ ———

0 ——— ———

ⓛ **입자의 구별**: 입자가 구별 가능한 경우더라도 특정 에너지 상태에 존재하는 경우 구별이 불가능하다.
  예 바닥상태 에너지가 축퇴가 되어 있는 경우에 구별 가능한 입자 2개가 한 에너지 상태에 동시에 존재하는 경우 같은 상태로 취급한다. 따라서 계의 상태에서는 둘 중 하나만 채택이 된다.

에너지 값은 같은데 축퇴가 되어 있는 에너지 준위에서 다른 상태에 구별 가능한 입자가 배치되는 경우 상태는 구별이 가능하다. 따라서 계의 상태에서는 두 개 모두 채택이 된다. 에너지가 다를 경우에도 구별 가능한 입자가 배치되면 상태는 구별이 가능하다.

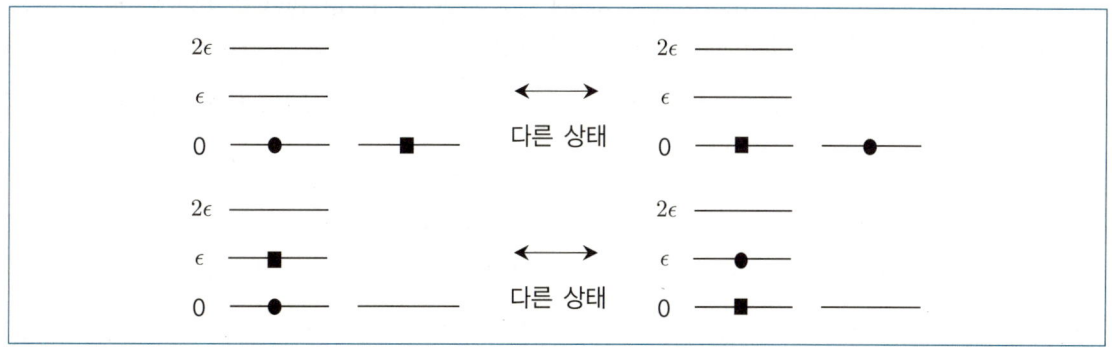

ⓒ **계의 에너지 축퇴**: 계를 이루는 총 입자가 에너지 준위에 배치되는 경우 계의 특정 에너지 상태의 개수를 의미한다. 예를 들어 위의 에너지 준위에 구별 가능한 입자 2개를 배치할 때 바닥상태의 경우를 보자.

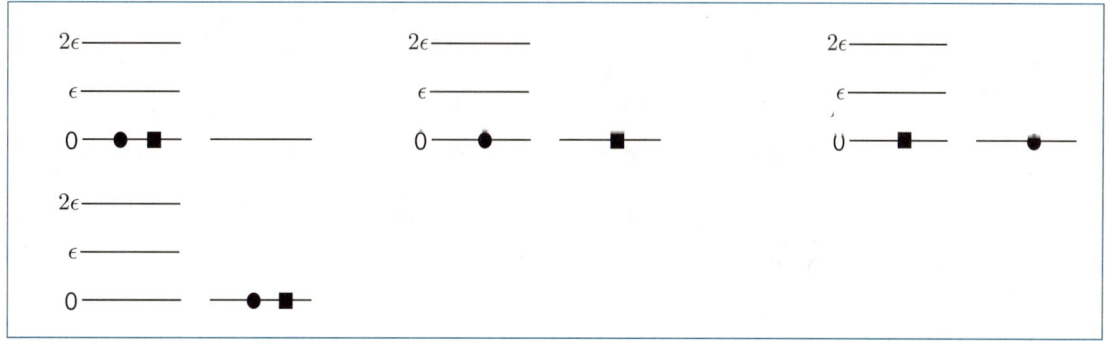

입자 2마리가 바닥상태에 배치될 때의 계의 에너지는 0이고, 상태수가 4개이므로 계의 에너지 축퇴도는 4이다.

② MB(맥스웰-볼츠만), BE(보즈-아인슈타인), FD(페르미-디락) 통계

　㉠ MB(맥스웰-볼츠만) 분포: 모든 입자가 구별 가능하고, 하나의 에너지 상태에 다수의 입자 배치가 가능한 통계 분포이다.

　㉡ BE(보즈-아인슈타인) 분포: 모든 입자가 구별 불가능하고, 하나의 에너지 상태에 다수의 입자 배치가 가능한 통계 분포이다.

　㉢ FD(페르미-디락) 분포: 모든 입자가 구별 불가능하고, 한 에너지에는 하나의 입자가 들어갈 수 있는 통계 분포이다.

③ 에너지 축퇴가 없는 시스템

> **예제 3** 2개의 입자로 구성되어 있는 계가 절대온도 T인 열원과 접촉하여 열적 평형을 이루고 있다. 각 입자는 3가지 에너지 0, ϵ, 2ϵ을 가지는 상태 중 하나에 있고, 축퇴(degeneracy)는 없다. 맥스웰-볼츠만 통계, 보즈-아인슈타인 통계, 페르미-디락 통계를 만족할 때의 분배함수 Z_{MB}, Z_{BE}, Z_{FD}를 각각 구하시오. 또한 계의 평균 에너지 U_{MB}, U_{BE}, U_{FD}를 구하시오. (단, $\beta = \dfrac{1}{k_B T}$이고, k_B는 볼츠만 상수이며, 두 입자 사이의 상호작용은 무시한다.)
>
> 2ϵ ———
> ϵ ———
> 0 ———

풀이

1) MB(맥스웰-볼츠만) 통계

축퇴가 없는 3개의 에너지 상태에 구별 가능한 2개의 입자를 배치하는 경우이므로 총상태수는 $_3\Pi_2 = 9$개다.

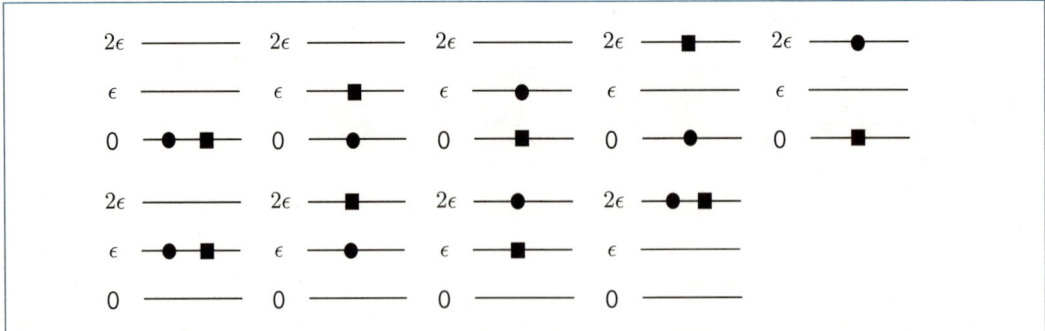

MB 통계의 계의 에너지와 축퇴도

계의 에너지	계의 축퇴도
0	1
ϵ	2
2ϵ	3
3ϵ	2
4ϵ	1

계의 분배함수 $Z_{MB} = 1 + 2e^{-\beta\epsilon} + 3e^{-2\beta\epsilon} + 2e^{-3\beta\epsilon} + e^{-4\beta\epsilon}$

MB 통계는 입자가 구별 가능하고, 축퇴를 허용하므로 $Z_1^N = Z_1^2$이 성립한다. MB 통계는 전체를 구하는 것보다 입자 1개의 분배함수 Z_1을 구해서 입자수 N의 제곱을 하면 전체 분배함수 $Z_N = Z_1^N$이 성립하게 된다.

① 계의 분배함수: $Z_{MB} = (1 + e^{-\beta\epsilon} + e^{-2\beta\epsilon})^2 = 1 + 2e^{-\beta\epsilon} + 3e^{-2\beta\epsilon} + 2e^{-3\beta\epsilon} + e^{-4\beta\epsilon}$

② 계의 평균 에너지: $U_{MB} = 2\epsilon \left(\dfrac{e^{-\beta\epsilon} + 2e^{-2\beta\epsilon}}{1 + e^{-\beta\epsilon} + e^{-2\beta\epsilon}} \right)$

2) BE(보즈-아인슈타인) 통계

축퇴가 없는 3개의 에너지 상태에 동일한 2개의 입자를 배치하는 경우이므로 총상태수는 $_3H_2 = {_4C_2} = 6$(개)다.

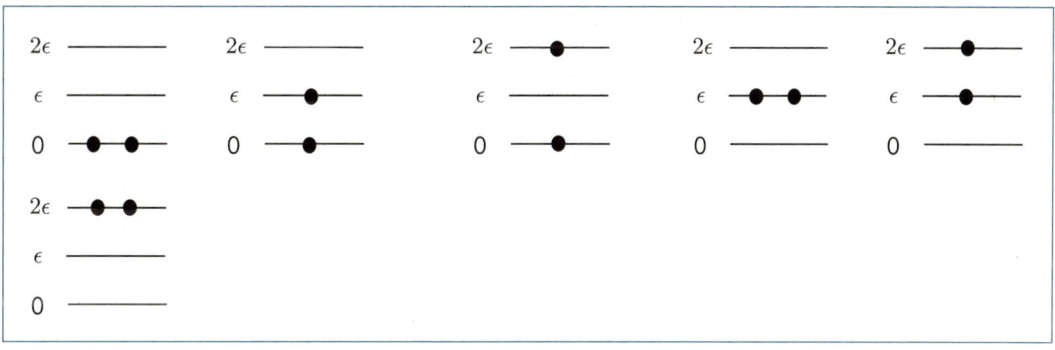

BE 통계의 계의 에너지와 축퇴도

계의 에너지	계의 축퇴도
0	1
ϵ	1
2ϵ	2
3ϵ	1
4ϵ	1

① 계의 분배함수: $Z_{BE} = 1 + e^{-\beta\epsilon} + 2e^{-2\beta\epsilon} + e^{-3\beta\epsilon} + e^{-4\beta\epsilon}$

② 계의 평균 에너지: $U_{BE} = \epsilon \left(\dfrac{e^{-\beta\epsilon} + 4e^{-2\beta\epsilon} + 3e^{-3\beta\epsilon} + 4e^{-4\beta\epsilon}}{Z_{BE}} \right)$

3) FD(페르미-디락) 통계

축퇴가 없는 3개의 에너지 상태에 동일한 2개의 입자를 하나의 에너지 상태에 하나만 배치하는 총 상태수는 $_3C_2 = 3$ 개다.

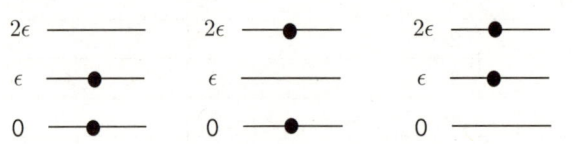

FD 통계의 계의 에너지와 축퇴도

계의 에너지	계의 축퇴도
ϵ	1
2ϵ	1
3ϵ	1

① 계의 분배함수: $Z_{FD} = e^{-\beta\epsilon} + e^{-2\beta\epsilon} + e^{-3\beta\epsilon}$

② 계의 평균 에너지: $U_{FD} = \dfrac{\epsilon e^{-\beta\epsilon} + 2\epsilon e^{-2\beta\epsilon} + 3\epsilon e^{-3\beta\epsilon}}{Z_{FD}}$

④ 에너지 축퇴가 있는 시스템

예제 4 서로 상호작용하지 않은 2개의 입자로 구성되어 있는 계가 절대온도 T인 열원과 접촉하여 열적 평형을 이루고 있다. 각 입자는 0, ϵ의 에너지를 가지는 상태 중 하나에 있고, 에너지 0인 상태는 축퇴가 없고, 에너지 ϵ인 에너지 상태의 축퇴도는 2이다. 이 계가 맥스웰-볼츠만 통계, 보즈-아인슈타인 통계, 페르미-디락 통계를 만족할 때의 분배함수 Z_{MB}, Z_{BE}, Z_{FD}를 각각 구하시오. 또한 계의 평균 에너지 U_{MB}, U_{BE}, U_{FD}를 구하시오. (단, $\beta = \dfrac{1}{k_B T}$이고, k_B는 볼츠만 상수이다.)

풀이

1) MB(맥스웰-볼츠만) 통계
   첫 번째 들뜬상태가 2개로 축퇴되어 있는 3개의 에너지 상태에 구별 가능한 2개의 입자를 배치하는 경우이므로 총상태수는 $_3\Pi_2 = 9$개다.

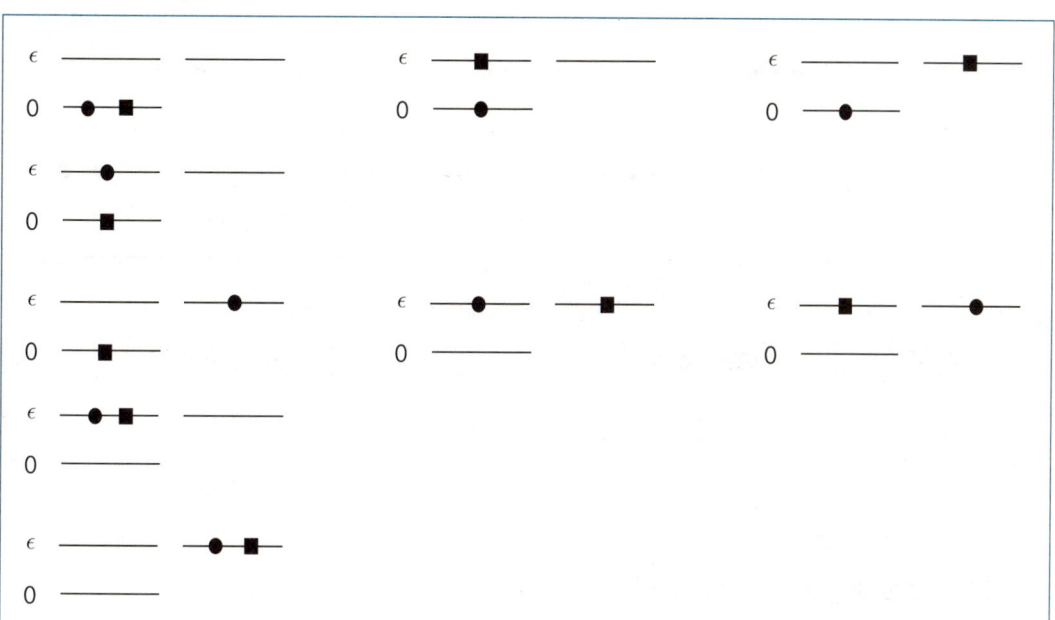

MB 통계의 계의 에너지와 축퇴도

계의 에너지	계의 축퇴도
0	1
ϵ	4
2ϵ	4

계의 분배함수 $Z_{MB} = 1 + 4e^{-\beta\epsilon} + 4e^{-2\beta\epsilon}$

그런데 $Z_N = Z_1^N$이 성립하므로 입자 1개일 때 분배함수를 구해서 제곱하면 된다.

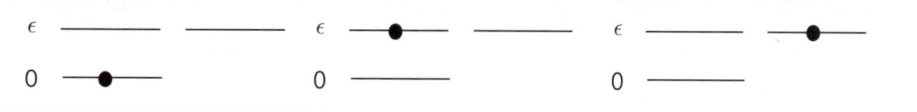

① 계의 분배함수 : $Z_{MB} = (1 + 2e^{-\beta\epsilon})^2 = 1 + 4e^{-\beta\epsilon} + 4e^{-2\beta\epsilon}$

② 계의 평균 에너지 : $U_{MB} = \dfrac{2\epsilon e^{-\beta\epsilon}}{1 + 2e^{-\beta\epsilon}}$

2) BE(보즈－아인슈타인) 통계

첫 번째 들뜬상태가 2개로 축퇴되어 있는 3개의 에너지 상태에 동일한 2개의 입자를 배치하는 경우이므로 총 상태수는 $_3H_2 = {}_4C_2 = 6$개다.

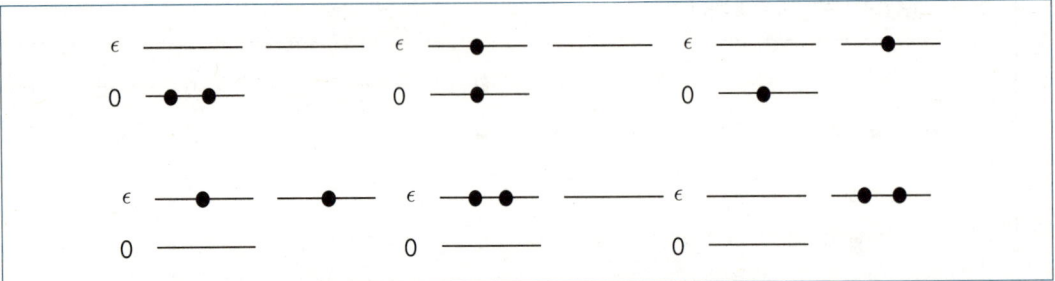

BE 통계의 계의 에너지와 축퇴도

계의 에너지	계의 축퇴도
0	1
ϵ	2
2ϵ	3

① 계의 분배함수 : $Z_{BE} = 1 + e^{-\beta\epsilon} + 3e^{-2\beta\epsilon}$

② 계의 평균 에너지 : $U_{BE} = \epsilon\left(\dfrac{e^{-\beta\epsilon} + 6e^{-2\beta\epsilon}}{Z_{BE}}\right)$

3) FD(페르미－디락) 통계

첫 번째 들뜬상태가 2개로 축퇴되어 있는 3개의 에너지 상태에 동일한 2개의 입자를 하나의 에너지 상태에 하나만 배치하는 총 상태수는 $_3C_2 = 3$개다.

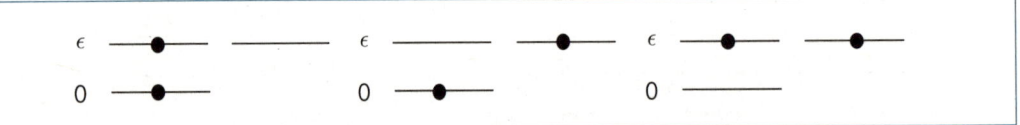

FD 통계의 계의 에너지와 축퇴도

계의 에너지	계의 축퇴도
ϵ	2
2ϵ	1

① 계의 분배함수 : $Z_{FD} = 2e^{-\beta\epsilon} + e^{-2\beta\epsilon}$

② 계의 평균 에너지 : $U_{FD} = 2\epsilon\left(\dfrac{e^{-\beta\epsilon} + 2e^{-2\beta\epsilon}}{Z_{FD}}\right)$

(3) 양자적 조화진동자 모델의 미시 통계적 관점

예제 5 상호작용하지 않고 구별 가능한 입자 N개가 절대온도 T인 열원과 열적 평형 상태에 있다. 입자 1개의 에너지 준위가 $\epsilon_n = \hbar\omega\left(n+\dfrac{1}{2}\right)$; $n=0, 1, 2, \cdots$인 1차원 조화진동자가 있을 때 다음을 구하시오. (단, $\beta = \dfrac{1}{kT}$이다.)

1) 전체 분배함수 $Z_N(T, V, N)$를 구하시오.
2) 자유 에너지 $F(T, V, N)$를 구하시오.
3) 내부 에너지 $U(T, V, N)$를 구하시오.
4) 시스템의 엔트로피 $S(T, V, N)$를 구하시오.
5) 입자의 평균 양자수(점유도) $\langle n \rangle$을 구하시오.
6) $T \to \infty$, $\beta\hbar\omega \to 0$일 때 $U_{고온}$을 구하시오.
7) $T \to 0$, $\beta\hbar\omega \to \infty$일 때 $U_{저온}$을 구하시오.
8) 등적 열용량 C_V를 구하여라.

풀이

1) $Z(T, V, 1) = \sum_n e^{-\beta\epsilon_n} = e^{-\frac{\beta\hbar\omega}{2}} + e^{-\frac{3\beta\hbar\omega}{2}} + e^{-\frac{5\beta\hbar\omega}{2}} + \cdots$

$$= \frac{e^{-\frac{\beta\hbar\omega}{2}}}{1-e^{-\beta\hbar\omega}} = \frac{1}{e^{\frac{\beta\hbar\omega}{2}} - e^{-\frac{\beta\hbar\omega}{2}}}$$

$$= \frac{1}{2\sinh\frac{\beta\hbar\omega}{2}}$$

$\therefore Z(T, V, N) = \left(\dfrac{1}{2\sinh\dfrac{\beta\hbar\omega}{2}}\right)^N$

2) $F(T, V, N) = -NkT\ln Z_1 = NkT\ln 2\sinh\left(\dfrac{\beta\hbar\omega}{2}\right) = \dfrac{N}{2}\hbar\omega + NkT\ln(1-e^{-\beta\hbar\omega})$

3) $U = N\langle \epsilon_n \rangle = -N\dfrac{\partial \ln Z_1}{\partial \beta}$ 이므로

$U = N\dfrac{\hbar\omega}{2}\coth\dfrac{\beta\hbar\omega}{2} = -N\dfrac{\partial}{\partial\beta}\left(\ln e^{-\frac{\beta\hbar\omega}{2}} - \ln(1-e^{-\beta\hbar\omega})\right) = N\hbar\omega\left(\dfrac{1}{2} + \dfrac{1}{e^{\beta\hbar\omega}-1}\right)$

4) $F = U - TS$

$S = \dfrac{1}{T}(U-F) = \dfrac{1}{T}\left[\left(\dfrac{N\hbar\omega}{2} + \dfrac{N\hbar\omega}{e^{\beta\hbar\omega}-1}\right) - \dfrac{N}{2}\hbar\omega - NkT\ln(1-e^{-\beta\hbar\omega})\right]$

$= \dfrac{1}{T}\dfrac{N\hbar\omega}{e^{\beta\hbar\omega}-1} - Nk\ln(1-e^{-\beta\hbar\omega}) = \dfrac{Nk\beta\hbar\omega}{e^{\beta\hbar\omega}-1} - Nk\ln(1-e^{-\beta\hbar\omega})$

※ $\dfrac{\partial \beta}{\partial T} = -\dfrac{1}{kT^2} = -k\beta^2$ ($F = U - TS$에서 U를 먼저 구하고 S를 구해도 된다.)

$$S(T,\ V,\ N) = -\left(\frac{\partial F}{\partial T}\right)_{V,\ N}$$
$$= -Nk\ln 2\sinh\left(\frac{\beta\hbar\omega}{2}\right) - NkT\left(\frac{\hbar\omega}{2}\right)(-k\beta^2)\coth\frac{\beta\hbar\omega}{2}$$
$$= Nk\left[\frac{\beta\hbar\omega}{2}\coth\frac{\beta\hbar\omega}{2} - \ln 2\sinh\left(\frac{\beta\hbar\omega}{2}\right)\right]$$
$$= Nk\left[\frac{\beta\hbar\omega}{e^{\beta\hbar\omega}-1} - \ln(1-e^{-\beta\hbar\omega})\right]$$

5) $\langle \epsilon_n \rangle = \hbar\omega\left(\frac{1}{2} + \langle n \rangle\right)$

$\therefore \langle n \rangle = \dfrac{1}{e^{\beta\hbar\omega}-1}$

6) $U_{\text{고온}} = \lim\limits_{\beta\hbar\omega \to 0} N\hbar\omega\left(\dfrac{1}{2} + \dfrac{1}{e^{\beta\hbar\omega}-1}\right) \simeq \dfrac{N\hbar\omega}{2} + N\hbar\omega\left(\dfrac{1}{\beta\hbar\omega}\right)$

$= \dfrac{N\hbar\omega}{2} + \dfrac{N}{\beta} = \dfrac{N}{\beta}\left(\dfrac{\beta\hbar\omega}{2} + 1\right) \simeq NkT$

심화 고온일 때는 이상기체처럼 행동한다. 이유는 $Z = \int \Omega(E)e^{-\beta E}dE$ 에서 고온일 때 $e^{-\beta E} \simeq 1$ 로 근사되므로 거시 통계 이상기체 모델인 $\Sigma(E,\ V,\ N) = \int \Omega(E,\ V,\ N)dE$ 로 바뀌기 때문이다. 그런데 왜 자유도가 2냐면 나중에 양자역학시간에 배우겠지만 예시에서 주어진 조화진동자의 에너지 모델은 1차원이다. 그래서 에너지 등분배법칙에 의해서 입자 1개의 퍼텐셜 $\left\langle\frac{1}{2}kx^2\right\rangle$ 과 운동 에너지 $\left\langle\frac{1}{2}mv^2\right\rangle$ 가 각각 $\frac{1}{2}kT$ 가 되기 때문이다. 시스템을 이해하면 계산 없이 답이 유추 가능하다.

7) $U_{\text{저온}} = \lim\limits_{\beta\hbar\omega \to \infty} N\hbar\omega\left(\dfrac{1}{2} + \dfrac{1}{e^{\beta\hbar\omega}-1}\right) \simeq \dfrac{N\hbar\omega}{2}$

※ 극저온일 때는 모두 양자적 바닥상태로 내려온다.

8) $C_V = \left(\dfrac{\partial U}{\partial T}\right)_{V,\ N} = \dfrac{N\hbar\omega(k\beta^2)(\hbar\omega)e^{\beta\hbar\omega}}{(e^{\beta\hbar\omega}-1)^2} = \dfrac{Nk(\beta\hbar\omega)^2 e^{\beta\hbar\omega}}{(e^{\beta\hbar\omega}-1)^2}$

그래프를 그려보면

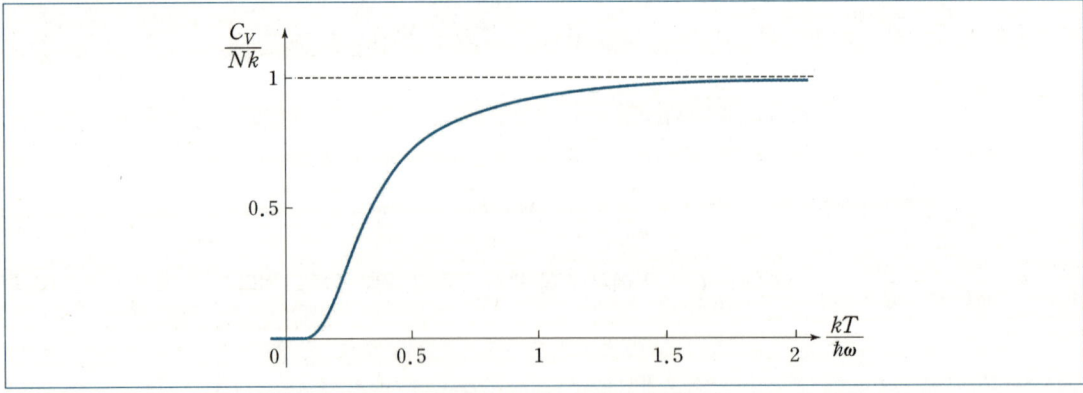

그림과 같이 고온으로 갈수록 열용량이 급격히 상승하고, 매우 고온일 때 $C_V = Nk$ 를 만족한다.

(4) 고전 자기 쌍극자 모델(자기장에 의한 외부 개입 존재)

> **예제 6** N개의 서로 상호작용하지 않는 입자는 스핀이 $\frac{1}{2}$이고 자기 모멘트 크기는 μ_0이다. 균일한 자기장 영역 B에서 입자의 허용 가능한 에너지는 $\epsilon = -\vec{\mu_0} \cdot \vec{B}$ 이고, 스핀이 자기장과 나란할 경우 $\epsilon_1 = -\mu_0 B$, 스핀이 자기장과 반대일 경우 $\epsilon_2 = \mu_0 B$ 이다. 이때 시스템의 분배함수 Z를 쓰고, 내부 에너지와 엔트로피 S를 구하시오. 또한 시스템 전체의 입자당 평균 자기 모멘트의 크기 $\langle m \rangle$과 자기 모멘트의 표준편차 Δm을 각각 구하시오. (단, k_B는 볼츠만 상수이며, $\beta = \frac{1}{k_B T}$이다. $1 - \tanh^2 x = \frac{1}{\cosh^2 x}$ 이다.)
>
> **풀이**
> $Z_1 = e^{-\beta \mu_0 B} + e^{\beta \mu_0 B}$
> $Z = (2 \cosh \beta \mu_0 B)^N$
> $U = -N \mu_0 B \tanh \beta \mu_0 B$
> $S = -Nk\beta \mu_0 B \tanh \beta \mu_0 B + Nk \ln(2 \cosh \beta \mu_0 B)$
> $U = -N \mu_0 B \tanh \beta \mu_0 B = -NB \langle m \rangle$
> $\langle m \rangle = \mu_0 \tanh \beta \mu_0 B$
> $\langle m^2 \rangle = \mu_0^2$
> $\therefore \Delta m = \dfrac{\mu_0}{\cosh \beta \mu_0 B}$

연습문제

20-A04

01 구별할 수 없는 2개의 입자로 구성되어 있는 계가 절대온도 T인 열원과 접촉하여 열적 평형을 이루고 있다. 각 입자는 3가지 에너지 0, ϵ, 2ϵ을 가지는 상태 중 하나에 있고, 축퇴(degeneracy)는 없다. 이 계가 페르미-디락 통계를 만족할 때, 계의 분배함수 Z와 내부 에너지의 평균값 $\overline{E}$를 각각 구하시오. (단, $\beta = \dfrac{1}{k_B T}$이고, k_B는 볼츠만 상수이며, 두 입자 사이의 상호작용은 무시한다.)

02 시스템에 입자수 N개의 구별 가능하고 서로 상호작용하지 않는 입자가 절대온도 T인 열원과 열적 평형 상태에 있다. 입자의 가능한 에너지 상태는 $-E$, 0, E이고 에너지 축퇴는 고려하지 않는다. 이때 분배함수 Z를 쓰고 시스템의 내부 에너지 U를 구하시오. 또한 시스템의 엔트로피 S를 구하시오. (단, k_B는 볼츠만 상수이며, $\beta = \dfrac{1}{k_B T}$이다.)

22-A12

03 구별 가능하고 상호작용하지 않는 가상의 입자들로 구성된 계가 온도 T인 열저장체(heat reservoir)와 접촉하여 열적 평형 상태에 있다. 각 입자는 4개의 에너지 상태($E_n = n\epsilon$, $n = 0, 1, 2, 3$)를 가지며, 각 에너지 상태는 겹침(degeneracy)이 없다. 입자 하나의 분배함수 Z와 평균 에너지 $\overline{E}$를 ϵ과 β로 각각 나타내시오. 입자가 $n = 1$인 상태에 있을 확률이 $n = 3$인 상태에 있을 확률보다 4배 클 때의 온도 T_0을 ϵ과 볼츠만 상수 k_B로 풀이 과정과 함께 구하시오. (단, 계는 볼츠만 통계를 따르며, $\beta = \dfrac{1}{k_B T}$이다.)

13-30

04 어떤 페르미온이 해밀토니안의 3가지 고유상태를 가지며, 세 고유상태의 에너지는 각각 0, ϵ, 2ϵ이다. 이러한 동일한 페르미온 2개로 이루어진 계의 분배함수는? (단, $\beta = \dfrac{1}{k_B T}$, k_B는 볼츠만 상수이며 페르미온 간의 상호작용을 무시하고, 고유상태는 스핀과 공간 성분만을 고려한 것이다.)

① $1 + e^{-2\beta\epsilon} + e^{-4\beta\epsilon}$

② $e^{-\beta\epsilon} + e^{-2\beta\epsilon} + e^{-3\beta\epsilon}$

③ $e^{-\beta\epsilon} + e^{-2\beta\epsilon} + e^{-4\beta\epsilon}$

④ $1 + e^{-\beta\epsilon} + 2e^{-2\beta\epsilon} + e^{-3\beta\epsilon} + e^{-4\beta\epsilon}$

⑤ $1 + 2e^{-\beta\epsilon} + 3e^{-2\beta\epsilon} + 2e^{-3\beta\epsilon} + e^{-4\beta\epsilon}$

05 상호작용하지 않고, 구별 가능한 N개의 입자로 된 계(system)가 외부 자기장 B와 온도 T로 열평형 상태에 놓여 있다. 스핀 $\frac{1}{2}$, 자기 모멘트 m인 각각의 입자가 자기장 내에서 가질 수 있는 에너지는 $E_+ = -mB$ 또는 $E_- = +mB$이다. 다음 물음에 답하시오.

1) 단일 입자의 분배함수(partition function) Z_1을 구하고, 자기 모멘트가 자기장과 같은 방향이 될 확률을 구하시오.

2) 이 계의 전체 분배함수(Z_N)과 헬름홀츠(Helmholtz) 자유 에너지(F)를 구하시오.

06 서로 구별 가능하고 상호작용하지 않는 진동자가 N개가 있다. 각 진동자의 허용 가능한 길이는 a, b이고 $b > a$이다. 이때 길이가 a일 때의 에너지는 $E_a = 0$이고, 길이가 b일 때의 에너지는 ϵ이다. 이 시스템의 분배함수를 쓰시오. 또한 내부 에너지 U와 엔트로피 S를 구하시오. 그리고 시스템의 단위 진동자당 평균길이 $\langle L \rangle$을 구하시오. (단, k_B는 볼츠만 상수이며, $\beta = \dfrac{1}{k_B T}$이다.)

12-27

07 다음 그림은 스핀이 $\frac{1}{2}$인 세 입자가 일차원상에 배열되어 있는 계를 나타낸 것이다. 가장 가까이 이웃한 두 입자들끼리만 상호작용을 하며, 상호작용 에너지는 그 둘의 스핀이 같은 방향일 때 U이고 반대 방향일 때 $-U$이다.

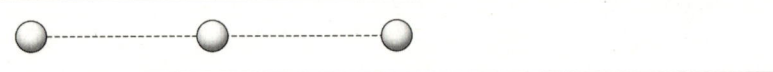

온도 T에서 이 계의 분배함수는? (단, $\beta = \dfrac{1}{k_B T}$이고 k_B는 볼츠만 상수이며, 스핀에 의한 상호작용 에너지만 고려한다.)

① $2[3 + \cosh(2\beta U)]$
② $2[1 + 3\cosh(2\beta U)]$
③ $5 + 3\cosh(2\beta U)$
④ $4[1 + \cosh(2\beta U)]$
⑤ $8\cosh(2\beta U)$

02-17

08 에너지가 $\varepsilon_n = \left(n+\dfrac{1}{2}\right)\hbar\omega_0$로 주어지는 한 개의 선형 조화진동자로 이루어진 계를 고려하자. 이 계의 에너지가 ε_n인 n상태에 있을 확률은 다음과 같이 주어진다. (단, $P_n = Ce^{-\beta\varepsilon_n}$, $n = 0, 1, 2, 3 \cdots$, $\beta = \dfrac{1}{k_B T}$이다. 여기서 C는 상수이다.)

1) 바닥상태($n=0$)에 있을 확률 P_0와 첫 번째 들뜬상태($n=1$)에 있을 확률 P_1의 비(P_1/P_0)를 구하시오.

2) 극저온($k_B T \ll \hbar\omega_0$)에서 선형 조화진동자는 어떤 에너지 상태에 있겠는가? 문항 1)의 결과를 이용하여 답하시오.

09 부피 V인 용기 속에 질량 m인 같은 종류의 이상기체 분자 N개가 들어 있다. 기체 분자의 절대온도가 T일 때, 이 계의 분배함수는 $Z = \dfrac{1}{N!}\left(\dfrac{2\pi m k_B T}{h^2}\right)^{\frac{3N}{2}} V^N$으로 주어진다. 여기서 k_B는 볼츠만 상수, h는 플랑크 상수이다. 주어진 분배함수를 이용하여 이 계의 평균 에너지와 상태 방정식을 계산하시오.

1) 평균 에너지:

2) 상태 방정식:

10 시스템에 입자수 N개의 구별 가능하고 서로 상호작용하지 않는 입자가 균일한 자기장 $\vec{B} = B\hat{z}$ 에 놓여 있다. 입자의 Z축 자기 모멘트는 $m_z\mu$이고 여기서 $m_z = -J, -J+1, \cdots J-1, J$이다. 여기서 J는 양의 상수이다. 또한 입자 한 개의 에너지는 $\epsilon_{m_z} = -m_z\mu B$ 이다. 이 시스템의 분배함수 Z를 쓰시오. 또한 시스템에서 입자 1개의 평균 Z축 자기 모멘트 $\langle m_z\mu \rangle$를 구하시오. 고온일 때 평균 Z축 자기 모멘트 $\langle m_z\mu \rangle_{고온}$을 구하시오. (단, k_B는 볼츠만 상수이며, $\beta = \dfrac{1}{k_B T}$이다. $x \ll 1$일 때, $\coth x \approx \dfrac{1}{x}\left(1 + \dfrac{x^2}{3}\right)$를 이용하시오.)

11 6개의 구별 가능하고 상호작용하지 않는 스핀이 존재한다. 독립적인 각 스핀은 외부의 자기장에 의해서 ↑(up)방향과 ↓(down)방향을 갖는다. 입자 5개는 스핀에 의한 입자 1개의 에너지는 ↑(up)일 경우 $-\varepsilon$이고 ↓(down)일 경우 $+\varepsilon$이다. 그런데 6번째 스핀의 에너지는 ↑(up)일 경우 -2ε이고 ↓(down)일 경우 $+2\varepsilon$으로 다른 스핀에 의한 에너지의 2배이다.

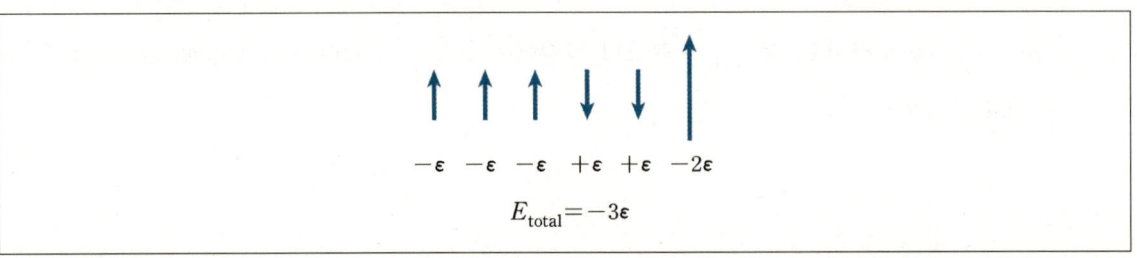

만약 스핀에 의한 6개 입자의 총 에너지 $E_{\text{total}} = -3\varepsilon$일 때 계의 엔트로피를 k로 표현하시오. 또한 스핀이 ↑(up)입자의 평균 개수 $\langle N_+ \rangle$를 구하시오. (단, k는 볼츠만 상수이다.)

12 동일한 입자 N개가 1차원 격자의 서로 다른 격자점에 고정되어 있다. 계는 절대온도가 T인 열원과 열적 평형 상태에 있고, 입자들은 서로 상호작용을 하지 않는다. 입자 1개의 허용 가능한 에너지는 3가지 에너지 즉, $\epsilon_1 = 0$, $\epsilon_2 = \epsilon_3 = \epsilon$이다. 한 에너지 상태는 축퇴되어 있다. (단, $\beta = \dfrac{1}{kT}$이다.)

1) 계의 분배함수 Z을 구하시오.

2) 계의 자유 에너지 $F(T, N)$을 구하시오.

3) 입자의 내부 에너지 $U(T, N)$을 풀이와 함께 구하시오.

4) $T \to 0$일 때 $U_{저온}$와 $\beta\epsilon \to 0$일 때 $U_{고온}$을 각각 구하시오.

5) 계의 엔트로피 $S(T, N)$을 구하시오.

6) 계의 상태수 Ω라 할 때 엔트로피의 정의 $S = k\ln\Omega$로부터 $T \to 0$일 때 $\Omega_{저온}$, $\beta\epsilon \to 0$일 때 $\Omega_{고온}$을 각각 구하시오.

13 다음 그림과 같이 일반적인 DNA는 같은 수의 염기가 일렬로 배열된 두 가닥의 사슬로 구성되며, 서로 다른 사슬에 있는 짝을 이루는 염기와 결합하여 결합 상태의 염기쌍을 형성한다. DNA의 닫힌 상태(closed)의 에너지는 0이고, 열린 상태(open)의 에너지는 ϵ이다.

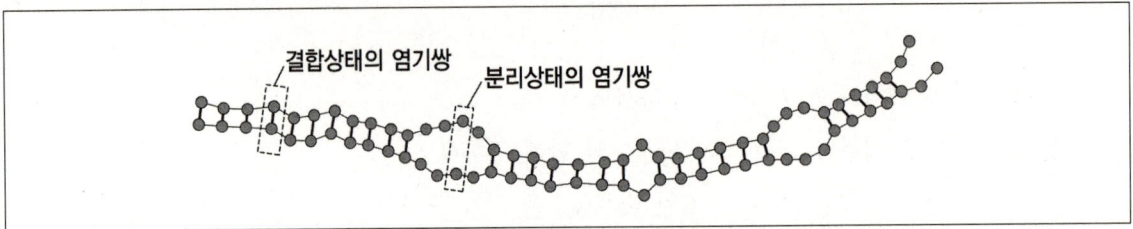

이때 시스템의 온도가 T일 때 염기쌍 1개의 분배함수 $Z_1(T)$를 구하시오. 염기쌍 1개의 평균 에너지를 구하시오. (단, $\epsilon > 0$, $\beta = \dfrac{1}{k_B T}$, k_B는 볼츠만 상수, T는 절대온도이다.)

14 자기 쌍극자 모멘트 m인 N개의 원자가 고체의 $x-y$평면의 원형 모양의 격자점에 고정된 계가 있다. 이 계가 세기 B인 자기장 속에 놓일 때, 원자들의 자기 쌍극자 모멘트는 자기장과 상호작용하여 자기장과 같은 방향이거나 반대 방향인 두 가지 상태만 가능하고 원자들 사이의 상호작용은 없다고 가정한다. 온도 T인 상태에서 어떤 순간에 자기 쌍극자 모멘트가 자기장과 같은 방향인 원자수를 n, 자기장에 반대 방향인 원자수를 $N-n$이라 하자. 입자 한 개의 에너지는 자기 모멘트가 자기장과 같은 방향일 때 $-mB$, 반대 방향일 때 $+mB$이다.

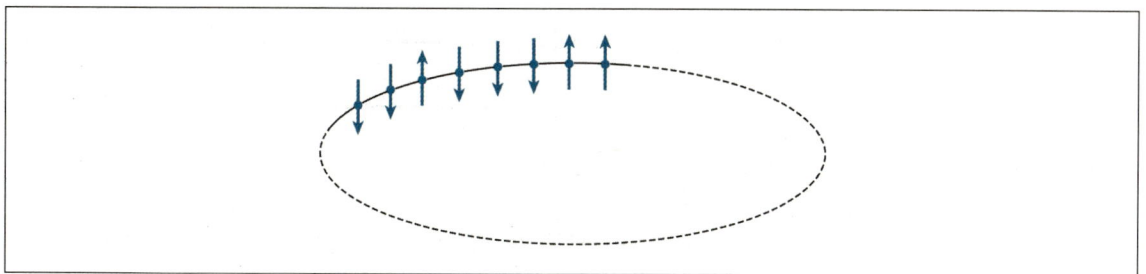

그러면 이 계의 에너지는 $U = n(-mB) + (N-n)mB = (N-2n)mB$이다. 이 계의 전체 상태수를 $\Omega(n)$이라 할 때 엔트로피는 $S = k\ln\Omega(n)$으로 표현된다. (단, k는 볼츠만 상수, $\beta = \frac{1}{kT}$이다. 또한 큰 N에 대하여 $\ln(N!) \approx N\ln N - N$이다.)

1) 엔트로피 $S(n)$을 구하시오.

2) 입자수 N이 매우 크다고 가정할 때 시스템의 자유 에너지 $F(n, T)$를 구하시오.

3) 평형 상태에서 자유 에너지가 최솟값을 갖는 조건을 활용하여 평형 상태에서 계의 에너지 $U_{평형}$을 구하시오.

4) 평형 상태에서 고온일 때($\frac{mB}{kT} \to 0$) 에너지 $U_{고온}$과 같은 방향의 원자수 $n_{고온}$을 구하시오.

5) 반대로 평형 상태에서 저온일 때($\frac{mB}{kT} \to \infty$) 에너지 $U_{저온}$과 같은 방향의 원자수 $n_{저온}$을 구하시오.

15 자기 쌍극자 모멘트 μ인 N개의 동일한 원자가 고체의 격자점에 고정된 계가 있다. 이 계가 $\vec{B} = B_0 \hat{z}$인 자기장 속에 놓일 때, 원자들의 자기 쌍극자 모멘트는 자기장과 상호작용하여 자기장과 같은 방향이거나 반대 방향 또는 수직인 방향의 3가지 상태가 가능하고, 원자들 사이의 상호작용은 없다고 가정한다.

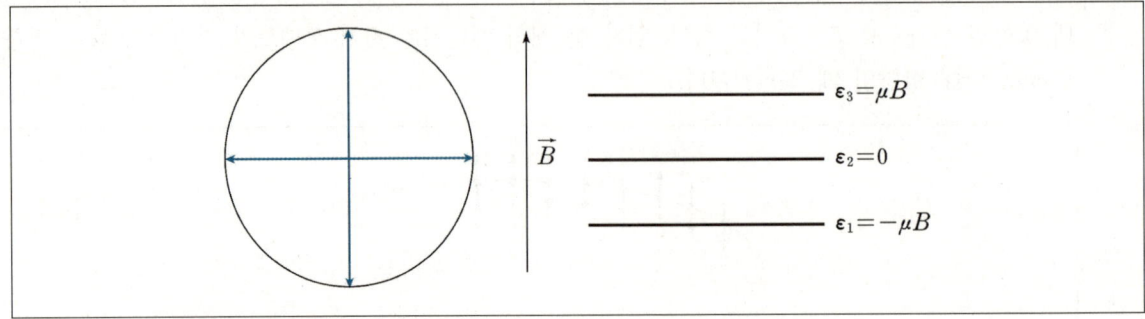

입자 1개의 허용 가능한 에너지는 자기 모멘트가 자기장과 같은 방향일 때 $-\mu B$, 반대 방향일 때 $+\mu B$이며, 수직 방향일 때는 0이다. 에너지는 수직 방향만 축퇴되어 있으며 축퇴도는 2이다. 이때 온도 T인 상태에서 계의 분배함수 Z를 구하시오. 또한 계의 평균 자기 쌍극자 모멘트 $\vec{m}$를 구하시오. 그리고 $\mu B \ll k_B T$일 때 근삿값 $\vec{m}_{고온}$과 $\mu B \gg k_B T$일 때 근삿값 $\vec{m}_{저온}$을 구하시오. (단, k_B는 볼츠만 상수, $\beta = \dfrac{1}{k_B T}$이다. $x \ll 1$일 때 $e^x \approx 1 + x$를 이용하시오.)

Chapter 05 양자 통계

01 양자역학의 태동

온도 T로 열적 평형 상태에 있는 흑체 복사를 연구함에 있어 초기에는 말도 안 되는 값이 도출되었다. 즉, 짧은 파장(큰 진동수) 영역에서 자꾸 무한대 값이 나온 것이다. 이 말은 온도 T인 난로에 있으면 에너지가 무한대가 나와야 하는데 현실에서는 불가능하다는 것이다.

1. 레일리-진스 법칙(고전 실패작)

가정을 하면 다음과 같다.

(1) 빛은 고전적인 조화진동자이다.

(2) 특정 진동수(파장)에서 빛 에너지는 연속적인 값을 갖는다.

(3) 빛은 파동형식을 만족하므로 $c = \lambda f$ 이다.

(4) 물질파 이론 $p = \dfrac{h}{\lambda}$ 이다.

(5) 빛은 동일한 편광상태에서 2가지 편광방향(예 $\pm z$)를 가지므로 2가지 겹침 상태가 존재한다.

그럼 레일리-진스가 가정했던 흑체로부터 진동수 모든 영역 $0 \leq f \leq \infty$ 에서 방출되는 빛의 에너지를 구해 보자.

$$\langle E \rangle = 2 \times \frac{V}{h^3} \int \varepsilon d^3 p = \frac{8\pi V}{h^3} \int \varepsilon p^2 dp = \frac{8\pi V}{h^3} \int \left(\frac{hf}{c}\right)^2 kT \left(\frac{h}{c} df\right) \quad \left[p = \frac{hf}{c}\right]$$
$$= \frac{8\pi}{c^3} V \int_0^\infty kT f^2 df \ \Rightarrow\ \infty$$

레일리-진스 통계는 진동수가 커지면 즉, 자외선 영역 쪽으로 가면 무한대로 발산하는 값이 나온다. 이것을 "자외선 파탄"이라 한다. 이를 해결하기 위해 많은 과학자들이 골머리를 앓았다. 왜냐면 무조건 온도 T에서 나오는 에너지는 유한한 값을 가져야 하기 때문이다. 이때 플랑크는 기발한 생각을 하여 레일리-진스가 가정했던 2가지를 고쳤다.

2. 플랑크 복사 법칙(양자역학의 시작)

가정을 하면 다음과 같다.

(1) 빛은 고전적인 조화진동자가 아니다.

(2) 특정 진동수(파장)에서 빛 에너지는 불연속적인 값을 갖는다. ($\because \varepsilon_f = nhf$)

(3) 빛은 파동 형식을 만족하므로 $c = \lambda f$ 이다.

(4) 물질파 이론 $p = \dfrac{h}{\lambda}$ 이다.

(5) 빛은 동일한 편광상태에서 2가지 편광방향(예 $\pm z$)을 가지므로 2가지 겹침 상태가 존재한다.

통계가 어려운 것 중 하나가 수학적으로 상태수를 찾는 방식이 구별 가능한지 불가능한지에 따라 매우 복잡하게 달라진다는 사실이다. 그런데 'chapter 01'에서 했던 내용을 참고하면 같은 시스템일 경우 입자가 구별 가능하든 불가능하든 간에 평균값이 동일하다는 것이다. 예를 들어 같은 아파트(층, 호수)에 사람이 사는데 사람이 분포하는 평균 층수를 구하면 사람이 구분 가능하든 가능하지 않던지 간에 바뀌지 않는다. 왜 이걸 언급하냐면 광자는 보존이므로 구별 불가능한데 우리가 앞에서 배웠던 맥스웰-볼츠만 통계를 이용하면 보제-아인슈타인 통계의 평균을 얻을 수 있기 때문이다. 물론 전체 상태수는 다르지만, 조금 센스 있게 돌아가는 것이다.

3. 에너지에 존재할 확률이 동일하고 특정 에너지가 축퇴되어 있을 때

예제 $\epsilon_1 = 0$, $\epsilon_2 = \epsilon_3 = \epsilon$ 3가지 에너지 상태가 있고 입자수가 2개일 때 MB분포, BE분포, FD분포의 Ω_E를 구하고 가능한 전체 에너지와 평균 에너지 및 엔트로피가 가장 큰 에너지를 구하시오.

$$\underline{\quad\quad} \epsilon_2 \quad \underline{\quad\quad} \epsilon_3$$
$$\underline{\quad\quad} \epsilon_1$$

풀이

1) MB분포(맥스웰-볼츠만 분포)

$r\Pi_N = r^N$, $\Omega_E = 3^2 = 9$개

$(N_{\epsilon 1}, N_{\epsilon 2}, N_{\epsilon 3})$ ➡ E ➡ 이항정리 유사

$(2, 0, 0)$ ➡ 0

$(1, 1, 0) \times 2$ ➡ $\epsilon \times 2$

$(1, 0, 1) \times 2$ ➡ $\epsilon \times 2$

$(0, 2, 0)$ ➡ 2ϵ

$(0, 1, 1) \times 2$ ➡ $2\epsilon \times 2$

$(0, 0, 2)$ ➡ 2ϵ

$\langle \epsilon \rangle_{MB} = \dfrac{0 + 4\epsilon + 8\epsilon}{9} = \dfrac{12}{9}\epsilon = \dfrac{4}{3}\epsilon$

2) BE분포(보제-아인슈타인 분포)

$_rH_N =\ _{r+N-1}C_N$, $\Omega_E =\ _4C_2 = 6$개

$(N_{\epsilon 1},\ N_{\epsilon 2},\ N_{\epsilon 3})$ ➡ E

$(2,\ 0,\ 0)$ ➡ 0

$(1,\ 1,\ 0) \times 2$ ➡ ϵ

$(1,\ 0,\ 1) \times 2$ ➡ ϵ

$(0,\ 2,\ 0)$ ➡ 2ϵ

$(0,\ 1,\ 1) \times 2$ ➡ 2ϵ

$(0,\ 0,\ 2)$ ➡ 2ϵ

$\langle \epsilon \rangle_{BE} = \dfrac{0 + 2\epsilon + 6\epsilon}{6} = \dfrac{8}{6}\epsilon = \dfrac{4}{3}\epsilon$

$\langle \epsilon \rangle_{MB} = \langle \epsilon \rangle_{BE} = \dfrac{4}{3}\epsilon$ ➡ 여기서 아이디어를 얻어서 우리가 익숙히 했던 맥스웰-볼츠만 통계를 이용하자.

02 보존 통계의 비유적 이해

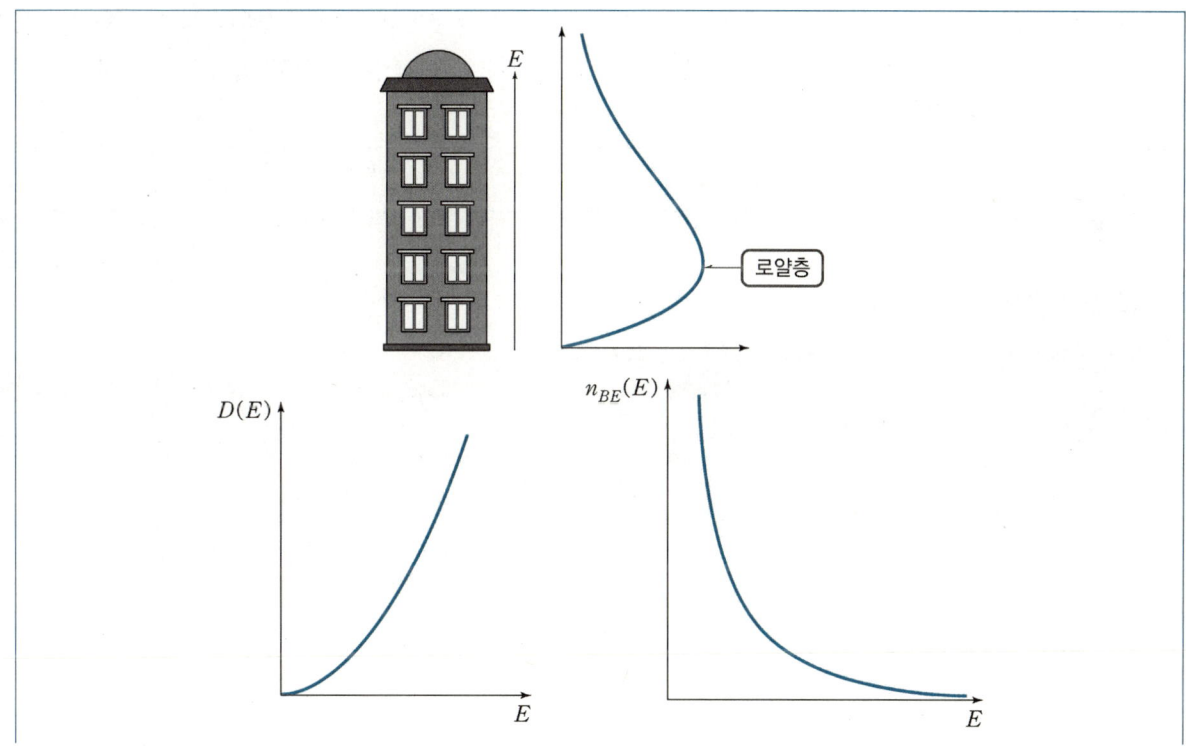

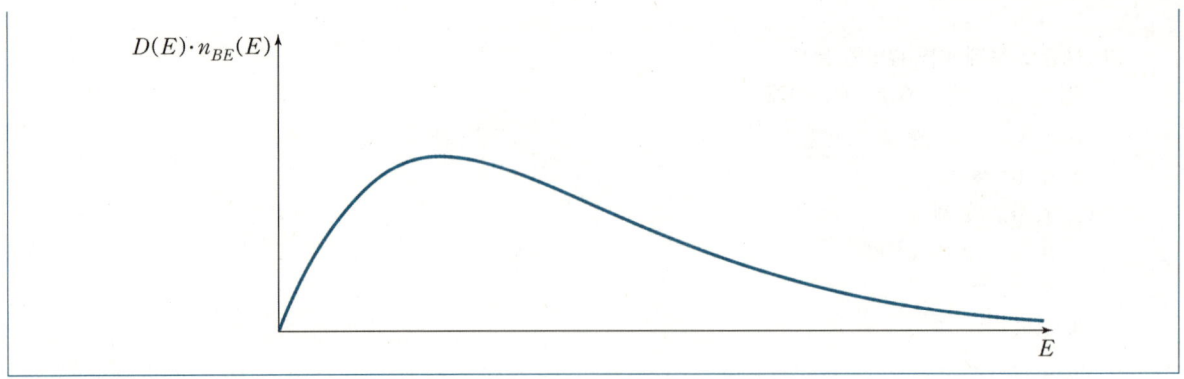

※ E : 에너지 ➡ 아파트 층 높이

　$D(E)$: 상태 밀도(density of states) ➡ 특정 층의 총 방 개수

　n_{BE} : 평균 점유수 ➡ 특정 층의 한 방에 사는 사람 평균 인원수

　$D(E) \cdot n_{BE}$: 단위 에너지당 입자수 ➡ 특정 층의 총 거주자 수

　$\langle N \rangle = \int_0^\infty D(E) \cdot n_{BE} dE$: 아파트 전체 거주자 수

　$\langle E \rangle_{BE} = N \langle E \rangle_{BE}^1 = \int_0^\infty E \cdot D(E) \cdot n_{BE} dE$: 평균 층 거주 인원수

특정 진동수 f일 때 광자의 에너지가 $\varepsilon_f = nhf (= nE)$ 이다. $n = 0, 1, 2, \cdots$ 불연속이므로 우리는 특정 진동수 f일 때 광자의 평균 에너지를 구해보자. 특정 에너지 $E = hf$일 때 평균 입자수 n을 구하는 것과 같다.

$$\langle \varepsilon_f \rangle_n = \langle n \rangle hf$$

1. 맥스웰 통계에서 분배함수

특정 진동수에서 불연속적인 에너지 값을 가진다.

$$Z = \sum e^{-\beta \varepsilon} = 1 + e^{-\beta hf} + e^{-2\beta hf} + \ldots = \frac{1}{1 - e^{-\beta hf}}$$

$$\langle \varepsilon_f \rangle_n = \langle n \rangle hf = -\frac{\ln Z}{\partial \beta} = \frac{hf e^{-\beta hf}}{1 - e^{-\beta hf}} = \frac{hf}{e^{\beta hf} - 1}$$

$$\therefore \langle \varepsilon_f \rangle = \frac{hf}{e^{\beta hf} - 1}$$

$\langle \varepsilon_f \rangle_n = \langle n \rangle hf = \dfrac{hf}{e^{\beta hf} - 1}$ 이므로

$\langle n \rangle = \dfrac{1}{e^{\beta hf} - 1}$: 특정 진동수 f일 때 광자의 평균 점유수(도)

온도 T일 때 광자는 진동수 f가 연속적으로 분포한다. (착각하면 안 된다. 광자가 특정 진동수일 때 광자 1개, 2개 이렇게 불연속이라는 것이지 진동수가 불연속이라는 것이 아니다.)

그럼 진동수 전체(에너지 전체)로 확장해서 평균 에너지를 구하면 다음과 같다.

2. 고전 통계에서 위상공간의 부피

$$\Sigma(E,V,N=1) = \frac{1}{h^3}\int_{E'\leq E} d^3q\, d^3p = \frac{V}{h^3}\int_{E'\leq E} d^3p = \frac{V}{h^3}\int_{E'\leq E} 4\pi p^2 dp = \int_{E'\leq E} D(E) dE$$

$$N = \int_0^{+\infty} D(E)n(E)\, dE$$

$$1 = \int_0^{+\infty} \frac{D(E)n(E)}{N} dE = \int_0^{+\infty} \rho(E)\, dE$$

이때 특정 E일 때 $D(E)$를 에너지 상태 밀도라 한다.

3. 광자 전체 입자수 $\langle N \rangle$

$$\langle N \rangle = 2 \times \frac{V}{h^3}\int \langle n \rangle 4\pi p^2 dp = \frac{2V}{h^3}\int \frac{1}{e^{\beta E}-1} 4\pi p^2 dp \left(p = \frac{E}{c}\right)$$

$$= \frac{8\pi V}{h^3 c^3}\int \frac{1}{e^{\beta E}-1} E^2 dE = \int D(E)\langle n \rangle dE$$

여기서 $D(E) = \dfrac{8\pi V}{h^3 c^3}E^2$ ➡ 에너지가 E인 광자의 상태 밀도(density of states)

$\langle n \rangle_{BE} = \dfrac{1}{e^{\beta E}-1}$ ➡ 온도 T일 때 에너지가 E인 광자의 평균 점유수

보존 통계는 평균 점유수 즉, 보제-아인슈타인 분포와 상태 밀도의 정의부터 출발한다.

$$\langle N \rangle = \int_0^\infty D(E)\langle n \rangle dE$$

$$1 = \frac{1}{N}\int_0^\infty D(E)\langle n \rangle dE = \int_0^\infty \frac{D(E)\langle n \rangle}{N} dE = \int_0^\infty \rho(E) dE$$

그렇다면 전체 평균 에너지를 구해보자.

광자 1개의 평균 에너지는 $\langle E \rangle_{BE}^1 = \int_0^\infty E \cdot \rho(E) dE = \int_0^\infty \frac{E \cdot D(E) \cdot n_{BE}}{N} dE$

그렇다면 광자 N개의 전체 평균 에너지는 $\langle E \rangle_{BE} = N\langle E \rangle_{BE}^1 = \int_0^\infty E \cdot D(E) \cdot n_{BE}\, dE$

$$\text{전체 평균 에너지}: \langle E \rangle_{BE} = \int_0^\infty E \cdot D(E) \cdot n_{BE} dE$$

03 흑체 복사 이론

단위면적당 그리고 단위시간당 방출에너지, 즉 T인 열평형 상태인 흑체에서 방출되는 빛의 세기를 구해보자. 앞에서 z축에 구멍이 있을 때 빛의 평균 속력이 $\langle v_z^+ \rangle = \frac{1}{4}\langle v \rangle$이 됨을 보였다.

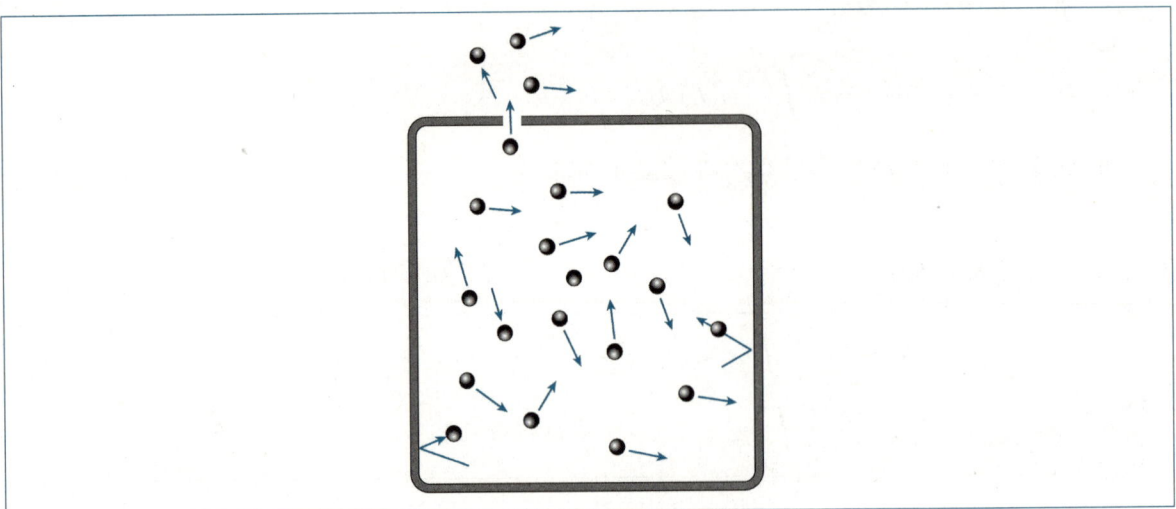

$$\langle v_z^+ \rangle = \left\langle v\cos\theta \big|_0^{\frac{\pi}{2}} \right\rangle = \int_0^{\phi=2\pi} d\phi \int_0^{\frac{\pi}{2}} \cos\theta \sin\theta \, d\theta \int_0^{v=\infty} v g_{MB}$$

$$(d^3v = v^2 \sin\theta \, dv \, d\theta d\phi) = \frac{1}{4}\langle v \rangle$$

$$\langle I \rangle = \left\langle \frac{E}{At} \right\rangle = \left\langle \frac{E}{V}c \right\rangle = \left\langle \frac{E}{V} \right\rangle \langle c \rangle \;\blacktriangleright\; \langle c \rangle = \frac{1}{4}c \text{이다. 광자의 속력은 } c\text{이다.}$$

$$\langle E \rangle = \int_0^\infty E \cdot D(E) \cdot \langle n \rangle dE = \frac{8\pi V}{h^3 c^3} \int_0^\infty \frac{1}{e^{\beta E}-1} E^3 dE$$

$$= \frac{8\pi V}{h^3 c^3} \frac{1}{\beta^4} \int_0^\infty \frac{x^3}{e^x - 1} dx$$

$$\therefore \langle E \rangle = \frac{8\pi V}{c^3 h^3}(kT)^4 \int_0^\infty \frac{x^3}{e^x - 1} dx = \frac{8\pi^5 V}{15 c^3 h^3}(kT)^4$$

※ $\int_0^\infty \frac{x^3}{e^x-1}dx = \frac{\pi^4}{15}$

슈테판-볼츠만 법칙: $I = \frac{\langle E \rangle}{V}\frac{c}{4} = \frac{2\pi^5 k^4}{15c^2 h^3}T^4 = \sigma T^4$ ($\because \sigma$: 슈테판-볼츠만 상수)

흑체에 전체 광자 수 N은

$$\langle N \rangle = \int_0^\infty D(E)\langle n \rangle dE = \frac{8\pi V}{h^3 c^3}\int_0^\infty \frac{1}{e^{\beta E}-1}E^2 dE$$

$$= \frac{8\pi V}{h^3 c^3}\frac{1}{\beta^3}\int_0^\infty \frac{x^2}{e^x-1}dx$$

$$\therefore N = \langle N \rangle = 19.2\pi V\left(\frac{kT}{hc}\right)^3 \left[\int_0^\infty \frac{x^2}{e^x-1}dx \simeq 2.4\right]$$

> 광자 전체 평균 에너지: $\langle E \rangle = \frac{8\pi^5 V}{15c^3 h^3}(kT)^4$
>
> 전체 평균 입자수: $N = 19.2\pi V\left(\frac{kT}{hc}\right)^3$
>
> 에너지 상태 밀도: $D(E) = \frac{8\pi V}{h^3 c^3}E^2$

1. 레일리-진스 흑체 복사 이론

$$\langle E \rangle = \frac{8\pi}{c^3}V\int_0^\infty kT f^2 df \;\Rightarrow\; \infty$$

f에 대한 통계함수 $F(f)_{RJ} = Af^2 \;\left(A = \frac{8\pi V kT}{c^3}\right)$

2. 플랑크 흑체 복사 이론

$$\langle E \rangle = \frac{8\pi h V}{c^3}\int_0^\infty \frac{f^3}{e^{\beta hf}-1}df$$

f에 대한 통계함수 $F(f)_{\text{플랑크}} = B\frac{f^3}{e^{\beta hf}-1} \;\left(B = \frac{8\pi h V}{c^3}\right)$

레일리-진스 통계 분포는 진동수가 작은 영역에서는 플랑크 통계 분포와 근사적으로 일치한다.

$\beta hf \ll 1$일 때 $F(f)_{\text{플랑크}} = B\frac{f^3}{e^{\beta hf}-1} \propto \frac{f^3}{\beta hf} = \frac{kT}{h}f^2 \propto f^2$

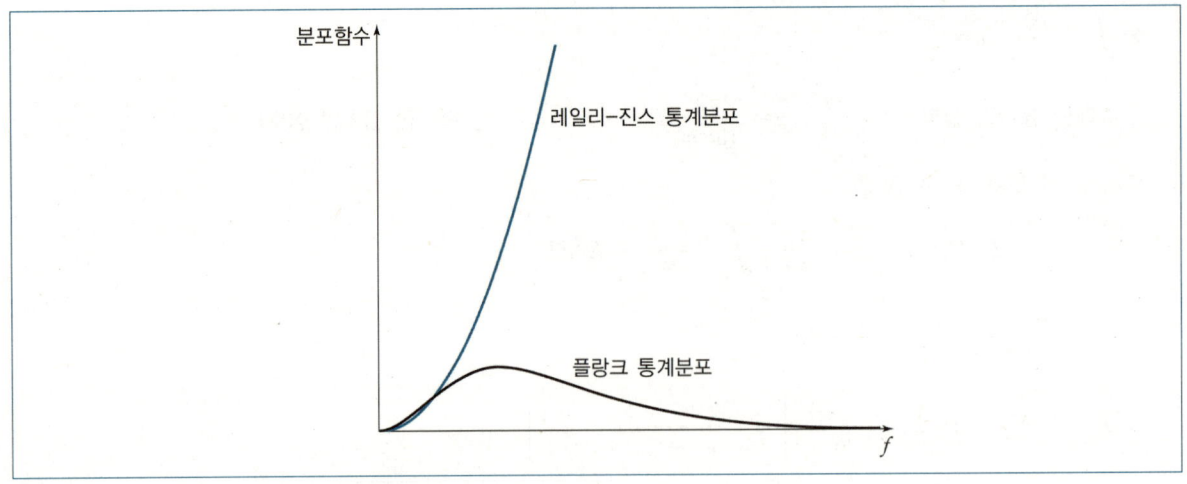

04 빈의 변위 법칙

흑체 복사 분포에서 가장 높은 파장($\lambda_{\max}$)과 온도(T)의 곱은 일정하다.

$$\langle E \rangle = \frac{8\pi h V}{c^3} \int_0^\infty \frac{f^3}{e^{\beta h f}-1} df \quad \left(f = \frac{c}{\lambda}\right)$$

$$= \frac{8\pi h V}{c^3} \int_0^\infty \frac{\frac{c^3}{\lambda^3}}{e^{\frac{\beta h c}{\lambda}}-1} \left(\frac{c}{\lambda^2}\right) d\lambda \quad \Rightarrow \quad F(\lambda) = \frac{8\pi h c V}{\lambda^5 \left(e^{\frac{\beta h c}{\lambda}}-1\right)}$$

λ에 대한 통계함수 $F(\lambda) = \dfrac{A}{\lambda^5 \left(e^{\frac{\beta h c}{\lambda}}-1\right)} \quad (A = 8\pi h c V)$

극값을 구하면

$$\frac{\partial F}{\partial \lambda} = 0 \quad \Rightarrow \quad \ln F = \ln A - 5\ln\lambda - \ln\left(e^{\frac{\beta h c}{\lambda}}-1\right)$$

$$\frac{\partial (\ln F)}{\partial f} = \frac{F'}{F} = -\frac{5}{\lambda} + \frac{\frac{\beta h c}{\lambda^2} e^{\frac{\beta h c}{\lambda}}}{e^{\frac{\beta h c}{\lambda}}-1} = 0$$

$$5 = \frac{\frac{\beta h c}{\lambda} e^{\frac{\beta h c}{\lambda}}}{e^{\frac{\beta h c}{\lambda}}-1} \quad \left(\frac{\beta h c}{\lambda} = x\right)$$

$xe^x = 5(e^x - 1) \quad \Rightarrow \quad x_{\max} \simeq 4.965$

$\therefore \beta h f \simeq 4.965$

$$\frac{hc}{k\lambda T}=4.965 \ \Rightarrow \ \lambda_{\max}T=\frac{hc}{4.965k}\simeq 2.898\times 10^{-3}\mathrm{mK}$$

$k=8.617\times 10^{-5}\,\mathrm{eV/K}$, $hc=1.24\times 10^{-6}\,\mathrm{eV\cdot m}$

> 빈의 변위 법칙: $\lambda_{\max}T=\dfrac{hc}{4.965k}\simeq 2.898\times 10^{-3}\mathrm{mK}$

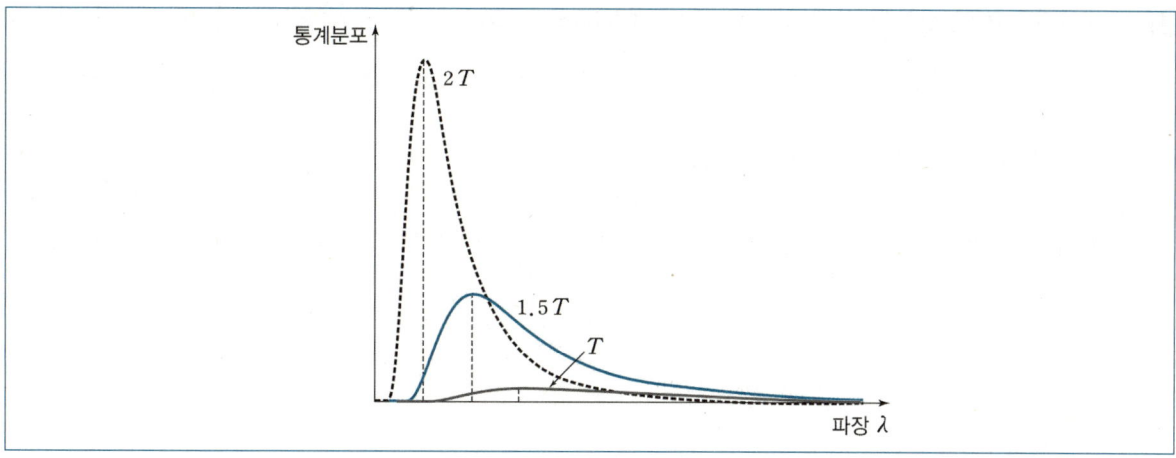

온도가 상승함에 따라 극값의 파장이 왼쪽으로 이동하는 것을 알 수 있다.

연습문제

정답_ 312p

11-40

01 에너지가 E인 광자의 상태 밀도(density of states)는 $D(E) = \dfrac{8\pi V}{h^3 c^3} E^2$이다. V는 광자가 차지한 공간(cavity)의 부피이다. 절대온도가 T일 때 단위부피 안의 광자의 수는? (단, h는 플랑크 상수, c는 빛의 속력, k_B는 볼츠만 상수이고, $\displaystyle\int_0^\infty \dfrac{x^2}{e^x - 1}dx = 2.4$이다.)

① $4.8\pi\left(\dfrac{K_B T}{hc}\right)^3$
② $9.6\pi\left(\dfrac{K_B T}{hc}\right)^3$
③ $14.4\pi\left(\dfrac{K_B T}{hc}\right)^3$
④ $19.2\pi\left(\dfrac{K_B T}{hc}\right)^3$
⑤ $24\pi\left(\dfrac{K_B T}{hc}\right)^3$

02 진동수가 f인 광자의 가능한 에너지는 nhf로 주어진다. 여기서 $n = 0, 1, 2, 3, \cdots$이고, f는 진동수를 나타낸다. 온도가 T일 경우 광자의 분배함수 Z를 구하시오. 또한 광자의 평균 에너지 $\langle \varepsilon_f \rangle$를 구하시오.

03 광자가 차지하는 부피가 V인 공간에 가능한 에너지는 $E_n = nE$로 주어진다. 여기서 $n = 0, 1, 2, 3,$ …이다. 에너지가 E인 광자의 상태 밀도(density of states)는 $D(E) = \dfrac{8\pi V}{h^3 c^3} E^2$로 주어진다. 절대온도가 T일 때 에너지 상태 E인 광자의 평균 점유수(도) $\langle n \rangle$를 구하시오. 또한 계의 평균 에너지 U를 구하시오. (단, h는 플랑크 상수, c는 빛의 속력, k_B는 볼츠만 상수이고, $\displaystyle\int_0^\infty \dfrac{x^3}{e^x - 1} dx = \dfrac{\pi^4}{15}$ 이다.)

24-B10

04 부피가 V인 공간에 광자 N개가 있는 계가 있다. 계는 절대온도 T인 열원과 접촉하여 열평형 상태에 있고, 계의 총에너지는 U이다. 광자의 양자 상태 에너지를 ϵ이라 할 때, <자료>를 이용하여 $\dfrac{dN}{d\epsilon}$을 풀이 과정과 함께 구하고, $\dfrac{dU}{d\epsilon}$과 U를 구하시오. (단, 광자는 보즈-아인슈타인 통계를 따른다.)

자료

- 광자에 대한 보즈-아인슈타인 분포함수는 $\bar{n}_{BE} = \dfrac{1}{e^{E/kT}-1}$이고, k는 볼츠만 상수이다.
- 광자의 에너지는 $E = pc$이고, 운동량의 크기가 p와 $p+dp$ 사이의 값을 가지는 광자의 양자 상태수는 $\dfrac{8\pi V p^2}{h^3}dp$이다. c는 빛의 속력이고, h는 플랑크 상수이다.
- $\displaystyle\int_0^\infty \dfrac{x^3}{e^x-1}dx = \dfrac{\pi^4}{15}$

Chapter 06 양자 통계의 응용

01 고체 이론 : 고전 및 광자(보존) 통계 이론의 응용

1. 아인슈타인 고체 모델

우리는 N개의 1차원 조화진동자 내부 에너지 $U = N\hbar\omega\left(\dfrac{1}{2} + \langle n \rangle\right) = N\hbar\omega\left(\dfrac{1}{2} + \dfrac{1}{e^{\beta\hbar\omega} - 1}\right)$을 배웠다. 3차원 조화진동자는 자유도가 3배이므로 $U = 3N\hbar\omega\left(\dfrac{1}{2} + \langle n \rangle\right) = 3N\hbar\omega\left(\dfrac{1}{2} + \dfrac{1}{e^{\beta\hbar\omega} - 1}\right)$된다. 아인슈타인 고체 모델은 독립적인 3차원 조화진동자로 간주하였다. 이때 등적 열용량은 $C_V = \left(\dfrac{\partial U}{\partial T}\right)_V = 3Nk\dfrac{(\beta\hbar\omega)^2 e^{\beta\hbar\omega}}{(e^{\beta\hbar\omega} - 1)^2}$ 이다.

높은 온도에서 열용량이 고전 모델은 $3Nk$가 되는데, 아인슈타인 모델의 경우 한계점이 매우 낮은 온도라서 현실과 맞지 않다는 점이다. 아인슈타인 모델은 낮은 온도에서 열용량이 0으로 근사되지만 현실에서는 T, T^3에 비례하는 실험 결과가 도출된다.

2차원 조화진동자인 경우 입자 1개에 대한 분배함수를 구해보자.

$$\sum_{i+j=0}^{\infty} e^{-(i+j)x} = \sum_{j=0, i=0}^{\infty} e^{-jx} + \sum_{j=0, i=1}^{\infty} e^{-x} e^{-jx} + \sum_{j=0, i=2}^{\infty} e^{-2x} e^{-jx} + \cdots$$

$$= \sum_{j=0}^{\infty} e^{-jx} \left(1 + e^{-x} + e^{-2x} + \cdots\right) = \sum_{j=0}^{\infty} e^{-jx} \sum_{i=0}^{\infty} e^{-ix}$$

$$= \sum_{i=0}^{\infty} e^{-ix} \times \sum_{i=0}^{\infty} e^{-ix} = \left(\sum_{i=0}^{\infty} e^{-ix}\right)^2$$

을 만족한다. 이를 활용하면

$$Z_{1, 2D} = \sum_{n_x + n_y = 0}^{\infty} e^{-(n_x + n_y + 1)\beta\hbar\omega} = \left(\sum_{n_x = 0}^{\infty} e^{-\left(n_x + \frac{1}{2}\right)\beta\hbar\omega}\right) \times \left(\sum_{n_y = 0}^{\infty} e^{-\left(n_y + \frac{1}{2}\right)\beta\hbar\omega}\right)$$가 성립한다.

$\sum_{n_x = 0}^{\infty} e^{-\left(n_x + \frac{1}{2}\right)\beta\hbar\omega} = \dfrac{1}{2\sinh\left(\dfrac{\beta\hbar\omega}{2}\right)}$ 이므로 $Z_{1, 2D} = \left(\dfrac{1}{2\sinh\left(\dfrac{\beta\hbar\omega}{2}\right)}\right)^2$ 이다.

마찬가지로 확장하면 3차원일 때에는 $Z_{1, 3D} = \left(\dfrac{1}{2\sinh\left(\dfrac{\beta\hbar\omega}{2}\right)}\right)^3$가 성립한다.

차원	입자 1개 분배함수 Z_1	입자 N개의 내부 에너지 U	등적 열용량 C_V
1D	$\dfrac{1}{2\sinh\left(\dfrac{\beta\hbar\omega}{2}\right)}$	$N\hbar\omega\left(\dfrac{1}{2}+\dfrac{1}{e^{\beta\hbar\omega}-1}\right)=\dfrac{N\hbar\omega}{2}\coth\dfrac{\beta\hbar\omega}{2}$	$Nk\dfrac{(\beta\hbar\omega)^2 e^{\beta\hbar\omega}}{(e^{\beta\hbar\omega}-1)^2}$
2D	$\left(\dfrac{1}{2\sinh\left(\dfrac{\beta\hbar\omega}{2}\right)}\right)^2$	$2N\hbar\omega\left(\dfrac{1}{2}+\dfrac{1}{e^{\beta\hbar\omega}-1}\right)=N\hbar\omega\coth\dfrac{\beta\hbar\omega}{2}$	$2Nk\dfrac{(\beta\hbar\omega)^2 e^{\beta\hbar\omega}}{(e^{\beta\hbar\omega}-1)^2}$
3D	$\left(\dfrac{1}{2\sinh\left(\dfrac{\beta\hbar\omega}{2}\right)}\right)^3$	$3N\hbar\omega\left(\dfrac{1}{2}+\dfrac{1}{e^{\beta\hbar\omega}-1}\right)=\dfrac{3N\hbar\omega}{2}\coth\dfrac{\beta\hbar\omega}{2}$	$3Nk\dfrac{(\beta\hbar\omega)^2 e^{\beta\hbar\omega}}{(e^{\beta\hbar\omega}-1)^2}$

2. 디바이 고체 이론(Debye model)

디바이 고체 이론은 아인슈타인 고체 이론을 다르게 해석하였다. 즉, 정상파 모델과 광자(보존) 이론의 융합적인 형태로 기술하였다. 광자와 비슷하다는 아이디어는 고체의 진동을 연속적인 조화진동자 모델로 생각했을 때 조화진동자의 평균 에너지의 형태가 광자와 매우 유사하기 때문이다.

이유인즉 3차원 고정된 고체의 입자들은 3방향으로 병진 진동을 한다. 그런데 이들이 연속적인 정상파 형태를 취한다고 가정한 것이다. 즉, 고체 내부에 광자 같은 입자가 갇혀있다고 생각하고 이를 '포논'(phonon)이라고 명명하였다. 고체의 특정 온도와 에너지에서 고체의 진동수는 일정하므로 모두 특정 진동수를 가진 광자의 집단으로 생각하였다.

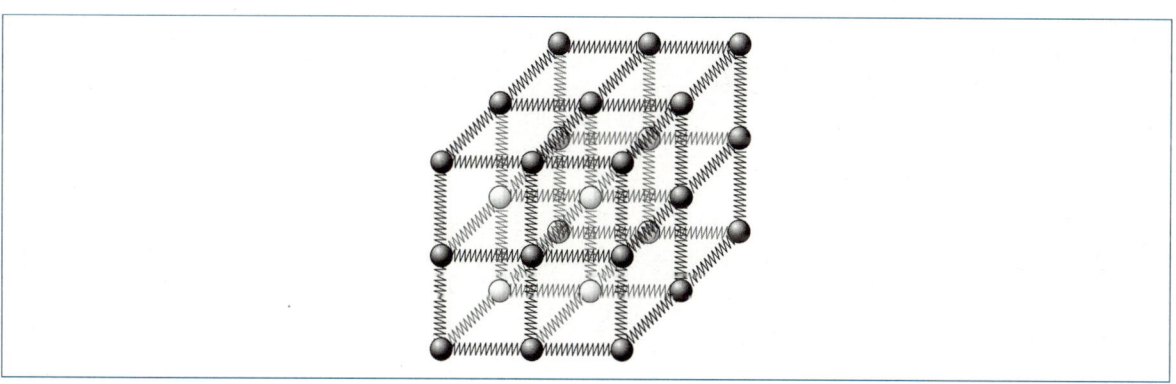

특정 진동수 f일 때 광자의 에너지는 $\varepsilon_f = nhf = n\hbar\omega$이다.

이의 평균 점유수는 $\langle n \rangle = \dfrac{1}{e^{\beta\varepsilon}-1}$

연계 진동에서 입자수와 가능한 각진동수의 개수는 일치한다. 그리고 입자수가 유한하므로 각진동수의 최댓값이 존재한다. 각진동수의 최댓값이 k_D라고 하자.

$$N = \dfrac{V}{h^3}\int_0^{p_D} 4\pi p^2 dp = \dfrac{V}{h^3}\dfrac{4\pi}{3}p_D^3 = \dfrac{V}{h^3}\dfrac{4\pi}{3}(\hbar k_D)^3 = \dfrac{V}{6\pi^2}k_D^3 \quad (p=\hbar k)$$

$$N = \frac{V}{6\pi^2} k_D^3$$

$$k_D = \left(\frac{6\pi^2 N}{V}\right)^{\frac{1}{3}}$$

$$D(k) = \frac{dN}{dk} = \frac{V}{2\pi^2} k^2$$

$\epsilon_{\max} = \hbar k_D c_s = k_B T_D$

$$\frac{1}{\hbar c_s} = \frac{k_D}{k_B T_D} = \frac{\left(\frac{6\pi^2 N}{V}\right)^{\frac{1}{3}}}{k_B T_D}$$

T_D = 디바이 온도 ($\because$ 디바이 온도를 넘어서면 광자는 고체 내부에 존재하지 않는다. 즉, 한계 온도)

그럼 광자 통계를 이용하여 평균 에너지를 구해보자.

$$U = \langle E \rangle_{BE} = g \int E \cdot D(E) \cdot n_{BE} \, dE$$

$$= 3 \int_0^{k_D} D(k) \cdot E \cdot \langle n \rangle \, dk = \frac{3V}{2\pi^2} \int_0^{k_D} \frac{\hbar c_s k^3}{e^{\beta \hbar c_s} - 1} dk \quad (E = \hbar k c_s)$$

$$= \frac{3V}{2\pi^2} \left(\frac{1}{\beta \hbar c_s}\right)^4 \hbar c_s \int_0^{\frac{T_D}{T}} \frac{x^3}{e^x - 1} dx \quad (\beta \hbar k c_s = \frac{\hbar k c_s}{k_B T} < \frac{\hbar k_D c_s}{k_B T} = \frac{T_D}{T})$$

$$= \frac{3V}{2\pi^2} (k_B T)^4 \left(\frac{1}{\hbar c_s}\right)^3 \int_0^{\frac{T_D}{T}} \frac{x^3}{e^x - 1} dx$$

$\frac{1}{\hbar c_s} = \frac{k_D}{k_B T_D} = \frac{\left(\frac{6\pi^2 N}{V}\right)^{\frac{1}{3}}}{k_B T_D}$ 을 대입하면

$$\therefore U = 9 N k_B \left(\frac{T^4}{T_D^3}\right) \int_0^{\frac{T_D}{T}} \frac{x^3}{e^x - 1} dx \quad (T \leq T_D)$$

만약 극저온 $T \ll T_D$ 라면 $\int_0^{\frac{T_D}{T} \simeq \infty} \frac{x^3}{e^x - 1} dx = \frac{\pi^4}{15}$

$$U_{\text{저온}} = \frac{3\pi^4}{5} \frac{N k_B}{T_D^3} T^4$$

$$C_V = \frac{\partial U}{\partial T} = \frac{12\pi^4}{5} \frac{N k_B}{T_D^3} T^3 \propto T^3$$

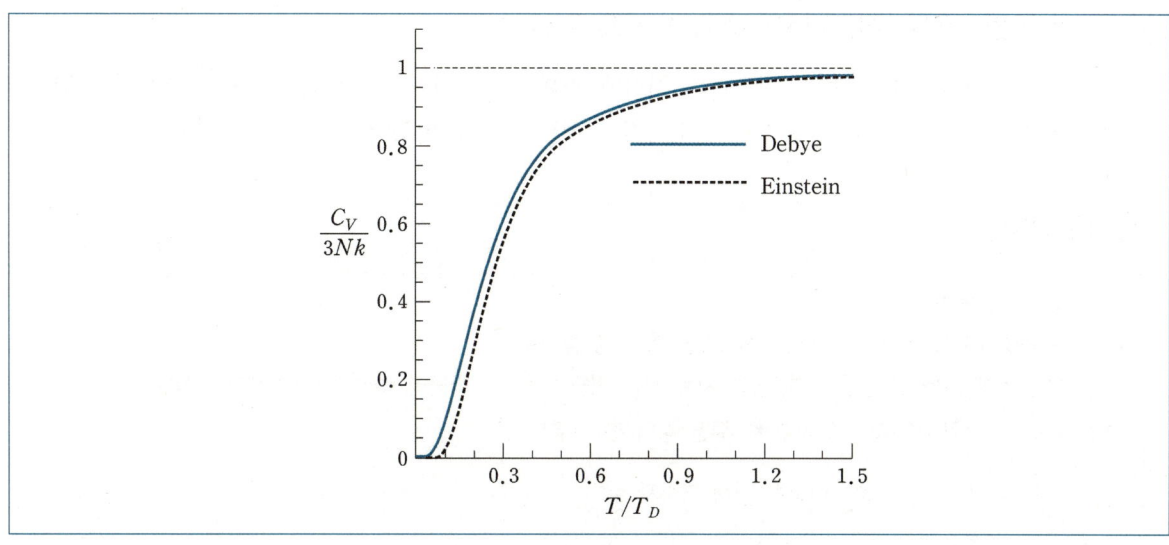

아인슈타인 고체 이론과 디바이 이론은 거의 일치하지만, 극저온에서 현실 고체와 조금 더 가까운 이론이 디바이 이론이다.

02 고체 이론 : 전자(페르미온) 페르미 기체 모델

페르미 기체 모델은 극저온에서 전자들의 전이에 의해서 열용량이 발생한다. 기체라고 한 것이 전자들이 상호작용하지 않고 이동한 것에 비유한 것이지 실제로는 고체 내부에서 일어난다.

1. 페르미-디락 분포 n_{FD}

E : 아파트 층 높이
$D(E)$: 상태 밀도(density of states) ➡ 특정 층의 총 방 개수
n_{FD} : 평균 점유수 ➡ 특정 층의 한 방에 사는 사람 평균 인원수 : 파울리 배타 원리 때문에 1 이하
$D(E) \cdot n_{FD}$: 단위 에너지당 입자수 ➡ 특정 층의 총 거주자 수
$\langle N \rangle = \int_0^\infty D(E) \cdot n_{FD} dE$: 아파트 전체 거주자 수

전자들은 파울리 배타 원리에 의해서 $T=0$에서 바닥상태부터 차례대로 채워지기 때문에 전자의 가장 낮은 에너지 상태가 바닥상태 에너지가 되지는 않는다. 이때 절대온도 $T=0$에서 전자가 채워질 때 가장 높은 에너지를 페르미 에너지(E_F)라 한다. 스핀 업다운을 나중에 고려하면 전자는 한 에너지 상태에 하나씩만 존재하게 된다. 그러면 평균 점유수 n_{FD}는 $n_{FD} \leq 1$을 만족하게 된다.

그렇다면 페르미-디락 분포 즉, 평균 점유수 n_{FD}를 유도해 보자. $T > 0$일 때, 페르미 에너지 E_F 이하에서 전자들은 E_F을 넘어서 도약할 확률을 가지게 된다. 이유인즉 절대온도 $T=0$에서 이미 전자들이 E_F 이하의 에너지 상태에는 모두 차있기 때문에 들어갈 공간이 없기 때문이다.

페르미 에너지 E_F 이하의 특정 에너지 준위를 기준점 $\epsilon = 0$으로 하고 전자가 페르미 에너지를 넘어서 도약할 때 페르미 에너지보다 얼마나 높은 에너지 상태로 가는지를 알아보자.

$\epsilon_2 = E - E_F$

$\epsilon_1 = 0$

평균값은 맥스웰-볼츠만이든 페르미-디락이든 동일하기에 맥스웰-볼츠만 통계형식으로 구해보자.
페르미 에너지보다 추가적으로 얻은 평균 에너지를 구하면

$$Z = \sum e^{-\beta \epsilon_i} = 1 + e^{-\beta(E-E_F)}$$

$$\langle E \rangle_{추가} = -\frac{\partial \ln Z}{\partial \beta} = \frac{(E-E_F)e^{-\beta(E-E_F)}}{1 + e^{-\beta(E-E_F)}} = \sum \epsilon_i P_i = \epsilon_1 \cdot P_1 + \epsilon_2 \cdot P_2$$

$$P_2 = \frac{e^{-\beta(E-E_F)}}{1 + e^{-\beta(E-E_F)}} = \frac{1}{e^{\beta(E-E_F)} + 1}$$

즉, P_2는 확률을 의미하는데 $T > 0$일 때 페르미 에너지 E_F 이하인 상태의 전자들이 E_F을 넘은 상태로

도약할 확률을 의미한다. 이것이 페르미-디락 분포 $n_{FD}=\dfrac{1}{e^{\beta(E-E_F)}+1}$ 이다. 페르미-디락 분포의 성질은 $T=0$일 때 모든 전자들은 $E \le E_F$ 상태에 존재하므로 $n_{FD}=1$을 만족한다. 그리고 $T>0$일 때 $E=E_F$에서 $n_{FD}=\dfrac{1}{2}$을 만족하여 대칭적인 그래프 형태를 보인다.

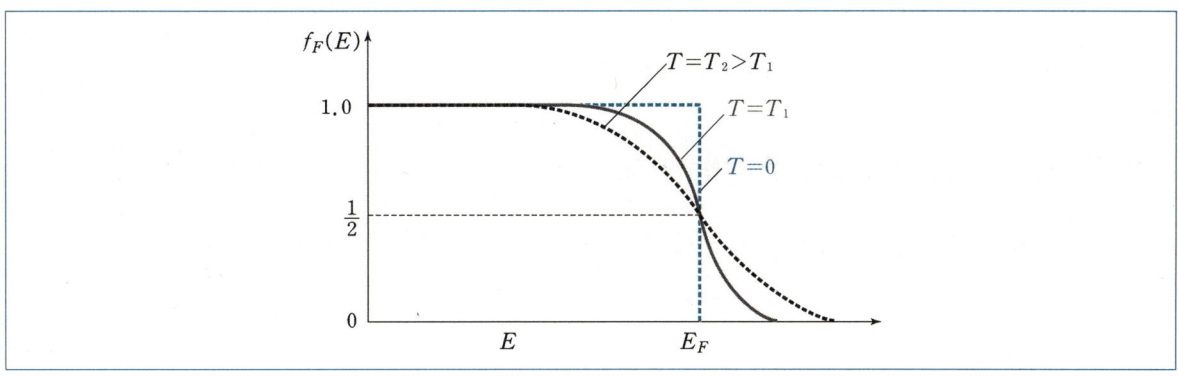

2. 페르미 기체의 입자수 N와 상태 밀도 $D(E)$ 및 평균 에너지 U

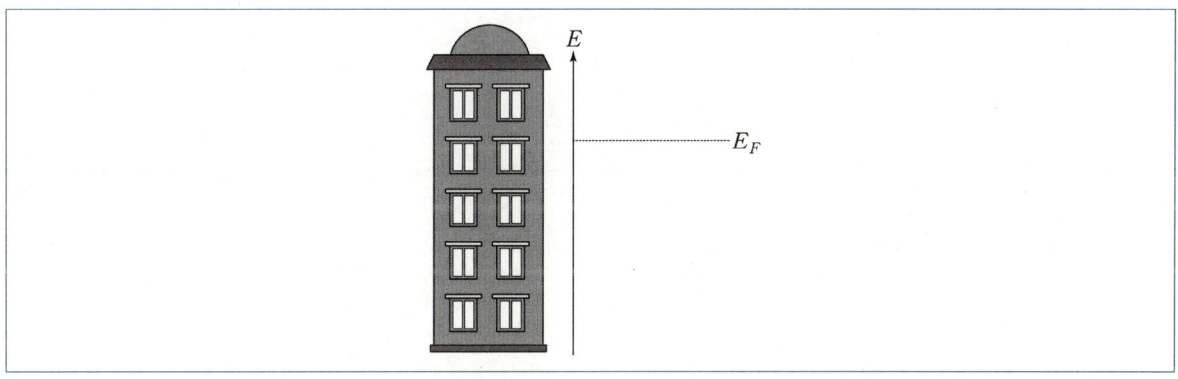

※ $D(E)$: 상태 밀도(density of states) ➡ 특정 층의 총 방 개수

n_{FD} : 평균 점유수 ➡ 특정 층의 한 방에 사는 사람 평균 인원수: 파울리 배타 원리 때문에 1 이하

$D(E) \cdot n_{FD}$: 단위 에너지당 입자수 ➡ 특정 층의 총 거주자 수

$\langle N \rangle = \int_0^\infty D(E) \cdot n_{FD} \, dE$: 아파트 전체 거주자 수

입자수를 가장 쉽게 구하는 방법은 절대온도 $T=0$에서 구하는 것이다. 이유는 절대온도일 때 모든 입자는 E_F 이하인 상태에 존재하기 때문이다. 아파트로 예를 들면 모든 거주자는 E_F층 이하에 존재하게 된다. 그리고 $T=0$에서 $n_{FD}=1$이므로 E_F층 이하의 모든 방에는 각각 1명씩 무조건 살게 된다.

즉, 정상파 이론이 적용된 입자수는 총 위상공간의 상태수에 비례한다.

$$N = \int_0^{E_F} D(E) dE$$

물질파 이론 ➡ $p = \dfrac{h}{\lambda} = \dfrac{h}{2\pi} \dfrac{2\pi}{\lambda} = \hbar k$

$E = \dfrac{p^2}{2m} = \dfrac{\hbar^2 k^2}{2m}$ 이다.

페르미 에너지일 때 $E_F = \dfrac{\hbar^2 k_F^2}{2m}$ ➡ k_F를 페르미 파수라 한다.

(1) **3차원 모델: 부피 V인 공간에 존재하는 전자**

$N = \int_0^{E_F} D(E) dE$, 전자는 스핀 업다운 상태가 존재하므로 겹침수 $g = 2$이다.

$$N = 2 \times \dfrac{V}{h^3} \int_0^{p_F} 4\pi p^2 dp = 2 \times \dfrac{V}{h^3} \times \dfrac{4}{3}\pi p_F^3 \quad (2mE_F = p_F^2)$$
$$= \dfrac{V}{3\pi^2 \hbar^3} p_F^3$$

$$N_{3D} = \dfrac{V}{3\pi^2} \left(\dfrac{2mE_F}{\hbar^2} \right)^{\frac{3}{2}}$$

$$D(E) = \dfrac{dN}{dE} = \dfrac{V}{2\pi^2} \left(\dfrac{2m}{\hbar^2} \right)^{\frac{3}{2}} E^{\frac{1}{2}}$$

$T = 0$에서 계의 평균 에너지는 $U = \langle E \rangle_{T=0}$ 이다.

$$U = \int_0^{E_F} E \cdot D(E) dE = \dfrac{V}{2\pi^2} \left(\dfrac{2m}{\hbar^2} \right)^{\frac{3}{2}} \int_0^{E_F} E^{\frac{3}{2}} dE$$
$$= \dfrac{V}{5\pi^2} \left(\dfrac{2m}{\hbar^2} \right)^{\frac{3}{2}} E_F^{\frac{5}{2}} = \dfrac{3}{5} N E_F$$

$$U_{3D} = \dfrac{3}{5} N E_F$$

입자 1개의 평균 에너지: $u_{3D} = \dfrac{U}{N} = \dfrac{3}{5} E_F$

(2) **2차원 모델: 면적 A인 평면에 존재하는 전자**

$N = \int_0^{E_F} D(E) dE$, 전자는 스핀 업다운 상태가 존재하므로 겹침수 $g = 2$이다.

$$N = 2 \times \frac{A}{h^2} \int_0^{p_F} 2\pi p\, dp = \frac{4\pi A}{h^2} \frac{p_F^2}{2} = \frac{A\, m}{\pi \hbar^2} E_F$$

$$N_{2D} = \frac{A\, m}{\pi \hbar^2} E_F$$

$$D(E) = \frac{dN}{dE} = \frac{Am}{\pi \hbar^2}$$

$T = 0$ 에서 계의 평균 에너지는 $U = \langle E \rangle_{T=0}$ 이다.

$$U = \int_0^{E_F} E \cdot D(E)\, dE = \frac{Am}{\pi \hbar^2} \int_0^{E_F} E\, dE$$
$$= \frac{Am}{2\pi \hbar^2} E_F^2 = \frac{1}{2} N E_F$$

$$U_{2D} = \frac{1}{2} N E_F$$

입자 1개의 평균 에너지: $u_{2D} = \dfrac{U}{N} = \dfrac{1}{2} E_F$

(3) 1차원 모델: 길이 L인 1차원상에 존재하는 전자

$N = \int_0^{E_F} D(E)\, dE$, 전자는 스핀 업다운 상태가 존재하므로 겹침수 $g = 2$이다. 1차원은 조금 유의해야 할 것이 dp상태가 길이이므로 운동량이 벡터 성질로 남게 된다. 즉, $-p_F \sim p_F$까지 고려해야 하는 것이 중요하다.

$$N = 2 \times \frac{L}{h} \int_{-p_F}^{p_F} dp = \frac{2L}{\pi \hbar} p_F$$
$$= \frac{2L}{\pi \hbar} (2m E_F)^{\frac{1}{2}}$$

$$N_{1D} = \frac{2L}{\pi \hbar} (2m E_F)^{\frac{1}{2}}$$

$$D(E) = \frac{dN}{dE} = \frac{L}{\pi \hbar} \left(\frac{2m}{E} \right)^{\frac{1}{2}}$$

$T = 0$에서 계의 평균 에너지는 $U = \langle E \rangle_{T=0}$ 이다.

$$U = \int_0^{E_F} E \cdot D(E)\, dE = \frac{L}{\pi \hbar} (2m)^{\frac{1}{2}} \int_0^{E_F} E^{\frac{1}{2}}\, dE$$
$$= \frac{2L}{3\pi \hbar} (2m)^{\frac{1}{2}} E_F^{\frac{3}{2}} = \frac{1}{3} N E_F$$

$$U_{1D} = \frac{1}{3} N E_F$$

입자 1개의 평균 에너지: $u_{1D} = \dfrac{U}{N} = \dfrac{1}{3} E_F$

(4) 각 차원별 1개당 평균 에너지 비교

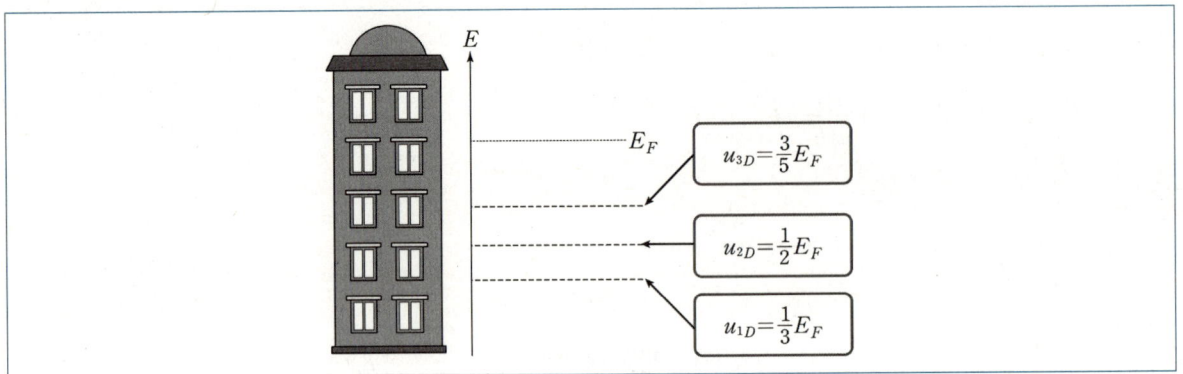

03 현실 고체 열용량(극저온)

페르미-디락 분포를 하지 않고 고체 이론에서 근사적으로 열용량을 계산하겠다. 디바이 모델은 고체 입자들을 광자와 같은 현상으로 바라보았는데, 현실에서는 전자들의 전이에 의해서 에너지를 흡수하므로 보정이 필요하다.

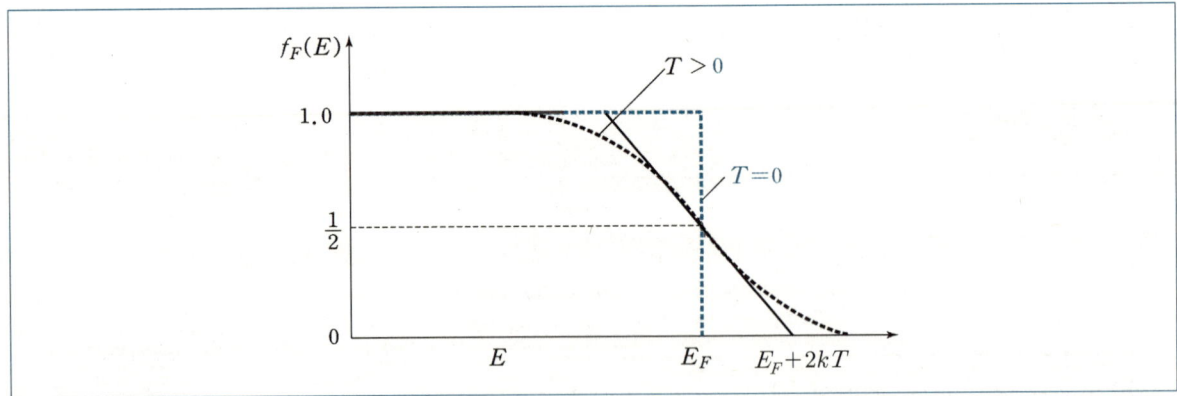

$$n_{FD} = \frac{1}{e^{\beta(E-E_F)}+1} \quad \Rightarrow \quad \frac{dn_{FD}(E_F)}{dE} = -\frac{1}{4kT}$$

근사적 1차 함수로 절편값을 구하면 다음과 같다.

$$y = -\frac{1}{4kT}(E-E_F) + \frac{1}{2} = 0$$

$$\Delta E = E - E_F = 2kT$$

전자들은 T가 매우 작은 극저온일 때 페르미 에너지에서 $2kT$만큼 벗어나 전이하게 된다.

그렇다면 전이된 입자 개수를 N_{eff}라 하면 전체 입자 N에 비해 전이된 입자수의 비를 구해보자.

$$\frac{N_{eff}}{N} \simeq \frac{kT}{\varepsilon_F} \quad \cdots\cdots \; ①$$

근사적으로 열용량은 $C_V = aN_{eff}k = \dfrac{aNk^2T}{\varepsilon_F}$ (a는 상수)

$C_{V,\text{페르미}} = \gamma T$ ➡ 페르미 기체의 열용량은 ε_F가 커지게 되면 ①에 의해서 N_{eff}가 작아지게 된다. 즉, 전체 대비 전이된 비율이 작아지므로 열용량은 페르미 에너지 ε_F에 반비례한다.

$$C_{V,\text{디바이}} = \frac{12\pi^4}{5}\frac{Nk}{T_D^3}T^3 = AT^3$$

극저온 상태에서 현실 고체의 열용량

$C_{V,\text{현실}} = \gamma T + AT^3$ ➡ 극저온에서는 전자 전이에 의한 열용량(페르미 기체)과 원자들의 진동(광자처럼 행동, 디바이 모델)의 합과 거의 동일한 형태를 보인다.

04 레이저

1. 레이저 원리

자극방출에 의한 빛의 증폭(Light Amplification by the Stimulated Emission of Radiation)이다.

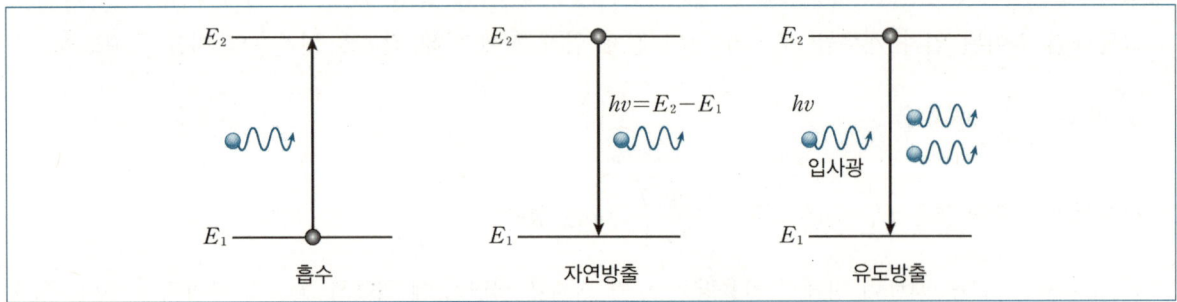

(1) 원자계와 전자기파 복사와의 상호작용이 있다.

(2) 원자들이 전자기파 복사의 에너지를 받거나 또는 자신의 에너지를 전자기파 복사에 줌으로써 이루어진다.

(3) 원자들이 에너지 준위 사이를 전이한다.

(4) 3가지 상호작용으로 구분

① 흡수(Absorption)

전자기파 복사의 에너지를 받아 E_1 준위에서 E_2 준위로 전이

② 자발방출(Spontaneous emission)

E_2 준위에 있는 원자가 E_1 준위로 자발적으로 떨어지는 과정이고 이 과정에서 두 에너지 준위 차이에 해당되는 에너지가 전자기파의 형태로 방출

③ 유도방출(자극방출)

외부의 에너지에 의해 자극을 받은 E_2 준위에 있는 원자가 E_1 준위로 떨어지는 과정이고 이 과정을 일으키게 하기 위해서는 두 에너지 준위 차이에 해당되는 에너지를 외부(전자기파 복사)에서 공급해 주어야 한다. 유도방출 과정에 의해 두 개의 빛(광자)이 방출된다. 외부의 진동수 f 에 의해서 유도된 빛은 공명 상태를 만족하여 같은 위상과 같은 진동수로 방출되어 증폭(서로 보강간섭)이 일어나게 된다.

$$E_2 - E_1 = hf$$

E_1에 있는 에너지의 상태 밀도는 $e^{-\beta E_1}$에 비례하고, E_2에 있는 에너지의 상태 밀도는 $e^{-\beta E_2}$에 비례한다.

$$\frac{N_2}{N_1} = \frac{e^{-\beta E_2}}{e^{-\beta E_1}} = e^{-\beta(E_2 - E_1)} = e^{-\beta hf}$$

잠시 이전 시간에 배웠던 광자 통계를 이용하면, 온도 T로 열평형 상태에서

$\langle E \rangle = \frac{8\pi h V}{c^3} \int_0^\infty \frac{f^3}{e^{\beta hf} - 1} df$ 이므로 단위 부피당 특정 진동수 f의 에너지 밀도는

$$u(f, T) = \frac{8\pi h}{c^3} \frac{f^3}{e^{\beta hf} - 1} \quad \cdots\cdots \text{①}$$

흡수는 단위시간당 $E_1 \to E_2$로 가는 원자수 $\left(\frac{dN_2}{dt}\right)_{\text{흡수}} = N_1 u(f, T) B_{12}$ (∵ 외부 hf와 열평형 상태)

유도방출은 단위시간당 $E_2 \to E_1$로 가는 원자수 $\left(\frac{dN_2}{dt}\right)_{\text{유도}} = N_2 u(f, T) B_{21}$ (∵ 외부 hf와 열평형 상태)

자발방출은 단위시간당 $E_2 \to E_1$로 가는 원자수 $\left(\frac{dN_2}{dt}\right)_{\text{자발}} = N_2 A_{21}$ (∵ 외부와 무관)

열평형 상태에서 N_2의 전자의 수는 불변하므로 $\left(\frac{dN_2}{dt}\right)_{\text{전체}} = 0$이어야 한다.

$$\left(\frac{dN_2}{dt}\right)_{\text{전체}} = \left(\frac{dN_2}{dt}\right)_{\text{흡수}} - \left(\frac{dN_2}{dt}\right)_{\text{유도}} - \left(\frac{dN_2}{dt}\right)_{\text{자발}} = 0$$

$$N_1 u(f, T) B_{12} - N_2 u(f, T) B_{21} - N_2 A_{21} = 0$$

$$u(f, T) = \frac{N_2 A_{21}}{N_1 B_{12} - N_2 B_{21}}$$

$\left(\frac{N_2}{N_1} = e^{-\beta hf}\right)$을 대입하여 정리하면 다음과 같다.

$$u(f, T) = \frac{e^{-\beta hf} A_{21}}{B_{12} - B_{21} e^{-\beta hf}} = \frac{A_{21}}{B_{12} e^{\beta hf} - B_{21}} \quad \cdots\cdots \text{②}$$

그런데 식 ①과 식 ②가 같아야 하므로 $B_{12} = B_{21} = B$이어야 한다.

$$u(f, T) = \frac{8\pi h}{c^3} \frac{f^3}{e^{\beta hf} - 1} = \frac{A_{21}}{B(e^{\beta hf} - 1)}$$ 이므로

$$\boxed{\frac{A_{21}}{B} = \frac{8\pi h}{c^3} f^3}$$

$$\frac{\left(\dfrac{dN_2}{dt}\right)_{자발}}{\left(\dfrac{dN_2}{dt}\right)_{유도}} = \frac{A_{21}N_2}{BN_2 u(f,\ T)} = \frac{A_{21}}{Bu(f,\ T)} = e^{\beta hf} - 1$$

$$\frac{\left(\dfrac{dN_2}{dt}\right)_{자발}}{\left(\dfrac{dN_2}{dt}\right)_{유도}} + 1 = \frac{\left(\dfrac{dN_2}{dt}\right)_{자발} + \left(\dfrac{dN_2}{dt}\right)_{유도}}{\left(\dfrac{dN_2}{dt}\right)_{유도}} = e^{\beta hf}$$

$$\text{방출되는 빛 중 유도방출의 비율:} \quad \frac{\left(\dfrac{dN_2}{dt}\right)_{유도}}{\left(\dfrac{dN_2}{dt}\right)_{자발} + \left(\dfrac{dN_2}{dt}\right)_{유도}} = e^{-\beta hf} = e^{-\frac{hf}{kT}}$$

상온 300K에서 500nm의 빛을 방출시킬 때 유도방출의 비율을 계산해보자. $hc = 1240\,\text{eV}\cdot\text{nm}$이다. 볼츠만 상수 $k_B \simeq 8.6 \times 10^{-5}\,\text{eV/K}$이다. 대략 계산해보면

$$\frac{\left(\dfrac{dN_2}{dt}\right)_{유도}}{\left(\dfrac{dN_2}{dt}\right)_{자발} + \left(\dfrac{dN_2}{dt}\right)_{유도}} = e^{-\frac{hf}{kT}} = e^{-\frac{hc}{\lambda kT}} = e^{-\left(\frac{1240}{500 \times 300 \times 8.8 \times 10^{-5}}\right)} = e^{-96} \simeq 0$$

상온에서 가시광선 영역의 빛을 유도방출시키기는 매우 어렵고 대부분 자발방출로 전이된다. 이렇게 되면 흡수에 의한 전이가 되어 대부분 자발방출에 의해서 다시 내려가므로 N_1 상태의 전자와 N_2 상태의 전자가 비슷하게 된다. 레이저로 방출시키기 위해서는 N_2 에너지 준위에 있는 전자가 N_1에 있는 전자보다 항상 많은 상태 밀도 반전이 일어나야 한다.

2. 밀도 반전과 광증폭

광증폭이 일어나기 위해서는 여기 상태, 즉 E_2 준위의 밀도가 E_1 준위의 밀도보다 많아야 한다. 이러한 상태를 밀도 반전 상태라고 한다.

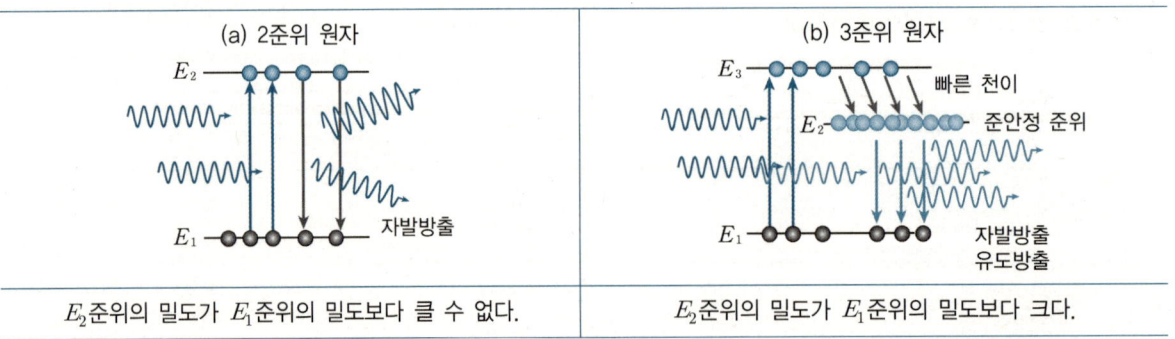

밀도 반전 상태가 만들어질 수 있는 매질을 레이저 매질 또는 증폭 매질이라고 한다. 그래서 준안전상태의 에너지 준위를 하나 추가해서 레이저를 생성하게 된다.

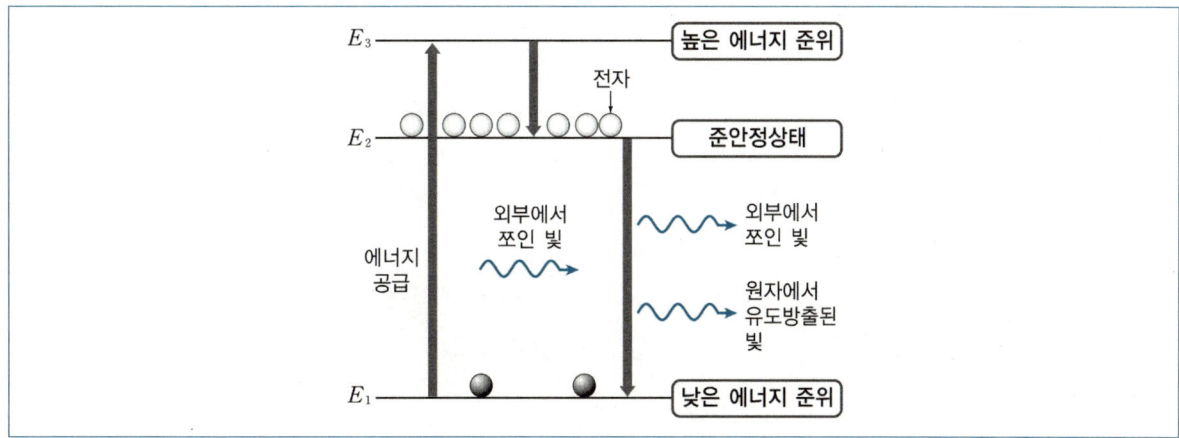

※ E_1를 낮은 에너지 준위, E_2은 준안정상태 준위, E_3는 높은 에너지 준위

높은 에너지 준위로 올리게 되면 전자는 빠르게 준안정상태로 전이하게 된다. 그런데 준안정상태와 낮은 에너지 상태를 선택 규칙에 의해서 자발적으로 전이가 불가능하게 만들어 놓으면 준안정상태의 전자수가 낮은 에너지 준위의 전자수보다 많아지는 현상 즉, 상태 밀도 반전이 일어나게 된다. 따라서 외부 자극에 의해서만 양자 상태가 변환되어 선택 규칙에 관계없이 일시적으로 유도방출되어 레이저를 생성할 수 있다. 물질에 따라 아래의 상황도 존재한다.

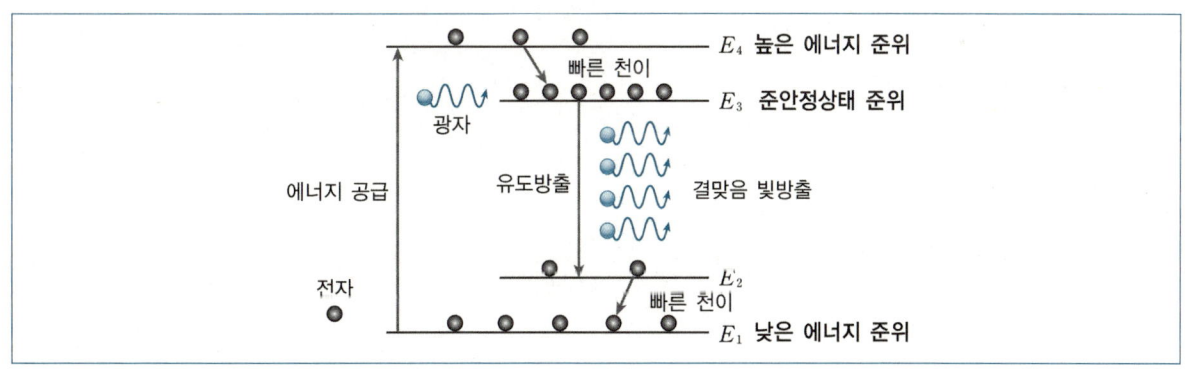

연습문제

> 정답_ 312p

01 다음 그림은 3차원 고체의 조화진동자 모델을 표현한 것이다. 디바이 모형(Debye model)에서 정상파 형태의 광자 즉, 포논(phonon)으로 고체를 설명한다. 고체 결정 속 포논의 속력은 c_s이다. N개가 한 변의 길이가 L인 3차원 정육면체 도체 안에 갇혀있는 계에서 $N = \dfrac{L^3}{6\pi^2}k_D^3$ 이고, k_D는 디바이 파수이다.

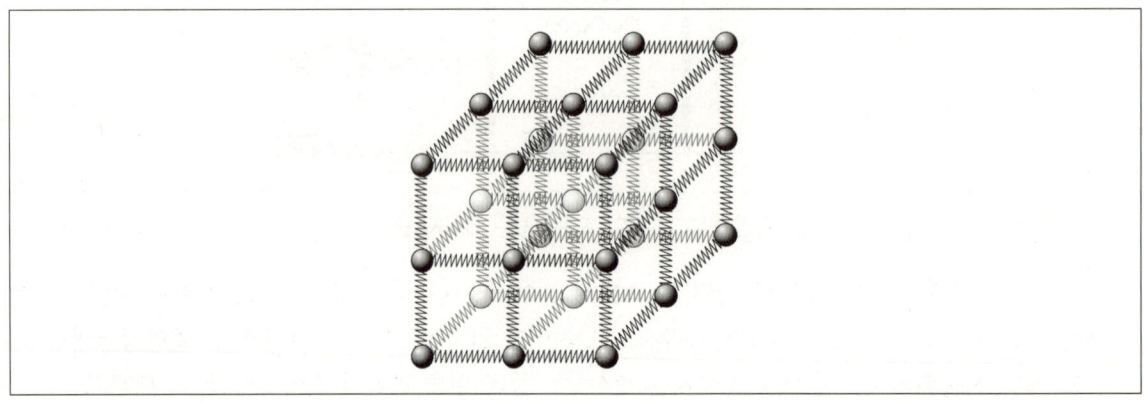

이때 디바이 진동수 ω_D를 k_D와 c_s로 나타내고, 상태 밀도 $D(\omega) = \dfrac{dN}{d\omega}$를 구하시오. 또한 디바이 한계 온도 T_D를 구하시오. (단, k_B는 볼츠만 상수이고, 포논은 보제-아인슈타인 통계를 따른다.)

21-B09

02 다음 그림은 자유전자 기체 모형에서 N개의 자유전자가 페르미 에너지 E_F까지 채워진 모습을 나타낸 것이다. 질량 m인 자유전자 N개가 한 변의 길이가 L인 2차원 정사각형 도체 안에 갇혀있는 계에서 $N = \dfrac{L^2}{2\pi} k_F^2$ 이고, k_F는 페르미 파수이다.

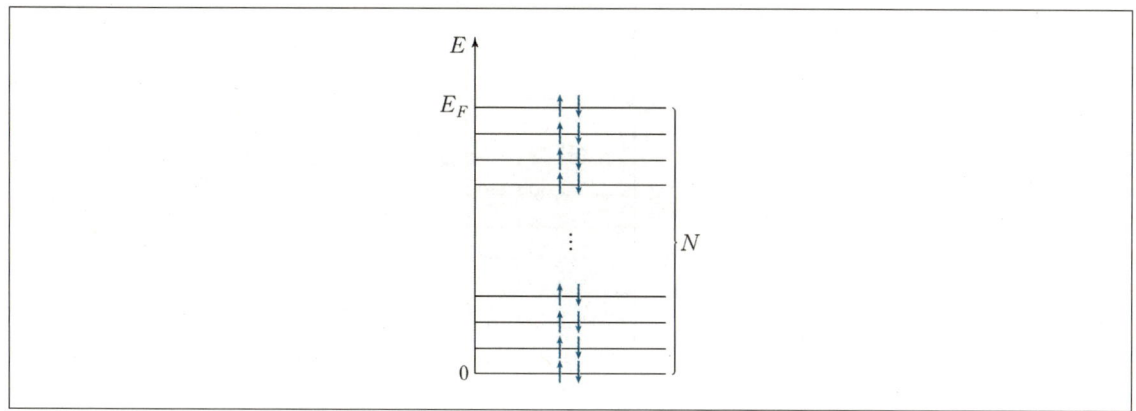

이때 E_F를 k_F로 나타내고, 상태 밀도 $D(E) = \dfrac{dN}{dE}$를 구하시오. 또한 절대온도 0K 에서 이 계의 평균 에너지를 풀이 과정과 함께 구하시오. (단, 자유전자 기체는 페르미-디락 통계를 따른다.)

03 다음 그림은 절대온도 $T=0\text{K}$ 에서 자유전자 기체 모형에서 N개의 자유전자가 페르미 에너지 E_F까지 채워진 모습을 나타낸 것이다. 질량 m인 자유전자 N개가 한 변의 길이가 L인 3차원 정육면체 도체 안에 갇혀있는 계에서 $N=\dfrac{L^3}{3\pi^2}k_F^3$ 이고, k_F는 페르미 파수이다.

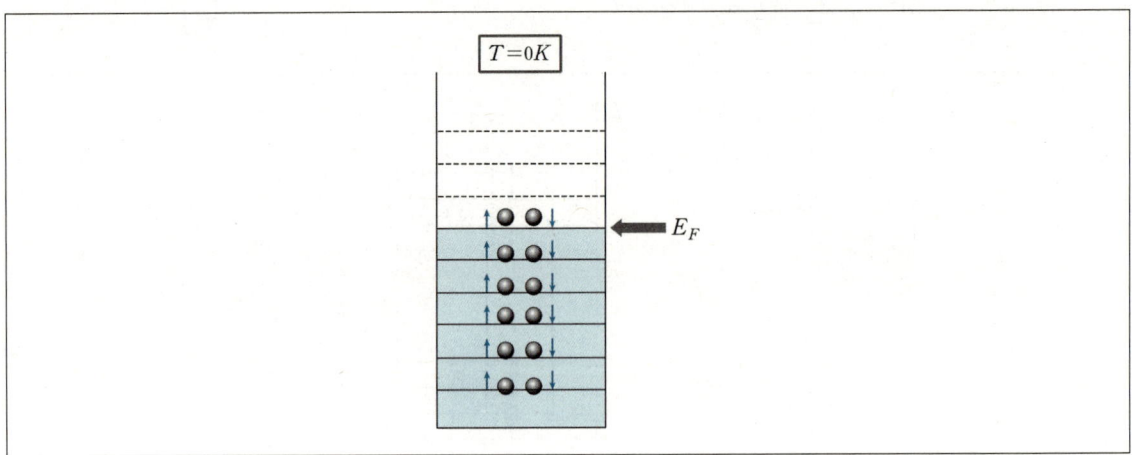

이때 E_F를 k_F로 나타내고, 상태 밀도 $D(E)=\dfrac{dN}{dE}$ 를 구하시오. 또한 절대온도 0K 에서 입자 1개당 평균 에너지 $\dfrac{U}{N}$ 를 페르미 에너지 E_F로 나타내시오. (단, 자유전자 기체는 페르미-디락 통계를 따른다.)

12-24

04 고체의 비열 C에 대한 데바이(Debye) 모형과 자유전자 페르미(Fermi) 기체 모형의 결과를 종합하면, 온도 T가 데바이 온도 Θ_D와 페르미 온도 T_F보다 매우 낮은 경우 금속 고체의 비열은 $C = \gamma T + AT^3$으로 표현된다. 여기서 γ와 A는 양의 상수로 물질의 고유값이다. 이 비열식에 대한 설명으로 옳은 것만을 <보기>에서 있는 대로 고른 것은? (단, 자유전자 페르미 기체는 페르미-디락(Fermi-Dirac) 분포를 따른다.)

보기

ㄱ. C의 두 번째 항 (AT^3)은 격자 진동에 기인한다.

ㄴ. 페르미 에너지가 커지면 γ도 커진다.

ㄷ. $\gamma = 6.5 \times 10^{-4} \text{J/mol} \cdot \text{K}^2$이고 $A = 1.7 \times 10^{-4} \text{J/mol} \cdot \text{K}^4$인 경우, 온도 범위 $0\text{K} < T \leq 1\text{K}$에서는 전자에 의한 비열이 격자 진동에 의한 비열보다 C에 더 크게 기여한다.

---

① ㄴ
② ㄷ
③ ㄱ, ㄴ
④ ㄱ, ㄷ
⑤ ㄱ, ㄴ, ㄷ

05 레이저에서 유도방출과 자발방출의 비가 $R = \dfrac{N_{자발}}{N_{유도}} = e^{\frac{hf}{kT}} - 1$ 로 주어질 때, 온도 10^4K 인 물체에서 방출되는 빛 500nm 중에 유도방출로 방출되는 빛의 비율을 구하시오. (단, 플랑크 상수 h, 빛의 속력은 c, $hc = 1240\,\text{eV}\cdot\text{nm}$ 이다. 볼츠만 상수 $k_B \simeq 8.8 \times 10^{-5}\,\text{eV/K}$ 이다.)

11-37

06 다음 그림은 4준위계 고체 레이저에서 증폭 매질의 원자 에너지 준위 E_0, E_1, E_2, E_3을 나타낸 것이다. 레이저광은 원자 상태가 E_2준위에서 E_1준위로 바뀔 때만 나온다. 원자 상태가 높은 에너지 준위 E_i에서 낮은 에너지 준위 E_j로 바뀔 때, 수명 τ_{ij}는 E_i 준위의 원자수가 초기 원자수의 e^{-1}배가 되는 데 걸리는 시간이다. ($i, j = 0, 1, 2, 3$)

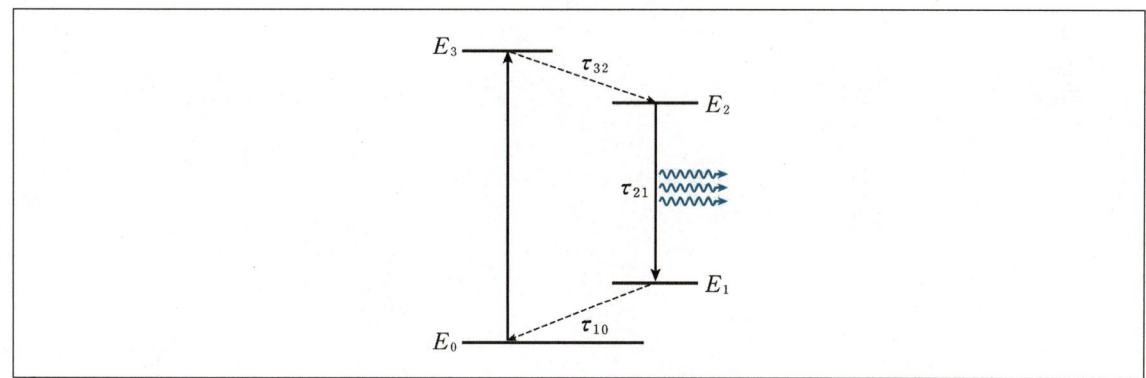

이에 대한 설명으로 옳은 것만을 <보기>에서 모두 고른 것은? (단, h는 플랑크 상수이고, 레이저광은 연속적으로 나온다.)

보기
ㄱ. τ_{32}는 τ_{21}보다 작다.
ㄴ. E_2 준위의 원자수가 E_1 준위의 원자수보다 작다.
ㄷ. 레이저광의 진동수는 $\dfrac{E_2 - E_1}{h}$이다.

① ㄱ
② ㄷ
③ ㄱ, ㄷ
④ ㄴ, ㄷ
⑤ ㄱ, ㄴ, ㄷ

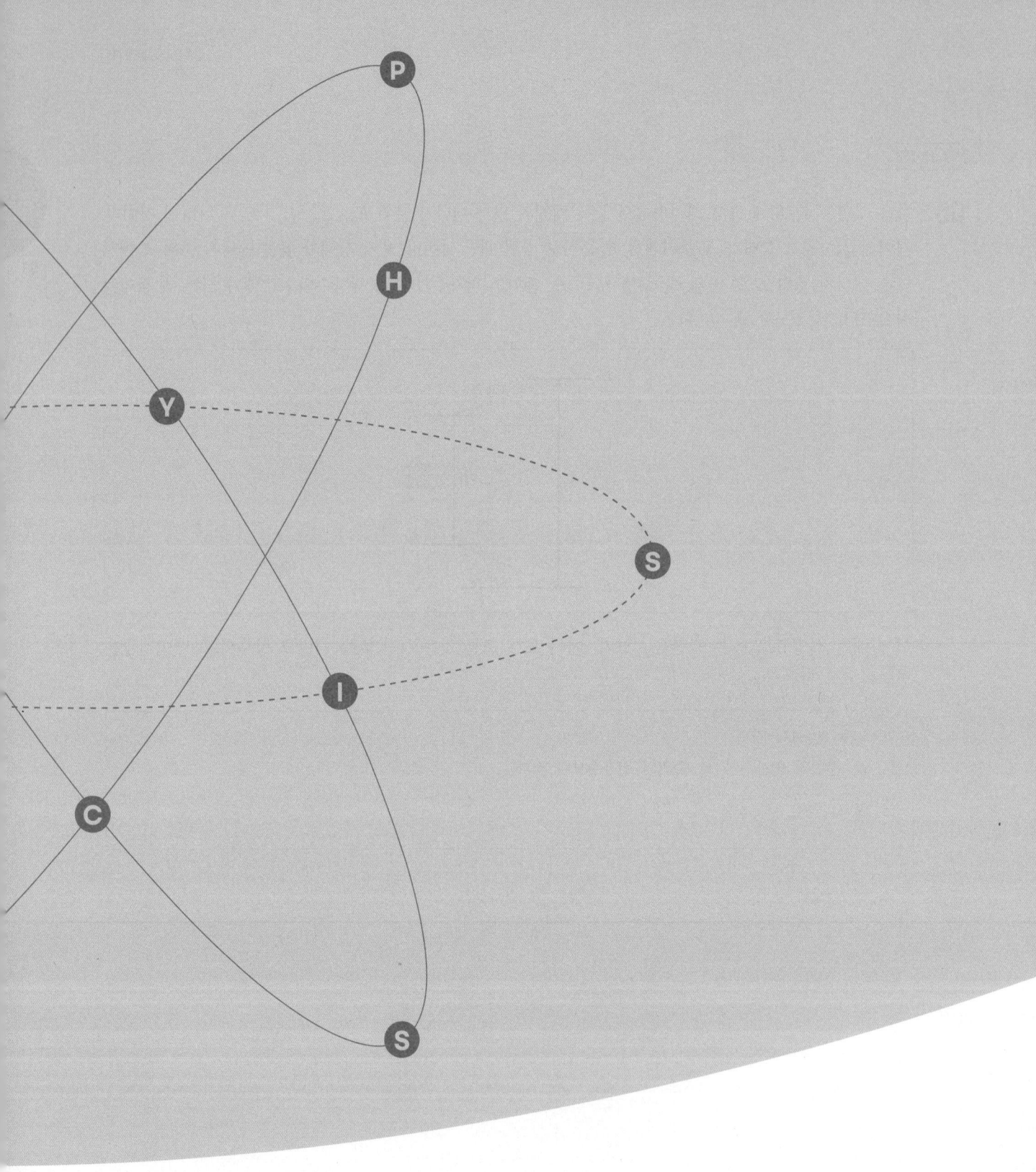

정승현
열 및 통계물리학
양자역학

Part 02

양자역학

Chapter 01 양자역학 기본/연산자 성질 및 슈뢰딩거 방정식
Chapter 02 무한 퍼텐셜 우물
Chapter 03 유한 및 델타 함수 퍼텐셜 우물
Chapter 04 조화진동자
Chapter 05 섭동이론과 수소 원자
Chapter 06 각운동량과 스핀
Chapter 07 LS, SS 커플링

Chapter 01 양자역학 기본/연산자 성질 및 슈뢰딩거 방정식

01 양자역학의 탄생과 기초 원리

20세기 초반에는 미시세계에 대한 연구가 활발히 이루어졌다. 그런데 흑체 복사에서 자외선 파탄 문제와 기체 원자의 선스펙트럼 문제는 기존의 물리학적 지식으로는 도저히 해결하기 어려운 난관이었다. 신기하게도 모든 문제의 해결책은 에너지가 불연속이어야 한다는 결과에 귀결되었다.

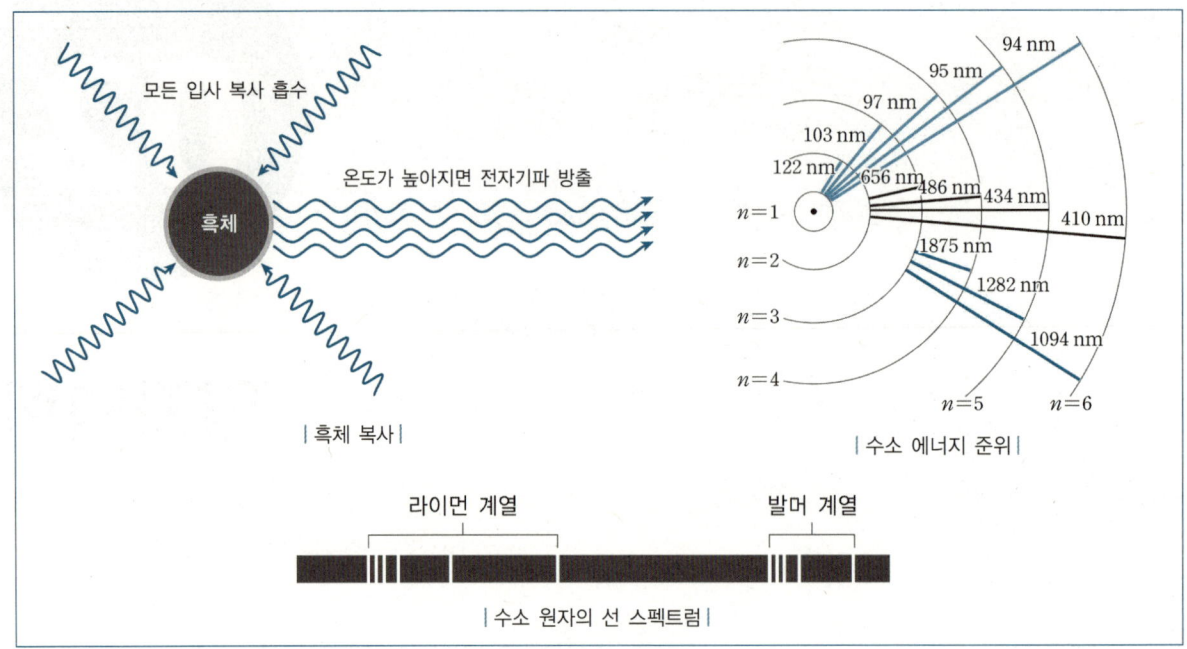

| 흑체 복사 |

| 수소 에너지 준위 |

| 수소 원자의 선 스펙트럼 |

그래서 물리학자들은 측정 가능한 불연속적 최소단위라는 개념 '양자(Quantum)'를 정의하였다. 그리고 이를 해결하고 이해하려는 수학적 물리적 논리체계의 구성에 최선을 다하게 된다. 드브로이의 물질파 개념으로 미시세계의 이중성, 슈뢰딩거의 파동방정식 등 수많은 미시세계 이해의 틀이 등장하게 된다. 슈뢰딩거 파동방정식으로 멋들어지게 수소 원자 내부 전자 구조를 수학적으로 해결하였지만, 절대론적 시각에 입각한 물리학적 상식으로는 도저히 해결이 안 되는 문제점이 존재하였다. 수소 원자 내부 에너지 준위가 불연속인 것은 알겠는데 그렇다면 전자가 어떻게 전이를 하느냐의 문제를 보어가 제기하게 된다. 수소 원자에서 전자는 불연속적 에너지 준위 $n=1, 2, 3, \cdots$를 가지는데 특정 궤도에만 존재해야 하므로 그 사이에 존재할 수는 없다. 아파트로 치면 1층, 2층, 3층에만 거주한다고 할 경우 1층과 2층 사이에 존재할 수 없다면 어떻게 전자가 2층에서 1층으로 혹은 반대로 전이하느냐의 문제를 해결하지 못하게 된다. 물리학자들이 수많은 고심 끝에 도달한 결론은 절대론적 시각에서 벗어나 확률적 모델인 코펜하겐 해석을 하는 것이다. 미시세계에서는 입자가 확률적으로 퍼져 존재할 뿐 특정 위치에 있는 것이 아니라는 것이다. 즉, 관측하게 되면 확률이 특정 에너지 준위로 선택되고 다음에 다른 에너지 준위로 가면 그 차이만큼 에너지를 흡수 또는 방출한다는

것이다. 아인슈타인은 이 해석을 죽을 때까지 받아들이지 않았지만 현대 과학에서 이 해석은 아직도 유효하고 수많은 미시세계의 문제를 해결하였다.

| 5차 솔베이 회의 참석자들(1927년 벨기에 브뤼셀 레오폴드 공원) |

결국 슈뢰딩거 파동방정식은 미시세계의 입자의 존재 확률을 구하는 도구라는 결론에 도달한다. 양자역학은 우리의 일반적 인식에 반하는 내용을 많이 포함하고 있다. 관측 전에 도깨비처럼 모든 가능한 상태에 확률적으로 존재하다가 관측하게 되면 특정 상태로 존재한다는 것은 이해하기가 어렵다. 그래서 양자전기역학의 대가 리처드 파인만조차도 '양자역학을 완벽히 이해한 사람은 없다'라는 말을 남기기도 하였다. 양자역학의 기본 성질을 규정하는 확률을 구하는 도구인 슈뢰딩거 방정식의 특성에 대해 알아보자.

02 파동함수 성질

'모든 시작은 단순한 아이디어에서 출발한다.'

$$\text{드브로이 물질파 이론} : \vec{p} = m\vec{v} = \frac{h}{\lambda}\hat{k} = \hbar\vec{k} \text{ (입자성 = 파동성)}$$

앞/뒤는 서로 반대되는 성질이다. 하지만 동시에 존재한다는 모순이 있다. 입자성과 파동성도 근본적으로 동시에 존재하지만, 실험적으로 하나의 성질만 나온다. 즉, 입자성 실험에서는 입자성만, 파동성 실험에서는 파동성만 나오는 결과를 보여준다. 시작부터 우리는 입자성과 파동성이 왜 근본적으로 동시에 존재해야 하는지 이 자체를 알지 못했다. 그래서 양자역학이 시작부터 이해하기 어려운 태생적 한계를 지니고 있다고 생각했다. 파동성을 가진 물질은 기본적으로 파동방정식이 존재해야 하는데 드브로이가 다음과 같은 파동방정식이 존재함을 증명하였다.

$$\text{물질파 파동방정식} : i\hbar\frac{\partial \Psi}{\partial t} = -\frac{\hbar^2}{2m}\frac{\partial^2 \Psi}{\partial x^2}$$

물질파의 파동함수는 $\Psi(x,t) = Ae^{i(kx-\omega t)}$ 형태를 만족한다.

플랑크 에너지 $E \propto \hbar\omega$를 이용해서 파동함수를 다시 적으면 $\Psi(x,t) = Ae^{i\left(kx - \frac{E}{\hbar}t\right)}$이다.

우리가 양자역학을 해석할 때 파동함수 자체는 의미를 부여할 수 없다. 파동함수의 절댓값의 제곱이 시공간에 존재하는 입자의 존재 확률(코펜하겐 해석)로 이해하기 시작했기 때문이다.

예를 들어 전자기파에서 전기장은 파동 형태로 존재하는데 우리는 실제로 에너지를 관측(측정)할 수 있다. 포인팅벡터의 절댓값(전기장의 제곱에 비례)이 에너지 형태인 것과 비슷하다. 즉, 다시 말하면 파동함수 자체는 크게 의미가 없다.

$$\Psi(x,t) = Ae^{i\left(kx - \frac{E}{\hbar}t\right)} = Ae^{ikx}e^{-i\frac{E}{\hbar}t} = \psi(x)\phi(t)$$

파동함수는 공간과 시간 성분으로 구분되므로 $\psi(x) = Ae^{ikx}$를 공간 파동함수, $\phi(t)$를 시간 파동함수라 한다. 공간 파동함수는 공간에 퍼져있는 확률의 특성을 나타내고, 시간 파동함수는 공간 파동함수에 해당하는 양자화된 에너지를 나타낸다. 아파트로 예를 들면 1층, 2층, 3층에 거주할 공간 확률을 공간 파동함수가 규정하고, 각 층에 존재할 때의 양자화된 에너지 상태를 시간 파동함수가 규정한다. 공간과 시간 파동함수는 상호 연결되어 있다. 즉, 공간 파동함수를 구하게 되면 경계 조건에 따라 양자화 된 에너지를 구할 수 있으므로 우리는 공간 파동함수를 먼저 구하는 것이 목표가 된다.

특정 공간에 존재하는 확률적인 의미에서 파동함수가 가져야 할 조건은 다음과 같다.

1. 전 공간에서 파동함수는 규격화가 가능하다.

$1 = \int_{-\infty}^{+\infty} |\psi(x)|^2 dx$ (∵ 전체 존재 확률은 1이 나와야 하므로)

2. 파동함수는 정의된 영역에서 연속이고 미분 가능해야 한다.

파동함수는 물질파 파동방정식을 만족해야 하므로 정의된 공간상에서 미분 가능해야 한다. 미분 가능성을 만족하므로 공간상에서 당연히 연속성을 만족한다.

확률에서 우리가 파악할 수 있는 정보는 기댓값(평균값)만 의미를 갖는다.

03 양자역학의 수학적 특성

고전으로부터 파동함수의 의미는 개별적인 특정 파동의 중첩이다.

1. 맥놀이

맥놀이를 예로 들어보면 $y_1 = A\cos(2\pi f_1 t)$, $y_2 = A\cos(2\pi f_2 t)$ 2개의 파동의 중첩으로 이루어진 새로운 파동은 다음과 같다. 중첩된 파동은 2개의 진동수의 복잡한 형태를 이루고 있다. 양자역학에서 중첩된 파동을 파동함수로 특정 진동수를 가지는 개별파동의 고유함수로 간주한다. 여기서 중첩된 맥놀이 파동함수가 전체 파동함수이고, 개별적인 y_1과 y_2가 고유함수이다. 그리고 각 고유함수는 진동수 f_1, f_2라는 진동수 고유값을 가지게 된다.

$$y = \left[2A\cos 2\pi\left(\frac{f_1 - f_2}{2}\right)\right]\cos 2\pi\left(\frac{f_1 + f_2}{2}\right)t$$

맥놀이 진폭은 $A_{x=0} = 2A\cos 2\pi\left(\frac{f_1 - f_2}{2}\right)t$ ➡ 최대 진폭은 $\cos 2\pi\left(\frac{f_1 - f_2}{2}\right)t = \pm 1$

따라서 맥놀이 진동수는 $f_b = |f_1 - f_2|$

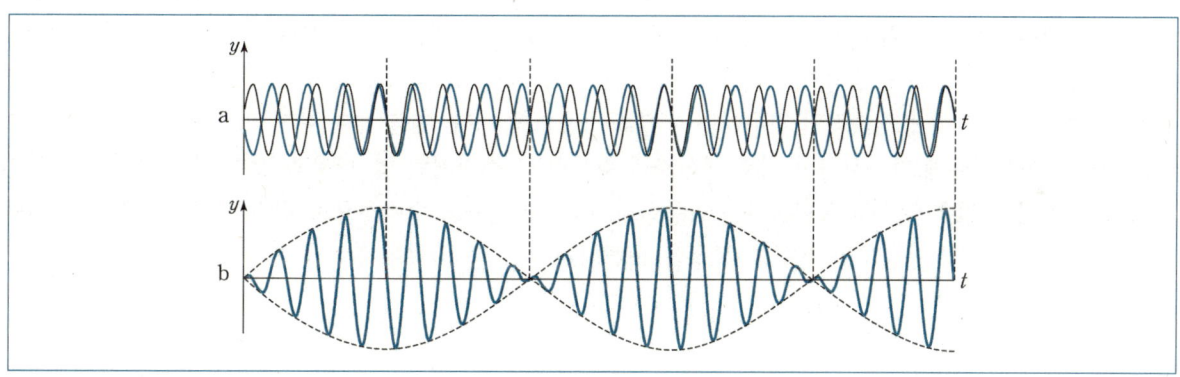

2. 역학 정상모드 진동

역학에서 아래와 같이 입자가 2개이고 용수철 3개로 이루어진 계를 예로 들어보자.

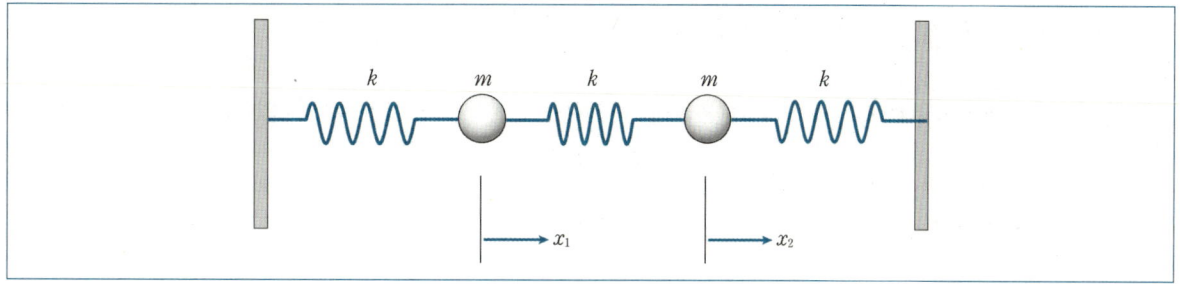

운동방정식으로부터 다음과 같은 식을 유도할 수 있다.

$$\begin{pmatrix} 2\omega_0^2 - \omega_0^2 \\ -\omega_0^2 \ 2\omega_0^2 \end{pmatrix} \begin{pmatrix} x_1 \\ x_2 \end{pmatrix} = \omega^2 \begin{pmatrix} x_1 \\ x_2 \end{pmatrix}$$

일반해를 구하면 각진동수 ω_1, ω_2가 혼재되어 있는 해를 얻는다. 이것이 파동함수이고, 특정 진동수를 만족하는 개별 함수(정상모드)가 고유함수이다. 그리고 이를 이끌어 내기 위해 행렬식을 이용했는데 이때는 양자역학으로 비유를 들면 위 식에서 왼쪽 부분이 연산자의 의미를 갖는다.

$\eta_1 = x_1 + x_2$

$\eta_2 = x_1 - x_2$

특정 x_1, x_2일 때 각진동수 ω_1과 ω_2를 만족하는 운동을 이끌어 낼 수 있다. 이때 특정 x_1, x_2의 행렬식(벡터) $\begin{pmatrix} x_1 \\ x_2 \end{pmatrix}$을 고유함수라고 한다. 각 고유함수에는 개별 고유값이 존재한다.

$A\psi(x) = \lambda\psi(x)$

양자역학은 불연속적인 에너지와 확률에 해당하는 파동함수를 찾는 것이 목적이다. 즉, 특정 에너지 상태에 있는 파동함수를 고유함수라 정의하고 불연속인 값 λ를 고유값, 이를 찾는 행렬에 해당하는 A를 연산자라 한다. 기본적으로 양자역학에서 연산자는 행렬이다. 하지만 공간의 특성에 따라 미분식으로 표현하기도 한다. 이유는 수학적으로 증명하기는 복잡하지만 입자가 존재할 수 있는 공간이 연속적인 경우에는 미분 연산자가 편하고, 공간이 불연속적인 경우에는 행렬을 사용하게 된다. 예를 들어 무한 퍼텐셜 내부에서처럼 입자가 모든 공간에 존재 가능하다면 미분 연산자를 활용하고, 스핀처럼 업, 다운과 같이 특정 방향으로 불연속으로 존재하는 경우에는 행렬 연산자를 활용한다. 미분 연산자도 수학적으로 행렬 연산자로 표현이 가능하므로 양자역학에서 연산자는 행렬의 특성을 따른다는 사실을 알아두자.

04 슈뢰딩거 방정식 유도

$$\psi(x, \ t) = Ae^{i\left(kx - \frac{E}{\hbar}t\right)}$$

우리는 에너지 $E = \dfrac{p^2}{2m} + V$임을 안다.

$p = \dfrac{h}{\lambda} = \hbar k$이므로 $\hat{p}\psi = \hbar k \psi$로부터 운동량 연산자는 $\hat{p} = \dfrac{\hbar}{i}\dfrac{\partial}{\partial x}$임을 알 수 있다. 그리고 퍼텐셜 에너지는 위치로만 정의되어 있으므로 연산자는 자기 자신이다.

공간적인 에너지 연산자를 해밀토니안 $\hat{H}(x)$라 하면

$$\hat{H} = \frac{\hat{p}^2}{2m} + \hat{V} = \frac{1}{2m}\left(\frac{\hbar}{i}\frac{\partial}{\partial x}\right)^2 + \hat{V} = -\frac{\hbar^2}{2m}\frac{\partial^2}{\partial x^2} + \hat{V}$$

$i\hbar\frac{\partial}{\partial t}\psi = E\psi$ 로부터

시간적인 에너지 연산자 $\hat{H}(t) = i\hbar\frac{\partial}{\partial t}$

에너지는 시간의 흐름에 따라 공간에 퍼져나가는 파동 형태이므로 공간과 시간상의 에너지는 동일하다.

$$\hat{H}(x)\psi = -\frac{\hbar^2}{2m}\frac{\partial^2 \psi(x,\,t)}{\partial x^2} + \hat{V}\psi(x,\,t) = \hat{H}(t)\psi(x,\,t) = i\hbar\frac{\partial \psi(x,\,t)}{\partial t}$$

이를 정리하면 우리가 그 유명한 슈뢰딩거 방정식을 도출할 수 있다.

파동함수는 $\psi(x,\,t) = Ae^{i\left(kx - \frac{E}{\hbar}t\right)}$ 형태이므로 시간 독립일 때(특정 시각 $t=0$에서) 본다면

$-\frac{\hbar^2}{2m}\frac{\partial^2 \psi(x)}{\partial x^2} + \hat{V}\psi(x) = E\psi(x)$를 만족한다.

이것이 슈뢰딩거 방정식이다.

그렇다면 슈뢰딩거 방정식으로 무엇을 얻을 수 있는가?

1. 퍼텐셜에 따른 고유함수를 구할 수 있다.
2. 파동함수 경계 조건을 이용하여 불연속 에너지 고유값을 구할 수 있다.
3. 특정 연산자를 활용하여 기댓값(계의 평균값)을 이끌어 낼 수 있다.

05 파동함수의 해석적 확장

우리는 특정 시각 $t=0$에서 시간 독립 공간 파동함수만 고려한다고 생각하자.

1. 파동함수 vs 고유함수

양자역학은 불연속 특성을 지니고 있다. 즉, 허용 가능한 에너지가 E_0, E_1, E_2 … 불연속이다. 앞의 역학에서 예를 들었듯이 전체 파동함수는 수많은 개별 함수들의 중첩으로 이루어져 있다. 양자역학에서 유의해야 할 것은 전체 파동함수 $\Psi(x)$와 특정 고유값의 고유함수 $\psi_n(x)$와 구분해야 한다는 것이다. 역학에서와 비슷한 형태로 전체 파동함수 $\Psi(x)$는 개별 고유함수의 $\psi_n(x)$의 중첩으로 표현 가능하다.

$$\Psi(x) = \sum_n c_n \psi_n(x)$$

여기서 $\psi_n(x)$는 고유함수(벡터)라 한다. 에너지를 표현한다면 $H\psi_n(x) = E_n\psi_n(x)$ 이다. 즉, 시스템 상황에 따라서 가능한 고유함수의 중첩으로 전체 파동함수를 형성하는 것이다. 단적인 예로 1차원 무한 퍼텐셜에 갇힌 입자는 하나의 전체 파동함수를 갖는다. 그런데 이들은 에너지에 따라 가능한 고유함수의 중첩으로 표현된다는 것이다. 그리고 각 상황에 따라 c_n이 달라진다. 여기서 파동함수의 절댓값의 제곱이 확률을 말하므로 $|c_n|^2$은 특정 고유함수의 확률을 의미한다.

전체 파동함수는 벡터로 표현 가능한데 이유는 독립적인 고유함수가 서로 직교해야만 하기 때문이다. 역학의 예를 들어보면 맥놀이의 경우 진동수 f_1, f_2의 2개의 개별 고유함수 $y_1 = A\cos 2\pi f_1$, $y_2 = A\cos 2\pi f_2$는 서로에게 영향을 주지 않는다. 이를 서로에게 영향을 주지 않는 고유함수가 직교한다고 하고, 직교 좌표계의 한 축에 대응시켜 표현한다.

3차원 구를 표현하는 $\vec{r}$ 벡터가 있다고 하자. 그리고 $|\vec{r}|$의 크기가 일정하다면 이를 표현하기 위해서는 직교하는 3가지 벡터 $\vec{x} = (x, 0, 0)$, $\vec{y} = (0, y, 0)$, $\vec{z} = (0, 0, z)$로 $\vec{r} = x\hat{x} + y\hat{y} + z\hat{z}$을 표현 가능하고 단위 벡터에 고유벡터의 의미를 부여하면 양자역학과 비슷해진다. 그러면 우리는 가능한 고유함수와 고유값은 전체 파동함수의 차원을 보고 파악할 수 있다.

만약 전체 파동함수가 2차원이면 고유벡터는 2개이고 고유값 역시 2개이다. 대표적인 예가 전자의 스핀이다. 그리고 전체 파동함수가 3차원이면 고유벡터는 3개이고, 고유값도 당연히 3개이다. 대표적인 예가 특정 $l = 1$인 각운동량이다. 전체 파동함수가 무한 n차원이면 고유벡터는 n개이고, 고유값 역시 n개다. 대표적인 예가 조화진동자이다.

정리하면 전체 파동함수는 중첩된 함수로서 계의 기댓값(평균값)을 구할 때 사용되고 고유함수는 계의 불연속적인 고유값을 구할 때 이용된다.

2. 연산자 성질

앞서 우리는 파동함수의 절댓값의 제곱이 확률을 의미한다고 했다. 그리고 우리가 알아내고자 하는 물리적 변수의 기댓값은 쉽게 정립이 가능하다. 연산자의 형태는 행렬이나 미분 형태가 존재하는데 의미하는 바는 동일하다. 상황에 따라 행렬로 표현되기도 하고 미분 형태로 표현되기도 한다. 모든 연산자는 행렬 형태로 표현이 가능하다. 이것은 우리가 미적분에서 배웠던 코시 정리를 활용하면 쉽게 이끌어 낼 수 있다. 그래서 미분 연산자가 행렬 연산자로 변환이 가능함을 알아두자.

그런데 우리가 어떤 연산자는 행렬로 표현하고 어떤 연산자는 미분으로 표현하는 이유는 그것이 계산적으로 용이하기 때문이다. 행렬에서는 곱한 $AB \neq BA$가 일반적으로 성립이 안 되기 때문에 자연스레 연산자에 대해 이런 확장 해석을 부여할 수 있는 것이다.

해밀토니안 H를 보면 위치, 운동량, 에너지 등으로 이루어져 있으므로 이들을 파악하는 것이 출발점이다. 특정 시간 $t = t_0$일 때, 파동함수가 공간상에 정의되기 때문에 연산자 역시 공간 성분으로 정의되어야 한다.

위치 연산자 $\hat{x} = x$ ➡ 자체적으로 공간 성분이므로 위치 자체가 연산자이다.

$$\text{운동량 연산자}: \hat{p} = \frac{\hbar}{i}\frac{\partial}{\partial x}$$

$$\text{에너지 연산자}: \hat{H} = \frac{\hat{p}^2}{2m} + \hat{V} = -\frac{\hbar^2}{2m}\frac{\partial^2}{\partial x^2} + \hat{V} = i\hbar\frac{\partial}{\partial t}$$

임의의 연산자를 $\hat{A}$라 하고 개별 고유함수 ψ_n의 고유값을 a_n이라 하자. 파동함수에 적용해 보면 $\Psi(x) = \sum_n c_n \psi_n(x)$, $\hat{A}\Psi(x) = \sum_n c_n \hat{A}\psi_n(x) = \sum_n c_n a_n(x)\psi_n$ 이다.

전체 파동함수는 자체에 의미는 없지만 이것의 제곱이 확률적인 의미를 가지고 있다. 그리고 우리는 파동함수로부터 모든 정보를 알아내야만 한다.

$$\langle\hat{A}\rangle = \int \Psi^* \hat{A} \Psi dx = \sum_n |c_n|^2 a_n \int \psi_n^* \psi_n dx = \sum_n |c_n|^2 a_n$$

전체 파동함수에 대한 연산자 $\hat{A}$의 측정 기댓값은 항상 실수를 만족해야 현실에서 해석이 가능하다. 단적인 예로 전 국민 키의 평균값은 $170 + 3i$의 복소수 형태면 우리는 해석 불가능하다. 기댓값이 실수이므로 $\langle\hat{A}\rangle^* = \int (\Psi^*\hat{A}\Psi)^* dx = \int \Psi^*\hat{A}^\dagger\Psi dx = \langle\hat{A}\rangle$를 만족하므로 측정 가능한 연산자는 $\hat{A} = \hat{A}^\dagger$를 만족해야 한다. 이를 에르미트 연산자(hermitian operator)라 한다. 이제 연산자와 고유값의 의미를 정리해보자.

$\hat{A}\psi_n = a_n \psi_n$ ➡ 각 고유함수에 대해 연산자 $\hat{A}$는 특정 고유값 a_n을 갖는다.

파동함수는 정보의 바다이다. 그리고 연산자는 낚싯대이고, 고유값은 물고기이다. 그리고 살고 있는 고유함수가 있다. 각 연산자(낚싯대)에 해당하는 고유값(물고기)이 존재한다. 즉, 위치 연산자로는 위치 고유값이 나오고, 운동량 연산자로는 운동량 고유값이 나오며 더 나아가 에너지 연산자로는 에너지 고유값이 나온다. 그런데 연산자별로 고유함수의 형태가 모두 동일하냐는 의문이 발생한다. 이후에 우리가 알아가겠지만 예를 들어 상어는 바다에 살고 잉어는 강에 살기 때문에 장소가 다르게 된다. 상어 낚싯대(상어 연산자)를 들고 바다(고유함수)에서 낚시를 하면 상어(고유값)가 잡히게 된다. 그런데 잉어는 강에 살기 때문에 바다(고유함수)가 아닌 강(다른 고유함수)에서 낚시해야 한다. 따라서 고유값마다 고유함수가 같기도 다르기도 한다. 그렇다면 '입자의 전체 파동함수는 동일한 데 에너지, 운동량, 위치 등의 고유함수는 같을까?'하는 의문이 발생하게 된다. 위치 연산자 $\hat{x}$에 대응하는 고유함수 $\chi(x)$라 하고, 운동량 연산자 $\hat{p}$에 대응하는 고유함수 $\phi(x)$라 하면 $\Psi(x) = \sum_n a_n \chi_n(x) = \sum_n b_n \phi_n(x)$ 이다. 고유함수 $\chi(x)$과 고유함수 $\phi(x)$가 서로 같은지 다른지를 확인할 수 있어야 한다. 그리고 고유함수가 같냐 다르냐가 무엇을 의미하는지 파악해보자.

06 교환자 $[\hat{A}, \hat{B}]$

만약 연산자 $\hat{A}$, $\hat{B}$의 고유함수는 각각 ψ_a, ψ_b이고, 고유값은 a, b이다. (여기서 모든 연산자는 행렬로 표현될 수 있음을 명심하자. 그러므로 행렬 연산을 만족해야 한다.)

$\hat{A}\psi_a = a\psi_a$ ······ ①

$\hat{B}\psi_b = b\psi_b$ ······ ②

만약 $\hat{A}$, $\hat{B}$의 고유함수가 서로 동일하다면 $\psi_a = \psi_b$이다.

식 ① 양변에 $\hat{B}$를 곱하고 식 ② 양변에 $\hat{A}$를 곱하면

$\hat{B}(\hat{A}\psi_a) = a\hat{B}\psi_a = ab\psi_a$ ······ ③

$\hat{A}(\hat{B}\psi_b) = b\hat{A}\psi_b = ab\psi_b$ ······ ④

④-③을 하면

$(\hat{A}\hat{B} - \hat{B}\hat{A})\psi_a = 0$ ($\psi_a \neq 0$)

$\therefore [\hat{A}, \hat{B}] = \hat{A}\hat{B} - \hat{B}\hat{A} = 0$

따라서 만약 공통 고유함수를 갖는다면 교환자는 0이 된다. 반대로 고유함수가 다르다면 교환자는 0이 아니다. 교환자는 공통 고유함수를 가질 수 있는지를 판단하는 가장 간단한 방법이다. 공통 고유함수를 가진다는 말은 동시 측정이 가능하다는 말이다.

위치와 운동량 연산자의 교환자 $[\hat{x}, \hat{p}]$는 다음과 같다.

$$[\hat{x}, \hat{p}]\psi(x) = \hat{x}\hat{p}\psi(x) - \hat{p}(\hat{x}\psi(x))$$

$$= \hat{x}\left(\frac{\hbar}{i}\frac{\partial \psi}{\partial x}\right) - \frac{\hbar}{i}\frac{\partial}{\partial x}(x\psi(x))$$

$$= x\left(\frac{\hbar}{i}\frac{\partial \psi(x)}{\partial x}\right) - \frac{\hbar}{i}\psi(x) - x\frac{\hbar}{i}\frac{\partial \psi(x)}{\partial x} = i\hbar\psi(x)$$

$\therefore [\hat{x}, \hat{p}] = i\hbar$

위치 연산자 $\hat{x}$에 대응하는 고유함수 $\chi(x)$와 운동량 연산자 $\hat{p}$에 대응하는 고유함수를 $\phi(x)$라 하자. 우리는 앞서 고유함수를 물고기(고유값)가 살고 있는 바다나 강이라고 했다. 고유함수가 다르다는 말은 살고 있는 곳이 다르다는 의미이다. 즉, 위치와 운동량은 동시에 측정이 불가능함을 알 수 있다.

잉어(위치)는 강에서 살고 있고, 상어(운동량)는 바다에서 살고 있다고 하면 동시에 잡는 것은 불가능하다. 왜냐면 사는 세계가 다르므로 우리가 동시에 잡으려면 강과 바다에 도플갱어처럼 존재해야 한다.

이 말을 확률의 기댓값에 맞게 조금 바꿔보면 시스템(입자)의 정보를 동시에 측정해야만 둘 다 정확한 정보를 이끌어 낼 수 있는 것이다. 예를 들어 어떤 사람의 키, 몸무게 정보를 알아내기 위해서는 신체검사를 하면 된다. 그런데 키, 몸무게를 동시에 측정하지 못한다면 우리는 신체검사의 각 요소의 정보를 100% 믿기는 힘들다.

극단적으로 초등학교 3학년 때 몸무게 정보를 기입하고, 현재의 키 정보를 입력한다면 이 사람은 오늘 내일 하는 극빈사 상태일 것이다. 즉, 입자는 시간에 따라 변화하므로 동시 측정이 안 된다면 부정확성을 내포하는 것과 같다. 잉어랑 상어도 마찬가지이다. 현 시각 태평양 한가운데 사는 상어와 한강에 사는 잉어의 몸무게를 동시에 측정하지 못한다면 특정 시각 t에서 상어와 잉어의 몸무게를 정확히 말할 수는 없다. 이동하는 동안에 상어랑 잉어가 살이 찌거나 빠져버리기 때문이다.

1. 교환자 주요 공식

(1) $[A, B] = -[B, A]$

(2) $[A+B, C] = [A, C] + [B, C]$

(3) $[A, BC] = [A, B]C + B[A, C]$

(4) $[B, [A, B]] = [A, [A, B]] = 0$일 때 다음을 만족한다.
$[A, B^n] = n[A, B]B^{n-1}$, $[A^n, B] = nA^{n-1}[A, B]$

2. 증명

(1) $[A, B] = AB - BA = -(BA - AB) = -[B, A]$

(2) $[A+B, C] = (A+B)C - C(A+B) = AC + BC - CA - CB$
$= (AC - CA) + (BC - CB) = [A, C] + [B, C]$

(3) $[A, BC] = ABC - BCA = ABC - BAC + BAC - BCA$
$= (AB - BA)C + B(AC - CA) = [A, B]C + B[A, C]$

(4) $[A, B^n] = n[A, B]B^{n-1}$이 성립한다고 하자. $n=1$일 때 당연히 성립한다.

그러면 임의의 $n > 1$에 대해서 $[A, B^{n+1}] = [A, BB^n]$이다. 식 (3)을 활용하면 다음과 같다.
$[A, B^{n+1}] = [A, BB^n] = [A, B]B^n + B[A, B^n]$
$= [A, B]B^n + nB[A, B]B^{n-1} = [A, B]B^n + n[A, B]B^n$
$= (n+1)[A, B]B^n$

마찬가지로 $[A^n, B] = nA^{n-1}[A, B]$ 역시 동일한 증명법에 의해 성립한다.

07 하이젠베르크 불확정성 원리

위치와 운동량은 동시 측정이 안 되므로 불확정성이 존재한다.

평균값을 디락 표기법 $\langle \hat{A} \rangle = \int (\psi^* \hat{A} \psi) dx = \langle \psi | \hat{A} | \psi \rangle$로 나타내자.

불확정성은 표준편차가 존재한다는 말이다. 예를 들어 대한민국이라는 시스템에 키의 평균값이 175cm이고, 이 시스템이 키의 측정값이 100% 정확도를 가지고 있다면 아무 인원을 뽑아서 측정하면 항상 키가 175cm가 나와야 한다. 그런데 분포함수를 가지게 되면 어떤 인원을 뽑느냐에 따라 다른 값이 나오게 된다. 즉, 상어와 잉어로 가면 상어 몸무게로 측정하고 나서 엄청 빨리 움직여 잉어 몸무게를 측정한다고 해도 잉어가 그동안 살이 찌거나 빠져버리게 되므로 상어의 몸무게를 측정한 특정 시각 $t=0$에서 잉어의 몸무게는 살이 쪘는지 빠졌는지 통계적으로 유추할 수밖에 없다는 것이다.

$\Delta x = \sigma_x$, $\Delta p = \sigma_p$라 하면

$\Delta x \Delta p \geq \dfrac{\hbar}{2}$ ➡ 입자의 운동량과 위치는 동시에 100% 정확도로 측정이 불가능하다.

$\Delta E \Delta t \geq \dfrac{\hbar}{2}$ ➡ 입자의 에너지는 100% 정확도로 측정이 불가능하다.

미시세계는 모든 것이 양자화되어 있다. 불확정성 원리는 엄밀한 수학적 정의로 유도할 수 있으나, 물리적 해석으로도 대략적 유추가 가능하다. TV나 모니터는 아무리 기술이 발전해도 인접한 픽셀 사이의 공간이 존재할 수밖에 없다. 이때 픽셀이 입자의 위치정보를 나타낸다고 하자. 픽셀 사이의 간격이 λ라 하면, 픽셀 사이의 오차는 대략 $\Delta x \simeq \lambda$이다. 입자는 파동성을 가지므로 $\Delta p \simeq \dfrac{h}{\lambda}$가 될 것이다. 그래서 대략 $\Delta x \Delta p \geq h$ 임을 유추할 수 있다.

08 측정 확률 기본

파동함수가 다음과 같이 고유함수의 합으로 주어질 때 '측정' 또는 '관측'을 하게 되면 특정 상태로 전환이 된다.

$$\psi(x) = \sum_n c_n \phi_n, \quad \langle \psi \mid \psi \rangle = \sum_n |c_n|^2 = 1$$

1. 특정 고유함수 ϕ_n을 측정할 확률

$$P = |\langle \phi_n \mid \psi \rangle|^2 = \left|\left\langle \phi_n \mid \sum c_n \phi_n \right\rangle\right|^2 = |c_n|^2$$

2. 고유함수가 혼합된 특정 상태 χ를 측정할 확률

예를 들어 혼합된 고유상태를 $\chi = a\phi_1 + b\phi_2$라 하자.

$$P = |\langle \chi \mid \psi \rangle|^2 = |\langle a\phi_1 + b\phi_2 \mid \psi \rangle|^2 = |a^* c_1 + b^* c_2|^2$$

행렬 표현도 가능하다.

$$\psi(x) = \sum_n c_n \phi_n = \begin{pmatrix} c_1 \phi_1 \\ c_2 \phi_2 \\ c_3 \phi_3 \\ \vdots \end{pmatrix}, \quad \chi = a\phi_1 + b\phi_2 = \begin{pmatrix} a\phi_1 \\ b\phi_2 \\ 0 \\ \vdots \end{pmatrix}$$

$$|\langle \chi \mid \psi \rangle|^2 = |\langle a\phi_1 + b\phi_2 \mid \psi \rangle|^2 = |a^* c_1 + b^* c_2|^2$$

3. 측정 후 다른 상태의 측정

동전을 던지고 다시 동전을 던질 때 우리는 독립시행으로 확률을 구한다. 양자역학도 측정하게 되면 특정 상태로 확정되고, 다시 측정하면 확률에 의해 또 특정 상태가 된다.

예제 1 연산자 A가 있고 규격화된 고유함수는 $|\phi_1\rangle$, $|\phi_2\rangle$이고 축퇴되어 있지 않은 고유값은 a_1, a_2이다. 또 다른 연산자 B는 규격화된 고유함수 $|\chi_1\rangle$, $|\chi_2\rangle$이고 고유값은 b_1, b_2이다. 두 고유함수의 관계는 다음과 같다.

$$|\phi_1\rangle = \frac{1}{\sqrt{13}}(2|\chi_1\rangle + 3|\chi_2\rangle), \quad |\phi_2\rangle = \frac{1}{\sqrt{13}}(3|\chi_1\rangle - 2|\chi_2\rangle)$$

양자적으로 특정 고유값을 측정하게 되면 그 양자적 시스템은 해당 고유함수로 변환된다. 첫 번째 연산자 A를 적용하여 고유값 a_1을 얻었다. 두 번째 바로 연이어 연산자 B를 이용하여 해당 고유값을 측정하였다. 두 번째 측정에서 고유값 b_1, b_2를 측정할 확률은 $P(b_1), P(b_2)$이다. 두 번째 측정에 이어서 마지막으로 다시 연산자 A를 이용하여 고유값 a_1을 얻을 확률은 $P(a_1)$이다. 이때 두 번째 측정에 고유값을 얻을 확률 $P(b_1), P(b_2)$를 각각 구하시오. 또한 마지막 측정에서 고유값 a_1을 확률 $P(a_1)$을 구하시오.

정답 1) $P(b_1) = |\langle \chi_1 | \phi_1 \rangle|^2 = \dfrac{2}{13}$, $P(b_2) = |\langle \chi_2 | \phi_1 \rangle|^2 = \dfrac{9}{13}$, 2) $P(a_1) = \dfrac{97}{169}$

09 시간 의존 파동함수 해석

시간 의존 파동함수 $\Psi(x,t) = Ae^{i\left(kx - \frac{E}{\hbar}t\right)} = Ae^{ikx}e^{-i\frac{E}{\hbar}t} = \psi(x)\phi(t)$로부터 에너지 양자화에 따른 파동함수는 $\Psi(x,t) = \sum_n c_n \psi_n(x) e^{-\frac{iE_n}{\hbar}t}$으로 해석할 수 있다.

1. 에너지 기댓값과 고유값

전체 파동함수 $\psi(x)$와 퍼텐셜 $V(x)$가 주어질 때, 에너지 기댓값 $\langle H \rangle$를 구하라고 한다면
$H = \frac{p^2}{2m} + V = -\frac{\hbar^2}{2m}\frac{\partial^2}{\partial x^2} + V$ 로부터 $-\frac{\hbar^2}{2m}\frac{\partial^2 \psi(x)}{\partial x^2} + V(x)\psi(x) = E\psi(x)$

$\langle H \rangle = \langle \Psi | H | \Psi \rangle = \int \Psi^* H \Psi dx = \int \Psi^* \left(-\frac{\hbar^2}{2m}\Psi'' + V\Psi \right) dx$을 통해 구하면 된다.

양자역학은 이 시스템이 어떤 고유함수로 이루어져 있고, 각 고유값이 무엇이며 전체 파동함수가 주어질 때 각 고유함수들이 어떤 확률로 존재하는가를 알아보는 학문이다. 우리가 일상에서 사용하는 우리나라 말 역시 자음, 모음의 조합으로 단어 그리고 문장을 형성하여 하나의 언어 세계를 만들어 가고 있다.

시간 의존 파동함수라면 다음과 같다.

$$\begin{aligned}
\langle H \rangle &= \langle \Psi(x,t) | H | \Psi(x,t) \rangle \\
&= \int \Psi^*(x,t) \left\{ -\frac{\hbar^2}{2m}\frac{d^2}{dx^2}\Psi(x,t) + V(x)\Psi(x,t) \right\} dx \\
&= \int \Psi^*(x,t) \left(\frac{i}{\hbar}\frac{\partial}{\partial t}\Psi(x,t) \right) dx \\
&= \sum |c_n|^2 E_n
\end{aligned}$$

에너지 기댓값은 특정 고유값과 그 확률값 $|c_n|^2$의 곱의 합으로 이루어져 있다. 에너지 기댓값은 파동함수가 유한개의 고유함수 조합으로 이루어져 있으면 $\langle E \rangle = \sum |c_n|^2 E_n$를 활용하는 것이 편하고, 파동함수가 무한개의 고유함수 조합으로 이루어져 있다면 $\langle H \rangle = \int \Psi^*(x,t) \left\{ -\frac{\hbar^2}{2m}\frac{d^2}{dx^2}\Psi(x,t) + V(x)\Psi(x,t) \right\} dx$로 직접 구해야 한다. 시스템의 상황에 따라 파동함수가 다르지만 에너지 고유값이 동일한 상태를 축퇴(degeneracy)라 한다. $E_1 = E_2$인데 각각의 공간 고유함수가 $\psi_1(x), \psi_2(x)$라면 축퇴도는 2이다. 고유함수 특성상 에너지 고유값이 동일하더라도 고유함수는 같을 수가 없고 다르다는 점을 명심하자.

2. 특정 고유값의 확률 $|c_n|^2$

$\psi_n(x,t) = \psi_n(x)e^{-\frac{E_n}{\hbar}t}$ 이므로

$|c_n|^2 = |\langle \psi_n(x,t)|\Psi(x,t)\rangle|^2 = \left|\int_0^L \psi_n^*(x,t)\Psi(x,t)dx\right|^2 = \left|\int_0^L \psi_n^*(x,t)c_n\psi_n(x,t)dx\right|^2$

정상 상태 $t=0$일 때와 동일하다.

예제 2 물리적 시스템에 해밀토니안과 파동함수는 다음과 같다.

$$\hat{H} = \begin{pmatrix} 2 & 1 & 0 \\ 1 & 2 & 0 \\ 0 & 0 & 3 \end{pmatrix}, \quad |\psi\rangle = \frac{1}{\sqrt{3}}\begin{pmatrix} i \\ -i \\ i \end{pmatrix}$$

계의 에너지를 측정했을 때 측정 가능한 에너지 값은 E_1와 E_2이고, $E_1 < E_2$이다.

1) $\hat{H}$에 대한 측정 가능한 에너지 E_1와 E_2값을 구하고 또한 E_2의 축퇴도(degeneracy) g_2를 구하시오.
2) E_1와 E_2의 값을 고유값으로 가지는 고유함수를 각각 구하시오.
3) 이 계에서 E_1와 E_2를 측정할 확률을 각각 구하시오.
4) 에너지 부정확도 $\triangle E = \sqrt{\langle \hat{H}^2\rangle - \langle \hat{H}\rangle^2}$를 구하시오.

풀이

1) $\hat{H}\psi = E\psi$

➡ $(\hat{H} - E)\psi = 0$

➡ $\begin{pmatrix} 2-E & 1 & 0 \\ 1 & 2-E & 0 \\ 0 & 0 & 3-E \end{pmatrix}\psi = 0$

➡ $\begin{vmatrix} 2-E & 1 & 0 \\ 1 & 2-E & 0 \\ 0 & 0 & 3-E \end{vmatrix} = 0$

➡ $(3-E)((2-E)^2 - 1) = (3-E)^2(1-E) = 0$

∴ $E_1 = 1, E_2 = 3$

근이 3개인데 E_2가 중근이므로 $g_2 = 2$이다.

2) E_1을 고유값으로 갖는 고유함수를 ϕ_1이라 하고 마찬가지로 E_2을 고유값으로 갖는 고유함수를 ϕ_2, ϕ_2'라 하자.

E_2는 축퇴도(degeneracy) g_2를 가지므로 고유함수가 2개이고 같은 고유값을 공유한다.

그러면 $\psi = \alpha\phi_1 + \beta\phi_2 + \gamma\phi_2'$로 표현이 가능하다. 이때 고유함수의 특성은 다음을 만족한다.

$\langle \phi_1|\phi_1\rangle = \langle \phi_2|\phi_2\rangle = \langle \phi_2'|\phi_2'\rangle = 1$, $\langle \phi_1|\phi_2\rangle = \langle \phi_1|\phi_2'\rangle = \langle \phi_2|\phi_2'\rangle = 0$

개별적으로 규격화되어 있고 서로 orthogonal(직교)한다.

$\hat{H}\phi_1 = E_1\phi_1$

$\begin{pmatrix} 2 & 1 & 0 \\ 1 & 2 & 0 \\ 0 & 0 & 3 \end{pmatrix}\begin{pmatrix} a \\ b \\ c \end{pmatrix} = 1\begin{pmatrix} a \\ b \\ c \end{pmatrix}$ ➡ $\begin{pmatrix} 1 & 1 & 0 \\ 1 & 1 & 0 \\ 0 & 0 & 2 \end{pmatrix}\begin{pmatrix} a \\ b \\ c \end{pmatrix} = \begin{pmatrix} a+b \\ a+b \\ 2c \end{pmatrix} = \begin{pmatrix} 0 \\ 0 \\ 0 \end{pmatrix}$

∴ $\phi_1 = \begin{pmatrix} a \\ -a \\ 0 \end{pmatrix}$

$\hat{H}\phi_2 = E_2\phi_2$

$\begin{pmatrix} 2 & 1 & 0 \\ 1 & 2 & 0 \\ 0 & 0 & 3 \end{pmatrix}\begin{pmatrix} x \\ y \\ z \end{pmatrix} = 3\begin{pmatrix} x \\ y \\ z \end{pmatrix}$ ➡ $\begin{pmatrix} -1 & 1 & 0 \\ 1 & -1 & 0 \\ 0 & 0 & 0 \end{pmatrix}\begin{pmatrix} x \\ y \\ z \end{pmatrix} = \begin{pmatrix} -x+y \\ x-y \\ 0 \end{pmatrix} = \begin{pmatrix} 0 \\ 0 \\ 0 \end{pmatrix}$

$\therefore \phi_2 = \begin{pmatrix} 0 \\ 0 \\ z \end{pmatrix}, \phi_2' = \begin{pmatrix} x \\ x \\ 0 \end{pmatrix}$

$\langle \phi_1 | \phi_1 \rangle = \langle \phi_2 | \phi_2 \rangle = 1$, $\langle \phi_1 | \phi_2 \rangle = 0$를 만족한다.

$\phi_1 = \dfrac{1}{\sqrt{2}}\begin{pmatrix} i \\ -i \\ 0 \end{pmatrix}$, $\phi_2 = \begin{pmatrix} 0 \\ 0 \\ i \end{pmatrix}$, $\phi_2' = \dfrac{1}{\sqrt{2}}\begin{pmatrix} i \\ i \\ 0 \end{pmatrix}$

$\psi = \alpha\phi_1 + \beta\phi_2 + \gamma\phi_2'$

3) $P_1 = |\langle \phi_1 | \psi \rangle|^2 = \left| \dfrac{1}{\sqrt{2}}(-i\ i\ 0)\dfrac{1}{\sqrt{3}}\begin{pmatrix} i \\ -i \\ i \end{pmatrix} \right|^2 = |\alpha|^2 = \dfrac{2}{3}$

$P_2 = |\langle \phi_2 | \psi \rangle|^2 + |\langle \phi_2' | \psi \rangle|^2 = \left| (0\ 0\ -i)\dfrac{1}{\sqrt{3}}\begin{pmatrix} i \\ -i \\ i \end{pmatrix} \right|^2 + \left| \dfrac{1}{\sqrt{2}}(i\ i\ 0)\dfrac{1}{\sqrt{3}}\begin{pmatrix} i \\ -i \\ i \end{pmatrix} \right|^2$

$= \dfrac{1}{3} + 0 = |\beta|^2 + |\gamma|^2 = \dfrac{1}{3}$

$\psi = \alpha\phi_1 + \beta\phi_2\ (\because \gamma = 0)$

4) $\langle \hat{H} \rangle = \langle \psi | \hat{H} | \psi \rangle = \langle \alpha\phi_1 + \beta\phi_2 | \hat{H} | \alpha\phi_1 + \beta\phi_2 \rangle = \langle \alpha\phi_1 + \beta\phi_2 | \alpha E_1\phi_1 + \beta E_2\phi_2 \rangle$

$= |\alpha|^2 E_1 + |\beta|^2 E_2 = \dfrac{5}{3}$

$\langle \hat{H}^2 \rangle = \langle \psi | \hat{H}^2 | \psi \rangle = \langle \alpha\phi_1 + \beta\phi_2 | \hat{H}^2 | \alpha\phi_1 + \beta\phi_2 \rangle = \langle \alpha\phi_1 + \beta\phi_2 | \hat{H} | \alpha E_1\phi_1 + \beta E_2\phi_2 \rangle$

$= \langle \alpha\phi_1 + \beta\phi_2 | \alpha E_1^2 \phi_1 + \beta E_2^2 \phi_2 \rangle$

$= |\alpha|^2 E_1^2 + |\beta|^2 E_2^2 = \dfrac{11}{3}$

$\Delta E = \sqrt{\langle \hat{H}^2 \rangle - \langle \hat{H} \rangle^2} = \dfrac{2\sqrt{2}}{3}$

10 연산자 기댓값 보존의 확인

만약 기댓값이 보존이 된다면 시간이 흐름에 따라 기댓값이 변화하지 않아야 한다.

1. 에렌페스트 정리

(1) $\dfrac{d\langle \hat{A} \rangle}{dt} = \dfrac{i}{\hbar} \langle [\hat{H}, \hat{A}] \rangle + \left\langle \dfrac{\partial \hat{A}}{\partial t} \right\rangle$: Ehrenfest Theorem

$$\frac{d\langle \hat{A} \rangle}{dt} = \frac{d\langle \psi | \hat{A} | \psi \rangle}{dt} = \frac{d}{dt}\int \psi^* \hat{A} \psi dx = \int \frac{\partial \psi^*}{\partial t} \hat{A} \psi dx + \int \psi^* \frac{\partial \hat{A}}{\partial t} \psi dx + \int \psi^* \hat{A} \frac{\partial \psi}{\partial t} dx$$

$\hat{H} = i\hbar \dfrac{\partial}{\partial t}$ 이므로 $\dfrac{\partial \psi}{\partial t} = -\dfrac{i}{\hbar} \hat{H} \psi$, $\dfrac{\partial \psi^*}{\partial t} = \dfrac{i}{\hbar} \psi^* \hat{H}$ $\{(AB)^* = B^* A^*\}$

$$\frac{d\langle \psi | \hat{A} | \psi \rangle}{dt} = \frac{i}{\hbar}\int \psi^* \hat{H}\hat{A} \psi dx + \int \psi^* \frac{\partial \hat{A}}{\partial t} \psi dx - \frac{i}{\hbar}\int \psi^* \hat{A}\hat{H} \psi dx$$

$$= \frac{i}{\hbar} \langle \psi | \hat{H}\hat{A} | \psi \rangle - \frac{i}{\hbar} \langle \psi | \hat{A}\hat{H} | \psi \rangle + \left\langle \psi \left| \frac{\partial \hat{A}}{\partial t} \right| \psi \right\rangle$$

$$= \frac{i}{\hbar} \langle [\hat{H}, \hat{A}] \rangle + \left\langle \frac{\partial \hat{A}}{\partial t} \right\rangle$$

(2) 응용

① 에너지 기댓값 보존

만약 $\hat{H}$ 연산자가 양적으로 시간에 대해 독립이라면 즉, $\dfrac{\partial \hat{H}}{\partial t} = 0$ 이면

$$\frac{d\langle \hat{H} \rangle}{dt} = \frac{i}{\hbar} \langle [\hat{H}, \hat{H}] \rangle + \left\langle \frac{\partial \hat{H}}{\partial t} \right\rangle = \left\langle \frac{\partial \hat{H}}{\partial t} \right\rangle = 0$$

에너지의 기댓값은 시간에 대해 불변하고 보존된다.

② 연산자 기댓값 보존

만약 $\hat{A}$ 연산자가 양적으로 시간에 대해 독립이고 ($\dfrac{\partial \hat{A}}{\partial t} = 0$), 해밀토니안 연산자와 교환자 $[\hat{H}, \hat{A}] = 0$ 을 만족한다면 $\dfrac{d\langle \hat{A} \rangle}{dt} = \dfrac{i}{\hbar} \langle [\hat{H}, \hat{A}] \rangle + \left\langle \dfrac{\partial \hat{A}}{\partial t} \right\rangle = 0$ 이다. 즉, 연산자 $\hat{A}$ 의 기댓값은 보존된다.

기댓값이 보존된다면 $t = 0$ 일 때 즉, 시간 독립일 때 구한 기댓값이 $t > 0$ 일 때 시간 의존일 때와 동일하다.

③ 운동량 기댓값 관계식

위치, 운동량 ➡ $\hat{x} = x$, $\hat{p} = \dfrac{\hbar}{i}\dfrac{\partial}{\partial x}$ 이므로 둘 다 $\dfrac{\partial \hat{A}}{\partial t} = 0$을 만족한다.

$$\hat{H} = \dfrac{\hat{p}^2}{2m} + \hat{V}$$

$$[\hat{H}, \hat{x}] = \left[\dfrac{\hat{p}^2}{2m} + \hat{V}, \hat{x}\right] = \dfrac{1}{2m}[\hat{p}^2, \hat{x}] = \dfrac{2\hat{p}}{2m}[\hat{p}, \hat{x}] = \dfrac{\hat{p}}{m}(-i\hbar)$$

$$\therefore [\hat{H}, \hat{x}] = -\dfrac{i\hbar}{m}\hat{p}$$

$$\dfrac{d\langle\hat{x}\rangle}{dt} = \dfrac{i}{\hbar}\langle[\hat{H}, \hat{x}]\rangle = \dfrac{i}{\hbar}(-i\hbar)\dfrac{1}{m}\langle\hat{p}\rangle$$

$$\therefore \dfrac{d\langle\hat{x}\rangle}{dt} = \dfrac{\langle\hat{p}\rangle}{m}$$

➡ 양자역학적 위치-운동량 기댓값 관계식

④ 운동방정식 기댓값 관계식

$$[\hat{H}, \hat{p}] = \left[\dfrac{\hat{p}^2}{2m} + \hat{V}, \hat{p}\right] = [\hat{V}, \hat{p}] = -\dfrac{\hbar}{i}\nabla V$$

$$\therefore [\hat{H}, \hat{p}] = -\dfrac{\hbar}{i}\nabla V$$

$$\dfrac{d\langle\hat{p}\rangle}{dt} = \dfrac{i}{\hbar}\langle[\hat{H}, \hat{p}]\rangle = \dfrac{i}{\hbar}\left(-\dfrac{\hbar}{i}\right)\langle\nabla V\rangle$$

$$\therefore \dfrac{d\langle\hat{p}\rangle}{dt} = -\langle\nabla V\rangle$$

➡ 양자역학적 힘-퍼텐셜(운동방정식) 기댓값 관계식: 참고로 무한 퍼텐셜에서 퍼텐셜이 $V(x) = 0$이지만 $x = 0$에서 퍼텐셜 미분이 불가능하므로 $\dfrac{d\langle\hat{p}\rangle}{dt} = -\langle\nabla V\rangle$을 활용하지 못한다.

2. 비리얼 정리(Virial theorem)

(1) $2\langle T\rangle = n\langle V\rangle$: Virial theorem

연산자 $\hat{A} = \hat{p}\hat{x}$라 하자.

에렌페스트 정리를 이용하면

$$\begin{aligned}\dfrac{d\langle\hat{p}\hat{x}\rangle}{dt} &= \dfrac{i}{\hbar}\langle[\hat{H}, \hat{p}\hat{x}]\rangle + \left\langle\dfrac{\partial(\hat{p}\hat{x})}{\partial t}\right\rangle \\ &= \dfrac{i}{\hbar}\langle[\hat{H}, \hat{p}\hat{x}]\rangle\end{aligned}$$

$$= \frac{i}{\hbar} \langle \hat{H}\hat{p}\hat{x} - \hat{p}\hat{x}\hat{H} \rangle$$
$$= \frac{i}{\hbar} \langle \hat{H}\hat{p}\hat{x} - \hat{p}\hat{H}\hat{x} + \hat{p}\hat{H}\hat{x} - \hat{p}\hat{x}\hat{H} \rangle$$
$$= \frac{i}{\hbar} \langle [\hat{H},\hat{p}]\hat{x} + \hat{p}[\hat{H},\hat{x}] \rangle$$

앞에서 했던 $[\hat{H},\hat{x}] = -\frac{i\hbar}{m}\hat{p}$, $[\hat{H},\hat{p}] = -\frac{\hbar}{i}\nabla V$을 대입하면

$$\frac{d\langle \hat{p}\hat{x} \rangle}{dt} = \frac{i}{\hbar} \langle [\hat{H},\hat{p}]\hat{x} + \hat{p}[\hat{H},\hat{x}] \rangle$$
$$= \frac{i}{\hbar}\left(-\frac{\hbar}{i}\right)\langle \nabla V \hat{x} \rangle + \frac{i}{\hbar}\left(\frac{-i\hbar}{m}\right)\langle \hat{p}\hat{p} \rangle$$
$$= -n\langle V \rangle + 2\left\langle \frac{\hat{p}^2}{2m} \right\rangle$$
$$= -n\langle V \rangle + 2\langle T \rangle$$

그런데 $\hat{A} = \hat{p}\hat{x} = \frac{\hbar}{i}$ 이므로 $\frac{d\langle \hat{A} \rangle}{dt} = 0$ 이다. 따라서 $2\langle T \rangle = n\langle V \rangle$ 이다.

(2) 응용

앞으로 배울 조화진동자의 경우에는 해밀토니안 $H = \frac{p^2}{2m} + \frac{1}{2}m\omega^2 x^2$ 이다. 즉, $V(x) = \frac{1}{2}m\omega^2 x^2$ 이므로 $n = 2$ 이다.

조화진동자의 에너지 기댓값 ➡ $\langle \psi_n | H | \psi_n \rangle = \hbar\omega\left(n + \frac{1}{2}\right)$; $n = 0, 1, 2 \cdots$

조화진동자의 경우에는 $\langle \psi_n | T | \psi_n \rangle = \langle \psi_n | V | \psi_n \rangle$를 만족한다.

$\langle H \rangle = \langle T \rangle + \langle V \rangle = 2\langle T \rangle = 2\langle V \rangle$

$\langle T \rangle = \frac{1}{2m}\langle p^2 \rangle = \frac{\langle H \rangle}{2}$

$\langle V \rangle = \frac{1}{2}m\omega^2 \langle x^2 \rangle = \frac{\langle H \rangle}{2}$

활용하면 운동량 연산자의 제곱의 기댓값과 위치 연산자의 제곱의 기댓값을 특별한 계산 없이 구할 수가 있다. 주의할 것은 고유함수에 해당하는 것이지 전체 파동함수에 해당하는 것이 아니다. 전체 파동함수는 시간 평균값까지 계산된 것이므로 임의의 시간에 따라 기댓값을 구할 때는 비리얼 정리를 사용함에 있어 주의가 필요하다.

연습문제

정답_ 313p

01 어떤 양자적 시스템에 가능한 고유함수는 오직 2개 즉, $|1\rangle$, $|2\rangle$이다. 전체 파동함수는 가능한 고유함수 $|1\rangle$, $|2\rangle$의 선형조합으로 이루어져 있다. 이때 연산자 P는 다음을 만족한다.

$$P|1\rangle = |2\rangle, \quad P|2\rangle = |1\rangle$$

이때 P가 가질 수 있는 고유값을 모두 구하시오. 또한 각 고유값에 해당하는 고유함수를 구하시오.

23-A03

02 어떤 양자계의 해밀토니안이 다음과 같이 행렬 H로 표현된다.

$$H = \epsilon \begin{pmatrix} 1 & a \\ a & 3 \end{pmatrix}$$

이때, a와 ϵ은 양의 실수이다. H의 두 고유값의 합을 구하고, 낮은 에너지 고유값이 0이 되는 a를 구하시오.

03 물리적 시스템에 해밀토니안과 파동함수는 다음과 같다.

$$\hat{H} = \begin{pmatrix} 1 & 0 & \sqrt{3} \\ 0 & 2 & 0 \\ \sqrt{3} & 0 & 3 \end{pmatrix}, \ |\psi\rangle = \frac{1}{\sqrt{6}} \begin{pmatrix} 1 \\ -2i \\ -1 \end{pmatrix}$$

1) 계의 에너지를 측정했을 때 측정 가능한 에너지 고유값을 모두 구하고 각 고유값에 해당하는 고유함수를 구하시오.

2) 각 고유값을 측정할 확률을 구하시오. 그리고 에너지 기댓값을 구하시오.

04 질량 m인 입자가 일차원 퍼텐셜 $V(x)$의 영향을 받으면서 운동하고 있다. 파동함수 $\psi(x) = Ae^{-Bx^2}$은 고유에너지 E_0인 상태의 규격화된 고유함수이다. 여기서 A와 B는 0이 아닌 실수인 상수이고, $V(0) = 0$이다. 이때 고유에너지 E_0의 값은?

05 임의의 연산자 A, B에 대하여 두 연산자의 교환자는 $[A, B] = i\hbar$이다. $[A, [A, B]] = [B, [A, B]] = 0$ 가 성립한다. $[A, B^3]$의 값을 주어진 조건을 활용하여 구하시오.

14-A07

06 두 연산자 A와 B는 파동함수 $\psi(x)$에 대해 다음 관계식을 만족한다.

$$A\psi(x) = x^2\psi(x), \ B\psi(x) = x\frac{d}{dx}\psi(x)$$

이로부터 두 연산자의 교환자 $[A, B]$를 구하시오.

Chapter 02 무한 퍼텐셜 우물

우리는 앞서 물질이 입자성과 파동성을 가진다고 가정하고 양자역학을 전개하였다.

드브로이 물질파 이론 $p = mv = \dfrac{h}{\lambda}$

$i\hbar \dfrac{\partial \psi}{\partial t} = -\dfrac{\hbar^2}{2m}\dfrac{\partial^2 \psi}{\partial x^2}$ (물질파 파동방정식) ➡ 파동함수: $\psi(x, t) = Ae^{i\left(kx - \frac{E}{\hbar}t\right)}$

파동 에너지 $E = \dfrac{p^2}{2m} + V$

01 1차원 무한 퍼텐셜 우물

에너지 E인 입자가 내부에 퍼텐셜 에너지가 $V(x) = 0$인 무한 퍼텐셜 우물에 갇혀 있다. 잠시 고전적으로 바라본다면 파동이 갇혀 있다면 벽에서 고정단반사를 하여 내부에서 정상파를 형성하게 된다. 그럼 과연 고전적인 파동 해석과 입자를 파동으로도 보는 양자역학적 해석이 일치하는지 궁금할 것이다. 가장 간단한 예가 1차원 무한 퍼텐셜 우물이다.

1. 고전적 파동 해석

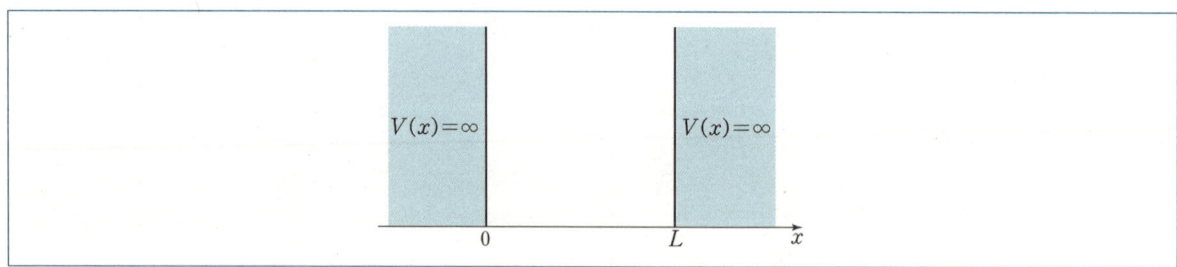

정상파는 입사파와 반사파의 합성이므로 진행파가 아니다. 즉, 제자리에서 정지한 상태로 진동하는 것처럼 보인다.

$x=0$, L에서 고정단반사를 하므로 매어진 줄과 같은 상태로 보면 경계 조건 $y(0)=y(L)=0$ 이다.

정상파 파동함수 ➡ $y(x)=A\sin kx$

$\sin kL=0$ ➡ $kL=n\pi$ ➡ $\dfrac{2\pi}{\lambda}L=n\pi$ ➡ 정상파 조건 $L=\dfrac{n}{2}\lambda$

정상파 파동함수 ➡ $y(x)=A\sin\dfrac{n\pi}{L}x$

정상파 조건에서 $\lambda=\dfrac{2L}{n}$이므로 고전적인 정상파 이론에 물질파 이론을 접목시키면 $p=mv=\dfrac{h}{\lambda}=\dfrac{nh}{2L}$ 이다. 따라서 가능한 파동 에너지는 $E=\dfrac{p^2}{2m}=\dfrac{n^2h^2}{8mL^2}$ 이다. $\hbar=\dfrac{h}{2\pi}$를 대입하면 $E_n=\dfrac{n^2\pi^2\hbar^2}{2mL^2}$의 형태가 나온다.

고전적인 파동의 개념에 물질파 이론을 접목 시켰더니 에너지가 불연속적인 형태가 유도되었다. 하지만 고전적인 해석의 확장은 고유함수와 고유에너지, 기댓값 등의 개념이 없다. 그럼 실제로 슈뢰딩거 방정식을 통해서 양자역학적으로 바라보자. 그리고 일치하는 부분이 맞는지 알아보자.

2. 양자역학적 해석(시간 독립 파동함수)

$-\dfrac{\hbar^2}{2m}\dfrac{\partial^2\psi(x)}{\partial x^2}+\hat{V}\psi(x)=E\psi(x)$ ➡ 슈뢰딩거 파동방정식

내부에서 퍼텐셜이 0이므로

$-\dfrac{\hbar^2}{2m}\dfrac{\partial^2\psi(x)}{\partial x^2}=E\psi(x)$ ➡ $\dfrac{\partial^2\psi(x)}{\partial x^2}+\dfrac{2mE}{\hbar^2}\psi(x)=0$

입자의 에너지는 운동 에너지밖에 없으므로 $E>0$ 이다.

$\dfrac{\partial^2\psi(x)}{\partial x^2}+\dfrac{2mE}{\hbar^2}\psi(x)=0\left(k^2=\dfrac{2mE}{\hbar^2}\right)$

$\dfrac{\partial^2\psi(x)}{\partial x^2}+k^2\psi(x)=0$

만족하는 파동함수는 $\psi(x)=A\sin kx+B\cos kx$ 형태이다.

그러면 경계 조건에 의해서 무한 퍼텐셜 안에 갇혀 있으므로 $x\leq 0$, $x\geq L$에서 존재 확률이 0이어야 한다.

$$\psi(0)=\psi(L)=0$$

따라서 $B=0$ 이고, $kL=n\pi$를 만족하므로 고유함수 $\psi_n(x)=A\sin\dfrac{n\pi}{L}x$ 이다. 고전적인 정상파 이론과 정확히 일치한다. 여기서 의미하는 바는 입자성과 파동성이 실제로 공존한다는 양자역학적 가설이 일리가 있다는 말이다.

좀 더 나아가서

$$k^2 = \frac{2mE}{\hbar^2} = \left(\frac{n\pi}{L}\right)^2$$

$$\therefore E_n = \frac{n^2\pi^2\hbar^2}{2mL^2}$$

그런데 고유함수는 규격화를 만족해야 하므로

$$1 = \int_0^L |\psi_n(x)|^2 dx = |A|^2 \int_0^L \left(\sin^2 \frac{n\pi}{L} x\right) dx = |A|^2 \int_0^L \frac{1 - \cos\frac{2n\pi}{L}}{2} dx = |A|^2 \frac{L}{2}$$

$$\therefore A = \sqrt{\frac{2}{L}}$$

규격화된 고유함수 : $\psi_n(x) = \sqrt{\frac{2}{L}} \sin \frac{n\pi}{L} x$

정리하면 전체 파동함수 $\Psi(x)$는 $\psi_n(x)$의 중첩으로 표현 가능하다.

$$\Psi(x) = \sum_n c_n \psi_n(x) = \sum_n c_n \left(\sqrt{\frac{2}{L}} \sin \frac{n\pi}{L} x\right)$$

입자의 에너지 기댓값 : $\langle E \rangle = \langle \Psi | H | \Psi \rangle = \int \Psi^* \left(-\frac{\hbar^2}{2m} \frac{d^2}{dx^2} \Psi\right) dx = \sum |c_n|^2 E_n$ ($V=0$)

양자역학의 기댓값은 확률적 평균값의 의미를 갖는다. 입자의 전체 에너지 즉, 기댓값은 개별적인 고유에너지 $E_n = \frac{n^2\pi^2\hbar^2}{2mL^2}$ 의 조합으로 표현 가능하다.

정말 혼동하면 안 되는 것이 전체 에너지와 고유에너지는 별개의 말이다. 무한 퍼텐셜 우물에 갇혀 있는 입자의 전체 에너지(운동 에너지) E는 측정 기댓값이다. 즉, 에너지가 총자산이라고 치면 100만 원의 기댓값이란 양자화 된 개별적인 고유에너지(화폐단위) 10원, 50원, 100원, 1,000원, 만 원, 오만 원 등의 조합으로 표현이 가능하다는 말이다. 단, 에너지의 가능한 고유값 개수가 무한개이므로 개별적인 에너지 고유값의 확률을 곱한 값이 기댓값이 된다.

고유에너지 $E_n = \frac{n^2\pi^2\hbar^2}{2mL^2}$ 는 n에 대하여 증가하게 된다.

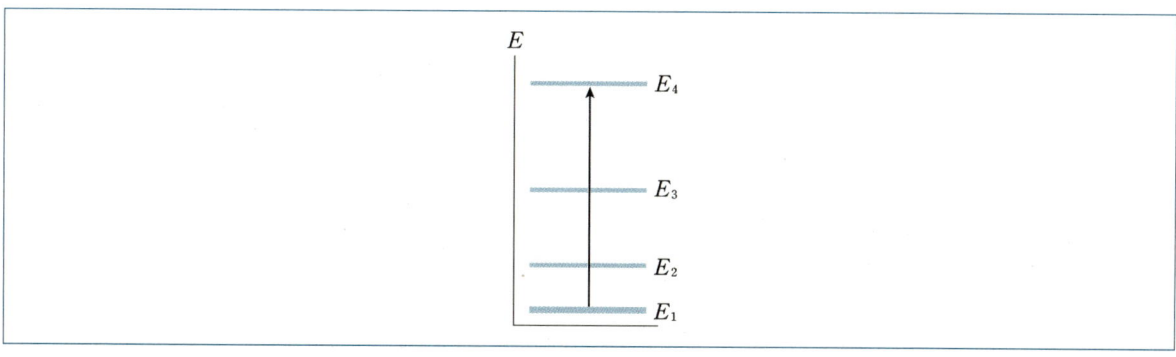

$E_1 = \dfrac{\pi^2 L^2}{2mL^2}$ 일 때가 가장 작은 고유에너지이다. 입자의 전체 에너지는 고유에너지들의 조합이므로 가장 낮은 에너지는 입자의 고유에너지 조합이 오직 $E_1 = \dfrac{\pi^2 L^2}{2mL^2}$ 으로만 이뤄지면 된다.

$\langle E \rangle = \langle \Psi | H | \Psi \rangle = \sum |c_n|^2 E_n = |c_1|^2 E_1 \, (\sum |c_n|^2 = |c_1|^2 = 1$ 이므로$)$

입자가 가질 수 있는 가장 낮은 에너지(바닥상태 에너지)는 $n=1$일 때 고유에너지 $E_1 = \dfrac{\pi^2 L^2}{2mL^2}$ 과 같다.

$\therefore \langle E_{바닥} \rangle = E_1$

입자 1개의 바닥상태 전체 파동함수 $\Psi(x) = \sum_n c_n \psi_n(x) = \sqrt{\dfrac{2}{L}} \sin \dfrac{\pi}{L} x$ 는 고유함수와 동일하다. (오직 $n=1$인 상태만 존재)

3. 무한 퍼텐셜 우물의 위치, 운동량 및 에너지 해석

(1) 위치의 확률 및 기댓값

$\Psi(x) = \sum_n c_n \psi_n(x) = \sum_n c_n \left(\sqrt{\dfrac{2}{L}} \sin \dfrac{n\pi}{L} x \right)$ 이고, 고유함수의 절댓값의 제곱이 각 고유함수별 공간의 확률이다.

① 바닥상태인 경우

$(n=1) \; \Psi_{바닥}(x) = \psi_1(x) = \sqrt{\dfrac{2}{L}} \sin \dfrac{\pi}{L} x$

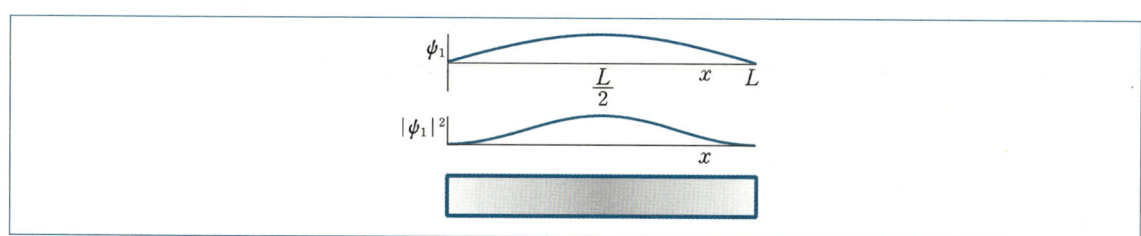

파동함수의 형태가 $n=1$일 때 정상파 형태와 동일하다. $|\psi_1(x)|^2 = \left(\sqrt{\dfrac{2}{L}}\sin\dfrac{\pi}{L}x\right)^2$이 입자의 존재 확률을 의미한다. 따라서 그림과 같이 바닥상태에서 존재 확률이 가장 높은 위치는 $\dfrac{L}{2}$인 지점이다.

② 첫 번째 들뜬상태의 경우

$(n=2)\ \Psi_{들뜬}(x) = \psi_2(x) = \sqrt{\dfrac{2}{L}}\sin\dfrac{2\pi}{L}x$

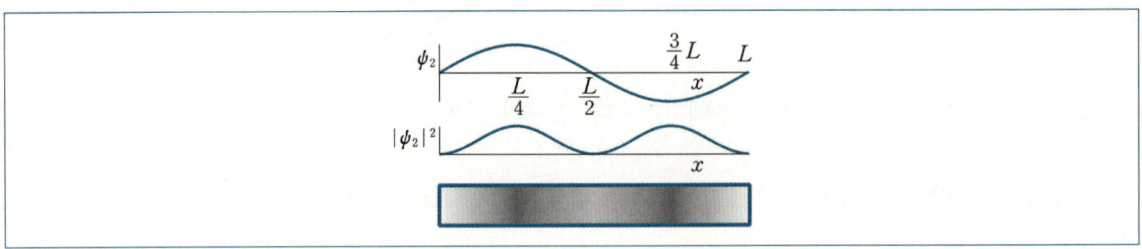

파동함수의 형태가 $n=2$일 때 정상파 형태와 동일하다. $|\psi_2(x)|^2 = \left(\sqrt{\dfrac{2}{L}}\sin\dfrac{2\pi}{L}x\right)^2$이 입자의 존재 확률을 의미한다. 따라서 그림과 같이 첫 번째 들뜬상태에서 존재 확률이 가장 높은 위치는 $\dfrac{L}{4}$, $\dfrac{3}{4}L$인 지점이다.

③ 전체 파동함수인 경우

$P(x) = |\Psi(x)|^2$

④ 기댓값

$\langle x \rangle = \langle \Psi|x|\Psi\rangle$이므로 전체 파동함수 $\Psi(x)$가 주어지면

$\langle x \rangle = \langle \Psi|x|\Psi\rangle = \displaystyle\int_0^L \Psi^*(x\Psi)dx = \int_0^L x|\Psi|^2 dx$ 로 구하면 된다.

(2) 운동량의 기댓값

정상파 이론과 양자역학이 어느 정도 일맥상통한 면이 있고 입자는 갇혀 있으므로 정상파에서 진행 방향은 0이다. 즉, 운동량의 기댓값은 0을 만족한다. 이를 파동함수를 통해 증명하여도 같은 결과를 나타낸다. $\hat{p} = \dfrac{\hbar}{i}\dfrac{\partial}{\partial x}$를 이용하면 다음과 같다.

① 운동량의 기댓값

$$\langle p \rangle = \langle \Psi | p | \Psi \rangle$$
$$= \sum_{n=1}^{\infty} |c_n|^2 \left(\frac{2}{L} \int_0^L \left(\frac{\hbar}{i} \frac{n\pi}{L} \right) \sin \frac{n\pi}{L} x \cos \frac{n\pi}{L} x \, dx \right)$$
$$= \sum_{n=1}^{\infty} |c_n|^2 \left(\frac{1}{L} \left(\frac{\hbar}{i} \frac{n\pi}{L} \right) \int_0^L \sin \frac{2n\pi}{L} x \, dx \right)$$
$$= 0$$

② 운동량 제곱의 기댓값

그렇다면 운동량의 제곱의 기댓값은 당연히 0이 아니게 된다.

㉠ 개별 고유함수일 때

$\langle \psi_n | p^2 | \psi_n \rangle$은 조금 쉽게 구할 수 있다. 해밀토니안의 성질을 이용하면

$$\langle \psi_n | H | \psi_n \rangle = \left\langle \psi_n \left| \frac{p^2}{2m} \right| \psi_n \right\rangle = E_n \ \Rightarrow \ \langle \psi_n | p^2 | \psi_n \rangle = 2mE_n = \frac{n^2 \pi^2 \hbar^2}{L^2}$$

$$\therefore \ \langle \psi_n | p^2 | \psi_n \rangle = \frac{n^2 \pi^2 \hbar^2}{L^2}$$

㉡ 전체 파동함수일 때

$$\langle p^2 \rangle = \langle \Psi | 2mH | \Psi \rangle = \int_0^L \Psi^* \left(-\hbar^2 \frac{d^2}{dx^2} \Psi \right) dx = \sum_{n=1}^{\infty} |c_n|^2 2mE_n \ (V=0)$$

무한 퍼텐셜인 경우 에너지 기댓값과 구하는 방식이 거의 동일하다.

(3) **에너지 해석**

전체 파동함수는 아래와 같다.

$$\Psi(x) = \sum_n c_n \psi_n(x) = \sum_n c_n \left(\sqrt{\frac{2}{L}} \sin \frac{n\pi}{L} x \right)$$

> 입자의 에너지 기댓값 : $\langle E \rangle = \langle \Psi | H | \Psi \rangle = \int \Psi^* \left(-\frac{\hbar^2}{2m} \frac{d^2}{dx^2} \Psi \right) dx = \sum |c_n|^2 E_n \ (V=0)$

우리는 전체 파동함수가 주어질 경우 기댓값 $\langle E \rangle$과 특정 고유에너지의 확률 $|c_n|^2$을 구할 수 있다. 기댓값은 적분 형식으로 구할 수도 있고($\langle E \rangle = \langle \Psi | H | \Psi \rangle = \int \Psi^* \left(-\frac{\hbar^2}{2m} \frac{d^2}{dx^2} \Psi \right) dx$), 수열 형식으로 구할 수도 있다 ($\langle E \rangle = \langle \Psi | H | \Psi \rangle = \sum |c_n|^2 E_n$). 이 두 가지 방식은 첫 번째 방식이 일반적이나 두 번째는 전체 파동함수가 유한한 조합의 개별 고유함수들로 이뤄질 경우 매우 빠르게 구할 수 있다는 장점이 있다.

① 전체 파동함수가 유한한 고유함수의 집합일 때

예를 들어 바닥상태와 첫 번째 들뜬상태의 단 2개의 조합으로 전체 파동함수가 표현된다고 하자.
$\Psi(x) = c_1\psi_1 + c_2\psi_2$

그러면 $\langle E \rangle = \langle \Psi|H|\Psi \rangle = \sum |c_n|^2 E_n$를 이용해서 $\langle E \rangle = \sum |c_n|^2 E_n = |c_1|^2 E_1 + |c_2|^2 E_2$로 구할 수 있다. 그리고 각 $|c_1|^2$, $|c_2|^2$가 계의 에너지 E_1, E_2를 각각 측정할 확률이다.

② 전체 파동함수가 무한한 고유함수의 집합일 때

$\langle E \rangle = \langle \Psi|H|\Psi \rangle = \int \Psi^*\left(-\frac{\hbar^2}{2m}\frac{d^2}{dx^2}\Psi\right)dx$으로 해결해야 한다.

$\Psi(x) = \sum_n c_n \psi_n(x) = \sum_n c_n \left(\sqrt{\frac{2}{L}} \sin\frac{n\pi}{L}x\right)$이므로 특정 E_n의 에너지의 비율(확률)은 $|c_n|^2$이다. 즉,

$|c_n|^2 = |\langle \psi_n|\Psi \rangle|^2 = \left|\int_0^L \psi_n^*(x)\Psi(x)\,dx\right|^2$으로 계산 가능하다.

예제 폭이 $2L$인 1차원 무한 퍼텐셜에서 질량이 m인 물체의 규격화된 파동함수는 다음과 같다.
$$\Psi(x) = \sqrt{\frac{15}{16L}}\left(1 - \frac{x^2}{L^2}\right), \ -L \leq x \leq L$$

이때 에너지 기댓값 $\langle E \rangle$와 바닥상태의 에너지를 발견할 확률을 구하시오.

풀이

딱 봐도 삼각함수의 유한한 조합으로는 불가능한 파동함수의 형태이다.

$\langle E \rangle = \langle \Psi|H|\Psi \rangle = \int_{-L}^{L} \Psi^*\left(-\frac{\hbar^2}{2m}\frac{d^2}{dx^2}\Psi\right)dx$

$= 2\int_0^L \frac{15}{16L}\left(1 - \frac{x^2}{L^2}\right)\left(-\frac{\hbar^2}{2m}\right)\left(-\frac{2}{L^2}\right)dx = \left(\frac{15}{8L}\right)\left(\frac{\hbar^2}{mL^2}\right)\int_0^L \left(1 - \frac{x^2}{L^2}\right)dx$

$= \frac{5\hbar^2}{4mL^2}$

바닥상태의 에너지를 발견할 확률은 $|c_1|^2$이므로

$|c_1|^2 = |\langle \psi_1|\Psi \rangle|^2 = \left|\int_{-L}^{L} \psi_1^*(x)\Psi(x)\,dx\right|^2$

$= \left|\int_{-L}^{L}\left(\sqrt{\frac{1}{L}}\cos\frac{\pi x}{2L}\right)\left(\sqrt{\frac{15}{16L}}\left(1 - \frac{x^2}{L^2}\right)\right)dx\right|^2$

$= \left|\frac{\sqrt{15}}{2L}\int_0^L \left(\cos\frac{\pi x}{2L}\right)\left(1 - \frac{x^2}{L^2}\right)dx\right|^2$

$= \frac{960}{\pi^6}$

4. 무한 퍼텐셜 함수의 평행이동

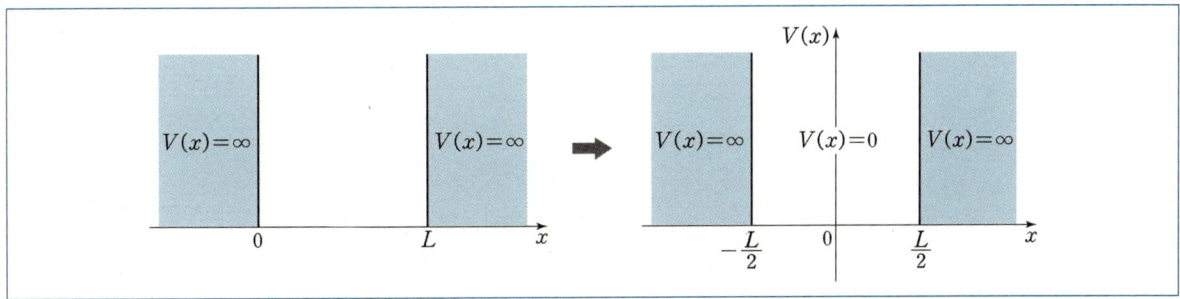

$$\phi_n(x) = \sqrt{\frac{2}{L}} \sin\left[\frac{n\pi}{L}x + \frac{n\pi}{2}\right] \text{ or } \sqrt{\frac{2}{L}} \begin{cases} \cos\dfrac{n\pi x}{L} \; ; n= \text{홀수} \\ \sin\dfrac{n\pi x}{L} \; ; n= \text{짝수} \end{cases}$$

바닥상태인 경우($n=1$)

$$\Psi_{\text{바닥}}(x) = \psi_1(x) = \sqrt{\frac{2}{L}} \sin\frac{\pi}{L}x \;\; \text{평행이동} \Rightarrow \Psi_{\text{바닥}}(x) = \psi_1(x) = \sqrt{\frac{2}{L}} \cos\frac{\pi}{L}x$$

첫 번째 들뜬상태의 경우($n=2$)

$$\Psi_{\text{들뜬}}(x) = \psi_2(x) = \sqrt{\frac{2}{L}} \sin\frac{2\pi}{L}x \;\; \text{평행이동} \Rightarrow \Psi_{\text{들뜬}}(x) = \psi_2(x) = \sqrt{\frac{2}{L}} \sin\frac{2\pi}{L}x$$

x축 평행이동 한다면 고유함수의 형태만 바뀌게 된다. 그리고 입자의 에너지 기댓값 및 고유에너지는 동일하게 된다.

$$\text{입자의 에너지 기댓값}: \langle E \rangle = \sum |c_n|^2 E_n$$

$$\text{고유에너지}: E_n = \frac{n^2\pi^2\hbar^2}{2mL^2}$$

그래서 우측의 퍼텐셜 우물이 나오고 고유에너지 등을 물어보면 평행이동 관계인 좌측 퍼텐셜 우물로 풀어도 결과는 동일하다. 해보면 좌측이 경계 조건이 단순해서 편리하다. 단, 주의해야 할 것은 파동함수 및 고유함수의 형태가 바뀐다는 사실이다.

잠시 정리하면 고전적인 정상파 이론은 '정상파 파동함수', 양자역학 파동함수 이론은 '고유함수'로 상호 일치하는 면이 존재한다. ➡ 물질의 파동성이 고전적인 파동 결과와 일치

양자역학의 파동함수 이론은 고유함수, 고유에너지, 기댓값, 전체 파동함수 등 좀 더 확장적인 의미를 가지고 있다.

02 2차원 무한 퍼텐셜 우물

$$V(x, y) = \begin{cases} 0 & (0 \leq x \leq a,\ 0 \leq y \leq b) \\ \infty & (\text{그 외 영역}) \end{cases}$$

1. 변수 분리

파동함수는 $\psi(x, y) = Ae^{i(\vec{k} \cdot \vec{r})}$, $\vec{k}(x, y) = (k_x, k_y)$, $\vec{r} = (x, y)$

$\psi(x, y) = Ae^{i(\vec{k} \cdot \vec{r})} = Ae^{i(k_x x + k_y y)} = Ae^{ik_x x}e^{ik_y y}$

따라서 전체 파동함수가 변수 분리를 시킬 수 있다.

$\Psi(x, y) = \psi_x(x) \times \psi_y(y)$, $\psi_x(x) = f(x)$, $\psi_y(y) = g(y)$라 하면

$$-\frac{\hbar^2}{2m}\nabla^2 \Psi = E\Psi \quad (0 \leq x \leq a,\ 0 \leq y \leq b)$$

$$-\frac{\hbar^2}{2m}\left(g\frac{\partial^2 f}{\partial x^2} + f\frac{\partial^2 g}{\partial y^2}\right) = Efg \;\Rightarrow\; \frac{1}{f}\frac{\partial^2 f}{\partial x^2} + \frac{1}{g}\frac{\partial^2 g}{\partial y^2} = -\frac{2mE}{\hbar^2}$$

여기서 $\dfrac{1}{f}\dfrac{\partial^2 f}{\partial x^2} = -k_x^2$, $\dfrac{1}{g}\dfrac{\partial^2 g}{\partial y^2} = -k_y^2$

일반식 $f(x) = A_x \sin k_x x$, $g(y) = A_y \sin k_y y$ ($\because$ 경계 조건 $k_x a = n_x \pi$, $k_y b = n_y \pi$)

$$\psi_{n_x, n_y}(x, y) = \sqrt{\frac{2}{a}}\sqrt{\frac{2}{b}}\sin k_x x \sin k_y y = \sqrt{\frac{2}{a}}\sqrt{\frac{2}{b}}\left(\sin\frac{n_x \pi}{a}x\right)\left(\sin\frac{n_y \pi}{b}y\right)$$

$$k_x^2 + k_y^2 = \frac{2mE_x}{\hbar^2} + \frac{2mE_y}{\hbar^2} = \frac{n_x^2 \pi^2}{a^2} + \frac{n_y^2 \pi^2}{b^2} = \frac{2m}{\hbar^2}E \quad (\because E = E_x + E_y)$$

고유에너지: $E(n_x, n_y) = \dfrac{\hbar^2 \pi^2}{2m}\left(\dfrac{n_x^2}{a^2} + \dfrac{n_y^2}{b^2}\right)$

고유함수: $\psi_{n_x, n_y}(x, y) = \left(\sqrt{\dfrac{2}{a}}\sin\dfrac{n_x \pi}{a}x\right)\left(\sqrt{\dfrac{2}{b}}\sin\dfrac{n_y \pi}{b}y\right)$

전체 파동함수 $\Psi(x, y) = \displaystyle\sum_{n_x, n_y} c_{n_x, n_y}\psi_{n_x, n_y}(x, y) = \left(\sum_{n_x} c_{n_x}\psi_x(x)\right)\left(\sum_{n_y} c_{n_y}\psi_y(y)\right)$

$$= \left(\sum_{n_x} c_{n_x}\sqrt{\frac{2}{a}}\sin\frac{n_x \pi}{a}x\right)\left(\sum_{n_y} c_{n_y}\sqrt{\frac{2}{b}}\sin\frac{n_y \pi}{b}y\right)$$

바닥상태 에너지 E_0는 $n_x = n_y = 1$일 때 이므로 $E_{바닥} = \dfrac{\hbar^2\pi^2}{2m}\left(\dfrac{1}{a^2} + \dfrac{1}{b^2}\right)$이고,

H는 미분 연산자이므로 $H(\psi_x\psi_y) = E_{n_x}\psi_x\psi_y + E_{n_y}\psi_x\psi_y$ 형태로 된다.

$\langle E \rangle = \langle \Psi | H \Psi \rangle = \langle \psi_x(x)\psi_y(y) | H | \psi_x(x)\psi_y(y) \rangle$

$H\Psi(x,y) = \left(\sum_{n_x} c_{n_x} E_{n_x} \psi_x(x)\right)\left(\sum_{n_y} c_{n_y} \psi_y(y)\right) + \left(\sum_{n_x} c_{n_x}\psi_x(x)\right)\left(\sum_{n_y} c_{n_y} E_{n_y} \psi_y(y)\right)$

$\langle H \rangle = \left(\sum_{n_x} |c_{n_x}|^2 E_{n_x}\right) + \left(\sum_{n_y} |c_{n_y}|^2 E_{n_y}\right)$

2. 에너지 축퇴 개념

고유에너지 ➡ $E(n_x, n_y) = \dfrac{\hbar^2\pi^2}{2m}\left(\dfrac{n_x^2}{a^2} + \dfrac{n_y^2}{b^2}\right)$

◎ $a = b$라면 특정 상태 고유에너지가 축퇴되어 있다. 고유함수는 다르지만 고유에너지가 동일한 상태를 축퇴라 한다.

고유함수 $\psi_{n_x, n_y}(x, y) = \left(\sqrt{\dfrac{2}{a}} \sin\dfrac{n_x\pi}{a}x\right)\left(\sqrt{\dfrac{2}{a}} \sin\dfrac{n_y\pi}{a}y\right)$, $E(n_x, n_y) = \dfrac{\hbar^2\pi^2}{2ma^2}(n_x^2 + n_y^2)$

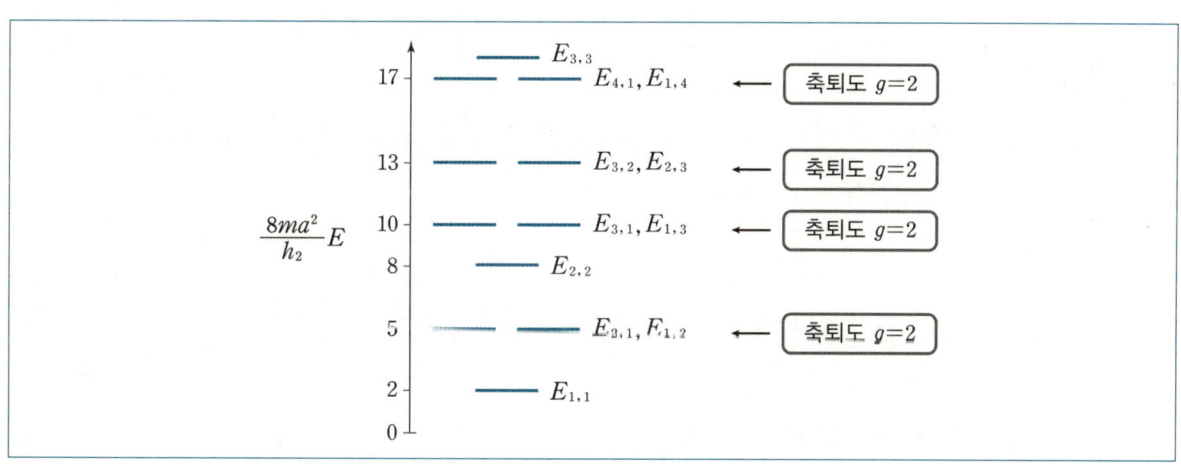

03 3차원 무한 퍼텐셜 우물

$$V(x,\ y,\ z) = \begin{cases} 0 & (0 \leq x \leq L_x,\ 0 \leq y \leq L_y,\ 0 \leq z \leq L_z) \\ \infty & (\text{그 외 영역}) \end{cases}$$

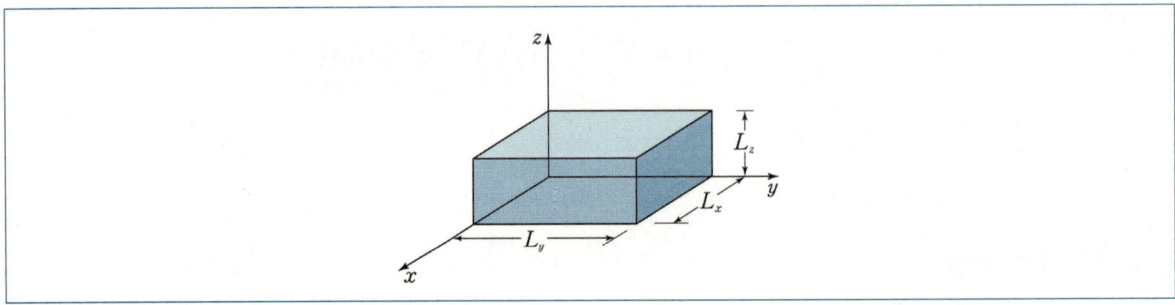

2차원의 논리를 그대로 적용하면 허용 가능한 에너지를 $E = E_x + E_y + E_z$ 라 하자. 전체 파동함수는 각각의 변수 분리에 의해서 $\psi(x,\ y,\ z) = \phi_x(x)\phi_y(y)\phi_z(z)$ 로 쓸 수 있다. 슈뢰딩거 방정식을 이용하여 변수 분리에 의한 각 좌표축의 파동함수를 구하면

$$-\frac{\hbar^2}{2m}\nabla^2\Psi = E\Psi \;\Rightarrow\; -\frac{\hbar^2}{2m}\left(\phi_y\phi_z\frac{\partial^2\phi_x}{\partial x^2} + \phi_x\phi_z\frac{\partial^2\phi_y}{\partial y^2} + \phi_x\phi_y\frac{\partial^2\phi_z}{\partial z^2}\right) = (E_x + E_y + E_z)\phi_x\phi_y\phi_z$$

$$\frac{1}{\phi_x}\frac{\partial^2\phi_x}{\partial x^2} + \frac{1}{\phi_y}\frac{\partial^2\phi_y}{\partial y^2} + \frac{1}{\phi_z}\frac{\partial^2\phi_z}{\partial z^2} = -\frac{2m}{\hbar^2}(E_x + E_y + E_z)$$

고유함수: $\psi_{n_x,n_y,n_z}(x,\ y,\ z) = \left(\sqrt{\frac{2}{L_x}}\sin\frac{n_x\pi}{L_x}x\right)\left(\sqrt{\frac{2}{L_y}}\sin\frac{n_y\pi}{L_y}y\right)\left(\sqrt{\frac{2}{L_z}}\sin\frac{n_z\pi}{L_z}z\right)$

고유에너지: $E_{n_x,n_y,n_z} = \frac{\hbar^2\pi^2}{2m}\left(\frac{n_x^2}{L_x^2} + \frac{n_y^2}{L_y^2} + \frac{n_z^2}{L_z^2}\right)$

여기서 $\frac{1}{\phi_x}\frac{\partial^2\phi_x}{\partial x^2} = -k_x^2 = -\frac{2mE_x}{\hbar^2}$, $\frac{1}{\phi_y}\frac{\partial^2\phi_y}{\partial y^2} = -k_y^2 = -\frac{2mE_y}{\hbar^2}$, $\frac{1}{\phi_z}\frac{\partial^2\phi_z}{\partial z^2} = -k_z^2 = -\frac{2mE_z}{\hbar^2}$

만약 $L_x = L_y = L_z$ 일 때, 고유에너지는 $E_{n_x,\ n_y,\ n_z} = \frac{\hbar^2\pi^2}{2mL^2}(n_x^2 + n_y^2 + n_z^2)$ 이다.

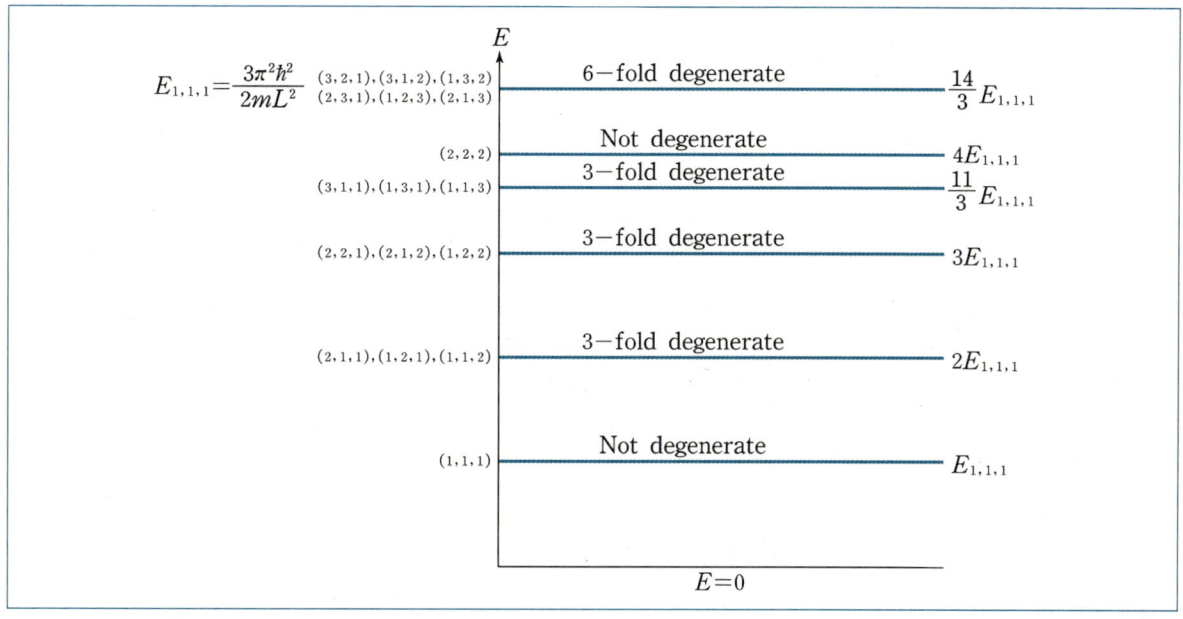

04 3차원 무한 퍼텐셜 박스에 갇힌 전자의 바닥상태

$L_x = L_y = L_z$일 때, 고유에너지는 $E_{n_x, n_y, n_z} = \dfrac{\hbar^2 \pi^2}{2mL^2}(n_x^2 + n_y^2 + n_z^2)$이다. 만약 스핀이 $\dfrac{1}{2}$인 전자 15개가 서로 상호작용하지 않고 상자 안에 존재한다고 할 때, 가장 낮은 전체 에너지를 구해보자.

에너지를 가장 낮은 상태부터 채운다고 하자. 파울리 배타 원리에 의해서 한 상태에 들어갈 수 있는 전자는 2개이다. 각 에너지 상태에 들어갈 수 있는 입자 개수를 먼저 파악하면

$E_{111} = \dfrac{\pi^2 \hbar^2}{2mL^2}(3)$ ➡ 2개

$E_{211} = E_{121} = E_{112} = \dfrac{\pi^2 \hbar^2}{2mL^2}(6)$ ➡ 6개

$E_{221} = E_{212} = E_{122} = \dfrac{\pi^2 \hbar^2}{2mL^2}(9)$ ➡ 6개

$E_{311} = E_{131} = E_{113} = \dfrac{\pi^2 \hbar^2}{2mL^2}(11)$ ➡ 6개

따라서 E_{111}, E_{211}, E_{221}의 상태에 14마리를 채우고 E_{311}상태에 1마리를 채우면 된다.

$E = \dfrac{\hbar^2 \pi^2}{2mL^2}(3 \times 2 + 6 \times 6 + 9 \times 6 + 11 \times 1) = \dfrac{107 \hbar^2 \pi^2}{2mL^2}$

05 무한 퍼텐셜의 팽창

질량 m인 입자가 다음과 같은 1차원 퍼텐셜 $V(x)$ 안에 놓여 있다.

$$V(x) = \begin{cases} 0 & (0 \leq x \leq L) \\ \infty & (x < 0, x > L) \end{cases}$$

해밀토니안의 고유함수는 $\phi_n(x) = \sqrt{\dfrac{2}{L}} \sin \dfrac{n\pi}{L} x$, 에너지는 $E_n = \dfrac{\pi^2 \hbar^2}{2mL^2} n^2 \, (n=1, 2, 3, \cdots)$이고, $n=1, 2, 3, \cdots$이다. 입자는 초기 바닥상태에 있다. 이때 두 가지 상황으로 퍼텐셜을 변화시키려 한다.

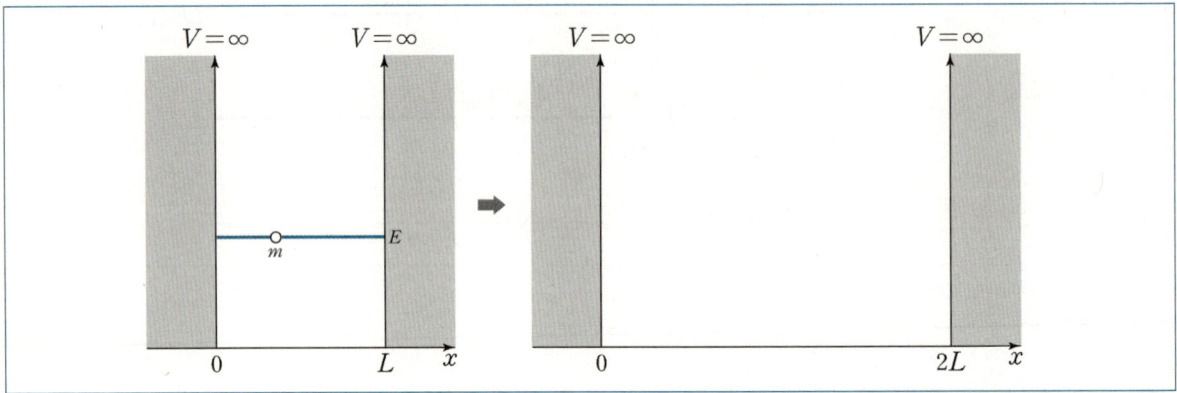

➡ $x = L \rightarrow x = 2L$; 에너지 변화 없이 점진적으로 팽창
➡ $x = L \rightarrow x = 2L$; 순간적으로 팽창

1. 점진 팽창

열통계적으로 보면 점진 팽창은 단열 팽창과 동일하다. 고전 통계는 측정하든 안 하든 에너지는 결정되어 있지만 양자역학은 불확정성 원리에 따라 측정 전에는 확률로써만 파악이 가능하다는 점이다. 점진 팽창은 단열 팽창과 동일하므로 $\varDelta Q = \varDelta S = 0$이 된다. 양자적으로 보면 계속 이전의 값을 측정하면서 팽창시키는 것과 동일하다. 따라서 초기 측정한 에너지 고유값이 변하지 않고 특정 상태에 머물러 있다. 초기 바닥상태라면 $E = \dfrac{\pi^2 \hbar^2}{2mL^2}$이고, 팽창 후 에너지 고유값은 $E_n' = \dfrac{n^2 \pi^2 \hbar^2}{2m(2L)^2}$이다. $E = E_n'$이므로 점진 팽창 후에는 $n = 2$인 첫 번째 들뜬상태에 머물러 있다.

2. 순간적으로 팽창(급팽창)

열통계적으로 자유(진공) 팽창과 동일하다. 자유 팽창은 에너지 변화량이 $\Delta Q = 0$이지만 엔트로피 변화량은 $\Delta S > 0$이 된다. 양자적으로는 $\Delta Q = 0$이라는 것은 에너지 기댓값이 불변한다는 것이다. 그리고 $\Delta S > 0$이라는 것은 상태수가 확장된다는 것을 의미한다. 즉, 초기 바닥상태 고유함수인 한 개의 상태에서 팽창 후에는 변화된 에너지 고유값 $E_n' = \dfrac{n^2\pi^2\hbar^2}{2m(2L)^2}$과 변화된 고유함수 $\phi_n'(x) = \sqrt{\dfrac{1}{L}}\sin\dfrac{n\pi}{2L}x$를 가진 시스템으로 바뀌게 된다. 에너지 변화가 없으므로 이전의 초기 바닥상태 고유함수가 팽창 후의 파동함수가 된다. 급팽창한 이후에 입자가 바닥상태에 존재할 확률을 구해보자.

$$\phi_1(x) = \sqrt{\dfrac{2}{L}}\sin\dfrac{\pi}{L}x = \sum c_n \phi_n'(x)$$

$$c_1 = \langle \phi_1 | \phi_1' \rangle$$

$$= \dfrac{\sqrt{2}}{L}\int_0^L \left(\sin\dfrac{\pi}{L}x \times \sin\dfrac{\pi}{2L}x\right)dx$$

$$= \dfrac{\sqrt{2}}{2L}\int_0^L \left(\cos\dfrac{\pi}{2L}x - \cos\dfrac{3\pi}{2L}x\right)dx$$

$$= \dfrac{\sqrt{2}}{2L}\left(\dfrac{2L}{\pi} + \dfrac{2L}{3\pi}\right) = \dfrac{4\sqrt{2}}{3\pi}$$

$(\because \sin\alpha\sin\beta = \dfrac{1}{2}[\cos(\alpha-\beta) - \cos(\alpha+\beta)])$

$$P = |c_1|^2 = \dfrac{32}{9\pi^2}$$

급팽창 변화 상태	초기 바닥상태에서 변화 후 바닥상태에 존재할 확률
$x = L \Rightarrow x = 2L$	$P = \dfrac{32}{9\pi^2}$
$x = L \Rightarrow x = 3L$	$P = \dfrac{81}{64\pi^2}$
$x = L \Rightarrow x = 4L$	$P = \dfrac{128}{225\pi^2}$

연습문제

01 다음 그림과 같이 길이 L인 1차원 무한 우물 속에 갇혀 있는 질량 m인 입자가 있다.

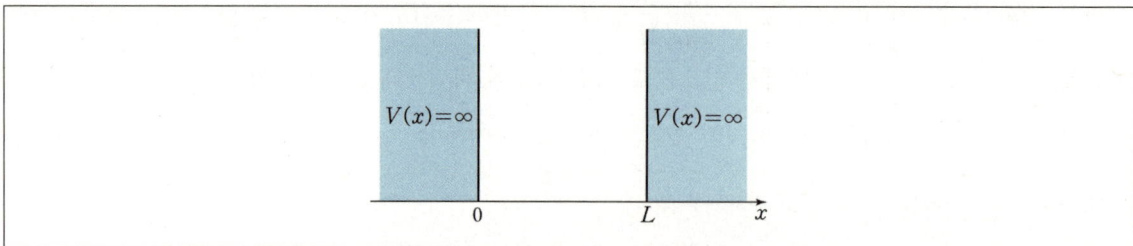

이때 입자의 에너지 준위와 고유함수를 구하시오. 또한 입자가 바닥상태와 첫 번째 들뜬상태일 때 $\frac{L}{4} \leq x \leq \frac{3}{4}L$ 사이에서 입자가 발견될 확률을 각각 구하시오.

02 질량 m인 입자가 다음과 같은 1차원 퍼텐셜 우물 $V(x)$에 속박되어 운동을 한다.

$$V(x) = \begin{cases} 0 & (0 < x < L) \\ \infty & (x < 0,\ x > L) \end{cases}$$

입자의 초기 파동함수는 다음과 같이 표현된다.

$$\psi(x,\ 0) = \sqrt{\frac{8}{5L}} \left(\sin\frac{\pi}{L}x + \frac{1}{2}\sin\frac{2\pi}{L}x \right)$$

$t > 0$일 때, $\psi(x,\ t)$를 구하고 이때, 입자의 에너지 기댓값 $\langle E \rangle$을 구하시오. 또한 $t > 0$일때, $0 \leq x \leq \frac{L}{2}$에서 입자가 발견될 확률을 구하시오. (단, $\sin A \sin B = \frac{1}{2}(\cos(A-B) - \cos(A+B))$이다.)

20-A09

03 질량 m인 입자가 다음과 같은 1차원 퍼텐셜 $V(x)$ 안에 놓여 있다.

$$V(x) = \begin{cases} 0 & (0 \leq x \leq L) \\ \infty & (x < 0,\ x > L) \end{cases}$$

해밀토니안의 고유함수는 $\phi_n(x) = \sqrt{\dfrac{2}{L}} \sin \dfrac{n\pi}{L} x\ (n = 1,\ 2,\ 3,\ \cdots)$이다.

시간 $t = 0$일 때, 입자는 $\Psi(x) = \sqrt{\dfrac{2}{3L}}\left(1 - \cos \dfrac{2\pi}{L} x\right)$로 기술되는 상태에 있다. 이 상태에 대한 에너지의 기댓값을 풀이 과정과 함께 구하시오. 또한 입자가 $n=1$인 고유상태에서 발견될 확률을 풀이 과정과 함께 구하시오.

자료

$$\sin\alpha\cos\beta = \frac{1}{2}[\sin(\alpha+\beta) + \sin(\alpha-\beta)]$$
---

04 질량 m인 입자가 다음과 같은 2차원 직사각형 퍼텐셜 우물에 갇혀 있다.

$$V(x,\ y) = \begin{cases} 0 & (-L \leq x \leq L,\ 0 \leq y \leq L) \\ \infty & (\text{그 외 영역}) \end{cases}$$

입자의 해밀토니안은 $H = \dfrac{p_x^2 + p_y^2}{2m} + V(x,\ y)$이다. 규격화된 고유함수를 쓰고, 바닥상태와 첫 번째 들뜬상태의 에너지값을 구하시오.

15-A08

05 다음 그림은 폭이 L인 1차원 퍼텐셜 상자를 나타낸 것이다. 질량 m인 입자가 이 상자 안에서 운동하고 있다.

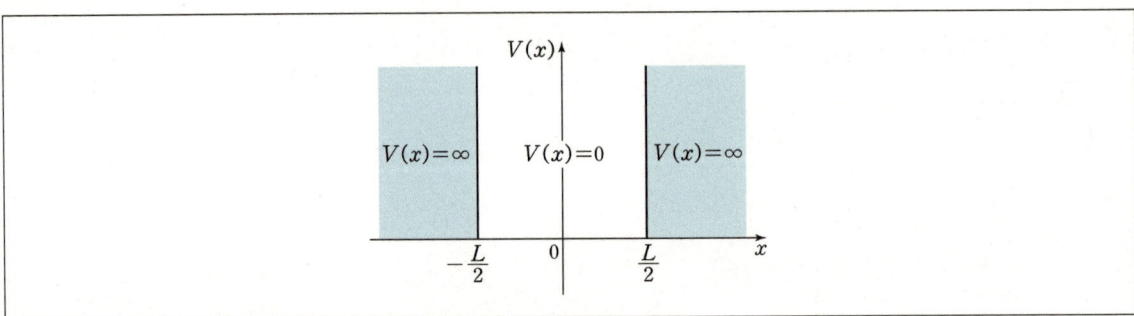

이때 이 입자의 규격화된 바닥상태 파동함수 $\psi(x)$를 쓰고, 이 상태에 대한 운동량의 불확정도 $\Delta p = \sqrt{\langle p^2 \rangle - \langle p \rangle^2}$을 구하시오.

06 질량이 m인 입자가 3차원 무한 퍼텐셜 상자에 속박되어 있다. 무한 퍼텐셜 우물은 아래와 같다.

$$V(x,\ y,\ z) = \begin{cases} 0 & ;\ 0 < x,\ y,\ z < a \\ \infty & ;\ x,\ y,\ z \geq a,\ x,\ y,\ z \leq 0 \end{cases}$$

이때 정상 상태에서 규격화된 고유함수를 구하고, 가능한 에너지 또한 구하시오. 스핀이 $\frac{1}{2}$인 입자 15개가 상자 안에 존재한다고 할 때 계의 에너지의 최솟값을 구하시오.

07 질량 m인 입자가 다음과 같은 1차원 퍼텐셜 우물 $V(x)$에 속박되어 운동을 한다.
$$V(r) = \begin{cases} 0 & (0 \leq x \leq L) \\ \infty & (x < 0,\ x > L) \end{cases}$$

이때의 정상 상태 고유함수는 $\psi_n(x) = \sqrt{\dfrac{2}{L}} \sin\dfrac{n\pi}{L}x$이고, 에너지는 $E_n = \dfrac{\pi^2 \hbar^2}{2mL^2}n^2$이다. 입자가 $t=0$일 때 전체 파동함수는 $\psi(x, t=0) = \begin{cases} Ax(L-x) & ;\ 0 \leq x \leq L \\ 0 & ;\ x < 0,\ x > L \end{cases}$ 이고, 시간 $t > 0$일 때 전체 파동함수는 $\psi(x,\ t) = \sum_m c_n \phi_n(x) e^{-\frac{iE_n}{\hbar}t}$를 만족한다. 이때 규격화 조건을 만족하는 상수 A를 구하고, c_n을 n이 홀수일 때와 짝수일 때를 구분하여 구하시오. 또한 이를 활용하여 만족하는 $\psi(x,\ t)$를 구하고, $t > 0$일 때 에너지 기댓값 $\langle H \rangle$을 구하시오.

| 22-B08 |

08 질량이 m_1과 m_2인 구별 가능한 두 입자가 x축 상에서 각각 x_1과 x_2에 놓여 있으며, 다음과 같은 퍼텐셜 내에서 운동하고 있다.

$$V = \begin{cases} 0, & |x_1 - x_2| \leq L \\ \infty, & |x_1 - x_2| > L \end{cases} \quad (L은 상수)$$

이 경우 두 입자계의 슈뢰딩거 방정식은 질량 중심 좌표와 상대 좌표 방정식으로 분리할 수 있다. 상대 좌표에 대한 방정식을 풀어서 규격화된 바닥상태의 파동함수 $\psi_0(x)$과 규격화된 첫 번째 들뜬상태의 파동함수 $\psi_1(x)$을 각각 구하시오. 계가 첫 번째 들뜬상태에 있을 때 두 입자 간의 평균 거리 $\langle |x| \rangle$를 풀이 과정과 함께 구하시오.

---| 자료 |---

- 질량 중심 좌표(R) 슈뢰딩거 방정식 : $-\dfrac{\hbar^2}{2M}\dfrac{d^2}{dR^2}\Psi(R) = E_R\Psi(R)$, $R = \dfrac{m_1x_1 + m_2x_2}{m_1 + m_2}$, $M = m_1 + m_2$

- 상대 좌표(x) 슈뢰딩거 방정식 : $-\dfrac{\hbar^2}{2\mu}\dfrac{d^2}{dx^2}\psi(x) = E\psi(x)$, $|x| \leq L$, $x = x_1 - x_2$, $\mu = \dfrac{m_1m_2}{m_1 + m_2}$

- $\displaystyle\int_{-\frac{\pi}{2}}^{+\frac{\pi}{2}} \cos^2\theta\, d\theta = \dfrac{\pi}{2}$, $\displaystyle\int_{-\frac{\pi}{2}}^{+\frac{\pi}{2}} \sin^2\theta\, d\theta = \dfrac{\pi}{2}$, $\displaystyle\int_0^\pi \theta\cos^2\theta\, d\theta = \dfrac{\pi^2}{4}$, $\displaystyle\int_0^\pi \theta\sin^2\theta\, d\theta = \dfrac{\pi^2}{4}$

Chapter 03 유한 및 델타함수 퍼텐셜 우물

01 델타함수 퍼텐셜

공간을 구분시킨다.

1. 델타함수의 특징

$$\delta(x) = \begin{cases} \infty & ; x = 0 \\ 0 & ; x \neq 0 \end{cases}, \quad \int_{-\infty}^{\infty} \delta(x)dx = 1$$

2. 일반적인 델타함수 퍼텐셜($V(x) = a\delta(x-x_0)$)에서 파동함수 특징

(1) 정의된 공간 영역에서 연속성을 만족한다.

(2) 델타함수의 특징에 따라 $x = x_0$에서 미분 가능하지 않다.

3. $V(x) = -a\delta(x)$인 경우

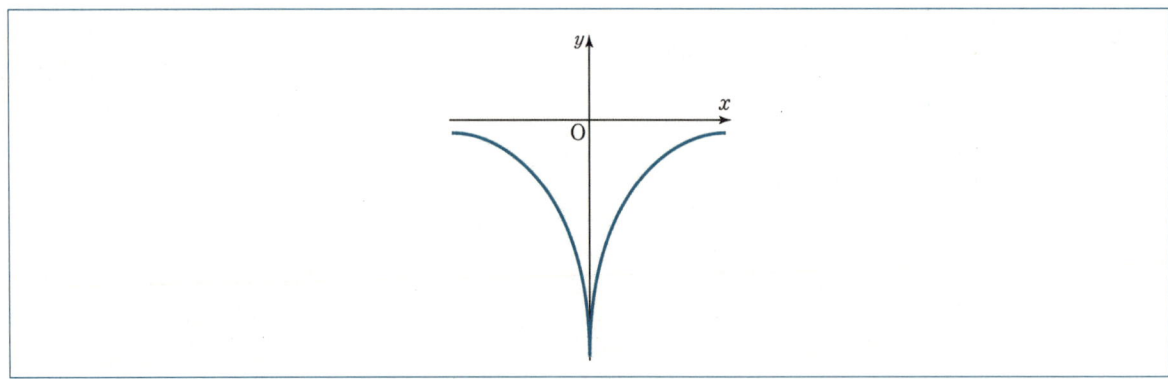

슈뢰딩거 방정식에 $V(x) = -a\delta(x)$를 대입하여 정리하면

$$-\frac{\hbar^2}{2m}\frac{d^2\psi(x)}{dx^2} - a\delta(x)\psi(x) = E\psi(x)$$

양변을 $\displaystyle\lim_{\epsilon \to 0}\int_{x=-\epsilon}^{x=+\epsilon}$에 대하여 적분하면

$$\lim_{\epsilon \to 0}\int_{x=-\epsilon}^{x=+\epsilon} -\frac{\hbar^2}{2m}\frac{d^2\psi}{dx^2}dx + \lim_{\epsilon \to 0}\int_{x=-\epsilon}^{x=+\epsilon} -a\delta(x)\psi(x)dx$$

$$= \lim_{\epsilon \to 0} \int_{x=-\epsilon}^{x=+\epsilon} E\psi(x)dx = 0$$

$$= -\frac{\hbar^2}{2m}\lim_{\epsilon \to 0}\left(\frac{d\psi}{dx}\bigg|_{+\epsilon} - \frac{d\psi}{dx}\bigg|_{-\epsilon}\right) - a\psi(0) = 0$$

$$\therefore \lim_{\epsilon \to 0}\left(\frac{d\psi}{dx}\bigg|_{+\epsilon} - \frac{d\psi}{dx}\bigg|_{-\epsilon}\right) = -\frac{2ma}{\hbar^2}\psi(0) \quad \cdots\cdots \text{①}$$

에너지 조건에 따라 슈뢰딩거 파동방정식의 전개가 달라진다.

(1) $E < 0$인 경우(속박 상태)

$$-\frac{\hbar^2}{2m}\frac{d^2\psi(x)}{dx^2} - a\delta(x)\psi(x) = E\psi(x)$$

$x \neq 0$ 영역에서 $\frac{d^2\psi(x)}{dx^2} + \frac{2mE}{\hbar^2}\psi(x) = 0$, $k^2 = \frac{2m|E|}{\hbar^2}$이라 하면

$$\psi(x) = Ae^{kx} + Be^{-kx}$$

$\lim_{x \to \pm\infty} \psi(x) = 0$이고 파동함수는 $\psi(x)$은 연속이어야 하므로

$$\psi(x) = \begin{cases} Ae^{kx} & ; x < 0 \\ Ae^{-kx} & ; x > 0 \end{cases}$$

경계 조건 ①에 의해서

$$-2Ak = -\frac{2ma}{\hbar^2}A \quad \Rightarrow \quad \therefore k = \frac{ma}{\hbar^2}$$

규격화 조건에 의해서

$$1 = \int_{-\infty}^{\infty} |\psi(x)|^2 = 2|A|^2 \int_0^{\infty} e^{-2kx}dx = \frac{|A|^2}{k}$$

$$\therefore A = \sqrt{k}$$

따라서 파동함수는 $\psi(x) = \sqrt{k}e^{-k|x|}$ ($k = \frac{ma}{\hbar^2} = \frac{\sqrt{2m|E|}}{\hbar}$), $E = -\frac{ma^2}{2\hbar^2}$(결합 에너지)

(2) $E > 0$ 인 경우(비속박 상태)

$x \neq 0$ 영역에서 $\dfrac{d^2\psi(x)}{dx^2} + \dfrac{2mE}{\hbar^2}\psi(x) = 0$

$\psi(x) = A e^{ikx} + B e^{-ikx}$

$\displaystyle\lim_{x \to \pm\infty} \psi(x) = 0$이고 파동함수는 $\psi(x)$은 연속이어야 한다. 그런데 이 상태는 자유 공간에서 에너지 $E > 0$ 인 상태의 파동이 진행되는 것과 동일하다. 진행 방향이 우측이면 $\psi(x) = A e^{ikx}$, 좌측이면 $\psi(x) = A e^{-ikx}$ 이다.

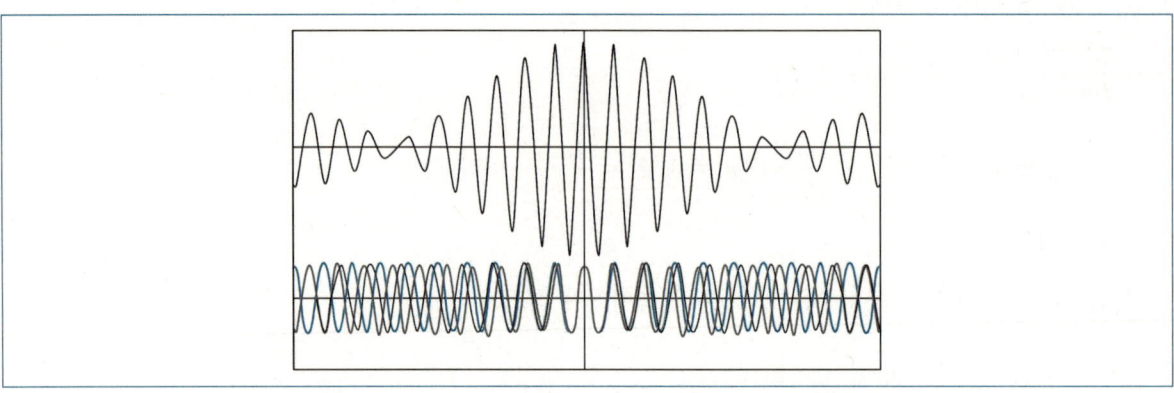

자유 공간에서 입자의 파동함수는 무수한 파장(진동수)의 집합체로 볼 수 있다.

4. $V(x) = a\delta\!\left(x - \dfrac{L}{2}\right)$ 이 무한 퍼텐셜 우물 사이에 존재하는 경우

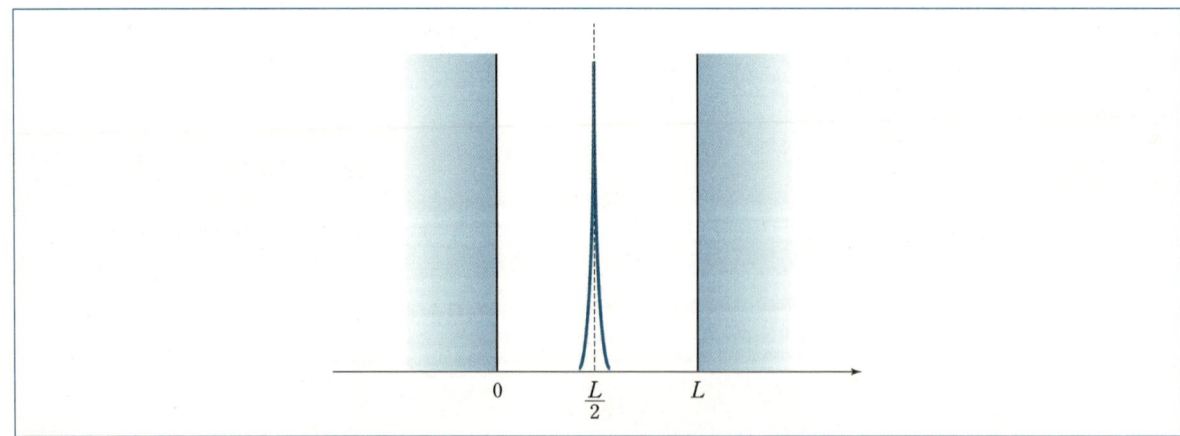

$-\dfrac{\hbar^2}{2m}\dfrac{d^2\psi(x)}{dx^2} + a\delta\!\left(x - \dfrac{L}{2}\right)\psi(x) = E\psi(x) \ (\because 0 < x < L)$

$x \neq \dfrac{L}{2}$ 영역에서 $\dfrac{d^2\psi(x)}{dx^2} + \dfrac{2mE}{\hbar^2}\psi(x) = 0$, $k^2 = \dfrac{2mE}{\hbar^2}$ 라 하면 경계 조건 $\psi(0) = \psi(L) = 0$, $\psi(x)$는 $x = \dfrac{L}{2}$ 에서 연속이다.

심화 단순 무한 퍼텐셜 우물 Vs 델타함수 퍼텐셜이 중간에 존재하는 특이한 무한 퍼텐셜 우물

➡ 단순 무한 퍼텐셜은 하나의 공간 $0 < x < L$에서 파동함수가 동일하게 존재한다. 델타함수 퍼텐셜이 중간에 존재하는 특이한 무한 퍼텐셜 우물은 $0 < x < \dfrac{L}{2}$, $\dfrac{L}{2} < x < L$ 2개의 영역으로 구분되어 파동함수가 2개로 나뉜다. 그리고 중간에 있다면 대칭성을 만족한다.

$$\psi(x) = \begin{cases} A\sin kx & ; x < \dfrac{L}{2} \\ A\sin k(L-x) & ; \dfrac{L}{2} < x < L \end{cases}$$

좌우 경계 조건

$$\lim_{\epsilon \to 0} \int_{x=\frac{L}{2}-\epsilon}^{x=\frac{L}{2}+\epsilon} -\dfrac{\hbar^2}{2m}\dfrac{d^2\psi}{dx^2}dx + \lim_{\epsilon \to 0}\int_{x=\frac{L}{2}-\epsilon}^{x=\frac{L}{2}+\epsilon} a\delta\left(x - \dfrac{L}{2}\right)\psi(x)dx$$

$$= \lim_{\epsilon \to 0}\int_{x=\frac{L}{2}-\epsilon}^{x=\frac{L}{2}+\epsilon} E\psi(x)dx = 0$$

$$= -\dfrac{\hbar^2}{2m}\lim_{\epsilon \to 0}\left(\dfrac{d\psi}{dx}\bigg|_{\frac{L}{2}+\epsilon} - \dfrac{d\psi}{dx}\bigg|_{\frac{L}{2}-\epsilon}\right) + a\psi\left(\dfrac{L}{2}\right) = 0$$

$$\therefore \lim_{\epsilon \to 0}\left(\dfrac{d\psi}{dx}\bigg|_{\frac{L}{2}+\epsilon} - \dfrac{d\psi}{dx}\bigg|_{\frac{L}{2}-\epsilon}\right) = \dfrac{2ma}{\hbar^2}\psi\left(\dfrac{L}{2}\right) \quad \cdots\cdots \text{①}$$

$$-2Ak\cos\dfrac{kL}{2} = \dfrac{2ma}{\hbar^2}A\sin\dfrac{kL}{2}$$

$$\therefore \tan\dfrac{kL}{2} = -\dfrac{\hbar^2 k}{ma}, \quad k = \dfrac{\sqrt{2mE}}{\hbar}$$

k가 대수적으로 구할 수 없기 때문에 규격화 조건을 특정 값으로 찾는 것이 어렵다.

02 유한 퍼텐셜

1. 폭이 L인 돌출형 유한 퍼텐셜

무한 퍼텐셜 우물과 다르게 유한 퍼텐셜 우물은 진행 방향이 중요해진다.

(1) **퍼텐셜** $V(x) = \begin{cases} 0 & ; x < 0, x > L \\ V_0 & ; 0 \leq x \leq L \end{cases}$ 이고, 입자가 $x < 0$ 영역에서 우측으로 진행하는 경우 ($E < V_0$)

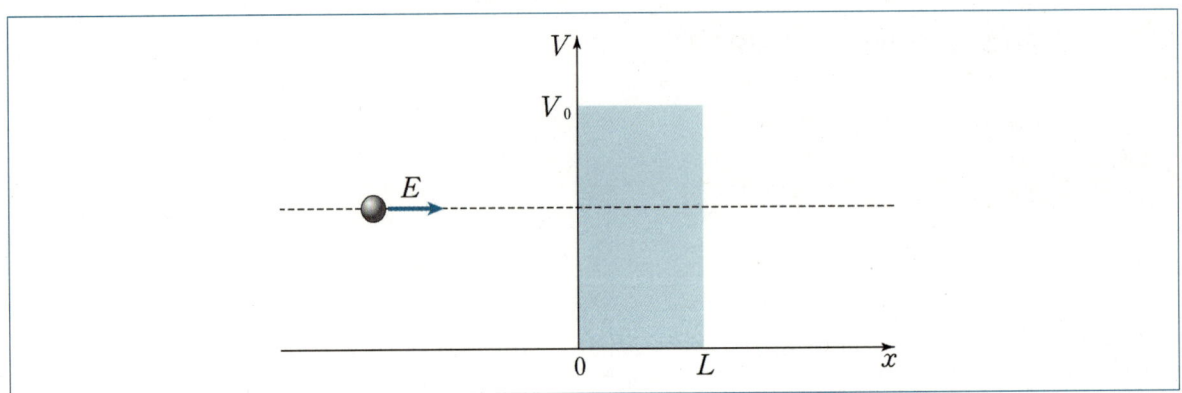

$0 \leq x \leq L$ 영역, 장벽 내부에서 슈뢰딩거 방정식을 써보면

$$-\frac{\hbar^2}{2m}\frac{d^2\psi}{dx^2} + V_0\psi = E\psi$$

$$\frac{d^2\psi}{dx^2} - \frac{2m(V_0 - E)}{\hbar^2}\psi = 0$$

$$k_2 = \frac{\sqrt{2m(V_0 - E)}}{\hbar}$$

$$\psi_2(x) = A_2 e^{k_2 x} + A_2' e^{-k_2 x}$$

$x < 0, x > L$ 영역에서 슈뢰딩거 방정식은

$$-\frac{\hbar^2}{2m}\frac{d^2\psi}{dx^2} + V\psi = E\psi$$

$$\frac{d^2\psi}{dx^2} + \frac{2m(E)}{\hbar^2}\psi = 0$$

$$k_1 = \frac{\sqrt{2mE}}{\hbar}$$

$$\psi_1(x) = A_1 e^{ik_1 x} + A_1' e^{-ik_1 x} \ ; x < 0$$

$$\psi_3(x) = A_3 e^{ik_1 x} + A_3' e^{-ik_1 x} \ ; x > L$$

$x = -\infty$에서 $x = \infty$ 방향으로 입사되므로 파동함수의 진행 방향 $kx - \omega t$에 의해서 $\psi_3(x) = A_3 e^{ik_1 x} + A_3' e^{-ik_1 x}$; $x < L$에서는 왼쪽 방향 진행 성분이 존재하지 않으므로 $A_3' = 0$이다. ψ_1, ψ_2는 경계면에서 반사하는 성분이 있기 때문에 모두 살아남게 된다.

즉, 파동함수 형태를 입사파의 기준으로 표현하면 반사계수 $r = \dfrac{A_1'}{A_1}$, 투과계수 $t = \dfrac{A_3}{A_1}$로 표현하면

$\psi_1(x) = e^{ik_1 x} + re^{-ik_1 x}$; $x < 0$

$\psi_2(x) = Ae^{k_2 x} + Be^{-k_2 x}$; $0 \leq x \leq L$

$\psi_3(x) = te^{ik_1 x}$; $x > L$

그리고 각 경계 조건 $\psi(x)$가 $x = 0, L$에서 연속이고, $\dfrac{d\psi(x)}{dx}$가 $x = 0, L$에서 연속임을 활용하여 r, A, B, t를 구할 수 있다.

반사 확률 ➡ $R = |r|^2 = \dfrac{(k_1^2 + k_2^2)^2 \sinh^2(k_2 L)}{(k_1^2 + k_2^2)^2 \sinh^2(k_2 L) + (2k_1 k_2)^2}$

투과 확률 ➡ $T = |t|^2 = \dfrac{(2k_1 k_2)^2}{(k_1^2 + k_2^2)^2 \sinh^2(k_2 L) + (2k_1 k_2)^2}$

$R + T = 1$을 만족한다.

$\sinh^2(k_2 L) \gg 1$이라면

$$T = |t|^2 = \dfrac{(2k_1 k_2)^2}{(k_1^2 + k_2^2)^2 \sinh^2(k_2 L) + (2k_1 k_2)^2} \simeq \dfrac{(2k_1 k_2)^2}{(k_1^2 + k_2^2)^2 \sinh^2(k_2 L)}$$

$$= \left(\dfrac{2k_1 k_2}{k_1^2 + k_2^2} \dfrac{2}{(e^{k_2 L} - e^{-k_2 L})} \right)^2 \simeq \left(\dfrac{4k_1 k_2}{k_1^2 + k_2^2} \right)^2 e^{-2k_2 L}$$

따라서 에너지 E인 입자가 퍼텐셜 장벽이 V_0이고 두께가 L인 공간을 투과할 확률은 $e^{-2k_2 L}$에 비례한다.

(2) 퍼텐셜 $V(x) = \begin{cases} 0 & ; x < 0, x > L \\ V_0 & ; 0 \leq x \leq L \end{cases}$ 이고, 입자가 $x < 0$ 영역에서 우측으로 진행하는 경우($E > V_0$)

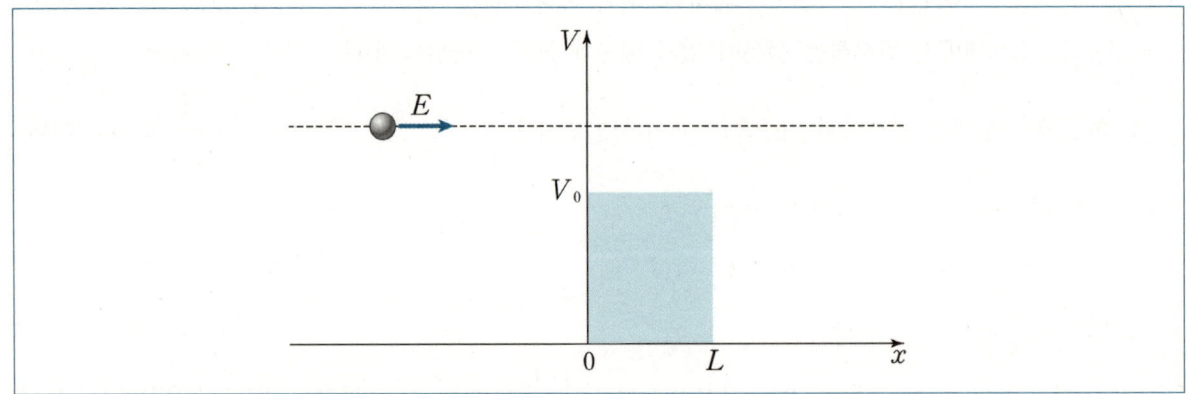

$0 \leq x \leq L$ 영역, 장벽 내부에서 슈뢰딩거 방정식을 써보면

$$-\frac{\hbar^2}{2m}\frac{d^2\psi}{dx^2} + V_0\psi = E\psi$$

$$\frac{d^2\psi}{dx^2} + \frac{2m(E-V_0)}{\hbar^2}\psi = 0$$

$$k_2 = \frac{\sqrt{2m(E-V_0)}}{\hbar} \quad \psi_2(x) = A_2 e^{ik_2 x} + A_2' e^{-ik_2 x}$$

$x < 0, x > L$ 영역에서 슈뢰딩거 방정식은

$$-\frac{\hbar^2}{2m}\frac{d^2\psi}{dx^2} + V\psi = E\psi$$

$$\frac{d^2\psi}{dx^2} + \frac{2m(E)}{\hbar^2}\psi = 0$$

$$k_1 = \frac{\sqrt{2mE}}{\hbar}$$

$\psi_1(x) = A_1 e^{ik_1 x} + A_1' e^{-ik_1 x} \quad ; x < 0$

$\psi_3(x) = A_3 e^{ik_1 x} + A_3' e^{-ik_1 x} \quad ; x > L$

즉, 파동함수 형태를 입사파의 기준으로 표현하면

$\psi_1(x) = e^{ik_1 x} + r e^{-ik_1 x} \quad ; x < 0$

$\psi_2(x) = A e^{ik_2 x} + B e^{-ik_2 x} \quad ; 0 \leq x \leq L$

$\psi_3(x) = t e^{ik_1 x} \qquad\qquad ; x > L$

그리고 각 경계 조건 $\psi(x)$가 $x=0,\ L$에서 연속이고, $\dfrac{d\psi(x)}{dx}$가 $x=0,\ L$에서 연속임을 활용하여 $r,\ A,\ B,\ t$를 구할 수 있다.

반사 확률 ➡ $R=|r|^2=\dfrac{(k_1^2-k_2^2)^2\sin^2(k_2L)}{(k_1^2-k_2^2)^2\sin^2(k_2L)+(2k_2k_2)^2}$

투과 확률 ➡ $T=|t|^2=\dfrac{(2k_1k_2)^2}{(k_1^2-k_2^2)^2\sin^2(k_2L)+(2k_1k_2)^2}$

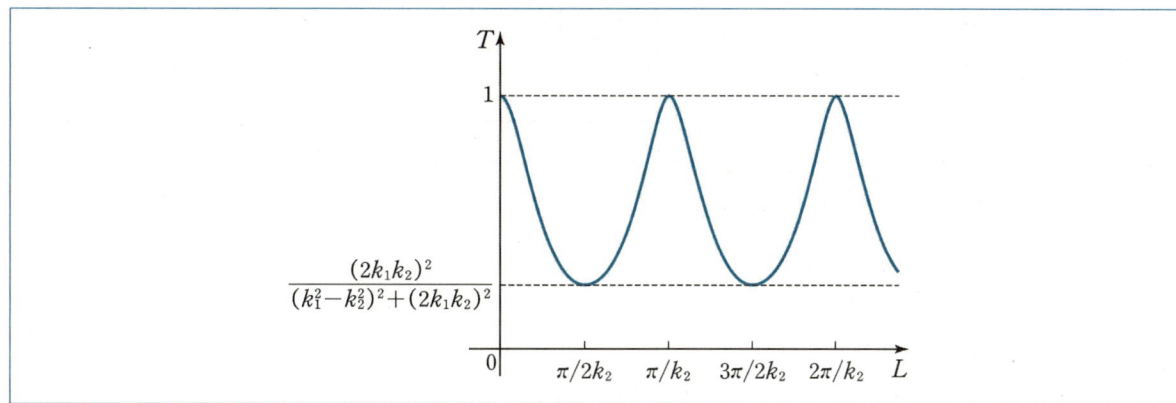

그런데 반사율 R의 분자를 보면 $\sin^2(k_2L)$ 성분이 존재하는데 사인값은 0이 가능하다. 반사율이 0이라면 100% 투과가 가능하다는 말이 된다. 투과율 $T=1$이 되기 위한 조건을 구해보자.

$k_2L=n\pi$ ➡ $\dfrac{\sqrt{2m(E-V_0)}}{\hbar}L=n\pi\ ;\ (\because n=1,2,3,\cdots)$

$E_n=V_0+\dfrac{n^2\pi^2\hbar^2}{2mL^2}$, $k_2=\dfrac{2\pi}{\lambda}=\dfrac{n\pi}{L}$

$T=1$인 조건

에너지 : $E_n=V_0+\dfrac{n^2\pi^2\hbar^2}{2mL^2}$

물질파 파장 : $\lambda_n=\dfrac{2L}{n}$

2. 폭이 L인 우물형 유한 퍼텐셜

(1) 퍼텐셜 $V(x) = \begin{cases} 0 & ; x < a, x > a \\ -V_0 & ; -a < x < a \end{cases}$ 이고, 입자의 에너지가 $-V_0 < E < 0$ 인 속박 상태

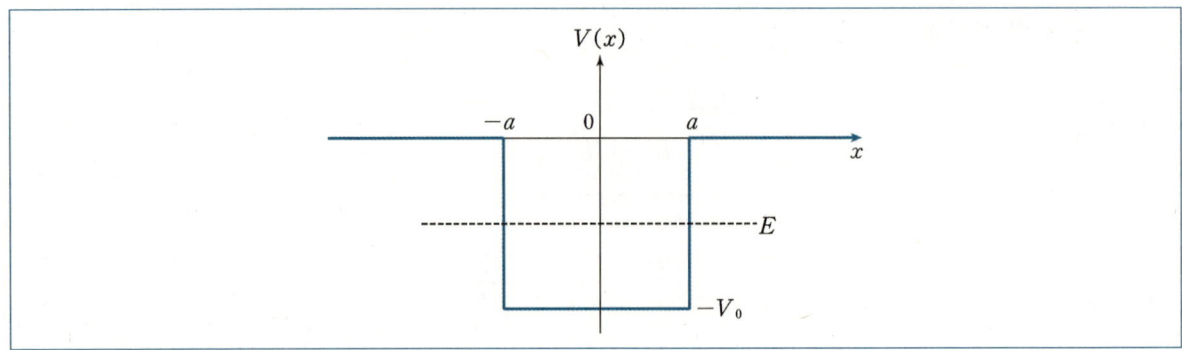

슈뢰딩거 방정식을 영역별로 전개해 보면

$$-\frac{\hbar^2}{2m}\frac{d^2\psi}{dx^2} + V\psi = E\psi$$

① $|x| < a$에서 $V(x) = -V_0$

$$\frac{d^2\psi}{dx^2} + \frac{2m(V_0+E)}{\hbar^2}\psi = 0 \ ; \ k_1 = \frac{\sqrt{2m(V_0+E)}}{\hbar}$$

대칭성에 의해서

$\psi_1 = A\cos k_1 x$ 또는 $\psi_1 = A\sin k_1 x$ 두 가지가 가능하다.

② $|x| > a$에서 $V(x) = 0$

$$\frac{d^2\psi}{dx^2} - \frac{2m|E|}{\hbar^2}\psi = 0 \ ; \ k_2 = \frac{\sqrt{2m|E|}}{\hbar}$$

대칭성에 의해서

$$\psi_2(x) = Be^{-k_2|x|}$$

$$k_1^2 + k_2^2 = \frac{2mV_0}{\hbar^2} \ \Rightarrow \ (k_1a)^2 + (k_2a)^2 = \frac{2ma^2V_0}{\hbar^2} = \rho^2 \ \cdots\cdots \ ①$$

파동함수의 연속 조건과 미분 가능 조건에 의해서 $x = a$에서 각각의 조건을 구해보면

파동함수를 문제의 조건을 따라 $\psi(x) = \begin{cases} A\cos k_1 x & ; |x| < a \\ Be^{-k_2|x|} & ; |x| > a \end{cases}$ 라 하자.

연속 조건 ➡ $A\cos k_1 a = Be^{-k_2 a}$

미분 가능 조건 ➡ $-Ak_1 \sin k_1 a = -Bk_2 e^{-k_2 a}$

서로 나누면 $k_1 \tan k_1 a = k_2 \ \Rightarrow \ (k_1 a)\tan k_1 a = k_2 a \ \cdots\cdots \ ②$

파동함수를 문제의 조건을 따라 $\psi(x) = \begin{cases} A\sin k_1 x & ; |x| < a \\ Be^{-k_2|x|} & ; |x| > a \end{cases}$인 경우에는

연속조건 ➡ $A\sin k_1 a = Be^{-k_2 a}$

미분가능조건 ➡ $Ak_1 \cos k_1 a = -Bk_2 e^{-k_2 a}$

서로 나누면 ➡ $k_1 \cot k_1 a = -k_2$ ➡ $(k_1 a)\cot k_1 a = -k_2 a$ …… ③

$k_1 a = \alpha$, $k_2 a = \beta$로 치환하면 식 ①은 $\alpha^2 + \beta^2 = \rho^2$이고, 식 ②와 ③은 각각 $\alpha\tan\alpha = \beta$, $\alpha\cot\alpha = -\beta$이다. 그래프로 그리면 다음과 같다.

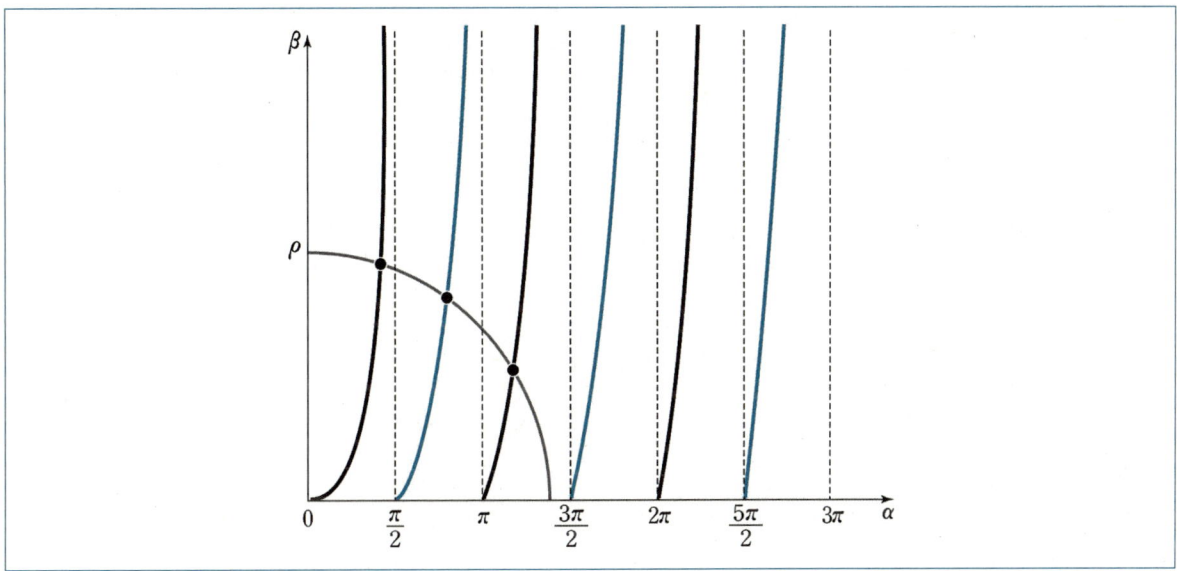

그래프의 교차점이 만족하는 해가 된다. 하지만 만족하는 해를 정확히 대수적으로 찾기는 어렵다.

(2) 퍼텐셜 $V(x) = \begin{cases} 0 & ; x < a, x > a \\ -V_0 & ; -a < x < a \end{cases}$이고, 입자의 에너지가 $E > 0$인 비속박 상태

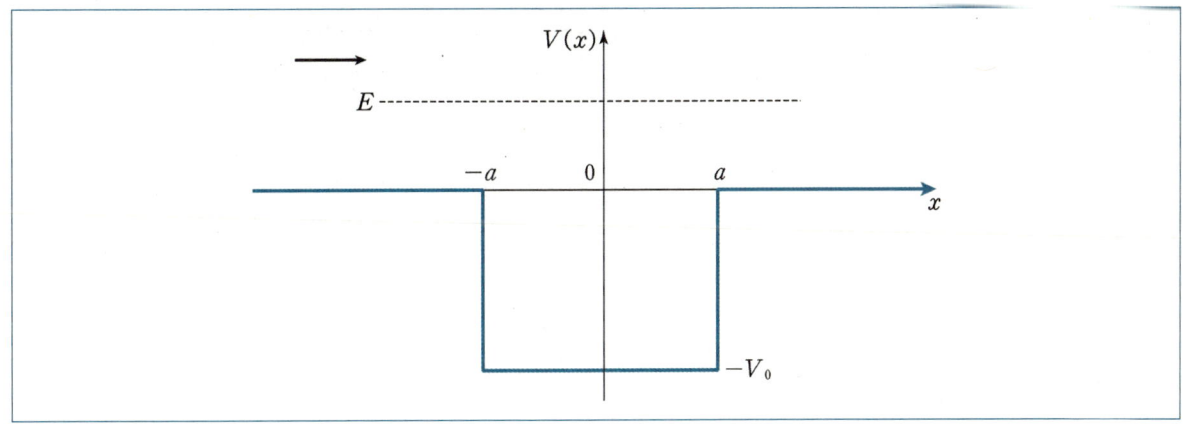

이것은 앞에서 했던 돌출형 유한 퍼텐셜과 매우 비슷하다.

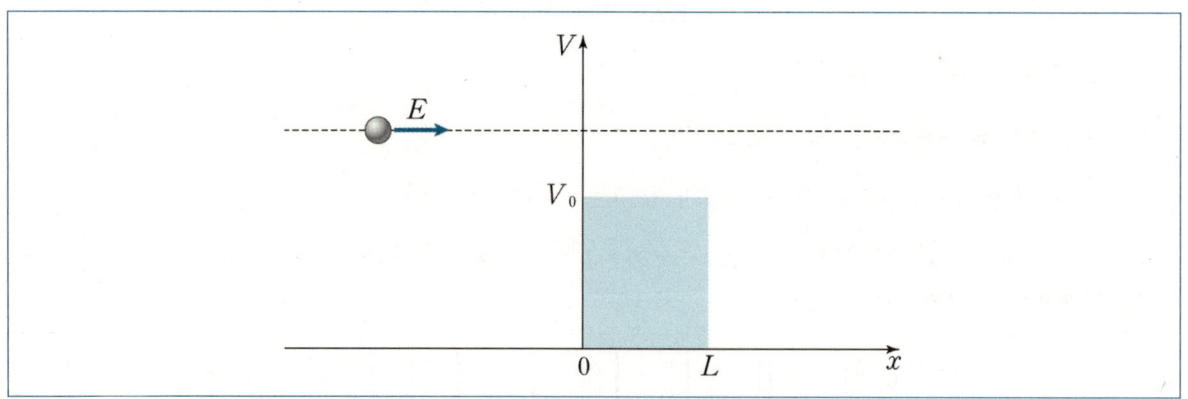

$k_1 = \dfrac{\sqrt{2mE}}{\hbar}$, $k_2 = \dfrac{\sqrt{E+V_0}}{\hbar}$ 으로 하고 $L = 2a$로 하면 동일한 해의 형태를 갖는다.

반사 확률 ➡ $R = |r|^2 = \dfrac{(k_1^2 - k_2^2)^2 \sin^2(2k_2 a)}{(k_1^2 - k_2^2)^2 \sin^2(2k_2 a) + (2k_2 k_2)^2}$

투과 확률 ➡ $T = |t|^2 = \dfrac{(2k_1 k_2)^2}{(k_1^2 - k_2^2)^2 \sin^2(2k_2 a) + (2k_1 k_2)^2}$

3. 계단형 퍼텐셜

$E > V_0 > 0$인 경우

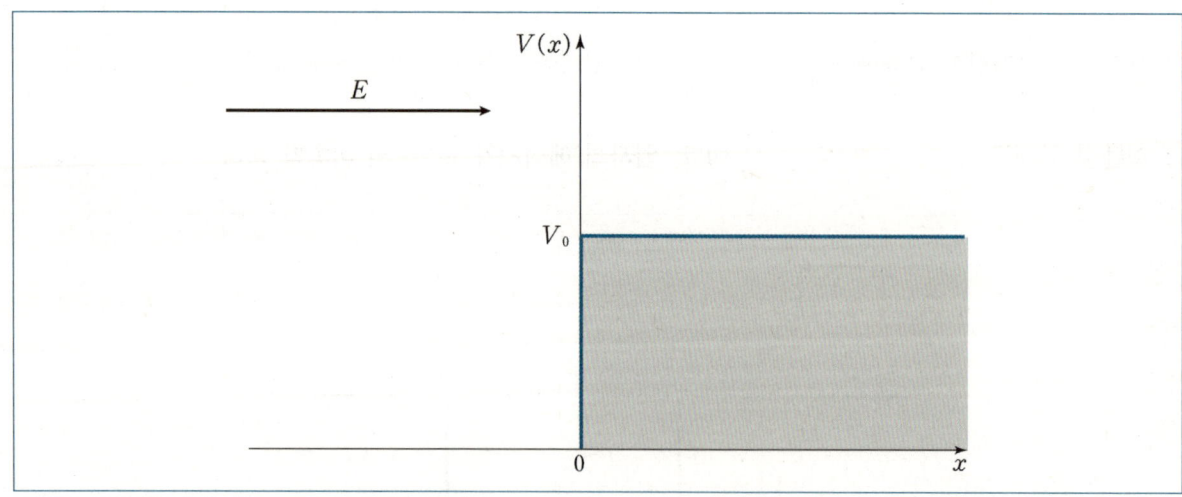

$k_1 = \dfrac{\sqrt{2mE}}{\hbar}$, $k_2 = \dfrac{\sqrt{2m(E-V_0)}}{\hbar}$ 일 때 입자의 파동함수는 다음과 같다.

$$\psi(x) = \begin{cases} e^{ik_1 x} + re^{-ik_1 x} & (x < 0) \\ te^{ik_2 x} & (x \geq 0) \end{cases}$$

$x=0$에서 연속과 미분 조건에 의해서 $1+r=t$, $k_1(1-r)=k_2 t$ 이다. 이를 연립하면 반사계수 r과 투과계수 t는 다음과 같다.

$$r = \frac{k_1 - k_2}{k_1 + k_2},\ t = \frac{2k_1}{k_1 + k_2}$$

그리고 반사율과 투과율은 다음과 같다.

반사율 ➡ $R = \left|\dfrac{\psi_{반사}(x)}{\psi_{입사}(x)}\right|^2 = |r|^2$

투과율 ➡ $T = \dfrac{k_2}{k_1}\left|\dfrac{\psi_{투과}(x)}{\psi_{입사}(x)}\right|^2 = \dfrac{k_2}{k_1}|t|^2 = \dfrac{4k_1 k_2}{(k_1+k_2)^2}$

양자역학적 연속방정식을 통한 방식으로 엄밀하게 증명할 수 있지만 전자기학에서 증명한 광자의 에너지를 활용하여 물리적 의미로 증명하고자 한다. 빛의 단위시간당 에너지는 $P = IA = \dfrac{A}{2v\mu}E^2 \propto kE^2$ 이고, 여기서 E는 전기장의 진폭, k는 파수이다. 광자 역시 미시 입자이고 에너지 보존 법칙을 만족해야 한다. 즉, 광자 개수가 많아짐에 따라 전기장의 진폭이 증가하므로 E^2을 확률 $|\psi|^2$로 두자. 그런데 반사율과 투과율은 엄밀히 에너지 비율이므로 다음과 같이 정의할 수 있다.

반사율: $R = \dfrac{P_{반사}}{P_{입사}} = \left|\dfrac{\psi_{반사}}{\psi_{입사}}\right|^2$

투과율: $T = \dfrac{P_{투과}}{P_{입사}} = \dfrac{k_2}{k_1}\left|\dfrac{\psi_{투과}}{\psi_{입사}}\right|^2$

연습문제

19-B03

01 질량 m인 입자가 다음과 같은 1차원 델타함수 퍼텐셜에 속박되어 있다.

$$V(x) = -a\delta(x)$$

a는 양의 상수이다. 이 입자의 규격화된 파동함수는 다음과 같다.

$$\psi(x) = \begin{cases} \sqrt{k}\,e^{kx} & (x < 0) \\ \sqrt{k}\,e^{-kx} & (x \geq 0) \end{cases}$$

$k = \dfrac{\sqrt{-2mE}}{\hbar}$이고, E는 입자의 에너지이다. <자료>를 활용하여 E를 풀이 과정과 함께 구하시오.

또한 입자를 $|x| < x_0$에서 발견할 확률이 $\dfrac{1}{2}$이 되는 x_0을 풀이 과정과 함께 구하시오.

자료

$x = 0$에서 파동함수의 1차 미분 $\dfrac{d\psi(x)}{dx}$는 다음과 같은 경계 조건을 만족한다.

$$\lim_{\epsilon \to 0}\left(\frac{d\psi}{dx}\bigg|_{+\epsilon} - \frac{d\psi}{dx}\bigg|_{-\epsilon}\right) = -\frac{2ma}{\hbar^2}\psi(0)$$

---

02 질량이 m인 입자가 1차원 퍼텐셜 $V(x)$에 의해 속박되어 있다. 퍼텐셜 $V(x)$는 다음과 같다.

$$V(x) = \begin{cases} \lambda \delta(x) & |x| < L/2 \\ \infty & |x| > L/2 \end{cases}$$

에너지 $E > 0$일 때, 정상 상태 파동함수를 구하고, λ값을 구하시오.

03 다음 그림과 같이 유한한 퍼텐셜 장벽이 $x = -a$에서 $x = a$ 사이의 영역에 있다. $x = -\infty$에서 $x = \infty$ 방향으로 입자 다발이 입사된다. 입자 다발 속의 입자는 질량이 m이며 명확한 운동량을 가지는 평면파 상태에 있다. 입사에너지가 $E > V_0$이면 장벽 내부 영역($-a < x < a$)에서 파동함수는 진동하는 형태를 갖는다.

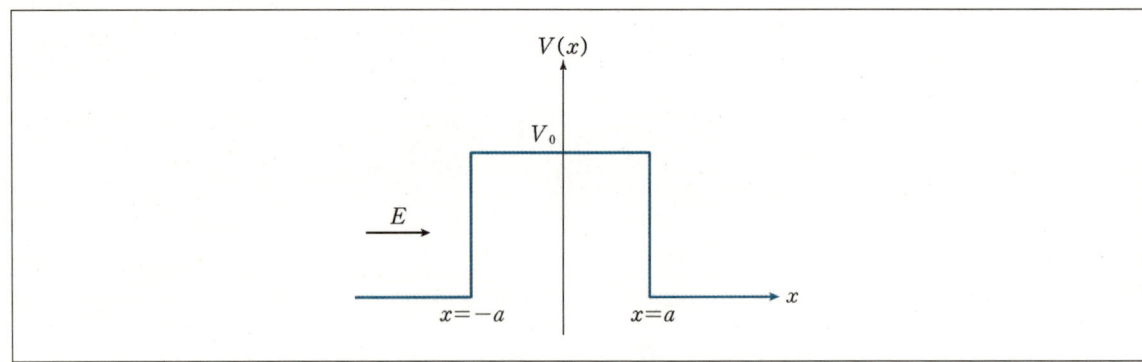

이때 입자의 입사에너지가 $E < V_0$일 때 장벽 내부에서의 슈뢰딩거 방정식을 쓰고, 파동함수의 형태를 구하시오.

08-21

04 다음 그림과 같이 폭이 $2a$이고 깊이가 V_0인 1차원 퍼텐셜 우물에 속박된($-V_0 < E < 0$) 질량 m인 입자의 대칭적 파동함수는 $|x| < a$ 영역에서는 $\cos(qx)$에 비례하고, $|x| > a$ 영역에서는 $e^{-k|x|}$에 비례한다.

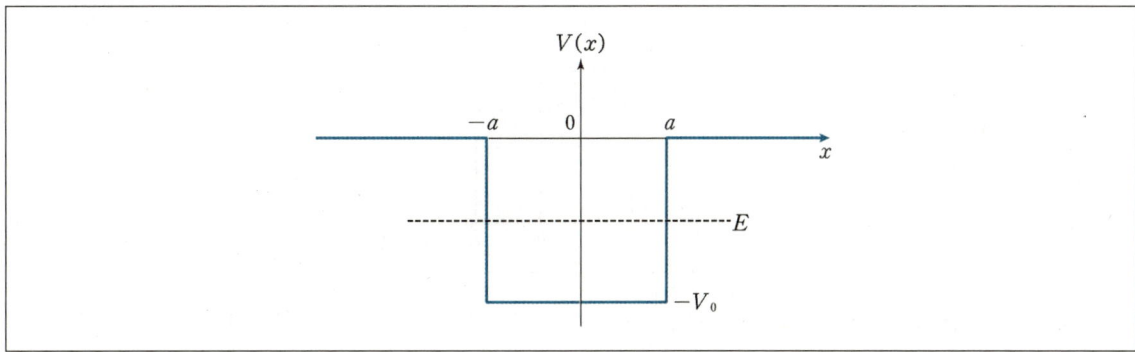

이때 $q^2 + k^2$을 구하고, $x = a$에서의 경계 조건을 이용하여 $\dfrac{k}{q}$를 q의 함수로 나타내시오.

1) $q^2 + k^2$:

2) $\dfrac{k}{q}$:

05

다음 그림은 질량 m, 에너지 E인 입자가 높이 U, 너비 L인 사각 퍼텐셜 장벽으로 입사하는 것을 나타낸 것이다. E는 U보다 크다($E > U$).

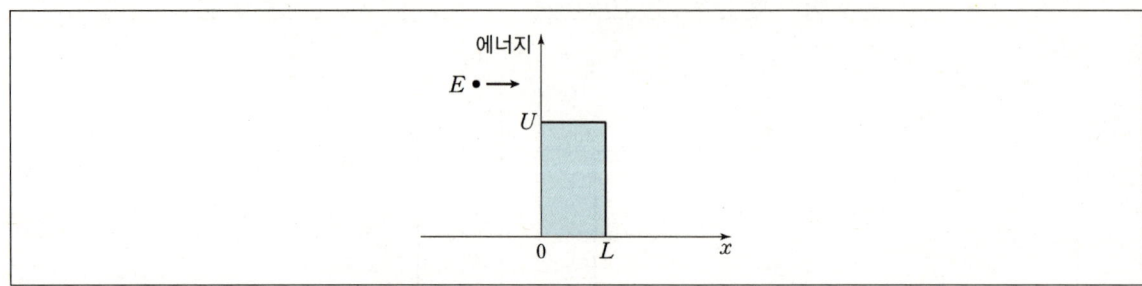

이때 투과율 $T = 1$일 때 입자가 가질 수 있는 가장 낮은 에너지 $E_{\min}$을 구하시오. 또한 $0 \leq x \leq L$인 구간에서 에너지가 $E_{\min}$인 입자의 드브로이 파장을 L로 나타내시오.

―| 자료 |―

$E > U$일 경우 투과율: $T = \left(1 + \dfrac{U^2 \sin^2(kL)}{4E(E-U)}\right)^{-1}$, $k = \dfrac{\sqrt{2m(E-U)}}{\hbar}$

Chapter 04 조화진동자

01 1차원 조화진동자 기본

질량 m인 입자가 다음과 같은 1차원 퍼텐셜 $V(x)$ 안에 놓여 있는 상태

$$V(x) = \frac{1}{2}m\omega^2 x^2, \quad H = \frac{p^2}{2m} + \frac{m\omega^2}{2}x^2$$

슈뢰딩거 방정식 ➡ $-\dfrac{\hbar^2}{2m}\dfrac{d^2}{dx^2}\psi(x) + \dfrac{m\omega^2}{2}x^2\psi(x) = E\psi(x)$

양자수 $n = 0, 1, 2, \cdots$에 대해 $\psi_n(x) = N_n H_n(\alpha x) e^{-\frac{\alpha^2}{2}x^2}$이다. 이에 따른 에너지는 $\epsilon_n = \left(n + \dfrac{1}{2}\right)\hbar\omega$이다.

$N_n = \left(\dfrac{m\omega}{\pi\hbar}\right)^{\frac{1}{4}}\sqrt{\dfrac{1}{2^n n!}}$과 $\alpha = \sqrt{\dfrac{m\omega}{\hbar}}$는 상수이고, 에르미트 다항식 $H_n(\xi)$의 몇 가지 예는 $H_0(\xi) = 1$, $H_1(\xi) = 2\xi$, $H_2(\xi) = 4\xi^2 - 2$, $H_3(\xi) = 8\xi^3 - 12\xi$, $\cdots$이다.

02 해석적 접근

해밀토니안 $H = \dfrac{p^2}{2m} + \dfrac{m\omega^2}{2}x^2$ 연산자 x는 실수축에 p는 허수축에 살고 있다. 복소평면의 아이디어를 확장해서 접근하면 $H = \dfrac{p^2}{2m} + \dfrac{m\omega^2}{2}x^2$의 고유값이 $\epsilon_n = \hbar\omega\left(n + \dfrac{1}{2}\right)$을 알고 있으므로 $\dfrac{H}{\hbar\omega} = \dfrac{m\omega}{2\hbar}x^2 + \dfrac{p^2}{2m\hbar\omega}$의 고유값은 $n + \dfrac{1}{2}$이다.

$\sqrt{\dfrac{m\omega}{2\hbar}}\,x = X$, $\dfrac{1}{\sqrt{2m\hbar\omega}}\,p = P$라 하면, 교환자 $[X,\ P] = \dfrac{i}{2}$이다.

$\dfrac{H}{\hbar\omega} = X^2 + P^2$ ➡ 연산자 X는 실수축에 연산자 P는 허수축에 살고 있는 아이디어와 교환자 $[X,\ P] = \dfrac{i}{2}$ 이용

$(X + iP)(X - iP) = X^2 + P^2 - i[X,\ P] = X^2 + P^2 + \dfrac{1}{2}$이다.

$(X + iP)^*(X - iP)^* = (X - iP)(X + iP) = X^2 + P^2 + i[X,\ P] = X^2 + P^2 - \dfrac{1}{2}$

$a = X + iP$, $a^\dagger = X - iP$로 정의하면 $\dfrac{H}{\hbar\omega} = X^2 + P^2 = aa^\dagger - \dfrac{1}{2} = a^\dagger a + \dfrac{1}{2}$

$aa^\dagger \Rightarrow n+1,\ a^\dagger a \Rightarrow n$ ······ ①

$[a,\ a^\dagger] = 1,\ [a^\dagger,\ a] = -1$ ······ ②

03 사다리 연산자

$$a = \sqrt{\frac{m\omega}{2\hbar}}\left(x + i\frac{p}{m\omega}\right),\ a^\dagger = \sqrt{\frac{m\omega}{2\hbar}}\left(x - i\frac{p}{m\omega}\right)$$

$$x = \sqrt{\frac{\hbar}{2m\omega}}(a^\dagger + a),\ p = i\sqrt{\frac{m\hbar\omega}{2}}(a^\dagger - a)$$

식 ②를 이용하면

$[a^\dagger, H] = \hbar\omega[a^\dagger, a^\dagger a] = \hbar\omega(a^\dagger a^\dagger a - a^\dagger a a^\dagger) = \hbar\omega a^\dagger[a^\dagger, a] = -\hbar\omega a^\dagger$

$\therefore [a^\dagger, H] = -\hbar\omega a^\dagger$ ······ ③

$[a, H] = \hbar\omega[a, a^\dagger a] = \hbar\omega(aa^\dagger a - a^\dagger aa) = \hbar\omega[a, a^\dagger]a = \hbar\omega a$

$\therefore [a, H] = \hbar\omega a$ ······ ④

입자의 고유벡터가 $|n\rangle$일 때, $a|n\rangle = \sqrt{n}\,|n-1\rangle$, $a^+|n\rangle = \sqrt{n+1}\,|n+1\rangle$

증명은 다음과 같다.

식 ③으로부터 $a^\dagger = -\frac{1}{\hbar\omega}[a^\dagger, H]$

$a^\dagger|n\rangle = -\frac{1}{\hbar\omega}(a^\dagger H - Ha^\dagger)|n\rangle = -\frac{1}{\hbar\omega}a^\dagger(H|n\rangle) + \frac{1}{\hbar\omega}H(a^\dagger|n\rangle)$

$\quad = -\frac{1}{\hbar\omega}a^\dagger\left(\hbar\omega\left(n+\frac{1}{2}\right)\right)|n\rangle + \frac{1}{\hbar\omega}H(a^\dagger|n\rangle) = -\left(n+\frac{1}{2}\right)a^\dagger|n\rangle + \frac{1}{\hbar\omega}H(a^\dagger|n\rangle)$

➡ $\frac{1}{\hbar\omega}H(a^\dagger|n\rangle) = \left(n+\frac{3}{2}\right)a^\dagger|n\rangle$

➡ $H(a^\dagger|n\rangle) = \hbar\omega\left(n+\frac{3}{2}\right)(a^\dagger|n\rangle)$

H의 고유값 $\hbar\omega\left(n+\frac{3}{2}\right)$의 고유함수는 $|n+1\rangle$이다.

$\therefore |\psi_+\rangle = a^\dagger|n\rangle = \lambda_+|n+1\rangle$이라 하면 규격화 조건을 이용해서

$\quad \langle\psi_+|\psi_+\rangle = \langle n|aa^\dagger|n\rangle = |\lambda_+|^2 = n+1$

$\therefore \lambda_+ = \sqrt{n+1}$

따라서 $a^+|n\rangle = \sqrt{n+1}\,|n+1\rangle$이고 이를 오름 사다리 연산자라 한다.

같은 방식으로 식 ④로부터 $a = \frac{1}{\hbar\omega}[a, H]$

$a|n\rangle = \frac{1}{\hbar\omega}(aH - Ha)|n\rangle = \frac{1}{\hbar\omega}a(H|n\rangle) - \frac{1}{\hbar\omega}H(a|n\rangle)$

$\quad = \frac{1}{\hbar\omega}a\left(\hbar\omega\left(n+\frac{1}{2}\right)\right)|n\rangle - \frac{1}{\hbar\omega}H(a|n\rangle) = \left(n+\frac{1}{2}\right)a|n\rangle - \frac{1}{\hbar\omega}H(a|n\rangle)$

➡ $\dfrac{1}{\hbar\omega}H(a|n\rangle) = \left(n - \dfrac{1}{2}\right)a|n\rangle$

➡ $H(a|n\rangle) = \hbar\omega\left(n - \dfrac{1}{2}\right)(a|n\rangle)$

H의 고유값 $\hbar\omega\left(n - \dfrac{1}{2}\right)$의 고유함수는 $|n-1\rangle$이다.

∴ $|\psi_-\rangle = a|n\rangle = \lambda_- |n-1\rangle$이라 하면 규격화 조건을 이용해서

$\langle\psi_-|\psi_-\rangle = \langle n|a^\dagger a|n\rangle = |\lambda_-|^2 = n$

∴ $\lambda_- = \sqrt{n}$

따라서 $a\,|\,n\rangle = \sqrt{n}\,|\,n-1\rangle$이고 이를 내림 사다리 연산자라 한다.

04 사다리 연산자의 활용

> 참고: $[H,\,x] \neq 0,\ [H,\,p] \neq 0$

1. 기댓값

일반적으로 $\langle\phi_n|q|\phi_n\rangle = \int \phi_n^\dagger q\,\phi_n\,dx$는 직접 하기는 매우 어렵고, 사다리 연산자는 계산적으로 매우 Powerful 하다.

일반적인 계산은 다음과 같다.

$\langle\phi_m|x|\phi_n\rangle = \sqrt{\dfrac{\hbar}{2m\omega}}\,\langle m|a^\dagger + a|n\rangle$

$= \sqrt{\dfrac{\hbar}{2m\omega}}\left(\sqrt{n+1}\,\langle m|n+1\rangle + \sqrt{n}\,\langle m|n-1\rangle\right)\sqrt{\dfrac{\hbar}{2m\omega}}\left(\sqrt{n+1}\,\delta_{m,\,n+1} + \sqrt{n}\,\delta_{m,\,n-1}\right)$

$\langle\phi_m|x|\phi_n\rangle = \begin{cases} \sqrt{\dfrac{\hbar(n+1)}{2m\omega}} & ; m = n+1 \\ \sqrt{\dfrac{\hbar n}{2m\omega}} & ; m = n-1 \end{cases}$

$m = n$ or other ➡ $\langle\phi_m|x|\phi_n\rangle = 0$

고유함수가 1 차이가 나지 않은 경우에는 모두 0이다.

예를 들어, $\langle \phi_n | x | \phi_n \rangle = 0$, $\langle \phi_0 | x | \phi_2 \rangle = \langle \phi_0 | x | \phi_3 \rangle = 0$

$$\langle \phi_m | p | \phi_n \rangle = i \sqrt{\frac{\hbar m \omega}{2}} \langle m | a^\dagger - a | n \rangle$$

$$= i \sqrt{\frac{\hbar m \omega}{2}} \left(\sqrt{n+1} \langle m | n+1 \rangle - \sqrt{n} \langle m | n-1 \rangle \right)$$

$$i \sqrt{\frac{\hbar m \omega}{2}} \left(\sqrt{n+1}\, \delta_{m,\, n+1} - \sqrt{n}\, \delta_{m,\, n-1} \right)$$

$$\langle \phi_m | p | \phi_n \rangle = \begin{cases} i \sqrt{\dfrac{\hbar m \omega (n+1)}{2}} & ;\, m = n+1 \\ i \sqrt{\dfrac{\hbar m \omega n}{2}} & ;\, m = n-1 \end{cases}$$

$m = n$ or others ➡ $\langle \phi_m | p | \phi_n \rangle = 0$

예제 1 $\psi(x) = \sqrt{\dfrac{1}{2}} [\phi_0(x) + \phi_1(x)]$가 바닥상태와 첫 번째 들뜬상태의 고유함수로만 표현될 때 $\langle x \rangle$와 $\langle p \rangle$를 각각 구하시오.

풀이

$x = \sqrt{\dfrac{\hbar}{2m\omega}} (a^\dagger + a)$ 이고, $a|n\rangle = \sqrt{n}|n-1\rangle$, $a^+|n\rangle = \sqrt{n+1}|n+1\rangle$을 활용하면

$$\langle x \rangle = \langle \psi | x | \psi \rangle = \frac{1}{2} \sqrt{\frac{\hbar}{2m\omega}} \langle \phi_0 + \phi_1 | a^\dagger + a | \phi_0 + \phi_1 \rangle$$

$$= \frac{1}{2} \sqrt{\frac{\hbar}{2m\omega}} \langle \phi_0 + \phi_1 | \phi_0 + \phi_1 \rangle = \sqrt{\frac{\hbar}{2m\omega}}$$

$p = i\sqrt{\dfrac{m\hbar\omega}{2}} (a^\dagger - a)$ 이고, $a|n\rangle = \sqrt{n}|n-1\rangle$, $a^+|n\rangle = \sqrt{n+1}|n+1\rangle$을 활용하면

$$\langle p \rangle = \langle \psi | p | \psi \rangle = \frac{1}{2} i \sqrt{\frac{m\hbar\omega}{2}} \langle \phi_0 + \phi_1 | a^\dagger - a | \phi_0 + \phi_1 \rangle$$

$$= \frac{i}{2} \sqrt{\frac{\hbar}{2m\omega}} \langle \phi_0 + \phi_1 | \phi_1 - \phi_0 \rangle = 0$$

※ 제곱의 기댓값

$$\langle H \rangle = \frac{\langle p^2 \rangle}{2m} + \frac{m\omega^2}{2} \langle x^2 \rangle$$

앞에서 배웠던 Virial 정리를 이용하면 $2\langle K \rangle = n \langle V \rangle$이고, 하모니오실레터의 경우 $n = 2$이므로

$$\langle H \rangle = \frac{\langle p^2 \rangle}{2m} + \frac{m\omega^2}{2} \langle x^2 \rangle \;\Rightarrow\; \hbar\omega\left(n + \frac{1}{2}\right)$$

$$\frac{\langle p^2 \rangle}{2m} = \frac{m\omega^2}{2} \langle x^2 \rangle \;\Rightarrow\; \frac{1}{2} \hbar\omega\left(n + \frac{1}{2}\right)$$

특정 고유함수에 대한 제곱의 고유값

$\langle \phi_n | x^2 | \phi_n \rangle = \dfrac{\hbar}{m\omega}\left(n+\dfrac{1}{2}\right)$

$\langle \phi_n | p^2 | \phi_n \rangle = \hbar m\omega \left(n+\dfrac{1}{2}\right)$

$\Delta x = \sqrt{\langle x^2 \rangle - \langle x \rangle^2} = \sqrt{\langle x^2 \rangle} = \sqrt{\dfrac{\hbar}{m\omega}\left(n+\dfrac{1}{2}\right)}$

$\Delta p = \sqrt{\langle p^2 \rangle - \langle p \rangle^2} = \sqrt{\langle p^2 \rangle} = \sqrt{\hbar m\omega \left(n+\dfrac{1}{2}\right)}$

특정 고유함수에 대한 불확정성 원리의 확인

$\Delta x \Delta p = \hbar\left(n+\dfrac{1}{2}\right) \geq \dfrac{\hbar}{2}$

2. 바닥상태, 첫 번째 들뜬상태 고유함수 구하기

(1) 바닥상태 고유함수 구하기

$a|n\rangle = \sqrt{n}|n-1\rangle$ 이고, $n = 0, 1, 2, \cdots$ 이다. 더 이상 내려가는 값이 없어야 하므로 논리적으로 $n = 0$인 경우에는 $a|\phi_0\rangle = 0$을 만족해야 한다.

$a\phi_0 = \sqrt{\dfrac{m\omega}{2\hbar}}\left(x + i\dfrac{p}{m\omega}\right)\phi_0 = 0$

$x\phi_0 + i\dfrac{1}{m\omega}\left(\dfrac{\hbar}{i}\dfrac{d}{dx}\phi_0\right)$

$\dfrac{d\phi_0}{\phi_0} = -\dfrac{m\omega}{\hbar}x\,dx$

$\phi_0 = A e^{-\frac{m\omega}{2\hbar}x^2}$

$\displaystyle\int_{-\infty}^{+\infty} e^{-ax^2}dx = \left(\dfrac{\pi}{a}\right)^{\frac{1}{2}}$ 이용하면

규격화된 바닥상태 고유함수 $\phi_0(x) = \left(\dfrac{m\omega}{\pi\hbar}\right)^{\frac{1}{4}} e^{-\frac{m\omega}{2\hbar}x^2}$

(2) 첫 번째 들뜬상태 고유함수 구하기

$$a^\dagger = \sqrt{\frac{m\omega}{2\hbar}}\left(x - i\frac{p}{m\omega}\right)$$

$a^+|n\rangle = \sqrt{n+1}\,|n+1\rangle$ 이므로 $a^\dagger \phi_0 = \phi_1$ 이다.

$$\phi_0(x) = \left(\frac{m\omega}{\pi\hbar}\right)^{\frac{1}{4}} e^{-\frac{m\omega}{2\hbar}x^2} \;\Rightarrow\; \phi_0 = Ae^{-\alpha x^2}$$ 를 대입하면

$$a^\dagger \phi_0 = \sqrt{\frac{m\omega}{2\hbar}}\left(x - i\frac{p}{m\omega}\right)\phi_0 = \phi_1$$

$$\left(x - i\frac{p}{m\omega}\right)\phi_0 \;\Rightarrow\; x\phi_0 - i\frac{1}{m\omega}\left(\frac{\hbar}{i}\frac{d}{dx}\phi_0\right) = Axe^{-\alpha x^2} - \frac{\hbar}{m\omega}(-2\alpha x)Ae^{-\alpha x^2} = 2Axe^{-\alpha x^2}$$

$$\phi_1 = 2A\sqrt{\frac{m\omega}{2\hbar}}\,xe^{-\alpha x^2}$$

05 조화진동자의 대칭성

1. 반띵

$$V(x) = \begin{cases} \dfrac{1}{2}m\omega^2 x^2, & x > 0 \\ \infty, & x \le 0 \end{cases}$$

$x > 0$은 조화진동자 퍼텐셜이고, 좌측은 무한 퍼텐셜로 이루어져 있는 상태를 알아보자.

$$H = \frac{p^2}{2m} + \frac{m\omega^2}{2}x^2,\; E = \hbar\omega\left(n + \frac{1}{2}\right)$$

$\psi_n(x) = N_n H_n(\alpha x) e^{-\frac{\alpha^2}{2}x^2}$, $H_0(\xi) = 1$, $H_1(\xi) = 2\xi$, $H_2(\xi) = 4\xi^2 - 2$, $H_3(\xi) = 8\xi^3 - 12\xi$, …이다.

$x = 0$에서 확률이 0이 되어야 하므로 고유함수는 $\psi_n(x=0) = 0$을 만족해야 한다. 따라서 $n = 1, 3, 5, \cdots$ 홀수일 때만 가능하다. 가능한 에너지는 $E_1 = \dfrac{3}{2}\hbar\omega$, $E_3 = \dfrac{7}{2}\hbar\omega$, $E_5 = \dfrac{11}{2}\hbar\omega$이고 바닥상태 에너지는 $E_1 = \dfrac{3}{2}\hbar\omega$이다. 전 구간에서 바닥상태 고유함수는 $\phi_1 = 2A\sqrt{\dfrac{m\omega}{2\hbar}}\,xe^{-\alpha x^2}$에서 조금 바뀐다. 이유는 구간이 $(-\infty, \infty) \Rightarrow (0, \infty)$이기 때문이다. 예를 들어, $\psi(x) = Af(x)$라 하고 바뀐 구간에서 $\psi(x) = Bf(x)$라 하면 $\int_{-\infty}^{\infty} A^2 f^2(x)dx = 1$, $\int_{0}^{\infty} B^2 f^2(x)dx = 1$에서 $B = \sqrt{2}\,A$가 되어야 한다. 따라서 반띵인 바닥상태의 고유함수는 $\phi_1 = 2A\sqrt{\dfrac{m\omega}{\hbar}}\,xe^{-\alpha x^2}$이다. 그리고 바닥상태와 첫 번째 들뜬상태의 에너지 차이는 $E_3 - E_1 = 2\hbar\omega$이다.

2. 평행이동

$V(x) = \dfrac{1}{2}m\omega^2 x^2$ 을 평행이동에 대해 알아보자.

예를 들어, 우측으로 x_0만큼 평행이동 시키면

$V(x-x_0) = \dfrac{1}{2}m\omega^2(x-x_0)^2 = \dfrac{1}{2}m\omega^2 x^2 - m\omega^2 x_0 x + \dfrac{1}{2}m\omega^2 x_0^2$

평형점의 이동으로 볼 수 있다.

$\dfrac{1}{2}m\omega^2 x^2 - m\omega^2 x_0 x = \dfrac{1}{2}m\omega^2(x-x_0)^2 - \dfrac{1}{2}m\omega^2 x_0^2$

예를 들어, 퍼텐셜이 $V(x) = \dfrac{1}{2}m\omega^2 x^2 - \lambda x$ 형태로 주어진다면 평행이동으로 해결할 수 있다.

$H = \dfrac{p^2}{2m} + V(x) = \dfrac{p^2}{2m} + \dfrac{1}{2}m\omega^2 x^2 - \lambda x = \dfrac{p^2}{2m} + \dfrac{1}{2}m\omega^2\left(x - \dfrac{\lambda}{m\omega^2}\right)^2 - \dfrac{\lambda^2}{2m\omega^2}$

x축 평행이동은 에너지에 영향을 주지 않고 고유함수 평행이동만 일어나게 된다. 그러면 $X = x - \dfrac{\lambda}{m\omega^2}$로 치환하면 $H = \dfrac{p^2}{2m} + \dfrac{1}{2}m\omega^2 X^2 - \dfrac{\lambda^2}{2m\omega^2}$ 이 된다.

$H' = H + \dfrac{\lambda^2}{2m\omega^2} = \dfrac{p^2}{2m} + \dfrac{1}{2}m\omega^2 X^2$ 으로 변환시키면 $E'_n = E_n + \dfrac{\lambda^2}{2m\omega^2} = \hbar\omega\left(n + \dfrac{1}{2}\right)$ 이다.

따라서 에너지 고유값은 $E_n = \hbar\omega\left(n + \dfrac{1}{2}\right) - \dfrac{\lambda^2}{2m\omega^2}$ 이다. 고유함수는 $\phi_n(X) = \phi_n\left(x - \dfrac{\lambda}{m\omega^2}\right)$ 가 된다.

06 2, 3차원 조화진동자

1. 2차원 조화진동자

파동함수 $\psi(x,\ y) = A e^{i(\vec{k}\cdot\vec{r})}$, $\vec{k}(x,\ y) = (k_x,\ k_y)$, $\vec{r} = (x,\ y)$에 의해서

$\psi(x,\ y) = A e^{i(\vec{k}\cdot\vec{r})} = A e^{i(k_x x + k_y y)} = A e^{ik_x x} e^{ik_y y}$ 변수가 분리된다.

$H = \dfrac{p_x^2}{2m} + \dfrac{p_y^2}{2m} + \dfrac{1}{2}m\omega_x^2 x^2 + \dfrac{1}{2}m\omega_y^2 y^2$

$\psi(x,\ y) = \phi_x \phi_y$

$E(n_x,\ n_y) = \hbar\omega_x\left(n_x + \dfrac{1}{2}\right) + \hbar\omega_y\left(n_y + \dfrac{1}{2}\right)$

(1) $\omega_x = \omega_y = \omega_0$인 경우

$$E(n_x, n_y) = \hbar\omega_0(n_x + n_y + 1)$$

$n_x + n_y = k$ ($\because k = 0, 1, 2 \cdots$)이므로 가능한 가짓수는 중복조합이다.

${}_2H_k = {}_{k+1}C_k = {}_{k+1}C_1 = k+1$ 개의 축퇴도를 갖는다.

$(n_x, n_y) : n_x + n_y = k$	$E(n_x, n_y) = \hbar\omega_0(k+1)$	축퇴도 : ${}_2H_k = k+1$
(0, 0)	$\hbar\omega_0$	1
(0, 1), (1, 0)	$2\hbar\omega_0$	2
(0, 2), (2, 0), (1, 1)	$3\hbar\omega_0$	3
(0, 3), (3, 0), (1, 2), (2, 1)	$4\hbar\omega_0$	4
(0, 4), (4, 0), (1, 3), (3, 1), (2, 2)	$5\hbar\omega_0$	5

(2) $\omega_x \neq \omega_y$ ➡ $\omega_x = \omega_0, \ \omega_y = 2\omega_0$인 경우

$$E(n_x, n_y) = \hbar\omega_0\left(n_x + 2n_y + \frac{3}{2}\right)$$

$(n_x, n_y) : n_x + 2n_y = k$	$E(n_x, n_y) = \hbar\omega_0\left(k + \frac{3}{2}\right)$	축퇴도
(0, 0)	$\frac{3}{2}\hbar\omega_0$	1
(1, 0)	$\frac{5}{2}\hbar\omega_0$	1
(2, 0), (0, 1)	$\frac{7}{2}\hbar\omega_0$	2
(3, 0), (1, 1)	$\frac{9}{2}\hbar\omega_0$	2
(4, 0), (0, 2), (2, 1)	$\frac{11}{2}\hbar\omega_0$	3

2. 3차원 조화진동자

$$H = \frac{p_x^2}{2m} + \frac{p_y^2}{2m} + \frac{p_z^2}{2m} + \frac{1}{2}m\omega_x^2 x^2 + \frac{1}{2}m\omega_y^2 y^2 + \frac{1}{2}m\omega_z^2 z^2$$

$$\psi(x, y, z) = \phi_x \phi_y \phi_z$$

$$E(n_x, n_y, n_z) = \hbar\omega_x\left(n_x + \frac{1}{2}\right) + \hbar\omega_y\left(n_y + \frac{1}{2}\right) + \hbar\omega_z\left(n_z + \frac{1}{2}\right)$$

$\omega_x = \omega_y = \omega_z = \omega_0$인 경우

$$E(n_x,\ n_y,\ n_z) = \hbar\omega_0\left(n_x + n_y + n_z + \frac{3}{2}\right)$$

$n_x + n_y + n_z = k$ ($\because k = 0,\ 1,\ 2\ \cdots$)이므로 가능한 가짓수는 중복조합이다.

$_3H_k = {}_{k+2}C_k = {}_{k+2}C_2 = \dfrac{(k+2)(k+1)}{2}$ 개의 축퇴도를 갖는다.

$(n_x,\ n_y) : n_x + n_y + n_z = k$	$E(n_x,\ n_y,\ n_z) = \hbar\omega_0\left(k + \dfrac{3}{2}\right)$	축퇴도 : $_3H_k = (k+2)(k+1)/2$
(0, 0, 0)	$\dfrac{3}{2}\hbar\omega_0$	1
(0, 0, 1), (0, 1, 0), (1, 0, 0)	$\dfrac{5}{2}\hbar\omega_0$	3
(0, 0, 2), (0, 2, 0), (2, 0, 0), (0, 1, 1), (1, 0, 1), (1, 1, 0)	$\dfrac{7}{2}\hbar\omega_0$	6
(0, 0, 3), (0, 3, 0), (3, 0, 0), (0, 1, 2), (0, 2, 1), (1, 0, 2), (1, 2, 0), (2, 1, 0), (2, 0, 1), (1, 1, 1)	$\dfrac{9}{2}\hbar\omega_0$	10

07 시간 의존 파동함수

$$\phi_n(x,\ t) = \phi_n(x)e^{-\frac{iE_n}{\hbar}t} = \phi_n(x)e^{-i\omega\left(n+\frac{1}{2}\right)t}$$

$$\psi(x,\ t) = \sum_{n=0} c_n \phi_n(x) e^{-i\omega\left(n+\frac{1}{2}\right)t}$$

> 에렌페스트 정리 : $\dfrac{d\langle \hat{A}\rangle}{dt} = \dfrac{i}{\hbar}\langle [\hat{H},\ \hat{A}]\rangle + \left\langle \dfrac{\partial \hat{A}}{\partial t}\right\rangle$

$\hat{H} = \dfrac{\hat{p}^2}{2m} + \hat{V}$

$[\hat{H},\ \hat{x}] = \left[\dfrac{\hat{p}^2}{2m} + \hat{V},\ \hat{x}\right] = \dfrac{1}{2m}[\hat{p}^2,\ \hat{x}] = \dfrac{2\hat{p}}{2m}[\hat{p},\ \hat{x}] = \dfrac{\hat{p}}{m}(-i\hbar)$

$\therefore [\hat{H},\ \hat{x}] = -\dfrac{i\hbar}{m}\hat{p}$

$\dfrac{d\langle \hat{x}\rangle}{dt} = \dfrac{i}{\hbar}\langle[\hat{H},\ \hat{x}]\rangle = \dfrac{i}{\hbar}(-i\hbar)\dfrac{1}{m}\langle \hat{p}\rangle$

$$\therefore \frac{d\langle \hat{x} \rangle}{dt} = \frac{\langle \hat{p} \rangle}{m}$$

$$[\hat{H}, \hat{p}] = \left[\frac{\hat{p}^2}{2m} + \hat{V}, \hat{p}\right] = [\hat{V}, \hat{p}] = -\frac{\hbar}{i}\nabla V$$

$$\therefore [\hat{H}, \hat{p}] = -\frac{\hbar}{i}\nabla V$$

$$\frac{d\langle \hat{p} \rangle}{dt} = \frac{i}{\hbar}\langle [\hat{H}, \hat{p}] \rangle = \frac{i}{\hbar}\left(-\frac{\hbar}{i}\right)\langle \nabla V \rangle$$

$$\therefore \frac{d\langle \hat{p} \rangle}{dt} = -\langle \nabla V \rangle = -m\omega^2 \langle x \rangle$$

이 정리를 이용하면 시간 의존 파동함수가 주어질 때 $\langle x \rangle = \langle \psi(t)|x|\psi(t) \rangle$, $\langle p \rangle = \langle \psi(t)|p|\psi(t) \rangle$ 둘 중 하나만 구하면 다른 하나는 쉽게 찾을 수 있다. 즉, $\langle x \rangle$를 찾고 이를 시간 미분하면 $\frac{d\langle \hat{x} \rangle}{dt} = \frac{\langle \hat{p} \rangle}{m}$으로부터 운동량 기댓값을 구할 수 있는 것이다.

조화진동자는 평형점을 기준으로 물리적으로 진동한다. 즉, 시간의 흐름에 따라 특정 위치에서 발견될 확률이 변하는 것이다. 따라서 우리는 역학에서 말하는 진동하는 기댓값을 예상할 수 있다. 양자역학적으로 이 현상을 만족하는지 확인해보자.

그런데 물리적으로 파동함수가 특정 고유함수라면 앞에서 했던 $\langle \phi_n|x|\phi_n \rangle = 0$, $\langle \phi_n|p|\phi_n \rangle = 0$의 성질에 의해서 시간이 변하더라도 x의 기댓값과 p의 기댓값은 0임을 알 수 있다. 이를 어떻게 해석해야 할까. 조화진동자의 에너지는 위치와 운동량이 양분한다는 것을 배웠다. 그렇다면 바닥상태는 평형점의 위치에 존재할 때 그리고 첫 번째 들뜬상태는 조금 당겨진 상태에 있는 것으로 볼 수 있다. 고유함수가 유일하게 존재하고 다른 고유함수로 갈 수 없으므로 진동이 불가능하다. 즉, 특정 상태에 멈춰있는 것으로 볼 수 있다. 그러면 자연스럽게 운동량의 기댓값은 0이다. 그리고 위치는 $\pm x$가 가능하므로 평균값 역시 0이다. 시간 의존 파동함수에서 진동하는 기댓값이 나오기 위해서는 파동함수는 최소한 양자수 2 미만의 고유함수 중첩으로 이뤄져야 한다.

그 이유는 $x = \sqrt{\frac{\hbar}{2m\omega}}(a^\dagger + a)$ 연산자가 시간에 대해 이동하기 위해서는 다음 들뜬상태나 바로 아래 상태가 존재해야 하는데 양자수 2 이상으로 이루어진 파동함수의 경우에는 도약이 불가능하다. 예를 들어, $\psi(x) = a\phi_1(x) + b\phi_3(x)$]으로 이뤄져 있다면 ϕ_1의 인접한 고유함수는 ϕ_0, ϕ_2이고 ϕ_3의 인접한 고유함수는 ϕ_2, ϕ_4인데 이들이 $\phi_1(x)$, ϕ_3과 겹치지 않으므로 양자적으로 진동이 아닌 멈춰있는 독립된 2개의 조화진동자로 인식해 버린다는 것이다.

만약 $\psi(x,\ t=0) = \dfrac{1}{\sqrt{2}}[\phi_0(x)+\phi_2(x)]$ 형태의 파동함수가 나오고 시간 의존 상태를 물어본다면 계산할 필요도 없이 위치와 운동량의 기댓값은 0이다. 그래서 항상 인접한 고유함수의 중첩으로 문제가 나온다.

예제 2 초기($t=0$)에 입자의 규격화된 파동함수는 $\psi(x,\ 0) = \sqrt{\dfrac{1}{2}}[\phi_0(x)+\phi_1(x)]$이고, 시간 t에서의 파동함수는 $\psi(x,\ t)$이다. $\psi(x,\ t)$를 적고, $\psi(x,\ t)$에 대한 x의 기댓값과 p의 기댓값을 구하시오.

풀이

$$\psi(x,\ t) = \frac{1}{\sqrt{2}}\phi_0(x)e^{-i\frac{\omega}{2}t} + \frac{1}{\sqrt{2}}\phi_1(x)e^{-i\frac{3\omega}{2}t}$$

$$x = \sqrt{\frac{\hbar}{2m\omega}}\,(a^\dagger + a)$$

하모니 오실레이터에서 $\langle \phi_n | x | \phi_n \rangle = 0$임을 배웠다.

$$\langle \psi(x,\ t)|x|\psi(x,\ t)\rangle = \frac{1}{2}\left\langle \left(\phi_0 e^{-i\frac{\omega t}{2}} + \phi_1 e^{-i\frac{3\omega t}{2}}\,\big|x\big|\,\phi_0 e^{-i\frac{\omega t}{2}} + \phi_1 e^{-i\frac{3\omega t}{2}}\right)\right\rangle$$

$$= \frac{1}{2}\left\langle \left(\phi_0 e^{-i\frac{\omega t}{2}}\big|x\big|\phi_1 e^{-i\frac{3\omega t}{2}}\right)\right\rangle + \frac{1}{2}\left\langle \left(\phi_1 e^{-i\frac{3\omega t}{2}}\big|x\big|\phi_0 e^{-i\frac{\omega t}{2}}\right)\right\rangle$$

$$= \frac{1}{2}\sqrt{\frac{\hbar}{2m\omega}}\left\langle\left(\phi_0 e^{-i\frac{\omega t}{2}}\big|a^\dagger+a\big|\phi_1 e^{-i\frac{3\omega t}{2}}\right)\right\rangle + \frac{1}{2}\sqrt{\frac{\hbar}{2m\omega}}\left\langle\left(\phi_1 e^{-i\frac{3\omega t}{2}}\big|a^\dagger+a\big|\phi_0 e^{-i\frac{\omega t}{2}}\right)\right\rangle$$

$$= \frac{1}{2}\sqrt{\frac{\hbar}{2m\omega}}\,(e^{-i\omega t}+e^{i\omega t}) = \sqrt{\frac{\hbar}{2m\omega}}\,\cos\omega t$$

$\langle x \rangle = \sqrt{\dfrac{\hbar}{2m\omega}}\cos\omega t$이다. '예제 2' 문제는 $t=0$에서 기댓값이므로 $t=0$을 대입하면 '예제 1'에서 구한 값과 일치한다.

에렌페스트 정리를 이용하면

$$\frac{d\langle \hat{x} \rangle}{dt} = \frac{i}{\hbar}\langle[\hat{H},\ \hat{x}]\rangle = \frac{i}{\hbar}(-i\hbar)\frac{1}{m}\langle \hat{p} \rangle$$

$$\frac{d\langle \hat{x} \rangle}{dt} = \frac{\langle \hat{p} \rangle}{m}$$

따라서 $\langle p \rangle = m\dfrac{d\langle x \rangle}{dt} = -\sqrt{\dfrac{m\hbar\omega}{2}}\sin\omega t$이다.

연습문제

06-24

01 질량이 m이고 각진동수 ω인 조화진동자의 해밀토니안은 $H = \dfrac{p^2}{2m} + \dfrac{1}{2}m\omega^2 x^2$으로 주어진다. 연산자 a를 $a = \sqrt{\dfrac{m\omega}{2\hbar}}\, x + \dfrac{i}{\sqrt{2m\hbar\omega}}\, p$로 정의하면 해밀토니안은 $H = \hbar\omega\left(a^\dagger a + \dfrac{1}{2}\right)$로 표현되며, 이 계의 바닥상태의 고유함수 $\phi_0(x)$와 첫 번째 들뜬상태의 고유함수 $\phi_1(x)$를 구하시오.

1) $\phi_0(x)$:

2) $\phi_1(x)$:

02 질량 m인 입자가 다음과 같은 1차원 퍼텐셜 $V(x)$ 안에 놓여 있다. 이때의 해밀토니안은 $H = \dfrac{p^2}{2m} + \dfrac{1}{2}m\omega^2 x^2$이다. 입자가 바닥상태에 있을 때 규격화된 고유함수는 다음과 같다.

$$\phi_0(x) = Ae^{-\frac{\alpha}{2}x^2} \left(\because A = \left(\dfrac{m\omega}{\pi\hbar}\right)^{\frac{1}{4}}, \ \alpha = \dfrac{m\omega}{\hbar}\right)$$

이때, 바닥상태 고유함수에 대한 $\triangle x \triangle p$ 값을 구하시오.

(단, $a = \sqrt{\dfrac{m\omega}{2\hbar}}\left(x + i\dfrac{p}{m\omega}\right)$, $a^\dagger = \sqrt{\dfrac{m\omega}{2\hbar}}\left(x - i\dfrac{p}{m\omega}\right)$, $\triangle q = \sqrt{\langle q^2 \rangle - \langle q \rangle^2}$이고, $\langle q \rangle = \langle \psi_0 | q | \psi_0 \rangle$이다.)

03 질량 m인 입자가 다음과 같은 1차원 퍼텐셜 $V(x)$ 안에 놓여 있다. 이때의 해밀토니안은 $H = \dfrac{p^2}{2m} + \dfrac{m\omega^2}{2}x^2 = \hbar\omega\left(a^\dagger a + \dfrac{1}{2}\right)$ $\left(\because a = \sqrt{\dfrac{m\omega}{2\hbar}}\left(x + i\dfrac{p}{m\omega}\right),\ a^\dagger = \sqrt{\dfrac{m\omega}{2\hbar}}\left(x - i\dfrac{p}{m\omega}\right)\right)$ 입자의 고유벡터가 $|n\rangle$일 때, $a|n\rangle = \sqrt{n}\,|n-1\rangle$, $a^\dagger|n\rangle = \sqrt{n+1}\,|n+1\rangle$을 이용하여 고유벡터 $|n\rangle$에 대하여 $[a, H]|n\rangle$과 $[a^\dagger, H]|n\rangle$를 구하시오.

04 질량 m인 입자가 다음과 같은 1차원 퍼텐셜 $V(x)$ 안에 놓여 있다. 이때의 해밀토니안은 $H = \dfrac{p^2}{2m} + \dfrac{1}{2}m\omega^2 x^2$이다. <자료>를 참고하여 입자가 바닥상태에 있을 때 규격화된 고유함수 $\phi_0(x)$를 구하시오. 그리고 입자가 바닥상태에서 각진동수 ω가 갑자기 2배 감소하였을 때, 변화 이후에 입자가 바닥상태에 존재할 확률을 구하시오.

| 자료 |

- 연산자 $a = \sqrt{\dfrac{m\omega}{2\hbar}}\left(x + i\dfrac{p}{m\omega}\right)$, $a^+ = \sqrt{\dfrac{m\omega}{2\hbar}}\left(x - i\dfrac{p}{m\omega}\right)$이다.
- 입자의 고유벡터가 $|n\rangle$일 때, $a|n\rangle = \sqrt{n}\,|n-1\rangle$, $a^+|n\rangle = \sqrt{n+1}\,|n+1\rangle$이다.
- $\displaystyle\int_{-\infty}^{+\infty} e^{-ax^2}dx = \left(\dfrac{\pi}{a}\right)^{\frac{1}{2}}$이다.

18-A06

05 질량 m인 입자가 다음과 같은 1차원 퍼텐셜 $V(x)$ 안에 놓여 있다.

$$V(x) = \begin{cases} \frac{1}{2}m\omega^2 x^2 & (x > 0) \\ \infty & (x \leq 0) \end{cases}$$

<자료>를 참고하여 바닥상태의 규격화된 고유함수 $\phi(x)$를 $x > 0$인 영역에서 구하고, 첫 번째 들뜬상태의 에너지 E를 구하시오. (단, ω는 양의 상수이다.)

자료

1차원 조화진동자를 나타내는 퍼텐셜 $V(x) = \frac{1}{2}m\omega^2 x^2$에서 질량 m인 입자의 규격화된 고유함수는 양자수 $n = 0, 1, 2, \cdots$에 대해 $\psi_n(x) = N_n H_n(\alpha x) e^{-\frac{\alpha^2}{2}x^2}$이다. 이에 따른 에너지는 $\epsilon_n = \left(n + \frac{1}{2}\right)\hbar\omega$이다. $N_n = \left(\frac{m\omega}{\pi\hbar}\right)^{\frac{1}{4}} \sqrt{\frac{1}{2^n n!}}$ 과 $\alpha = \sqrt{\frac{m\omega}{\hbar}}$는 상수이고, 에르미트 다항식 $H_n(\xi)$의 몇 가지 예는 $H_0(\xi) = 1$, $H_1(\xi) = 2\xi$, $H_2(\xi) = 4\xi^2 - 2$, $H_3(\xi) = 8\xi^3 - 12\xi$, $\cdots$이다.

06 질량 m인 입자가 2차원 퍼텐셜

$$V(x,\ y) = \begin{cases} \dfrac{1}{2}m\omega^2(x^2+y^2), & x > 0 \\ \infty, & x \leq 0 \end{cases}$$

안에서 운동하며 ω는 양의 상수이다. 바닥상태의 에너지와 고유에너지 $4\hbar\omega$의 축퇴도(degeneracy)를 각각 구하시오.

07 질량 m인 입자가 다음과 같은 해밀토니안을 가지고 있다.

$$H(x,\ y) = \frac{p_x^2}{2m} + \frac{p_y^2}{2m} + \frac{1}{2}m\omega^2 x^2 - \lambda x + V(y) \quad ;\ V(y) = \begin{cases} 0 & ;\ 0 \leq y \leq L \\ \infty & ;\ else \end{cases}$$

<자료>를 참고하여 계의 바닥상태 고유함수를 구하시오. 또한 일반적인 에너지 고유값을 구하시오.

자료

- 입자 $i(i=1,\ 2)$의 위치 연산자 x_i는 $x_i = \sqrt{\dfrac{\hbar}{2m\omega}}(a_i + a_i^\dagger)$이다.

- 입자 i의 고유벡터가 $|n_i\rangle$일 때 $a_i|n_i\rangle = \sqrt{n_i}\,|n_{i-1}\rangle$, $a_i^\dagger|n_i\rangle = \sqrt{n_i+1}\,|n_{i+1}\rangle$이다.

- $H = \dfrac{p^2}{2m} + \dfrac{1}{2}m\omega^2 x^2$일 때 바닥상태 고유함수는 $\phi_0(x) = A e^{-\frac{\alpha}{2}x^2}$ ($\because A = \left(\dfrac{m\omega}{\pi\hbar}\right)^{\frac{1}{4}}$, $\alpha = \dfrac{m\omega}{\hbar}$)이다.

08 질량이 m인 입자가 다음과 같은 3차원 퍼텐셜 $V(x,\ y,\ z)$ 안에 놓여 있다.

$$V(x,\ y,\ z) = \frac{1}{2}m\omega^2(x^2+4y^2+9z^2)$$

자료를 참고하여 바닥상태 에너지와 첫 번째 들뜬상태 에너지 및 두 번째 들뜬상태 에너지를 구하고 각 에너지에 대한 축퇴도를 쓰시오. 또한 바닥상태의 규격화된 고유함수 $\psi_0(x,\ y,\ z)$를 구하시오. (단, ω는 양의 상수이다.)

자료

1차원 조화진동자를 나타내는 퍼텐셜 $V(x) = \frac{1}{2}m\omega^2 x^2$에서 질량 m인 입자의 규격화된 고유함수는 양자수 $n = 0,\ 1,\ 2,\ \cdots$에 대해 $\psi_n(x) = N_n H_n(\alpha x) e^{-\frac{\alpha^2}{2}x^2}$이다. 이에 따른 에너지는 $\epsilon_n = \left(n+\frac{1}{2}\right)\hbar\omega$이다. $N_n = \left(\frac{m\omega}{\pi\hbar}\right)^{\frac{1}{4}}\sqrt{\frac{1}{2^n n!}}$과 $\alpha = \sqrt{\frac{m\omega}{\hbar}}$는 상수이고, 에르미트 다항식 $H_n(\xi)$의 몇 가지 예는 $H_0(\xi) = 1$, $H_1(\xi) = 2\xi$, $H_2(\xi) = 4\xi^2 - 2$, $H_3(\xi) = 8\xi^3 - 12\xi$, $\cdots$이다.

09 1차원 조화진동자의 해밀토니안을 차원이 없는 단위($m=\hbar=\omega=1$)로 나타내면 $H=\frac{1}{2}(p^2+x^2)=a_+a_-+\frac{1}{2}$이고, $a_\pm=\frac{1}{\sqrt{2}}(x\mp ip)$이다. 이 진동자의 j번째와 $j+1$번째 에너지 고유함수는 각각 $\psi_j=A_j(2x^3-3x)e^{-x^2/2}$, $\psi_{j+1}=A_{j+1}(4x^4+\alpha x^2+3)e^{-x^2/2}$이고, A_j와 A_{j+1}은 규격화 상수이다. 이때 j값을 풀이 과정과 함께 구하시오. 또한 ψ_{j+1}에서 x^2항의 계수 α를 풀이 과정과 함께 구하시오.

―| 자료 |―
$a_+\psi_n=\sqrt{n+1}\,\psi_{n+1}$, $a_-\psi_n=\sqrt{n}\,\psi_{n-1}$이고, $n=0,\ 1,\ 2,\ \cdots$이다.

Chapter 05 섭동이론과 수소 원자

01 섭동이론(perturbation theory)

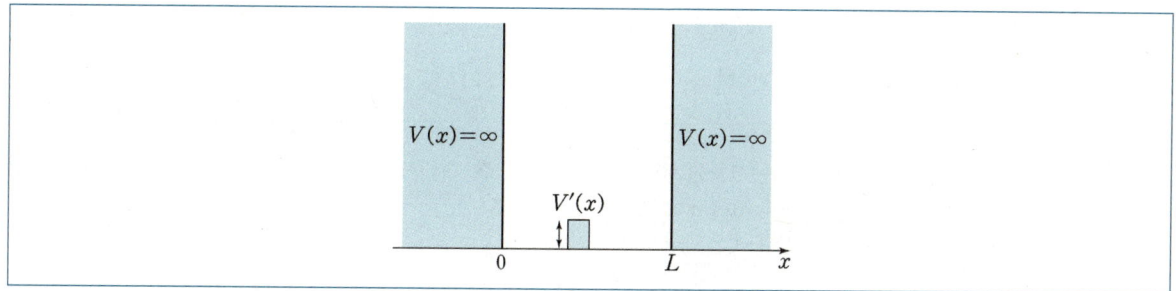

기존의 해밀토니안 $H = \dfrac{p^2}{2m} + V(x)$에 아주 작은 변화 즉, 새로운 퍼텐셜 $V'(x)$가 추가되었을 때 근사적으로 구하는 방법이 섭동이론이다.

변화 전의 해밀토니안을 H^0라 하자. 새로운 퍼텐셜이 추가 되었을 때 근사적으로 해밀토니안을 다음과 같이 적을 수 있다.

$H = H_0 + \lambda H' \, (\because |\lambda| \ll 1)$

이때 변화된 해밀토니안에 대한 고유함수를 ϕ_n이라 하면

$H\phi_n = (H_0 + \lambda H')\phi_n = E_n \phi_n$ ······ ①

매우 작은 변화이므로 우리는 변화된 고유함수를 다음과 같이 표현된다고 가정할 수 있다.

$\phi_n = \phi_n^{(0)} + \lambda \phi_n^{(1)} + \lambda^2 \phi_n^{(2)} + \cdots$ ($\because \phi_n^{(0)}$는 기존의 고유함수, $\langle \phi_n^{(i)} | \phi_n^{(j)} \rangle = \delta_{ij}$를 만족)

$E_n = E_n^{(0)} + \lambda E_n^{(1)} + \lambda^2 E_n^{(2)} + \cdots$

식 ①은

$(H_0 + \lambda H')(\phi_n^{(0)} + \lambda \phi_n^{(1)} + \lambda^2 \phi_n^{(2)} + \cdots)$

$= (E_n^{(0)} + \lambda E_n^{(1)} + \lambda^2 E_n^{(2)} + \ldots)(\phi_n^{(0)} + \lambda \phi_n^{(1)} + \lambda^2 \phi_n^{(2)} + \cdots)$

$= H_0 \phi_n^{(0)} + \lambda(H_0 \phi_n^{(1)} + H' \phi_n^{(0)}) + \lambda^2 (H_0 \phi_n^{(2)} + H' \phi_n^{(1)})$

$= E_n^{(0)} \phi_0 + \lambda(E_n^{(0)} \phi_n^{(1)} + E_n^{(1)} \phi_n^{(0)}) + \lambda^2 (E_n^{(0)} \phi_n^{(2)} + E_n^{(1)} \phi_n^{(1)} + E_n^{(2)} \phi_n^{(0)} +) \cdots$

λ의 차원에 대해 정리하면

$H_0 \phi_n^{(0)} = E_n^{(0)} \phi_n^{(0)}$ ······ ②

$H_0 \phi_n^{(1)} + H' \phi_n^{(0)} = E_n^{(0)} \phi_n^{(1)} + E_n^{(1)} \phi_n^{(0)}$ ······ ③ 1차 보정

$(H_0 \phi_n^{(2)} + H' \phi_n^{(1)}) = E_n^{(0)} \phi_n^{(2)} + E_n^{(1)} \phi_n^{(1)} + E_n^{(2)} \phi_n^{(0)}$ ······ ④ 2차 보정

식 ③ 양변에 $\phi_n^{(0)}$을 취하면 $\langle \phi_n^{(0)} | H' | \phi_n^{(0)} \rangle = E_n^{(1)}$

이것을 1차 보정된 에너지 값이라고 한다.

예제 질량 m인 입자가 다음과 같은 1차원 퍼텐셜 우물 $V(x)$에 속박되어 운동을 한다.
$$V(r) = \begin{cases} 0 & (0 \leq x \leq L) \\ \infty & (x < 0, \ x > L) \end{cases}$$
이때의 정상 상태 파동함수는 $\psi_n(x) = \sqrt{\dfrac{2}{L}} \sin \dfrac{n\pi}{L} x$ 이고, 에너지는 $E_n = \dfrac{\pi^2 \hbar^2}{2mL^2} n^2$이다. 이때 섭동 해밀토니안 $H_1 = \lambda V_0 \delta\left(x - \dfrac{L}{2}\right)$이 더해졌을 때, 고유함수 $\psi_n(x)$ 대한 에너지의 1차 보정값을 풀이 과정과 함께 구하시오.

---

02 수소 원자

1. 보어 모델

물질파 운동량: $p = mv = \dfrac{h}{\lambda}$

궤도의 정상파 조건: $2\pi r = n\lambda$

둘을 합하면 $2\pi r mv = nh$ ➡ $mvr = n\hbar$

원자 번호 Z인 원자에서 전자의 에너지를 구해보자.

원운동이라 가정하면, 전자가 받는 힘의 전기력은 원심력과 동일하므로 $\dfrac{Zke^2}{r^2} = \dfrac{mv^2}{r}$이다.

위 양자조건을 대입하여 정리하면 $r_n = \dfrac{n^2 \hbar^2}{Zk m_e e^2}$

전자의 에너지는 $E = \dfrac{1}{2} mv^2 - \dfrac{Zke^2}{r}$이고 위 식을 대입하여 정리하면

$E_n = -Z^2 \dfrac{m_e k^2 e^4}{2\hbar^2} \dfrac{1}{n^2} = -Z^2 \dfrac{13.6 eV}{n^2}$이다.

(1) **의미**
   ① 수소 원자 스펙트럼에서 선스펙트럼이 나오는 이유를 설명한다.
   ② 수소 원자의 전자가 가지는 에너지가 양자화되어 있다는 것을 수식적으로 확인한다.

(2) **한계점**
   ① 고전적인 원운동 개념과 파동의 개념이 혼재(양자적 에너지 도약의 논리성 부족)한다.
   ② 제만 효과 설명 불가능

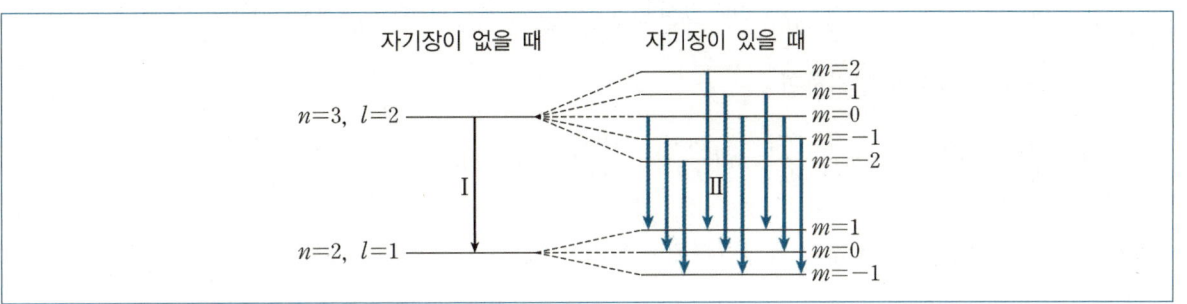

2. 슈뢰딩거 방정식 일반해

$$H = -\frac{\hbar^2}{2m}\nabla^2 + V(r) \quad (\because V = -\frac{k}{r})$$

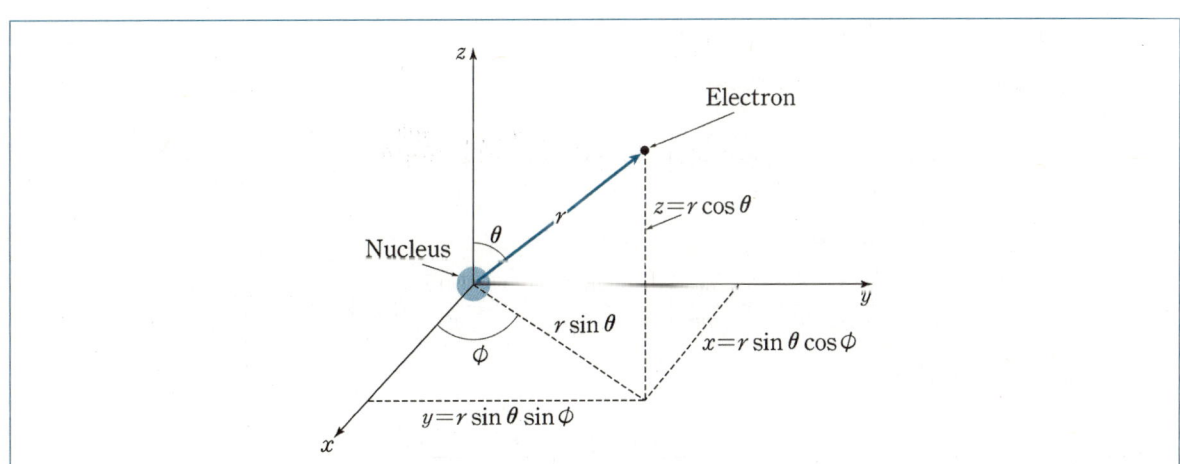

구면 파동함수에서 주의해야 할 것은 $|\Psi(r,\theta,\phi)|^2 = |R(r)\Theta(\theta)\Phi(\phi)|^2$: 단위 부피당 확률
➡ 전자의 분포(오비탈)

실제 확률은 $P = \iiint |R(r)|^2|\Theta(\theta)|^2|\Phi(\phi)|^2 r^2\sin\theta\, dr d\theta d\phi$

$|R(r)|^2|\Theta(\theta)|^2|\Phi(\phi)|^2 r^2\sin\theta$ ➡ 확률 밀도 함수

$$\nabla^2 = \frac{1}{r^2}\frac{\partial}{\partial r}\left(r^2\frac{\partial \phi}{\partial r}\right) + \frac{1}{r^2\sin\theta}\frac{\partial}{\partial \theta}\left(\sin\theta\frac{\partial \phi}{\partial \theta}\right) + \frac{1}{r^2\sin^2\theta}\frac{\partial^2 \phi}{\partial \phi^2}$$

$$H\Psi(r,\theta,\phi) = E\Psi(r,\theta,\phi)$$

$$\nabla^2\Psi = -\frac{2m_e}{\hbar^2}(E-V(r))\Psi$$

변수 분리해서 $\Psi(r,\theta,\phi) = R(r)\Theta(\theta)\Phi(\phi)$

$$\frac{1}{r^2 R}\frac{\partial}{\partial r}\left(r^2\frac{\partial R}{\partial r}\right) + \frac{1}{r^2\sin\theta}\frac{1}{\Theta}\frac{\partial}{\partial \theta}\left(\sin\theta\frac{\partial \Theta}{\partial \theta}\right) + \frac{1}{r^2\sin^2\theta}\frac{1}{\Phi}\frac{\partial^2 \Phi}{\partial \phi^2} = -\frac{2m_e}{\hbar^2}(E-V) \quad \cdots\cdots \text{①}$$

①에 $r^2\sin^2\theta$을 곱하여 정리하면

$$\sin^2\theta\frac{1}{R}\frac{\partial}{\partial r}\left(r^2\frac{\partial R}{\partial r}\right) + \sin\theta\frac{1}{\Theta}\frac{\partial}{\partial \theta}\left(\sin\theta\frac{\partial \Theta}{\partial \theta}\right) + \frac{2m_e}{\hbar^2}r^2\sin^2\theta(E-V) = -\frac{1}{\Phi}\frac{\partial^2 \Phi}{\partial \phi^2} \quad \cdots\cdots \text{②}$$

좌변(r, θ)과 우변(ϕ)이 각각의 독립변수로 구성되어 있으므로 만족하기 위해서는 $-\frac{1}{\Phi}\frac{\partial^2 \Phi}{\partial \phi^2}$ 가 상수여야 한다.

$$-\frac{1}{\Phi}\frac{\partial^2 \Phi}{\partial \phi^2} = m^2 \;\Rightarrow\; \frac{\partial^2 \Phi}{\partial \phi^2} = -m^2\Phi \;\Rightarrow\; \Phi = e^{im\phi}$$

각 ϕ는 2π를 주기로 갖는다.

$$\Phi(\phi) = \Phi(\phi+2\pi) = e^{im(\phi+2\pi)} = e^{im\phi}e^{im2\pi} \;\Rightarrow\; e^{im2\pi} = 1$$

$\therefore m = 0, \pm 1, \pm 2$

$\Phi = Ae^{im\phi}$ 는 각운동량 L_z의 고유함수이다. 여기서 규격화된 고유함수는 $\Phi = \frac{1}{\sqrt{2\pi}}e^{im\phi}$ 이다.

이것을 식 ①에 다시 대입하면

$$\frac{1}{r^2 R}\frac{\partial}{\partial r}\left(r^2\frac{\partial R}{\partial r}\right) + \frac{1}{r^2\sin\theta}\frac{1}{\Theta}\frac{\partial}{\partial \theta}\left(\sin\theta\frac{\partial \Theta}{\partial \theta}\right) - \frac{m^2}{r^2\sin^2\theta} = -\frac{2m_e}{\hbar^2}(E-V) \quad \cdots\cdots \text{③}$$

식 ③에 r^2을 곱하여 정리하면

$$\frac{1}{R}\frac{\partial}{\partial r}\left(r^2\frac{\partial R}{\partial r}\right) + \frac{2m_e}{\hbar^2}r^2(E-V) = -\frac{1}{\sin\theta}\frac{1}{\Theta}\frac{\partial}{\partial \theta}\left(\sin\theta\frac{\partial \Theta}{\partial \theta}\right) + \frac{m^2}{\sin^2\theta} \quad \cdots\cdots \text{④}$$

식 ④의 좌측과 우측은 각각 다른 변수이기 때문에 상수가 되어야 한다.
좌측을 먼저 구해보자.

$$\frac{1}{R}\frac{\partial}{\partial r}\left(r^2\frac{\partial R}{\partial r}\right) + \frac{2m_e}{\hbar^2}r^2(E-V) = c$$

여기서 $V=-\dfrac{k}{r}$ 라 하자.

$k=\dfrac{e^2}{4\pi\epsilon_0}$

$\dfrac{\partial}{\partial r}\left(r^2\dfrac{\partial R}{\partial r}\right)+\dfrac{2m_e}{\hbar^2}r^2\left(E+\dfrac{k}{r}\right)R=cR$ ······ ⑤

여기서 파동함수의 경계 조건 $r\to\infty$ 에서 $R(r=\infty)$에서 0으로 가야 한다. 또한 발산하지 않아야 하므로 $R=\sum_{l=0}^{l}A_l r^l e^{-\alpha r}$ 이라 하자. 여기서 R의 다항함수의 최고차항은 r^l이다.

각 항을 비교하기 위해서 $R_l=A_l r^l e^{-\alpha r}$을 식 ⑤에 대입하면

일단 $r^2\dfrac{\partial R}{\partial r}=A_l(lr^{l+1}e^{-\alpha r}-\alpha r^{l+2}e^{-\alpha r})$

$\dfrac{\partial}{\partial r}\left(r^2\dfrac{\partial R}{\partial r}\right)=A_l\dfrac{\partial}{\partial r}(lr^{l+1}e^{-\alpha r}-\alpha r^{l+2}e^{-\alpha r})$

$\quad=A_l[l(l+1)r^l e^{-\alpha r}-\alpha l r^{l+1}e^{-\alpha r}-\alpha(l+2)r^{l+1}e^{-kr}+\alpha^2 r^{l+2}e^{-kr}]$

$\quad=A_l[l(l+1)r^l e^{-\alpha r}-2\alpha(l+1)r^{l+1}e^{-\alpha r}+\alpha^2 r^{l+2}e^{-kr}]$

$\therefore\ \dfrac{\partial}{\partial r}\left(r^2\dfrac{\partial R}{\partial r}\right)=l(l+1)R-2\alpha(l+1)rR+\alpha^2 r^2 R$

식 ⑤를 풀어 쓰면

$\dfrac{\partial}{\partial r}\left(r^2\dfrac{\partial R}{\partial r}\right)=cR-\dfrac{2m_e}{\hbar^2}r^2\left(E+\dfrac{k}{r}\right)R=cR-\dfrac{2m_e k}{\hbar^2}rR-\dfrac{2m_e E}{\hbar^2}r^2$

$l(l+1)R-2\alpha(l+1)rR+\alpha^2 r^2 R=cR-\dfrac{2m_e}{\hbar^2}r^2\left(E+\dfrac{k}{r}\right)R=cR-\dfrac{2m_e k}{\hbar^2}rR-\dfrac{2m_e E}{\hbar^2}r^2$

양변을 비교하면

$c=l(l+1)$, $\alpha(l+1)=\dfrac{m_e k}{\hbar^2}$, $\alpha^2=-\dfrac{2m_e E}{\hbar^2}$

$\alpha=\dfrac{m_e k}{\hbar^2(l+1)}$ 이것을 $\alpha^2=-\dfrac{2m_e E}{\hbar^2}$에 대입하여 정리하면

$E=-\dfrac{\hbar^2}{2m}\left(\dfrac{m_e k}{\hbar^2(l+1)}\right)^2=-\dfrac{m_e k^2}{2\hbar^2(l+1)^2}$

최고차항 $l+1=n$으로 두면 $E=-\dfrac{m_e k^2}{2\hbar^2 n^2}\ \leftrightarrow\ E_n=-\dfrac{m_e k^2 e^4}{2\hbar^2}\dfrac{1}{n^2}$ (보어 모델)

따라서 n은 에너지 양자수이다. 그리고 $l=0,\ 1,\ 2,\ \cdots n-1$이고 $R(r)$에서 다항함수의 가능한 차수를 의미한다. 물리적 의미는 바로 다음에 나온다.

$R(r)$로부터 식 ④의 우변 식은 $l(l+1)$이 됨을 알았다.

$$-\frac{1}{\sin\theta}\frac{1}{\Theta}\frac{\partial}{\partial\theta}\left(\sin\theta\frac{\partial\Theta}{\partial\theta}\right)+\frac{m^2}{\sin^2\theta}=l(l+1) \quad \cdots\cdots \text{⑥}$$

$$\frac{1}{\sin\theta}\frac{\partial}{\partial\theta}\left(\sin\theta\frac{\partial\Theta}{\partial\theta}\right)+\left(l(l+1)-\frac{m^2}{\sin^2\theta}\right)\Theta=0$$

식 ⑤를 만족하는 $\Theta(\theta)$는 수열이 나오는데 이것이 $Legendre\ polynomials\ P_l^m(\cos\theta)$이다.

즉, $\Theta_l^{m_l}(\theta)=P_l^{m_l}(\cos\theta)$ 여기서 m_l은 $-l,\ -l+1,\ \cdots,\ 0,\ 1,\ \cdots\ l-1,\ l$이다.

$-l \leq m_l \leq l \ (\because l \geq 0)$

$\frac{1}{R}\frac{\partial}{\partial r}\left(r^2\frac{\partial R}{\partial r}\right)+\frac{2m_e}{\hbar^2}r^2(E-V)=l(l+1)$에서

$H=-\frac{\hbar^2}{2m}\nabla^2+V(r)$ ➡ 고전적인 형태 $E=\frac{1}{2}m\dot{r}^2+\frac{L^2}{2I}+V$

$HR=-\frac{\hbar^2}{2m_e r^2}\left(\frac{\partial}{\partial r}\left(r^2\frac{\partial R}{\partial r}\right)\right)+\frac{l(l+1)\hbar^2}{2m_e r^2}R+VR=ER$

$\quad =-\frac{\hbar^2}{2m_e r}\left(\frac{\partial^2}{\partial^2 r}(rR)\right)+\frac{l(l+1)\hbar^2}{2m_e r^2}R+VR=ER$

$u=rR$

$Hu(r)=-\frac{\hbar^2}{2m_e}\left(\frac{\partial^2}{\partial^2 r}(u)\right)+\frac{l(l+1)\hbar^2}{2m_e r^2}u+Vu=Eu$

$\psi=rR\Theta\Phi$라 하면

$H\psi=\left(-\frac{\hbar^2}{2m_e}\frac{\partial^2}{\partial^2 r}+\frac{L^2}{2m_e r^2}+V\right)\psi=E\psi$

위의 두 식을 각각 비교하면

각운동량 크기의 양자화: $L^2=l(l+1)\hbar^2$

회전운동 에너지의 z성분 ➡ $\dfrac{-\hbar^2}{2mr^2\sin^2\theta}\dfrac{\partial^2}{\partial\phi^2}$ ➡ $\dfrac{L_z^2}{2I_z}$ ➡ $\dfrac{\partial^2\Phi}{\partial\phi^2}=-m^2\Phi\ (\because\ \Phi=\dfrac{1}{\sqrt{2\pi}}e^{im\phi})$

공간의 양자화: $L_z=m_l\hbar\ (\because\ L_z=\dfrac{\hbar}{i}\dfrac{\partial}{\partial\phi})$

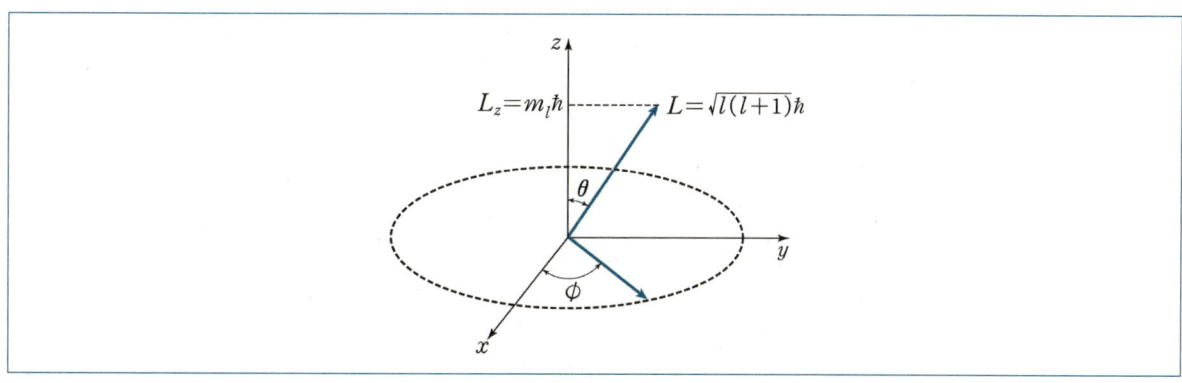

(1) 각운동량 크기의 양자화

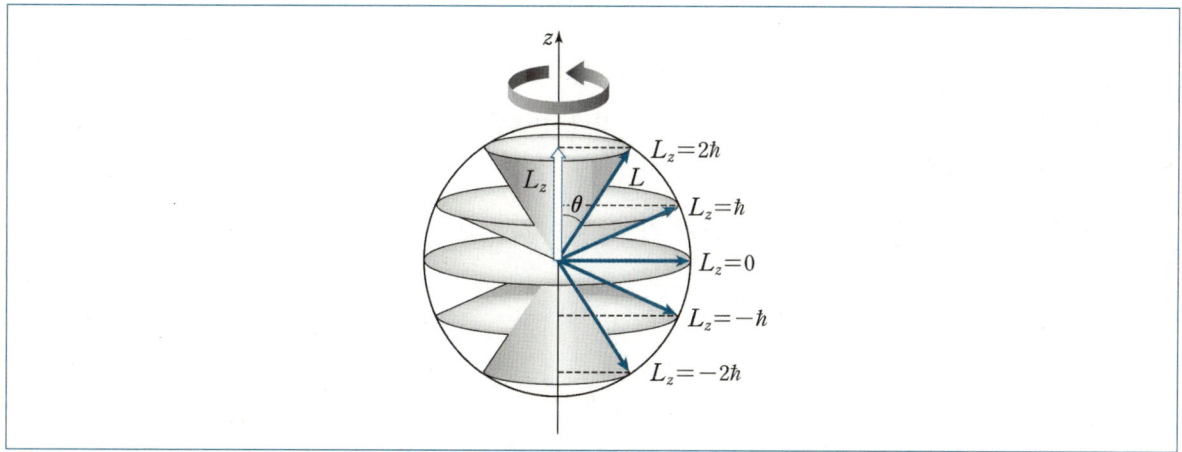

① $\vec{L}$은 z축과 θ의 각을 이루는 원뿔에 있어야 한다.

$$\cos\theta = \frac{L_z}{|\vec{L}|} = \frac{m_l}{\sqrt{l(l+1)}}$$

② $\vec{L}$이 특정한 방향을 갖는 것은 입자들 사이에 작용하는 힘과는 무관하다.

③ $\vec{L}$의 양자화(θ의 양자화)는 중심력인 쿨롱의 힘으로부터 나온 것이 아니라 공간 그 자체의 구조에 의한 것이다.

④ L_z를 확실히 안다고 할지라도 $\vec{L}$는 원뿔 표면에 위치하므로 L_x와 L_y는 정확히 알 수 없다.

(2) **공간의 양자화**

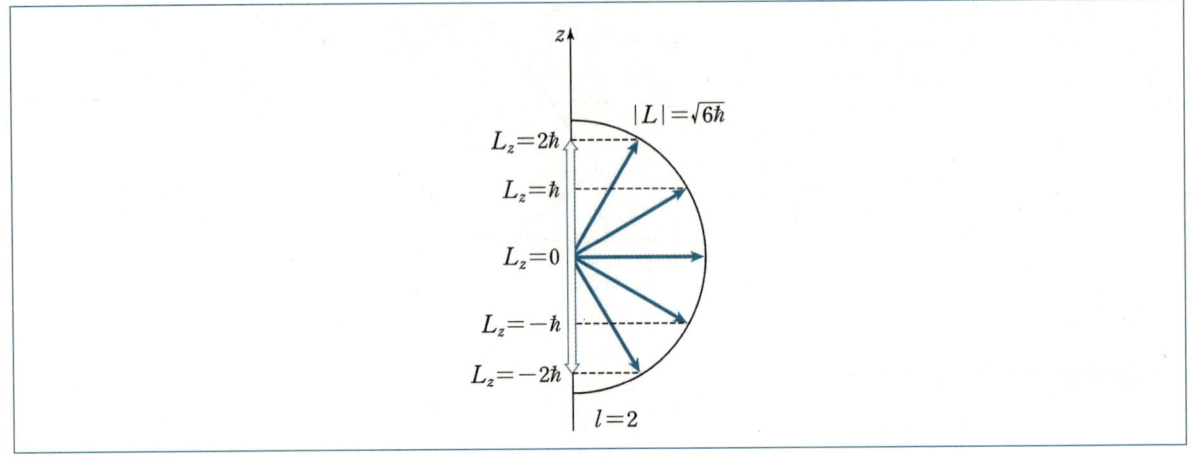

① $\vec{L}$의 방향이 임의의 축(z축)에 대해 양자화되는 것

$|\vec{L}|$과 L_z가 각각 궤도양자수와 자기양자수에 따라 선명한 관측량이 되고 l 및 m_l이 각운동량 벡터 $|\vec{L}|$의 방향을 결정한다.

② 궤도양자수 l이 주어졌을 때 $\vec{L}$의 가능한 방향($-l \leq m_l \leq l$)

㉠ $l=0$이면 $m_l=0$, $\cos\theta=0$ ➡ $\theta=\dfrac{\pi}{2}$

㉡ $l=1$이면 $m_l=-1,\ 0,\ 1,\ \cos\theta=\begin{cases}-\dfrac{1}{\sqrt{2}} & \Rightarrow \theta=\dfrac{3}{4}\pi \\ 0 & \Rightarrow \theta=\dfrac{\pi}{2} \\ \dfrac{1}{\sqrt{2}} & \Rightarrow \theta=\dfrac{1}{4}\pi\end{cases}$

㉢ $l=2$이면 $m_l=-2,\ -1,\ 0,\ 1,\ 2,\ \cos\theta=-\dfrac{2}{\sqrt{6}},\ -\dfrac{1}{\sqrt{6}},\ 0,\ \dfrac{1}{\sqrt{6}},\ \dfrac{2}{\sqrt{6}}$

㉣ L_z는 전체 각운동량 $\vec{L}$보다 작아야 하므로 $\vec{L}$은 z축과 나란할 수 없다.

(3) **수소 원자의 에너지 축퇴도**

에너지 양자수 n에 대해 고유함수가 몇 개가 존재하는지 알아보자.

$l = 1,\ 1,\ 2,\ \cdots,\ n-1$

$m = -l,\ -l+1,\ \cdots,\ l-1,\ l$ ➡ $2l+1$개

$g_n = \sum_{l=0}^{n-1}(2l+1) = n(n-1)+n = n^2$ ➡ 수소 원자 에너지 축퇴도

아직 배우지는 않았지만 나중에 수소 원자의 전자가 스핀이라는 값을 갖는다. 이때 스핀이 2가지 축퇴도를 가지므로 스핀 포함 전체 축퇴도는 $g_n = 2n^2$이다.

고유함수를 정리하면 지름 고유함수 $R_{nl} = \sum_{l=0}^{l} A_l r^l e^{-r/na_0}$ ➡ 에너지 준위 결정

구면 고유함수 $Y_l^{m_l} = \Theta(\theta)\Phi(\phi)$ ➡ 각운동량 크기와 공간의 양자화 결정

n	l	m_l	$\Phi(\phi)$	$\Theta(\theta)$	$R(r)$	$\psi(r, \theta, \phi)$
1	0	0	$\frac{1}{\sqrt{2\pi}}$	$\frac{1}{\sqrt{2}}$	$\frac{2}{a_0^{3/2}} e^{-r/a_0}$	$\frac{1}{\sqrt{\pi} a_0^{3/2}} e^{-r/a_0}$
2	0	0	$\frac{1}{\sqrt{2\pi}}$	$\frac{1}{\sqrt{2}}$	$\frac{1}{2\sqrt{2} a_0^{3/2}} \times \left(2 - \frac{r}{a_0}\right) e^{-r/2a_0}$	$\frac{1}{4\sqrt{2\pi} a_0^{3/2}} \left(2 - \frac{r}{a_0}\right) e^{-r/2a_0}$
2	1	0	$\frac{1}{\sqrt{2\pi}}$	$\frac{\sqrt{6}}{2} \cos\theta$	$\frac{1}{2\sqrt{6} a_0^{3/2}} \frac{r}{a_0} e^{-r/2a_0}$	$\frac{1}{4\sqrt{2\pi} a_0^{3/2}} \frac{r}{a_0} e^{-r/2a_0} \cos\theta$
2	1	±1	$\frac{1}{\sqrt{2\pi}} e^{\pm i\phi}$	$\frac{\sqrt{3}}{2} \sin\theta$	$\frac{1}{2\sqrt{6} a_0^{3/2}} \frac{r}{a_0} e^{-r/2a_0}$	$\frac{1}{8\sqrt{\pi} a_0^{3/2}} \frac{r}{a_0} e^{-r/2a_0} \sin\theta e^{\pm i\phi}$
3	0	0	$\frac{1}{\sqrt{2\pi}}$	$\frac{1}{\sqrt{2}}$	$\frac{2}{81\sqrt{3} a_0^{3/2}} \times \left(27 - 18\frac{r}{a_0} + 2\frac{r^2}{a_0^2}\right) e^{-r/3a_0}$	$\frac{1}{81\sqrt{3\pi} a_0^{3/2}} \times \left(27 - 18\frac{r}{a_0} + 2\frac{r^2}{a_0^2}\right) e^{-r/3a_0}$
3	1	0	$\frac{1}{\sqrt{2\pi}}$	$\frac{\sqrt{6}}{2} \cos\theta$	$\frac{4}{81\sqrt{6} a_0^{3/2}} \times \left(6 - \frac{r}{a_0}\right) \frac{r}{a_0} e^{-r/3a_0}$	$\frac{\sqrt{2}}{81\sqrt{\pi} a_0^{3/2}} \times \left(6 - \frac{r}{a_0}\right) \frac{r}{a_0} e^{-r/3a_0} \cos\theta$
3	1	±1	$\frac{1}{\sqrt{2\pi}} e^{\pm i\phi}$	$\frac{\sqrt{3}}{2} \sin\theta$	$\frac{4}{81\sqrt{6} a_0^{3/2}} \times \left(6 - \frac{r}{a_0}\right) \frac{r}{a_0} e^{-r/3a_0}$	$\frac{1}{81\sqrt{\pi} a_0^{3/2}} \times \left(6 - \frac{r}{a_0}\right) \frac{r}{a_0} e^{-r/3a_0} \sin\theta e^{\pm i\phi}$
3	2	0	$\frac{1}{\sqrt{2\pi}}$	$\frac{\sqrt{10}}{4} (3\cos^2\theta - 1)$	$\frac{4}{81\sqrt{30} a_0^{3/2}} \frac{r^2}{a_0^2} e^{-r/3a_0}$	$\frac{1}{81\sqrt{6\pi} a_0^{3/2}} \frac{r^2}{a_0^2} e^{-r/3a_0} \times (3\cos^2\theta - 1)$
3	2	±1	$\frac{1}{\sqrt{2\pi}} e^{\pm i\phi}$	$\frac{\sqrt{15}}{2} \sin\theta\cos\theta$	$\frac{4}{81\sqrt{30} a_0^{3/2}} \frac{r^2}{a_0^2} e^{-r/3a_0}$	$\frac{1}{81\sqrt{\pi} a_0^{3/2}} \frac{r^2}{a_0^2} e^{-r/3a_0} \times \sin\theta\cos\theta e^{\pm i\phi}$
3	2	±2	$\frac{1}{\sqrt{2\pi}} e^{\pm 2i\phi}$	$\frac{\sqrt{15}}{4} \sin^2\theta$	$\frac{4}{81\sqrt{30} a_0^{3/2}} \frac{r^2}{a_0^2} e^{-r/3a_0}$	$\frac{1}{162\sqrt{\pi} a_0^{3/2}} \frac{r^2}{a_0^2} e^{-r/3a_0} \times \sin^2\theta e^{\pm 2i\phi}$

※ 구면 고유함수는 각운동량을 계산할 수 있다. 연산자는 L^2이고 이 연산자는 $L^2 = L_x^2 + L_y^2 + L_z^2$이다.

3. 확률

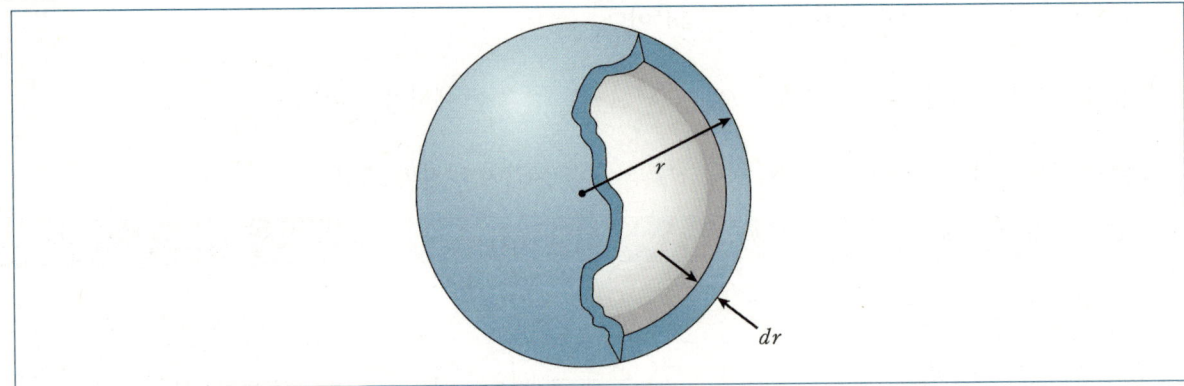

확률은 $P = \iiint |R(r)|^2 |\Theta(\theta)|^2 |\Phi(\phi)|^2 r^2 \sin\theta \, dr d\theta d\phi$ 로 주어진다.

이때 적분 안의 값을 분할하면 $P = \int r^2 |R(r)|^2 dr \int |\Theta(\theta)|^2 \sin\theta \, d\theta \int |\Phi(\phi)|^2 d\phi$

이때 r에 대한 적분 안의 값을 지름 확률 밀도라 한다.

> 지름 확률 밀도: $P(r) = r^2 |R(r)|^2$

$P(r) dr = |\Psi|^2 r^2 dr$ ➡ 반지름이 r이고 두께 dr인 구 껍질에서 전자를 발견할 확률

수소 원자는 3차원 구면 좌표계로서 고유함수의 제곱이 단위 부피당 확률을 의미한다.

$|\Psi(r, \theta, \phi)|^2 = |R(r)\Theta(\theta)\Phi(\phi)|^2$ ➡ 단위 부피당 확률(오비탈 모형)

이는 전자가 얼마나 퍼져있는지 분포적인 의미를 지닌다.

실제 확률은 $P = \iiint |R(r)|^2 |\Theta(\theta)|^2 |\Phi(\phi)|^2 r^2 \sin\theta \, dr d\theta d\phi$ 이다.

(1) **바닥상태** $\Psi_{100}(n=1, \, l=0, \, m_l = 0 \, ; \, 1s)$

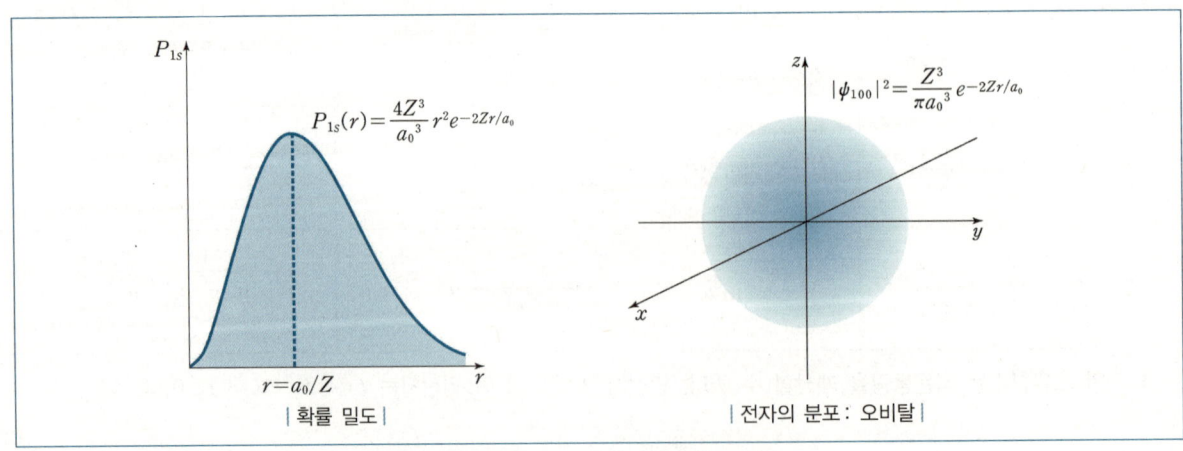

| 확률 밀도 | | 전자의 분포: 오비탈 |

$Z=1$인 수소 원자의 바닥상태에서 확률이 가장 높은 거리와 평균 거리는 다음과 같다.

① 확률이 가장 높은 거리

$$\frac{dP_{1s}(r)}{dr} = \frac{d}{dr}\left(\frac{4}{a_0^3}r^2 e^{-\frac{2r}{a_0}}\right) = \frac{4}{a_0^3}e^{-\frac{2r}{a_0}}\left(2r - \frac{2r^2}{a_0}\right) = 0$$

$\therefore r = a_0$

② 평균 거리

$$\langle r \rangle = \int_0^\infty r P_{1s}(r) dr = \frac{4}{a_0^3}\int_0^\infty r^3 e^{-2r/a_0} dr = \frac{3}{2}a_0$$

평균 거리와 가장 확률이 높은 거리가 일치하지 않는다. ($P(r)$이 a_0에 대하여 대칭이 아니므로)

(2) 첫 번째 들뜬상태($n=2$인 상태)

① 수소 꼴 원자의 첫 번째 들뜬상태 $2s$

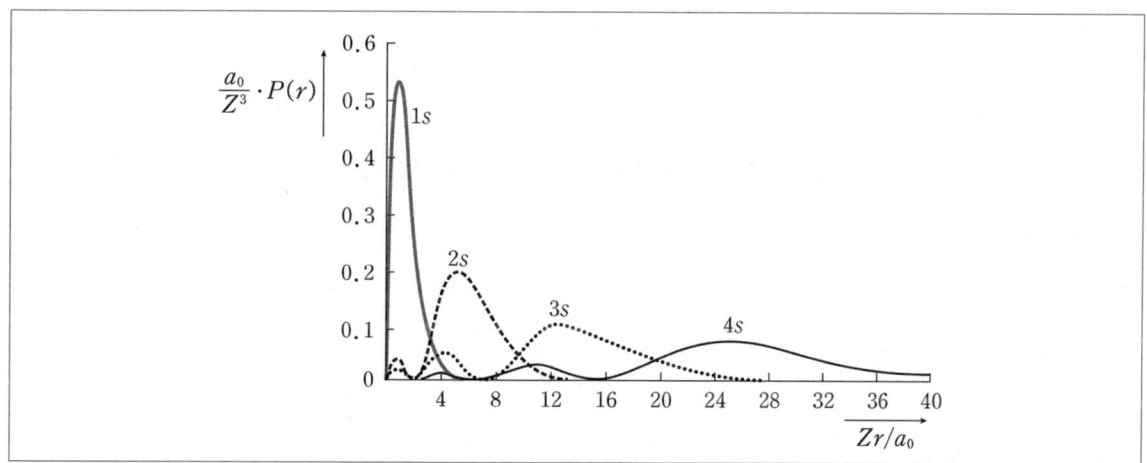

㉠ 주양자수 $n=2$

$$E_2 = -(13.6\text{eV})\frac{Z^2}{4}$$

첫 번째 들뜬 준위 E_2는 네 겹으로 겹쳐 있다.

㉡ Ψ_{200}

ⓐ $2s$ 상태 - 구대칭

ⓑ 2개의 피크를 가지고 있다.

ⓒ 가장 확률이 큰 거리($\simeq \dfrac{5a_0}{2}$)

ⓓ $-1s$보다 먼 거리에 위치한다.

② 수소 꼴 원자의 첫 번째 들뜬상태 $2p$

Ψ_{210}, Ψ_{211}, Ψ_{21-1}

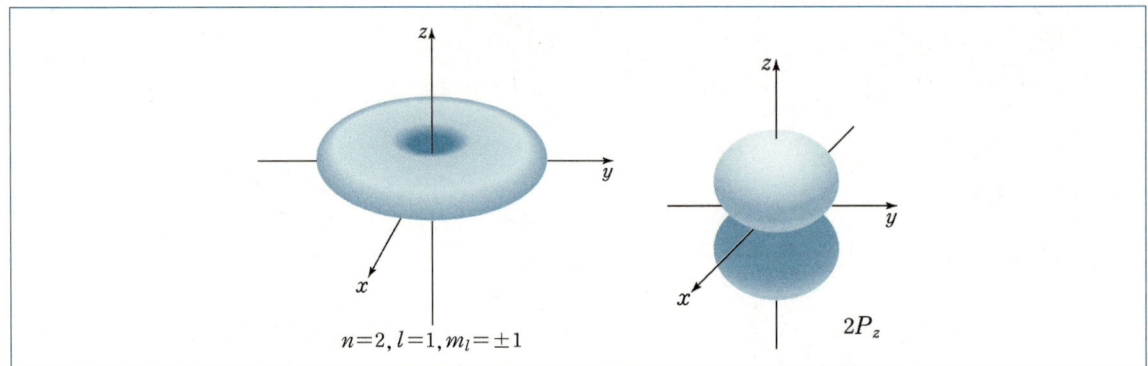

$l=1$인 $2p$의 버금 껍질을 이룬다.

$$\Psi_{211} = R_{21}Y_1^1 = \frac{1}{\sqrt{\pi}}\left(\frac{Z}{a_0}\right)^{3/2}\left(\frac{Zr}{8a_0}\right)e^{-Zr/2a_0}\sin\theta e^{i\phi}$$

확률 밀도 $|\Psi_{211}|^2$은 ϕ와 무관하고 z축에 대해 대칭

$$\Psi_{210} = R_{20}Y_1^0 = \frac{1}{\sqrt{\pi}}\left(\frac{Z}{2a_0}\right)^{3/2}\left(\frac{Zr}{8a_0}\right)e^{-Zr/2a_0}\cos\theta$$

$Z=1$인 수소 원자의 $2p$ 상태에서 확률이 가장 높은 거리는 다음과 같다.

③ 확률이 가장 높은 거리

$$\frac{dP_{2p}(r)}{dr} = \frac{d}{dr}\left(\frac{1}{24a_0^5}r^4 e^{-\frac{r}{a_0}}\right) = \frac{e^{-\frac{2r}{a_0}}}{24a_0^5}\left(4r^3 - \frac{r^4}{a_0}\right) = 0$$

$\therefore r = 4a_0$

④ 수소 꼴 원자의 첫 번째 들뜬상태의 방향성

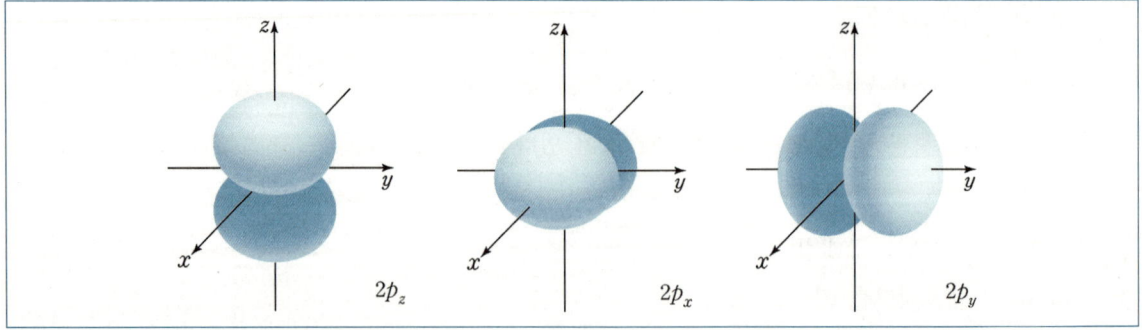

㉠ Ψ_{210}는 뚜렷한 방향성을 가지고 있다.

전자가 z축 상에서 발견될 확률이 크다.

$[\Psi_{2p}]_z = \Psi_{210}$

ⓒ 다른 방향성

$$[\Psi_{2p}]_x = \frac{1}{\sqrt{2}}(\Psi_{211} + \Psi_{21-1})$$

$$[\Psi_{2p}]_y = \frac{1}{\sqrt{2}}(\Psi_{211} - \Psi_{21-1})$$

⑤ 수소꼴 원자의 두 번째 들뜬상태의 에너지 E_3

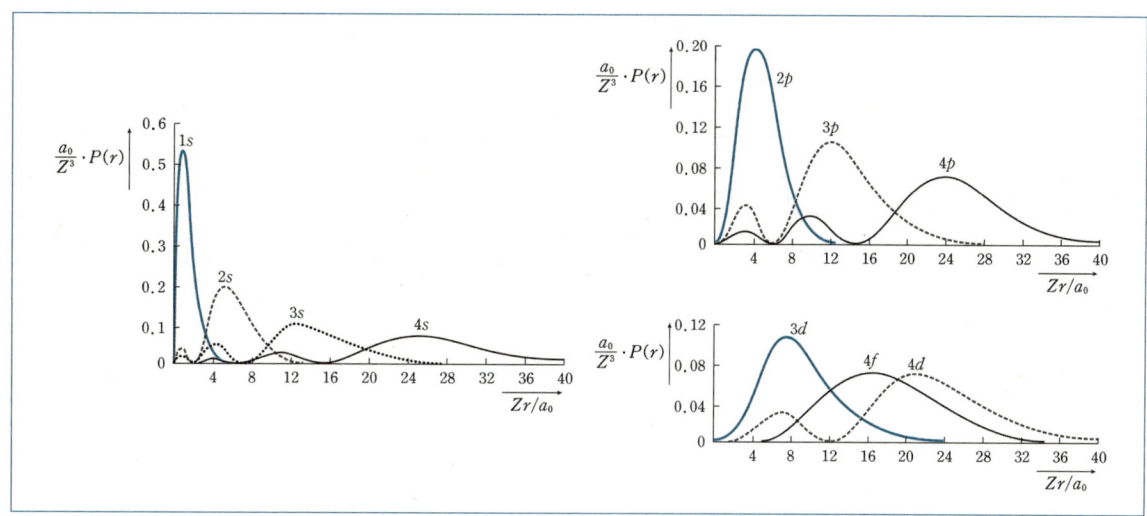

㉠ 아홉 겹으로 겹쳐 있다.

㉡ $n=3$에 해당하는 l 및 m_l의 선택: 에너지는 같으면서 서로 다른 아홉 개의 파동함수를 갖는다.

$$E_3 = -(13.6\text{eV})\frac{Z^2}{9}\, (\because \text{3s-1개의 상태, 3p-3개의 상태, 3d-5개의 상태})$$

4. 수소 원자에서 전자의 에너지 전이

(1) 수소 꼴의 원자의 경우

양자수 n, l, m_l은 선명한 관측량 E, $|L|^2$, L_z와 관련된다.

(2) 전자의 에너지 E

① n에만 관련되고 l이나 m_l과는 무관하다.

㉠ l에 무관: 구대칭의 특징, 모든 중심력에 대하여 성립

㉡ m_l에 무관: 수소형 원자에만 적용

② 동일한 주양자수 n을 갖는 모든 상태는 하나의 껍질을 이룬다.

③ n, l이 모두 같은 상태는 버금 껍질을 이룬다.

n	shell symbol	l	shell symbol
1	K	0	s
2	L	1	p
3	M	2	d
4	N	3	f
5	O	4	g
6	P	5	h

(3) **원자 내에서 가능한 전자의 전이**

① 각각의 전이는 원자의 에너지 변화를 의미한다.

② 전자가 전이하면 다른 형태로 에너지를 방출 또는 흡수한다.

③ 광학 전이

㉠ 광자가 잉여 에너지를 가로채 가기 때문에 모든 에너지가 보존되지 않는다.

㉡ 광자는 각운동량을 운반한다.

(4) **선택 규칙**

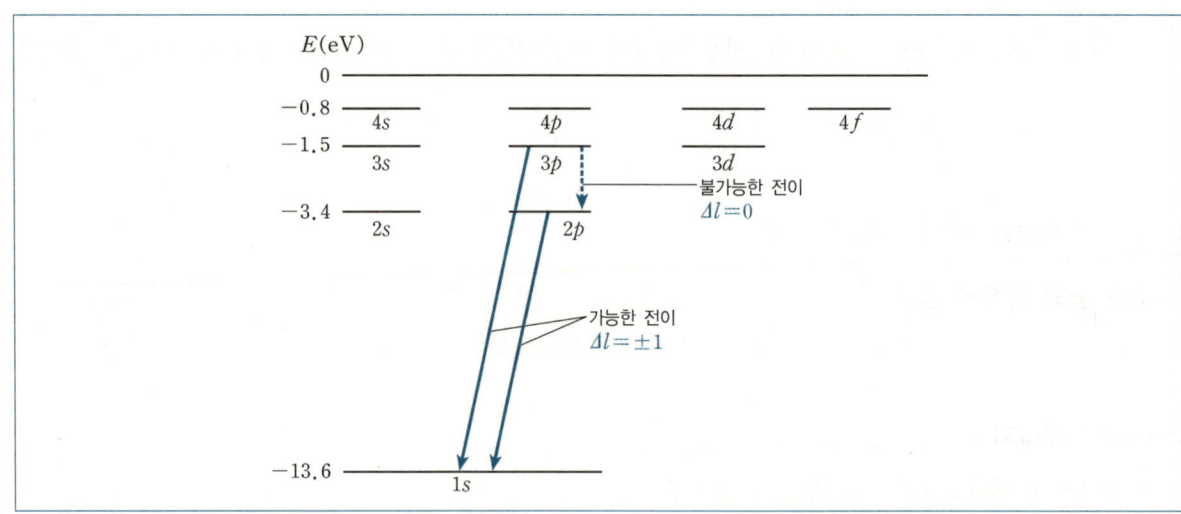

$$\Delta l = \pm 1, \ \Delta m_l = 0, \ \pm 1$$

광학 전이에서 전체 각운동량이 보존되기 위해서는 처음 상태와 나중 상태 전자의 각운동량 양자수 차이가 정확히 1 차이가 나야 한다.

연습문제

13-36

01 질량 m인 입자가 다음과 같은 퍼텐셜 에너지 $V(x)$를 가지는 일차원 상자 속에서 자유로이 운동하고 있다.

$$V(x) = \begin{cases} \infty, & x < 0 \\ 0, & 0 \leq x \leq L \\ \infty, & x > L \end{cases}$$

이 입자에 다음과 같은 섭동 해밀토니안 H'이 주어질 때,

$$H' = \begin{cases} V_0, & 0 \leq x \leq \dfrac{L}{3} \\ 0, & \dfrac{L}{3} < x \leq L \end{cases}$$

바닥상태 에너지 고유값의 1차 보정 값은? (단, V_0은 양의 상수이며, 바닥상태 에너지보다 훨씬 작다.)

10-30

02 해밀토니안이 $H_0 = \epsilon\left(a^\dagger a + \frac{1}{2}\right)$인 입자의 규격화된 에너지 고유함수와 에너지 고유값은 각각 $|n>$, $\left(n+\frac{1}{2}\right)\epsilon$ $(n = 0, 1, 2, \cdots)$이다. 연산자 $a^\dagger$와 a를 $|n>$에 작용하면 그 결과는 $a^\dagger|n> = \sqrt{n+1}|n+1>$, $a|n> = \sqrt{n}|n-1>$이다. H_0에 더해지는 섭동항이 $\lambda\epsilon aa^\dagger aa^\dagger$로 주어질 때, 바닥상태의 에너지 고유값의 1차 보정 값은? (단, ϵ과 λ는 상수이고, $\lambda \ll 1$이며, 에너지 고유함수에 축퇴는 없다.)

03 [23-B08]

질량 m, 전하량 q인 입자가 다음과 같은 3차원 정육면체 퍼텐셜 우물

$$V(x, y, z) = \begin{cases} 0, & 0 \leq x, y, z \leq a \\ \infty, & \text{그 외 영역} \end{cases}$$

에 갇혀 있다. 이 입자의 규격화된 바닥상태 에너지 고유함수는

$$\psi_{\text{바닥}} = \left(\frac{2}{a}\right)^{3/2} \sin\left(\frac{\pi x}{a}\right)\sin\left(\frac{\pi y}{a}\right)\sin\left(\frac{\pi z}{a}\right)$$

이고 에너지 고유값은 $\varepsilon_{\text{바닥}}$이다. 이 입자에 다음과 같은 약한 전기장

$$\vec{E} = (E_x, E_y, E_z) = \left(\frac{E_0}{a}y, \frac{E_0}{a}x, 0\right)$$

이 가해졌다. $\vec{E}$에 의한 입자의 전위는 $\phi(x, y, z)$이고, 퍼텐셜 에너지 $U(x, y, z) = q\phi$이며, $\phi(0, 0, 0) = 0$이다. 이때 에너지 고유값 $\varepsilon_{\text{바닥}}$을 쓰고, $U(x, y, z)$를 풀이 과정과 함께 구하시오. 또한 U를 섭동으로 취급하여 1차 섭동론에 의한 바닥상태의 1차 에너지 보정 값 $\varepsilon_{\text{바닥}}^{(1)}$을 구하시오. (단, E_0은 양의 상수이다.)

│ 자료 ├

- 폭이 a인 1차원 무한 퍼텐셜 우물에 갇힌 질량 m인 입자의 에너지 고유값은 $\varepsilon_n = \dfrac{n^2\pi^2\hbar^2}{2ma^2}$ ($\because n = 1, 2, 3, \cdots$)이다.

- $\displaystyle\int_0^a x \sin^2\frac{\pi x}{a}\,dx = \frac{a^2}{4}$, $\displaystyle\int_0^a \sin^2\frac{\pi x}{a}\,dx = \frac{a}{2}$

12-30

04 그림 (가)와 (나)는 보어의 수소 원자 모형에서 반지름이 각각 a_A와 a_B인 보어 궤도에서 원자핵을 중심으로 등속 원운동 하는 전자의 드브로이 파가 정상파를 형성하는 것을 모식적으로 나타낸 것이다.

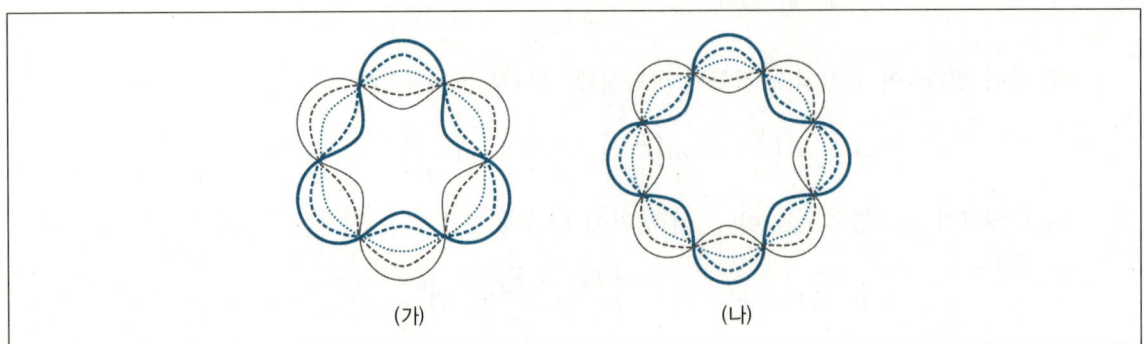

(가)   (나)

이에 대한 설명으로 옳은 것만을 <보기>에서 있는 대로 고른 것은?

| 보기 |

ㄱ. $\dfrac{a_A}{a_B} = \dfrac{3}{4}$ 이다.

ㄴ. (가)와 (나)에서 수소 원자의 총에너지가 각각 E_A, E_B일 때, $\dfrac{E_A}{E_B} = \dfrac{16}{9}$ 이다.

ㄷ. (가)와 (나)에서 전자의 원운동에 의한 자기 쌍극자 모멘트의 크기가 각각 m_A, m_B일 때, $\dfrac{m_A}{m_B} = \dfrac{3}{4}$ 이다.

① ㄱ
② ㄴ
② ㄱ, ㄴ
④ ㄱ, ㄷ
⑤ ㄴ, ㄷ

16-A10

05 질량 μ인 입자가 다음과 같은 반지름 a인 구형 퍼텐셜 우물 $V(r)$에서 3차원 운동을 한다.

$$V(r) = \begin{cases} 0 & (r < a) \\ \infty & (r \geq a) \end{cases}$$

슈뢰딩거 방정식의 해인 파동함수는 $\psi(r, \theta, \phi) = R(r)Y_{lm}(\theta, \phi)$로 변수 분리가 된다. 지름 방향 파동함수 $R(r)$를 $R(r) = \dfrac{u(r)}{r}$로 치환하면, $u(r)$의 방정식은 $l=0$과 $m=0$일 때 다음과 같다.

$$-\frac{\hbar^2}{2\mu}\frac{d^2 u}{dr^2} + V(r)u = Eu$$

바닥상태의 고유에너지 $E_{바닥}$과 규격화된 고유함수 $\psi_{바닥}(r, \theta, \phi)$을 풀이 과정과 함께 구하시오. (단, $Y_{lm}(\theta, \phi)$는 구면 조화 함수이고, l과 m은 각각 궤도양자수와 자기양자수이다. 바닥상태에서 $l=0$과 $m=0$이고, $Y_{00}(\theta, \phi) = \dfrac{1}{\sqrt{4\pi}}$ 이다.)

06 수소 원자의 $2p$ 상태에 있는 전자의 규격화된 파동함수가 구면 좌표계(r, θ, ϕ)에서

$$\psi_{211}(r, \theta, \phi) = -\frac{1}{8\sqrt{\pi a_0^5}} r e^{-\frac{r}{2a_0}} \sin\theta e^{i\phi}$$

로 주어진다. 이 상태에 있는 전자를 원자핵으로부터 거리 r에서 발견할 지름 확률 밀도(radial probability density)가 최대가 되는 r값은? (단, a_0은 보어 반지름이다.)

07 수소 원자에 전자의 지름 방향 바닥상태 파동함수 $R(r)$은 아래와 같다.

$$R_{1,\,0}(r) = \left(\frac{1}{a_0}\right)^{\frac{3}{2}} 2e^{-\frac{r}{a_0}}$$

a_0은 보어 반지름을 나타내는 양의 상수값이다. 이때 거리에 따른 기댓값 $\langle r \rangle$을 구하시오.

(단, $\Gamma(n) = \displaystyle\int_0^\infty x^{n-1}e^{-x}dx = (n-1)!$이다.)

08 $l = 3$인 상태에 있는 원자 내의 한 전자의 각운동량은 $\vec{L}$이다. 전체 각운동량의 크기 $|\vec{L}|$와 L_z를 구하시오. 그리고 $|\vec{L}|$와 L_z가 이루는 각 중에 가장 작은 θ를 구하시오.

21-A03

09 다음 그림과 같이 xy-평면에서 반지름이 일정한 원 궤도를 따라 운동하는 입자의 규격화된 파동함수는 $\psi(\phi) = \sqrt{\dfrac{4}{3\pi}}\sin^2\phi$ 이다.

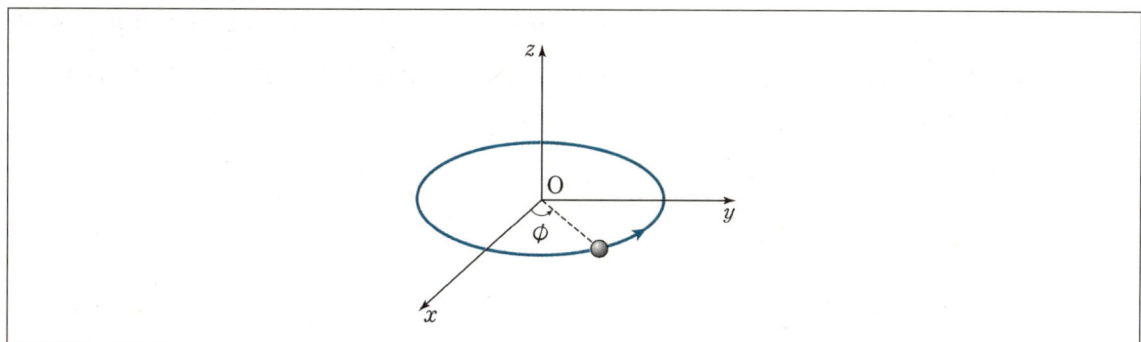

입자의 각운동량 z 성분 L_z를 측정했을 때, 0과 $-2\hbar$가 나올 확률을 각각 구하시오.

── 자료 ├──
- L_z의 규격화된 고유함수는 $\psi_m(\phi) = \dfrac{1}{\sqrt{2\pi}}e^{im\phi}$ 이고, $m = 0,\ \pm 1,\ \pm 2,\ \cdots$ 이다.
- $e^{\pm i\phi} = \cos\phi \pm i\sin\phi$

23-B01

10 어떤 계의 각운동량 상태를 나타내는 규격화된 파동함수는

$$\Psi(\theta, \phi) = \sqrt{\frac{1}{3}}\, Y_1^1 - i\sqrt{\frac{1}{6}}\, Y_1^{-1} + a\, Y_1^0$$

이고, a는 양의 실수이다. $Y_l^m(\theta, \phi)$은 구면 좌표계 (r, θ, ϕ)에서 각 방향에 대한 구면 조화 함수이며, l는 궤도 양자수, m은 자기양자수이다. 이때 a를 구하고, 이 계에서 각운동량의 z성분의 기댓값 $\langle L_z \rangle$를 구하시오.

Chapter 06 각운동량과 스핀

01 각운동량

1. 각운동량 기본 성질 – 연산자, 고유함수

연산자를 벡터나 행렬로 인식해도 무관하다. 우리는 앞서 각운동량의 크기와 방향이 양자화됨을 알았다.

> 각운동량 크기의 양자화: $L^2 = l(l+1)\hbar^2$
> 공간의 양자화: $L_z = m_l \hbar$

그리고 각운동량의 고유함수는 구면 고유함수 $Y_l^{m_l} = \Theta(\theta)\Phi(\phi)$ 이다.

$L^2|lm\rangle = l(l+1)\hbar^2|lm\rangle$

$L_z|lm\rangle = m\hbar|lm\rangle$

우리는 대칭성에 의해서 좌표계를 r, θ, ϕ 구면 좌표계를 사용하였는데 직교 좌표계 x, y, z로도 전환이 가능하다. 직교 좌표계로 해석해보면

각운동량 벡터

$\vec{L} = \vec{r} \times \vec{p}$ 여기서 $\vec{r} = (x, y, z)$, $\vec{p} = (p_x, p_y, p_z)$

$L_x = yp_z - zp_y = -i\hbar\left(y\dfrac{\partial}{\partial z} - z\dfrac{\partial}{\partial y}\right)$

$L_y = zp_x - xp_z = -i\hbar\left(z\dfrac{\partial}{\partial x} - x\dfrac{\partial}{\partial z}\right)$

$L_z = xp_y - yp_x = -i\hbar\left(x\dfrac{\partial}{\partial y} - y\dfrac{\partial}{\partial x}\right)$

그런데 벡터 성질에서 $L^2 = L_x^2 + L_y^2 + L_z^2$를 만족한다.

공간의 양자화로부터 우리는 절대로 θ가 0이 될 수 없음을 알았다. x, y축 방향의 회전운동 에너지 $E_{x,y}$가 바닥상태에 존재하기 때문이다. 즉, 각운동량은 서로 교환되지 않아야 한다. 이를 수식적으로 확인해보자.

각운동량의 두 성분은 동시 측정이 불가능하다.

$[L_x, L_y] = [yp_z - zp_y, zp_x - xp_z] = [yp_z, zp_x] - [yp_z, xp_z] - [zp_y, zp_x] + [zp_y, xp_z]$

➡ $[yp_z, zp_x] = yp_z zp_x - zp_x yp_z = yp_x(p_z z - zp_z) = yp_x[p_z, z] = -i\hbar yp_x$

$[yp_z, xp_z] = [zp_y, zp_x] = 0$

$[zp_y, xp_z] = zp_y xp_z - xp_z zp_y = xp_y(zp_z - p_z z) = xp_y[z, p_z] = i\hbar xp_y$

$\therefore [L_x, L_y] = i\hbar L_z$

같은 방식으로 $[L_y, L_z] = i\hbar L_x$, $[L_z, L_x] = i\hbar L_y$

그리고 $[L^2, L_x] = [L^2, L_y] = [L^2, L_z] = 0$ 이다.

증명은 에렌페스트 정리를 이용하면 보다 간단하다. 해밀토니안 $H = -\dfrac{\hbar^2}{2m}\dfrac{\partial}{\partial r^2} + \dfrac{L^2}{2mr^2} + V$으로부터 외부에 힘이 존재하지 않고 전자가 특정 상태를 유지하면 각운동량은 보존된다.

$L = (L_x, L_y, L_z)$이고 θ와 ϕ의 변수를 가지고 있다.

각운동량이 보존된다면 L_x, L_y, L_z 모든 성분이 보존되어야 한다.

$\dfrac{d\langle L_x \rangle}{dt} = \dfrac{i}{\hbar}\langle [H, L_x] \rangle + \left\langle \dfrac{\partial L_x}{\partial t} \right\rangle = 0$

$\dfrac{d\langle L_x \rangle}{dt} = \dfrac{i}{\hbar}\langle [H, L_x] \rangle = 0$

➡ $[H, L_x] = \dfrac{1}{2mr^2}[L^2, L_x] = 0$

비슷한 방식으로 y, z축에 대해서도 정리하면 다음과 같다.

$[L^2, L_x] = [L^2, L_y] = [L^2, L_z] = 0$

각운동량의 크기 즉, 회전운동 에너지와 각운동량은 동시 측정이 가능하다.

특정 궤도 운동에서의 각운동량의 성분 크기 제곱의 기댓값은 다음과 같다.

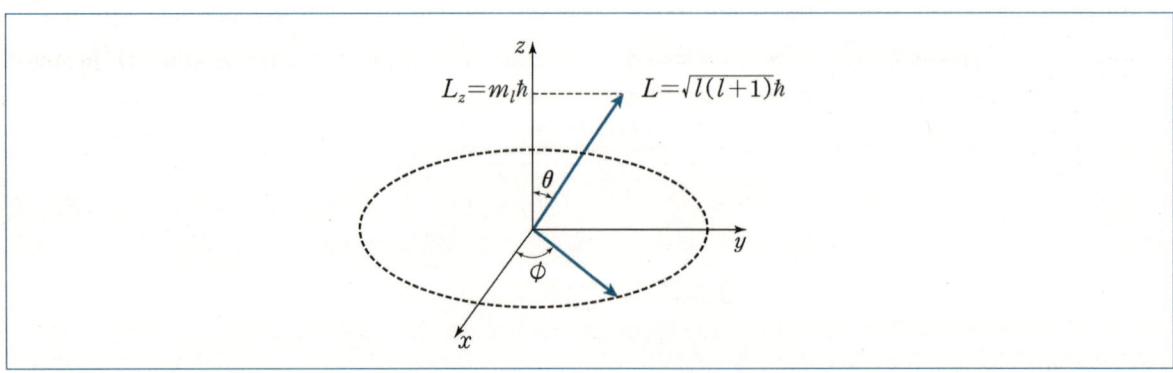

전자의 각운동량 연산자는 $\vec{L} = (L_x, L_y, L_z)$이다. $L^2 = L_x^2 + L_y^2 + L_z^2$과 L_z의 규격화된 공통 고유상태는 $|l, m\rangle$이며, l은 궤도양자수, m은 자기양자수이다. 공통 고유상태 $|1, 1\rangle$에 있는 전자의 L_x^2, L_y^2, L_z^2의 기댓값을 알아보자.

각운동량은 크기와 방향이 양자화되어 있다. 즉, 각운동량의 크기의 고유값은 $\sqrt{l(l+1)}\hbar$이고, z축에 대한 각운동량의 성분, 즉 방향이 양자화되어 있으며, 방향 성분은 $L_z = m_l \hbar$이다. 각운동량의 크기와 z축에 대한 방향만 특정 값으로 양자화되어 있다는 것이다. 이것은 z축과 이루는 각의 크기를 θ라 하면 특정 θ값만 가질 수 있다는 것을 의미한다. 그리고 구면 좌표계 $\hat{r}$방향인 각운동량의 크기도 특정 값을 가진다. 구면 좌표계에서 나머지 ϕ는 양자화 조건이 없다. 즉 모든 ϕ에 대해 측정 확률이 동일하게 존재한다는 의미이다. 이를 활용해보자.

각운동량은 회전에 의한 효과이다. 벡터 성질에 의해서 $L^2 = L_x^2 + L_y^2 + L_z^2$이므로

$$\langle L^2 \rangle = \langle L_x^2 \rangle + \langle L_y^2 \rangle + \langle L_z^2 \rangle = \langle L_x^2 \rangle + \langle L_y^2 \rangle + \hbar^2 = 2\hbar^2$$

그런데 3차원 구면 좌표계에서 각운동량의 벡터와 z축과 이루는 각의 크기를 θ라 하면 $\cos\theta = \dfrac{L_z}{L}$ 이다.

공통 고유상태 $|1, 1\rangle$일 때는 $\cos\theta = \dfrac{1}{\sqrt{2}}$ 이다.

각운동량의 x, y성분은 각각 각운동량의 크기를 $L = \sqrt{l(l+1)}\hbar$ 라 하면

$L_x = L\sin\theta\cos\phi$, $L_y = L\sin\theta\sin\phi$

$$\langle L_x^2 \rangle = \langle L^2 \sin^2\theta \cos^2\phi \rangle = \left\langle 2\hbar^2 \left(\frac{1}{2}\right)\cos^2\phi \right\rangle = \hbar^2 \langle \cos\phi^2 \rangle$$

$$\langle L_y^2 \rangle = \langle L^2 \sin^2\theta \sin^2\phi \rangle = \left\langle 2\hbar^2 \left(\frac{1}{2}\right)\sin^2\phi \right\rangle = \hbar^2 \langle \sin\phi^2 \rangle$$

외부힘이 존재하지 않을 때, 일반적인 상황에서는 각운동량은 ϕ가 임의의 값이므로

$$\langle \cos^2\phi \rangle = \left\langle \frac{1 + \cos 2\phi}{2} \right\rangle = \frac{1}{2}$$

$$\langle \sin^2\phi \rangle = \left\langle \frac{1 - \cos 2\phi}{2} \right\rangle = \frac{1}{2}$$

따라서 $\langle L_x^2 \rangle = \langle L_y^2 \rangle$이고 $\langle L^2 \rangle = \langle L_x^2 \rangle + \langle L_y^2 \rangle + \langle L_z^2 \rangle = \langle L_x^2 \rangle + \langle L_y^2 \rangle + \hbar^2 = 2\hbar^2$에 대입하여 구하면 $\langle L_x^2 \rangle = \langle L_y^2 \rangle = \dfrac{\hbar^2}{2}$ 이다.

아니면 위 식 $\langle L_x^2 \rangle = \langle L^2 \sin^2\theta \cos^2\phi \rangle = \left\langle 2\hbar^2 \left(\dfrac{1}{2}\right)\cos^2\phi \right\rangle = \hbar^2 \langle \cos\phi^2 \rangle = \dfrac{\hbar^2}{2}$으로도 구할 수 있다.

추가적으로 3차원상에서 특정 좌표축의 확률을 알려주었을 때 주의해야 할 사항이 있다. 예를 들어, 어떤 시스템에서 $+z$축 방향의 각운동량을 측정할 확률이 P_z^+이라 하자. 그러면 파동함수를 어떻게 표현해야 할까.

$\psi = \sqrt{P_z^+}\phi_z^+ + \sqrt{1-P_z^+}\phi_z^-$ 라고 생각하겠지만, 일반적으로 아니다. 왜냐하면 파동함수의 특성에서 비롯된 $\psi = c_+\phi_z^+ + c_-\phi_z^-$ 이기 때문이다. 그런데 확률은 $P_+ = |c_+|^2$이고, $P_- = |c_-|^2$이다. 여기서 c_+, c_-는 복소수이다. 따라서 일반적인 경우에는 c_+, c_-가 서로 위상차가 발생하게 된다. 즉, $c_+ = \langle \phi_z^+|\psi \rangle$, $c_- = \langle \phi_z^-|\psi \rangle$이고 $P_+ = |c_+|^2$, $P_- = |c_-|^2$을 만족한다.

2. 균일한 자기장에서 각운동량

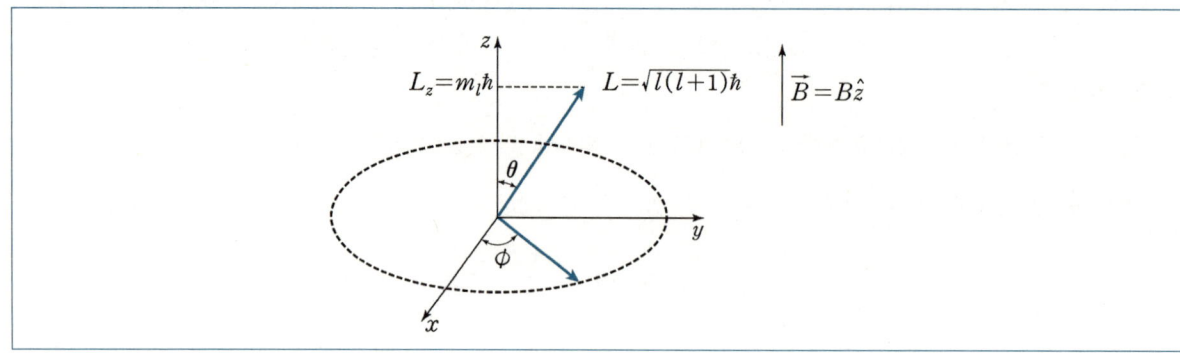

(1) 균일한 자기장 영역에서 각운동량

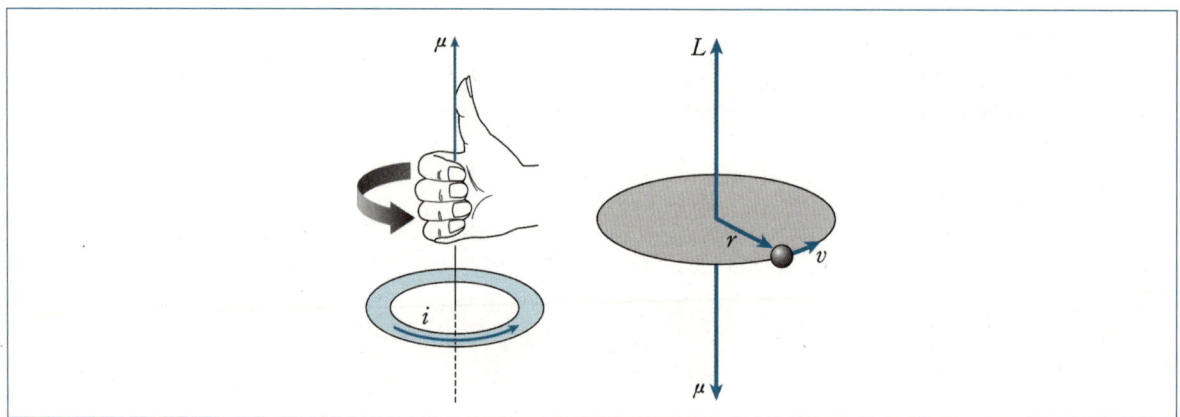

기존의 해밀토니안 H에 자기장에 의한 추가적인 해밀토니안이 발생한다.

$H_B = -\vec{\mu} \cdot \vec{B}$; 자기 모멘트 μ

$\mu = AI = \pi r^2 \dfrac{e}{\frac{2\pi r}{v}} = \dfrac{evr}{2} = \dfrac{eL}{2m_e}$

그런데 자기 모멘트의 방향은 각운동량 방향과 반대가 된다. 이유는 전자의 전하량이 $-$이므로 회전 방향의 반대 방향으로 전류가 발생하기 때문이다.

$$\vec{\mu} = -\frac{e}{2m_e}\vec{L}$$

$$H_B = -\vec{\mu}\cdot\vec{B} = \frac{e}{2m_e}\vec{L}\cdot\vec{B} = \frac{eB}{2m_e}L_z$$

$$E_B = \frac{eB}{2m_e}(m_l\hbar) = m_l\frac{e\hbar}{2m_e}B$$

> 보어 마그네톤 : $\mu_B = \dfrac{e\hbar}{2m_e}$

(2) 세차운동의 각속도 ω_L

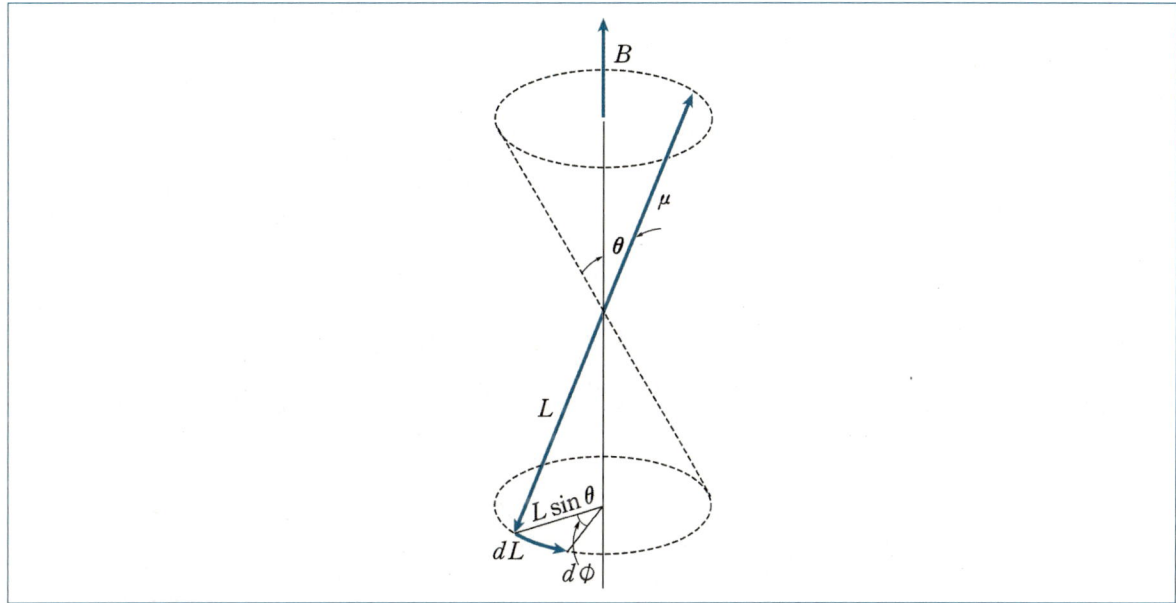

역학에서 각운동량이 존재할 때 균일한 힘이 발생하게 되면 z축을 따라 일정한 각속도 ω_p로 세차운동을 한다.

$$\vec{\tau} = \frac{d\vec{L}}{dt}\bigg|_{\text{지면}} = \frac{d\vec{L}}{dt}\bigg|_{\text{내부}} + \vec{\omega}_L \times \vec{L}_{\text{내부}} = \vec{\mu}\times\vec{B}$$

$$\omega_L L\sin\theta = \mu B\sin\theta$$

$$\omega_L = \frac{\mu B}{L} = \frac{eL}{2m_e}\frac{B}{L} = \frac{eB}{2m_e}$$

> 라머 각진동수(Larmor angular frequency) : $\omega_L = \dfrac{eB}{2m_e}$

(3) 정상 제만 효과

➡ 자기장에 의해서 스펙트럼선이 3개로 갈라지는 효과

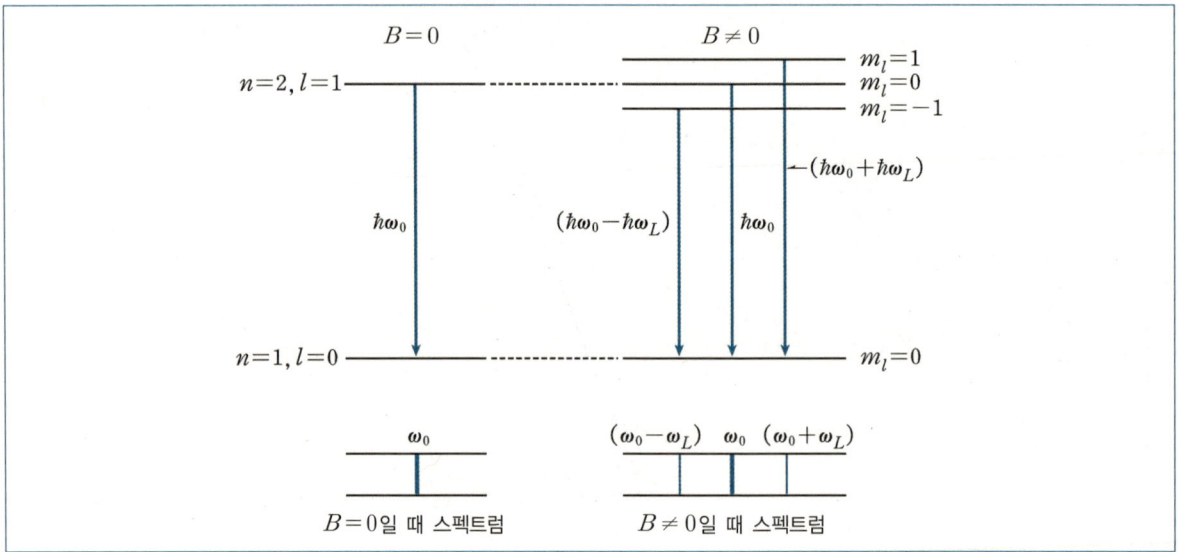

각운동량의 방향에 따라 해밀토니안이 달라지므로 간격은 $\Delta E_B = \dfrac{e\hbar B}{2m_e} = \hbar \omega_L$이다.

선택 규칙에 의해서 에너지 전이는 $\Delta l = \pm 1$, $\Delta m_l = 0, \pm 1$을 만족해야 한다.

원래의 단일 방출선은 세 개의 선으로 바뀐다. 가운데 선은 자기장이 없을 때와 같은 진동수 ω_0이고, 새로운 선은 양옆으로 나타난다. ($\omega_0 \pm \omega_L$)

자기장은 원래의 방출선을 세 개의 선으로 나누는데, 여기서 ω_L은 B에 비례한다. 그리고 선의 간격은 가해지는 자기장의 세기에 비례하여 증가한다.

$l=2 \Rightarrow l=1$인 경우에는 다음 그림과 같은 전이가 가능하다.

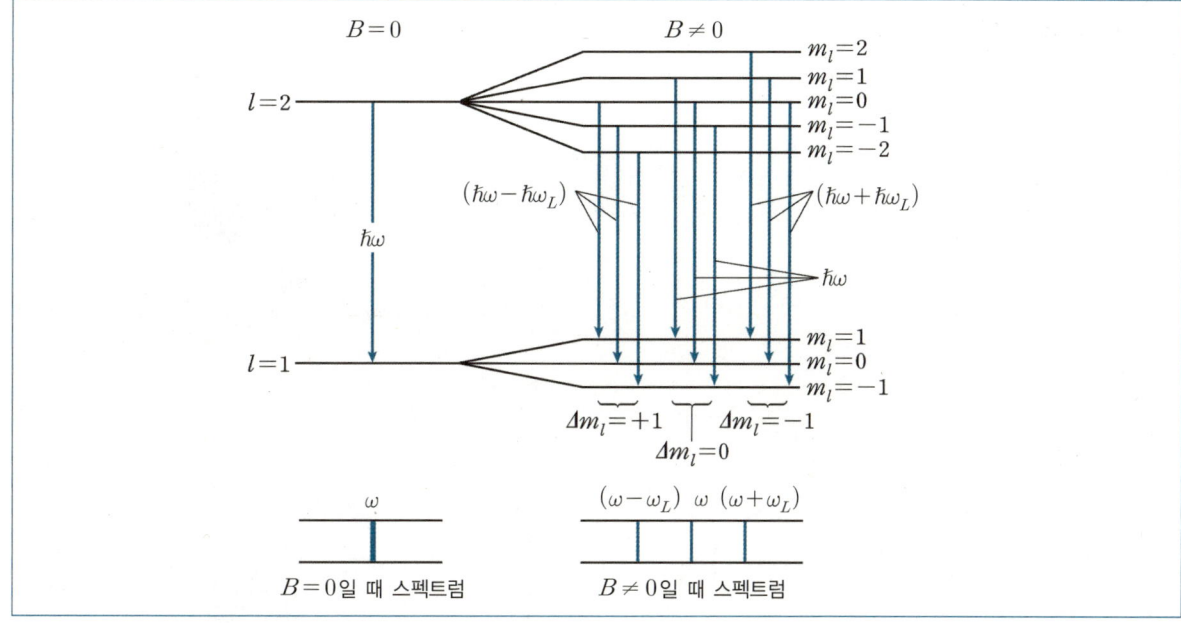

자기장이 없을 때 방출되는 빛의 각진동수를 ω라 하면 자기장이 발생되었을 때 빛의 에너지를 알 수 있다.
$E = E \pm \Delta E_B = \hbar\omega \pm \hbar\omega_L$

$l=1 \Rightarrow l=0$인 경우와 동일하게 간격이 $\Delta E_B = \dfrac{e\hbar B}{2m_e}$ 만큼 떨어진 3개의 스펙트럼선이 나오게 된다.

인접한 스펙트럼의 진동수 차이는 $\Delta E_B = \dfrac{e\hbar B}{2m_e} = h\Delta f \;\; (\because \hbar = \dfrac{h}{2\pi})$

$\therefore \Delta f = \dfrac{eB}{4\pi m_e}$

02 전자스핀

1. 스핀 기본 성질

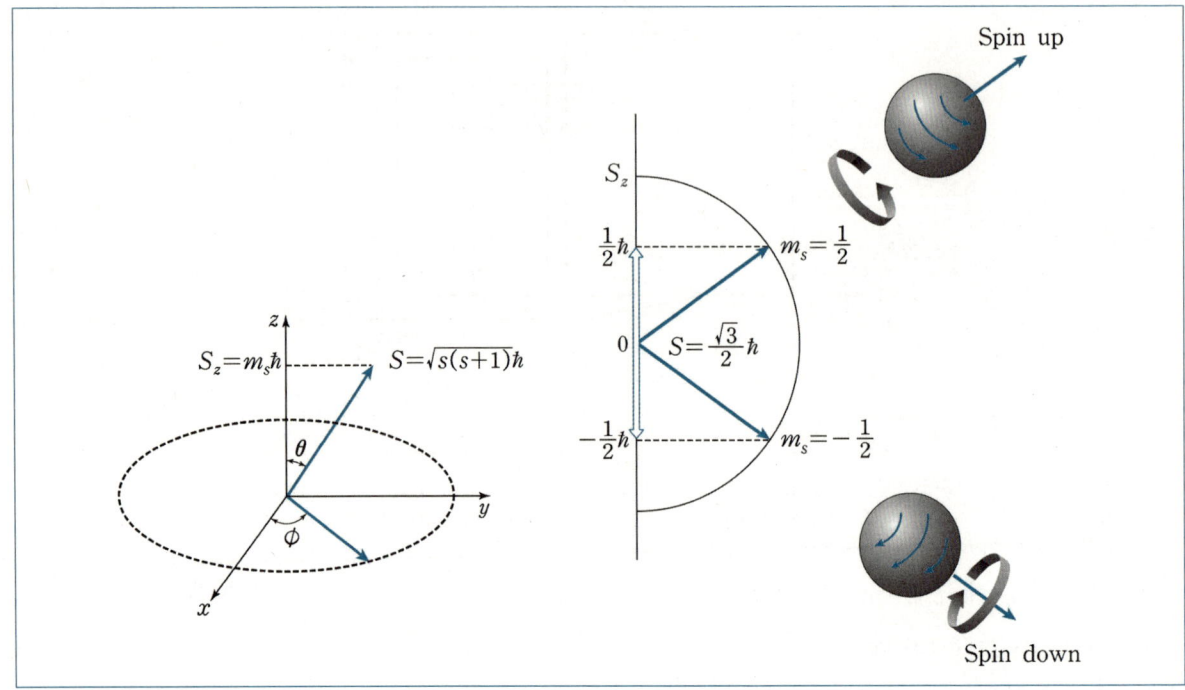

스핀의 경우 항상 $m_s = \pm \frac{1}{2}$임을 발견하였다. 스핀양자수는 $s = \frac{1}{2}$이다.

스핀 역시 전자의 자체 회전에서 발생되므로 각운동량과 비슷한 논리를 사용할 수 있다.

$S^2 = S_x^2 + S_y^2 + S_z^2$

$[S_x, S_y] = i\hbar S_z$, $[S_y, S_z] = i\hbar S_x$, $[S_z, S_x] = i\hbar S_y$

그런데 $S_z \psi_z = m_s \hbar \psi_z$임을 알기에

$S_z \psi_z^+ = \frac{\hbar}{2} \psi_z^+$, $S_z \psi_z^- = -\frac{\hbar}{2} \psi_z^-$ ...... ①

$S_z = \frac{\hbar}{2} \sigma_z$라 하자. 그러면 $S = (S_x, S_y, S_z) = \frac{\hbar}{2}(\sigma_x, \sigma_y, \sigma_z)$로 표현 가능하다.

$\sigma^2 = \sigma_x^2 + \sigma_y^2 + \sigma_z^2 = 3I$

$[\sigma_x, \sigma_y] = 2i\sigma_z$, $[\sigma_y, \sigma_z] = 2i\sigma_x$, $[\sigma_z, \sigma_x] = 2i\sigma_y$

식 ①로부터 $\sigma_z \psi_z^+ = \psi_z^+$, $\sigma_z \psi_z^- = -\psi_z^-$ ➡ $\sigma_z^2 = I$

z축을 기준 벡터로 삼아서

$\psi_z^+ = \begin{pmatrix} 1 \\ 0 \end{pmatrix}$, $\psi_z^- = \begin{pmatrix} 0 \\ 1 \end{pmatrix}$로 하면 $\sigma_z = \begin{pmatrix} a & b \\ c & d \end{pmatrix}$

$\sigma_z \psi_z^+ = \psi_z^+$, $\sigma_z \psi_z^- = -\psi_z^-$ 로부터 $\sigma_z = \begin{pmatrix} 1 & 0 \\ 0 & -1 \end{pmatrix}$

$\sigma_x = \begin{pmatrix} a & b \\ c & d \end{pmatrix}$, $\sigma_y = \begin{pmatrix} m & n \\ k & p \end{pmatrix}$라 하면

$[\sigma_z, \sigma_x] = 2i\sigma_y$ 로부터

$\sigma_z \sigma_x - \sigma_x \sigma_z = \begin{pmatrix} 1 & 0 \\ 0 & -1 \end{pmatrix}\begin{pmatrix} a & b \\ c & d \end{pmatrix} - \begin{pmatrix} a & b \\ c & d \end{pmatrix}\begin{pmatrix} 1 & 0 \\ 0 & -1 \end{pmatrix} = \begin{pmatrix} 0 & 2b \\ -2c & 0 \end{pmatrix} = 2i\sigma_y = 2i\begin{pmatrix} m & n \\ k & p \end{pmatrix}$

$b = c = 1$ 선택

$m = 0$, $p = 0$, $n = -i$, $k = i$

$\sigma_x^2 = \sigma_y^2 = I$를 만족해야 하므로

$\sigma_x = \begin{pmatrix} 0 & 1 \\ 1 & 0 \end{pmatrix}$, $\sigma_y = \begin{pmatrix} 0 & -i \\ i & 0 \end{pmatrix}$

2. 파울리 스핀 행렬

위에서 구한 세 가지 행렬을 파울리 스핀 행렬이라 한다.

$$\sigma_x = \begin{pmatrix} 0 & 1 \\ 1 & 0 \end{pmatrix}, \sigma_y = \begin{pmatrix} 0 & -i \\ i & 0 \end{pmatrix}, \sigma_z = \begin{pmatrix} 1 & 0 \\ 0 & -1 \end{pmatrix}$$

z축 고유함수 $\psi_z^+ = \begin{pmatrix} 1 \\ 0 \end{pmatrix}$, $\psi_z^- = \begin{pmatrix} 0 \\ 1 \end{pmatrix}$는 위에서 구했으므로 나머지 각각의 고유함수를 구하면

$\sigma_x \psi_x^+ = \psi_x^+$, $\sigma_x \psi_x^- = -\psi_x^-$

$\psi_x^+ = \frac{1}{\sqrt{2}}\begin{pmatrix} 1 \\ 1 \end{pmatrix}$, $\psi_x^- = \frac{1}{\sqrt{2}}\begin{pmatrix} 1 \\ -1 \end{pmatrix}$

$\sigma_y \psi_y^+ = \psi_y^+$, $\sigma_y \psi_y^- = -\psi_y^-$

$\psi_y^+ = \frac{1}{\sqrt{2}}\begin{pmatrix} 1 \\ i \end{pmatrix}$, $\psi_y^- = \frac{1}{\sqrt{2}}\begin{pmatrix} 1 \\ -i \end{pmatrix}$

3. 균일한 자기장에서 스핀

(1) 스핀 자기 모멘트

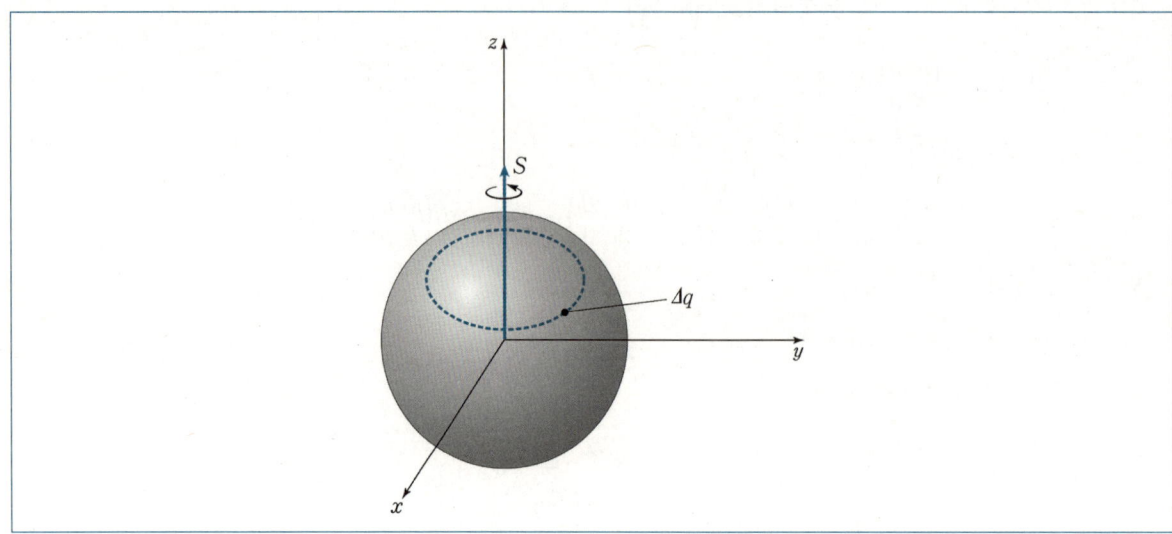

$\vec{\mu}_L = -\dfrac{e}{2m_e}\vec{L}$: 각운동량 자기 모멘트(점전하로 가정)

$\vec{\mu}_s = -g\dfrac{e}{2m_e}\vec{S}$: 스핀 자기 모멘트(전자 내부 구조 존재)

$H_B = -\vec{\mu} \cdot \vec{B} = \dfrac{e}{m_e}\vec{S} \cdot \vec{B} = \dfrac{e\hbar}{2m_e}B\sigma = \mu_B B\sigma$

g인자는 부피 내 세부적인 전하와 질량 분포를 반영한다. $g \neq 1$일 경우 전하 분포가 질량의 분포와 긴밀하게 연관되지 않았음을 의미하고, 전하가 내부 구조를 가지고 있다는 것을 의미한다.

스핀의 경우 g는 근사적으로 2 값을 갖는다.

(2) 비정상 제만 효과

➡ 스핀에 의해서 추가적으로 두 갈래로 갈라지는 효과

자기장이 $\vec{B} = B\hat{z}$라고 하면 전체 자기 모멘트 $\vec{\mu}_T = \vec{\mu}_L + \vec{\mu}_S = -\dfrac{e}{2m_e}(\vec{L} + g\vec{S})$

$E = -\vec{\mu}_T \cdot \vec{B} = \dfrac{eB}{2m_e}(L_z + gS_z) = \dfrac{e\hbar}{2m_e}B(m_l + gm_s) = \mu_B B(m_l + gm_s) = \hbar\omega_L(m_l + gm_s)$

① 전자스핀의 존재

이 준위들은 각각 둘로 갈라지고 이 추가 스핀에 대한 에너지는

$U_s = gm_s\hbar\omega_L = 2 \cdot \left(\pm\dfrac{1}{2}\right)\hbar\omega_L = \pm\hbar\omega_L$이다. $n = 2$인 전자의 에너지는 E_2, $E_2 \pm \hbar\omega_L$, $E_2 \pm 2\hbar\omega_L$이고, $n = 1$인 전자의 에너지는 $E_1 \pm \hbar\omega_L$이다.

② 전이로 방출되는 에너지

$\triangle E_{2,1}$, $\triangle E_{2,1} \pm \hbar\omega_L$, $\triangle E_{2,1} \pm 2\hbar\omega_L$, $\triangle E_{2,1} \pm 3\hbar\omega_L$

이에 대응하는 진동수 $\omega_{2,1}$, $\omega_{2,1} \pm \omega_L$, $\omega_{2,1} \pm 2\omega_L$, $\omega_{2,1} \pm 3\omega_L$이다. $\omega_{2,1} \pm 2\omega_L$, $\omega_{2,1} \pm 3\omega_L$는 전자스핀에 의해 나타난 진동수이다.

③ 선택 규칙

$\Delta l = \pm 1$, $\Delta m (= \Delta m_l + \Delta m_s) = 0, \pm 1$

$\omega_{2,1} \pm 3\omega_L$의 선은 전이가 불가능하므로 나타나지 않는다.

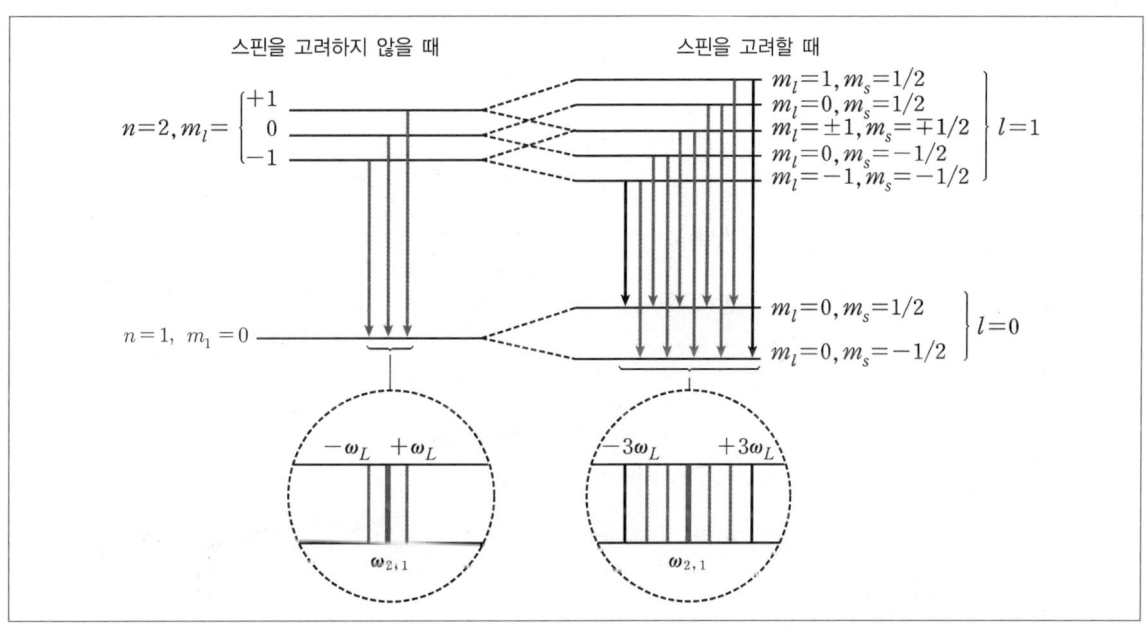

※ 스핀 확인 실험

바닥상태 Ag(은) 원자를 사용하여 최외각 전자가 s상태($l = 0$)에 있을 때 비균일 자기장을 사용하여 은 원자의 빔이 두 갈래로 갈라지는 현상을 확인할 수 있다. 특히 스테른-게를라흐의 실험은 전자에 대한 스핀 자기 모멘트의 존재를 보인 실험으로 1921년 원자 내 궤도 전자의 공간 양자화를 증명하기 위해 수행되었다. 은 원자의 빔이 균일하지 않은 자기장을 통과하는데, 이 빔이 유리로 된 집전판에 쌓임으로써 검출된다. 그리고 균일하지 않은 자기장은 자기 모멘트에 힘을 가한다. 결과는 다음과 같다.

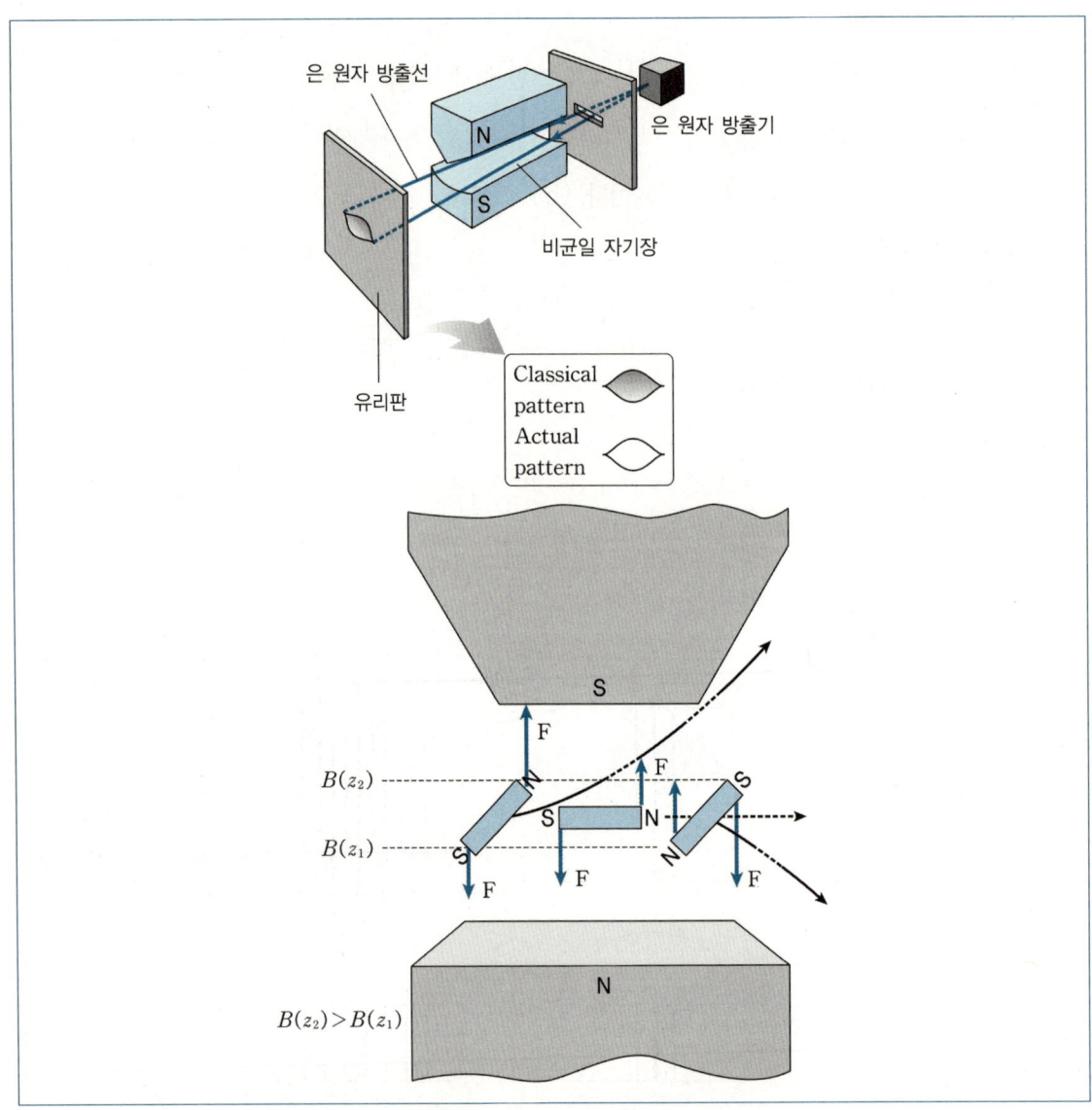

4. 자기장 영역에서 스핀 회전의 시간 의존 파동함수

$H = \mu B \sigma$로 주어지는 경우 $t=0$에서 파동함수가 $\chi(0) = \begin{pmatrix} a \\ b \end{pmatrix}$로 주어지는 경우

편리상 $\mu B = \lambda$라고 하자. 그리고 $\omega = \dfrac{\lambda}{\hbar}$ (단, λ는 시간에 대해 상수값을 가져야 함). 이때 각진동수는 각운동량의 라머 진동수와 동일하다.

※ 해밀토니안 연산자를 $H = -\mu B \sigma$로 주는 경우도 있다. 그럼 $\omega \Rightarrow -\omega$로 전환

(1) σ_x인 경우

자기장의 방향이 $\vec{B} = B\hat{x}$

$$\psi(t) = \begin{pmatrix} \phi_1(t) \\ \phi_2(t) \end{pmatrix}$$

$$\phi_1(t) = A\cos\omega t + B\sin\omega t$$

$$\phi_2(t) = C\cos\omega t + D\sin\omega t$$

$$\dot{\phi}_1 = -i\omega\phi_2$$

이렇게 놓고 초기 조건을 맞추면 되고, A, B, C, D는 복소수

$\psi(t) = \begin{pmatrix} \phi_1(t) \\ \phi_2(t) \end{pmatrix}$ 라 하자.

$t = 0$일 때 $+x$방향의 자기장의 영역을 통과하며, 스핀 파동함수는 $\psi(t=0) = \begin{pmatrix} \phi_1(0) \\ \phi_2(0) \end{pmatrix} = \begin{pmatrix} 1 \\ 0 \end{pmatrix}$ 이다.

$$H = -\vec{\mu} \cdot \vec{B} = \lambda\sigma_x = i\hbar\frac{\partial}{\partial t}$$

$$\lambda \begin{pmatrix} 0 & 1 \\ 1 & 0 \end{pmatrix} \begin{pmatrix} \phi_1(t) \\ \phi_2(t) \end{pmatrix} = i\hbar\frac{\partial}{\partial t}\begin{pmatrix} \phi_1(t) \\ \phi_2(t) \end{pmatrix}$$

$$\dot{\phi}_1 = -i\omega\phi_2$$

$$\dot{\phi}_2 = -i\omega\phi_1$$

$$\psi(t) = \begin{pmatrix} \phi_1(t) \\ \phi_2(t) \end{pmatrix}$$

$$\phi_1(t) = A\cos\omega t + B\sin\omega t$$

$$\phi_2(t) = C\cos\omega t + D\sin\omega t$$

초기 조건 $\psi(t=0) = \begin{pmatrix} \phi_1(0) \\ \phi_2(0) \end{pmatrix} = \begin{pmatrix} 1 \\ 0 \end{pmatrix}$

따라서 $\phi_2(t=0) = C = 0$ ➡ $\phi_2(t) = D\sin\omega t$

$\phi_1(t) = \cos\omega t$

$\phi_2(t) = D\sin\omega t$

$\dot{\phi}_1(t) = -\omega\sin\omega t$

$\dot{\phi}_1 = -i\omega\phi_2$

$\phi_1(t) = \cos\omega t$, $\phi_2(t) = -i\sin\omega t$

$$\psi(t) = \begin{pmatrix} \phi_1(t) \\ \phi_2(t) \end{pmatrix} = \begin{pmatrix} \cos\omega t \\ -i\sin\omega t \end{pmatrix} = \begin{pmatrix} \cos\dfrac{\mu B}{\hbar}t \\ -i\sin\dfrac{\mu B}{\hbar}t \end{pmatrix}$$

(2) σ_y인 경우

자기장의 방향이 $\vec{B} = B\hat{y}$

$$\psi(t) = \begin{pmatrix} \phi_1(t) \\ \phi_2(t) \end{pmatrix}$$

$$\phi_1(t) = A\cos\omega t + B\sin\omega t$$

$$\phi_2(t) = C\cos\omega t + D\sin\omega t$$

$$\dot{\phi_1} = -\omega\phi_2$$

이렇게 놓고 초기 조건을 맞추면 됨

$\psi(t) = \begin{pmatrix} \phi_1(t) \\ \phi_2(t) \end{pmatrix}$라 하자. $t=0$일 때 $+y$방향의 자기장의 영역을 통과하며, 스핀 파동함수는 $\psi(t=0) = \begin{pmatrix} \phi_1(0) \\ \phi_2(0) \end{pmatrix}$
$= \begin{pmatrix} 1 \\ 0 \end{pmatrix}$이다.

$$H = -\vec{\mu}\cdot\vec{B} = \lambda\sigma_y = i\hbar\frac{\partial}{\partial t}$$

$$\lambda\begin{pmatrix} 0 & -i \\ i & 0 \end{pmatrix}\begin{pmatrix} \phi_1(t) \\ \phi_2(t) \end{pmatrix} = i\hbar\frac{\partial}{\partial t}\begin{pmatrix} \phi_1(t) \\ \phi_2(t) \end{pmatrix}$$

$$\dot{\phi_1} = -\omega\phi_2$$

$$\dot{\phi_2} = \omega\phi_1$$

$$\psi(t) = \begin{pmatrix} \phi_1(t) \\ \phi_2(t) \end{pmatrix}$$

$$\phi_1(t) = A\cos\omega t + B\sin\omega t$$

$$\phi_2(t) = C\cos\omega t + D\sin\omega t$$

초기 조건 $\psi(t=0) = \begin{pmatrix} \phi_1(0) \\ \phi_2(0) \end{pmatrix} = \begin{pmatrix} 1 \\ 0 \end{pmatrix}$

따라서 $\phi_2(t=0) = C = 0$ ➡ $\phi_2(t) = D\sin\omega t$

$\phi_1(t) = \cos\omega t$

$\phi_2(t) = D\sin\omega t$

$\dot{\phi_1}(t) = -\omega\sin\omega t$

$\dot{\phi_1} = -\omega\phi_2$

$\phi_1(t) = \cos\omega t, \ \phi_2(t) = \sin\omega t$

$$\psi(t) = \begin{pmatrix} \phi_1(t) \\ \phi_2(t) \end{pmatrix} = \begin{pmatrix} \cos\omega t \\ \sin\omega t \end{pmatrix} = \begin{pmatrix} \cos\dfrac{\mu B}{\hbar}t \\ \sin\dfrac{\mu B}{\hbar}t \end{pmatrix}$$

(3) σ_z인 경우

자기장의 방향이 $\vec{B} = B\hat{z}$

$$\psi(t) = \begin{pmatrix} \phi_1(t) \\ \phi_2(t) \end{pmatrix}$$

$$\phi_1(t) = A e^{-i\omega t}$$

$$\phi_2(t) = B e^{i\omega t}$$

이렇게 놓고 초기 조건을 맞추면 됨

$\psi(t) = \begin{pmatrix} \phi_1(t) \\ \phi_2(t) \end{pmatrix}$ 라 하자. $t=0$일 때 $+z$방향의 자기장의 영역을 통과하며, 스핀 파동함수는 $\psi(t=0) = \begin{pmatrix} \phi_1(0) \\ \phi_2(0) \end{pmatrix} = \frac{1}{\sqrt{2}} \begin{pmatrix} 1 \\ 1 \end{pmatrix}$ 이다.

$$H = -\vec{\mu} \cdot \vec{B} = \lambda \sigma_z = i\hbar \frac{\partial}{\partial t}$$

$$\lambda \begin{pmatrix} 1 & 0 \\ 0 & -1 \end{pmatrix} \begin{pmatrix} \phi_1(t) \\ \phi_2(t) \end{pmatrix} = i\hbar \frac{\partial}{\partial t} \begin{pmatrix} \phi_1(t) \\ \phi_2(t) \end{pmatrix}$$

$$\omega \phi_1 = i \dot{\phi}_1 \;\Rightarrow\; i \frac{d\phi_1}{dt} = \omega \phi_1 \;\Rightarrow\; \frac{d\phi_1}{\phi_1} = -i\omega dt$$

$$\phi_1(t) = A e^{-i\omega t}$$

$$\phi_2(t) = B e^{i\omega t}$$

초기 조건에 의해서

$$\psi(t) = \begin{pmatrix} \phi_1(t) \\ \phi_2(t) \end{pmatrix} = \frac{1}{\sqrt{2}} \begin{pmatrix} e^{-i\frac{\mu B}{\hbar} t} \\ e^{i\frac{\mu B}{\hbar} t} \end{pmatrix}$$

연습문제

정답_ 317p

01 전자가 각운동량 양자수 $l=1$ 인 상태의 원자에 속박되어 있다. x축 방향의 각운동량 연산자 L_x는 다음과 같다.

$$L_x = \frac{\hbar}{\sqrt{2}} \begin{pmatrix} 0 & 1 & 0 \\ 1 & 0 & 1 \\ 0 & 1 & 0 \end{pmatrix}$$

그리고 입자의 파동함수는 $|\psi\rangle = \frac{1}{\sqrt{14}} \begin{pmatrix} 1 \\ 2 \\ 3 \end{pmatrix}$ 이다. 이때 L_x의 고유값 λ_1, λ_2, λ_3를 모두 구하고 고유값에 해당하는 고유함수 ϕ_1, ϕ_2, ϕ_3를 구하시오. 또한 λ_2를 측정할 확률 P_2를 구하시오.(단, $\lambda_1 < \lambda_2 < \lambda_3$이다.)

13-33

02 수소 원자의 각운동량 연산자는 $\vec{L}=(L_x,\ L_y,\ L_z)$이다. L^2과 L_z의 규격화된 공통 고유상태는 $|lm\rangle$이며, l은 궤도양자수, m은 자기양자수이다. 한 수소 원자의 각운동량 상태가 $|\psi\rangle=\dfrac{2}{\sqrt{5}}|11\rangle+\dfrac{1}{\sqrt{5}}|21\rangle$일 때, 이에 대한 설명으로 옳은 것만을 <보기>에서 있는 대로 고른 것은? (단, $\hbar=\dfrac{h}{2\pi}$, h는 플랑크 상수이다.)

┤ 보기 ├
ㄱ. L_z의 측정값이 $\hbar$일 확률은 1이다.
ㄴ. L^2의 측정값이 $2\hbar^2$일 확률은 $\dfrac{1}{5}$이다.
ㄷ. L^2의 기댓값은 $\dfrac{8\hbar^2}{5}$이다.

① ㄱ 　　　　　　　　　② ㄴ
③ ㄷ 　　　　　　　　　④ ㄱ, ㄷ
⑤ ㄴ, ㄷ

03 시스템의 해밀토니안은 다음과 같다.

$$H = \frac{1}{2}\frac{\vec{L}^2}{I} + \alpha L_z$$

I와 α는 양의 상수이다. 시간 $t=0$에서 파동함수는 $|l, m\rangle$의 선형결합으로 이루어져 있고, 다음과 같이 주어진다.

$$|\psi(t=0)\rangle = \frac{1}{\sqrt{5}}(|2, 0\rangle + 2i|2, -1\rangle)$$

1) $[H, L_x]$, $[H, L_y]$, $[H, L_z]$을 구하시오.

2) 시간 $t > 0$에서 파동함수 $|\psi(t)\rangle$를 구하시오.

3) 시간 $t > 0$에서 측정 가능한 에너지를 모두 구하고, 각 에너지를 측정할 확률을 구하시오.

4) 에너지 기댓값 $\langle E \rangle$과 $\langle L_z \rangle$의 기댓값을 각각 구하시오.

04 물체가 xy평면에서 자유롭게 회전운동을 하고 있다. 이때 물체의 z축에 대한 회전 관성 모멘트는 I_z이다. xy평면에서 x축에 대한 회전각을 θ라 할 때 입자의 해밀토니안은 다음과 같다.

$$H = -\frac{\hbar^2}{2I_z}\frac{d^2}{d\theta^2}$$

1) 시간에 따른 전체 파동함수 $\psi(\theta, t)$라 할 때, $\psi(\theta, 0) = \sum_{m=-\infty}^{\infty} c_m \phi_m = \frac{2}{\sqrt{3\pi}}\sin^2\theta$으로 표현된다. $\psi(\theta, 0)$의 에너지 고유값을 모두 구하고, 각 에너지에 대한 측정 확률을 구하시오.

2) 시간 $t > 0$에서 전체 파동함수 $\psi(\theta, t)$를 구하시오.

05 최외각 전자가 1개인 원자가 바닥상태에 있다. 전자의 스핀은 초기에 $+z$방향이며, 이 실험은 스테른-게를라흐 실험과 유사하게 진행된다. 원자는 τ시간 동안 자기장 $\vec{H} = H\hat{x}$ 영역을 통과한다. 자기장 영역을 통과 이후에 전자의 스핀이 $-z$방향의 확률을 구하시오. 또한, 이 확률이 1이 되는 시간 τ의 조건을 구하시오. (단, 입자의 해밀토니안은 $\hat{H} = -\vec{\mu} \cdot \vec{H}$ ($\because \vec{\mu} = -\dfrac{e\hbar}{2mc}\vec{\sigma}$)이고, 파울리 스핀 행렬은 $\sigma_x = \begin{pmatrix} 0 & 1 \\ 1 & 0 \end{pmatrix}$, $\sigma_y = \begin{pmatrix} 0 & -i \\ i & 0 \end{pmatrix}$, $\sigma_z = \begin{pmatrix} 1 & 0 \\ 0 & -1 \end{pmatrix}$ 이다.)

06 스핀 $\frac{1}{2}$인 입자가 자기장 $\vec{B} = B_0 \hat{z}$ 영역에 존재한다. B_0는 양의 상수값이다. 입자의 해밀토니안이 $H = -\mu \vec{S} \cdot \vec{B}$로 주어진다. μ는 자기 모멘트의 단위를 갖는 양의 상수이고, $\vec{S}$는 스핀 연산자이다. 입자는 $t=0$에서 입자의 스핀 상태는 $\chi(t=0) = \frac{1}{\sqrt{3}} \begin{pmatrix} i\sqrt{2} \\ 1 \end{pmatrix}$이다. 시간에 따른 고유함수 $\chi(t)$를 풀이 과정과 함께 구하시오. 또한 y축 스핀의 기댓값 $\langle S_y \rangle$을 구하고, S_x의 고유값이 $+\frac{\hbar}{2}$가 될 확률을 구하시오. (단, 파울리 스핀 행렬은 $\sigma_x = \begin{pmatrix} 0 & 1 \\ 1 & 0 \end{pmatrix}$, $\sigma_y = \begin{pmatrix} 0 & -i \\ i & 0 \end{pmatrix}$, $\sigma_z = \begin{pmatrix} 1 & 0 \\ 0 & -1 \end{pmatrix}$이다.)

18-A12

07 스핀 $\frac{1}{2}$인 입자가 균일한 자기장 $\vec{B} = B_0 \hat{z}$에 놓여 있고, 이 입자의 스핀 상태는 $\chi(t) = \begin{cases} \cos\dfrac{\alpha}{2} e^{-i\gamma B_0 t} \\ \sin\dfrac{\alpha}{2} e^{i\gamma B_0 t} \end{cases}$

이다. α와 γ는 상수이다. 입자는 $t = 0$에서 S_x의 고유값이 $\frac{\hbar}{2}$인 고유상태에 있다. $t = 0$일 때 S_x의 고유상태와 α를 구하고, $t \neq 0$인 경우 S_x의 고유값이 $\frac{\hbar}{2}$가 될 확률과 $\langle S_z \rangle$를 구하시오. (단, $S_x = \dfrac{\hbar}{2}\begin{pmatrix} 0 & 1 \\ 1 & 0 \end{pmatrix}$, $S_z = \dfrac{\hbar}{2}\begin{pmatrix} 1 & 0 \\ 0 & -1 \end{pmatrix}$이고, B_0은 상수이다.)

Chapter 07 LS, SS 커플링

01 스핀의 일반적인 해(회전 변환의 이해)

우리는 이전 시간에 스핀의 특정 축(x, y, z)에 대한 스핀 연산자와 고유함수를 배웠다. 그렇다면 아래 그림과 같이 임의의 방향에 대한 스핀 연산자와 고유함수는 어떻게 되는지 알아보자.

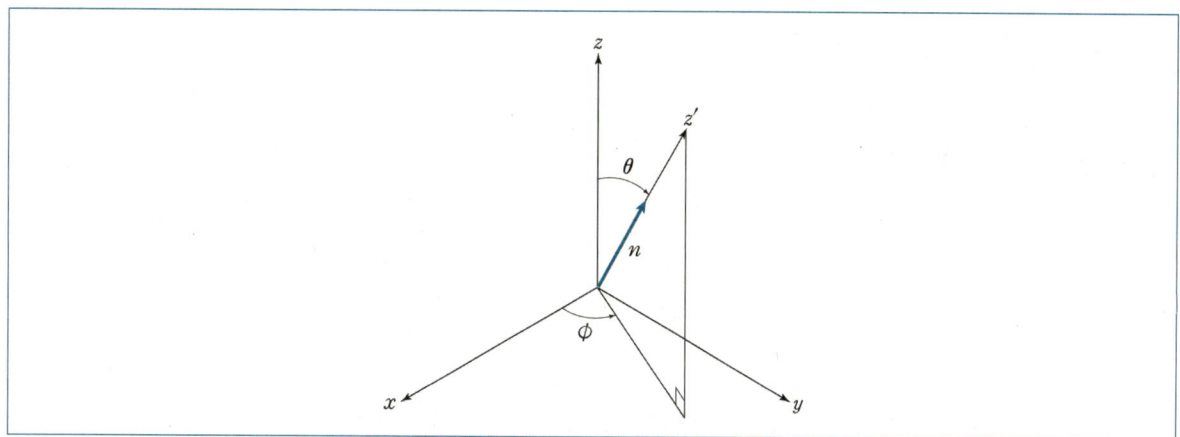

스핀 연산자 $\vec{S}=(S_x, S_y, S_z)$는 벡터 성질을 만족한다. (주의해야 할 것은 파울리 스핀 행렬은 벡터 성질을 만족하지 않으니 조심해야 한다. 즉, 벡터 연산은 파울리 스핀행렬에 $\frac{\hbar}{2}$가 곱해진 스핀 연산자로 해야 한다.)

우리는 $t=0$인 시간에 θ, ϕ각을 이루는 위치에서 스핀 상태(업/다운)를 관측하였다. 이때의 방향은 $\hat{n}=(\sin\theta\cos\phi, \sin\theta\sin\phi, \cos\phi)$이다.

$\vec{S}=(S_x, S_y, S_z)$

$S_{z'}=\vec{S}\cdot\hat{n}=S_x\sin\theta\cos\phi+S_y\sin\theta\sin\psi+S_z\cos\theta$

$=\frac{\hbar}{2}\begin{pmatrix}0 & 1\\1 & 0\end{pmatrix}\sin\theta\cos\phi+\frac{\hbar}{2}\begin{pmatrix}0 & -i\\i & 0\end{pmatrix}\sin\theta\sin\phi+\frac{\hbar}{2}\begin{pmatrix}1 & 0\\0 & -1\end{pmatrix}\cos\theta$

$=\frac{\hbar}{2}\begin{pmatrix}\cos\theta & \sin\theta\cos\phi-i\sin\theta\sin\phi\\\sin\theta\cos\phi+i\sin\theta\sin\phi & -\cos\theta\end{pmatrix}$

$\therefore S_{z'}=\frac{\hbar}{2}\begin{pmatrix}\cos\theta & \sin\theta e^{-i\phi}\\\sin\theta e^{i\phi} & -\cos\theta\end{pmatrix}$

$S_{z'}\psi_{z'}^+=\frac{\hbar}{2}\psi_{z'}^+$, $S_{z'}\psi_{z'}^{-'}=-\frac{\hbar}{2}\psi_{z'}^{-'}$ $[\because \psi_{z'}^+=\begin{pmatrix}a\\b\end{pmatrix}, \psi_{z'}^{-'}=\begin{pmatrix}c\\d\end{pmatrix}]$

$S_{z'}\psi_{z'}^+ \Rightarrow a\cos\theta+b\sin\theta e^{-i\phi}=a$, $a\sin\theta e^{i\phi}-b\cos\theta=b$

$$a = \frac{(1+\cos\theta)e^{-i\phi}}{\sin\theta}b \quad (\because |a|^2 + |b|^2 = 1)$$

$$|b|^2 \left(\frac{(1+\cos\theta)^2 + \sin^2\theta}{\sin^2\theta} \right) = 1$$

$$|b|^2 = \frac{\sin^2\theta}{2+2\cos^2\theta} = \frac{4\sin^2\frac{\theta}{2}\cos^2\frac{\theta}{2}}{4\cos^2\frac{\theta}{2}} = \sin^2\frac{\theta}{2}$$

$$let\ b = \sin\frac{\theta}{2}e^{i\phi},\ a = \cos\frac{\theta}{2}$$

$$\psi_{z'}^+ = \begin{pmatrix} a \\ b \end{pmatrix} = \begin{pmatrix} \cos\frac{\theta}{2} \\ \sin\frac{\theta}{2}e^{i\phi} \end{pmatrix}$$

비슷한 방식으로 $\psi_{z'}^- = \begin{pmatrix} c \\ d \end{pmatrix} = \begin{pmatrix} -\sin\frac{\theta}{2}e^{-i\phi} \\ \cos\frac{\theta}{2} \end{pmatrix}$

결과적으로 임의의 축에 대한 스핀 연산자와 고유함수를 정리하면 아래와 같다.

$$S_{z'} = \frac{\hbar}{2} \begin{pmatrix} \cos\theta & \sin\theta e^{-i\phi} \\ \sin\theta e^{i\phi} & -\cos\theta \end{pmatrix}$$

고유값 $+\frac{\hbar}{2}$일 때, 고유함수 $\psi_{z'}^+ = \begin{pmatrix} a \\ b \end{pmatrix} = \begin{pmatrix} \cos\frac{\theta}{2} \\ \sin\frac{\theta}{2}e^{i\phi} \end{pmatrix}$

고유값 $-\frac{\hbar}{2}$일 때, 고유함수 $\psi_{z'}^- = \begin{pmatrix} c \\ d \end{pmatrix} = \begin{pmatrix} -\sin\frac{\theta}{2}e^{-i\phi} \\ \cos\frac{\theta}{2} \end{pmatrix}$

위 식 $S_{z'} = \frac{\hbar}{2} \begin{pmatrix} \cos\theta & \sin\theta e^{-i\phi} \\ \sin\theta e^{i\phi} & -\cos\theta \end{pmatrix}$ 로 부터 파울리 스핀 행렬을 구해보자.

1. $\sigma_x = \begin{pmatrix} 0 & 1 \\ 1 & 0 \end{pmatrix}$는 $\theta = \frac{\pi}{2}$이고 $\phi = 0$일 때이다.

  고유벡터는 각각 $\psi_x^+ = \begin{pmatrix} \cos\frac{\theta}{2} \\ \sin\frac{\theta}{2}e^{i\phi} \end{pmatrix} = \frac{1}{\sqrt{2}}\begin{pmatrix} 1 \\ 1 \end{pmatrix},\ \psi_x^- = \begin{pmatrix} -\sin\frac{\theta}{2}e^{-i\phi} \\ \cos\frac{\theta}{2} \end{pmatrix} = \frac{1}{\sqrt{2}}\begin{pmatrix} -1 \\ 1 \end{pmatrix}$

2. $\sigma_y = \begin{pmatrix} 0 & -i \\ i & 0 \end{pmatrix}$ 는 $\theta = \frac{\pi}{2}$ 이고 $\phi = \frac{\pi}{2}$ 일 때이다.

고유벡터는 각각 $\psi_y^+ = \begin{pmatrix} \cos\frac{\theta}{2} \\ \sin\frac{\theta}{2}e^{i\phi} \end{pmatrix} = \frac{1}{\sqrt{2}}\begin{pmatrix} 1 \\ i \end{pmatrix}$, $\psi_y^- = \begin{pmatrix} -\sin\frac{\theta}{2}e^{-i\phi} \\ \cos\frac{\theta}{2} \end{pmatrix} = \frac{1}{\sqrt{2}}\begin{pmatrix} i \\ 1 \end{pmatrix} = \frac{1}{\sqrt{2}}\begin{pmatrix} 1 \\ -i \end{pmatrix}$

3. $\sigma_z = \begin{pmatrix} 1 & 0 \\ 0 & -1 \end{pmatrix}$ 는 $\theta = 0$ 일 때이다.

고유벡터는 각각 $\psi_z^+ = \begin{pmatrix} \cos\frac{\theta}{2} \\ \sin\frac{\theta}{2}e^{i\phi} \end{pmatrix} = \begin{pmatrix} 1 \\ 0 \end{pmatrix}$, $\psi_z^- = \begin{pmatrix} -\sin\frac{\theta}{2}e^{-i\phi} \\ \cos\frac{\theta}{2} \end{pmatrix} = \begin{pmatrix} 0 \\ 1 \end{pmatrix}$

$$\sigma_x = \begin{pmatrix} 0 & 1 \\ 1 & 0 \end{pmatrix},\ \sigma_y = \begin{pmatrix} 0 & -i \\ i & 0 \end{pmatrix}\ \sigma_z = \begin{pmatrix} 1 & 0 \\ 0 & -1 \end{pmatrix}$$

즉, 파울리 스핀 행렬은 임의의 스핀을 특정 축으로 가져오는 회전 변환 행렬이다.

예제 스핀양자수가 $\frac{1}{2}$ 이고 전하량이 e, 질량이 m인 입자가 균일한 자기장 영역에 존재한다. 자기장은 $\vec{B} = B_0 \hat{z}$ 이고 입자의 스핀 연산자는 $\vec{S}$이다. 이때 입자의 해밀토니안은 다음과 같다. $H = \omega S_z$, 여기서 $\omega \equiv \frac{|e|B_0}{mc}$ 이고, c는 빛의 속력이다. $t=0$일 때, 입자의 스핀 연산자 $\vec{S} \cdot \hat{n}$의 고유값이 $\frac{\hbar}{2}$ 인 상태이다. 여기서 $\hat{n}$은 xz평면상에서 z축과 각 θ만큼 기울어진 단위벡터이다.

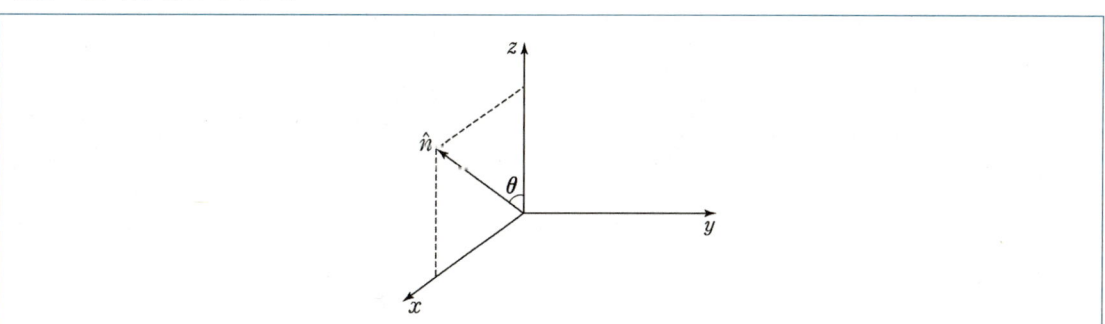

이때 $t > 0$에서 입자의 스핀 고유함수 $|\chi(t)\rangle$를 풀이 과정과 함께 구하시오. 또한 S_y의 고유값이 $+\frac{\hbar}{2}$ 가 될 확률과 x축 스핀의 기댓값 $\langle S_x \rangle$를 각각 구하시오. (단, $S_x = \frac{\hbar}{2}\begin{pmatrix} 0 & 1 \\ 1 & 0 \end{pmatrix}$, $S_y = \frac{\hbar}{2}\begin{pmatrix} 0 & -i \\ i & 0 \end{pmatrix}$, $S_z = \frac{\hbar}{2}\begin{pmatrix} 1 & 0 \\ 0 & -1 \end{pmatrix}$이고, B_0은 상수이다.)

02 LS 커플링

1. 총 각운동량 $J = L + S$

전자의 공전에 의한 각운동량 L과 자전에 의한 스핀 각운동량 S에 의해 총 각운동량 J가 형성이 된다. 이는 크기와 방향이 양자화 되어 있으므로 다음을 만족해서 구하면 된다.

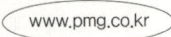

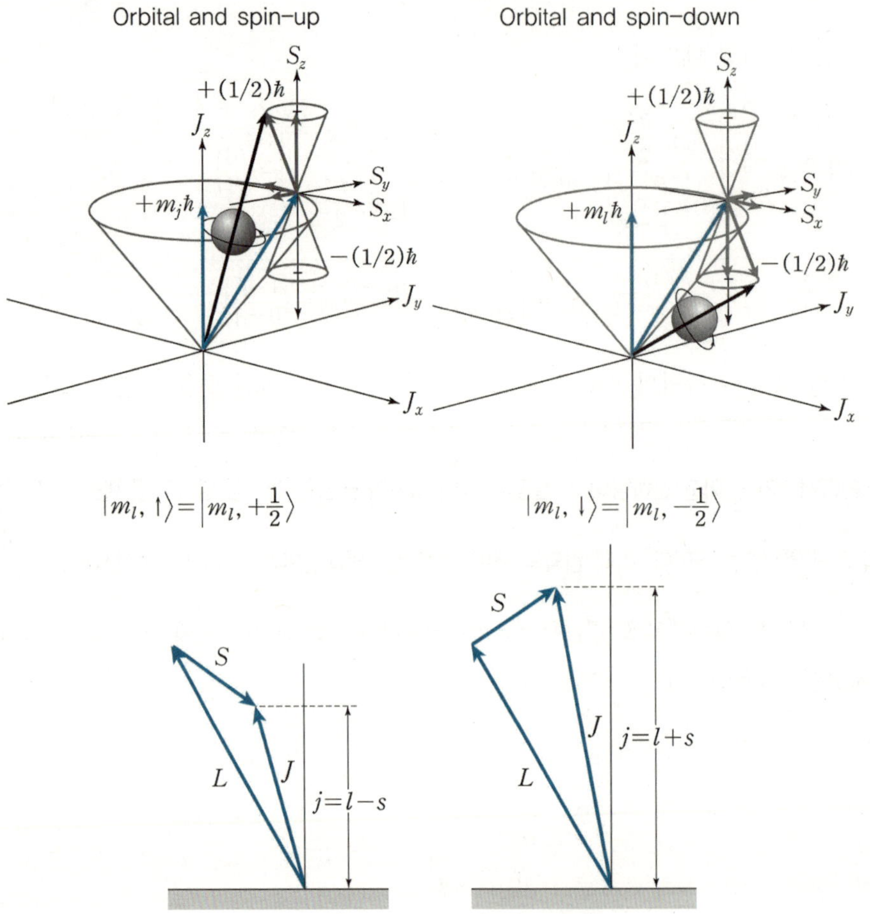

$$\vec{J}^2 = (\vec{L} + \vec{S})^2 = L^2 + S^2 + 2\vec{L} \cdot \vec{S}$$

각각의 고유값은 $J^2 \Rightarrow j(j+1)\hbar^2$, $L^2 \Rightarrow l(l+1)\hbar^2$, $S^2 \Rightarrow s(s+1)\hbar^2$

$$j = |l-s|, |l-s|+1, \cdots, l+s : \text{총 각운동량 양자수}$$
$$m_j = -j, -j+1, \cdots, +j : \text{총 방위 양자수}$$
$$J^2 |jm_j ls> = j(j+1)\hbar^2 |jm_j ls>$$

일반적으로 각운동량과 스핀의 결합에 의한 해밀토니안 성분은 $H_{LS} = c\vec{L} \cdot \vec{S}$이다. (여기서 c는 상수)

$\vec{J}^2 = (\vec{L}+\vec{S})^2 = L^2 + S^2 + 2\vec{L}\cdot\vec{S}$ 로부터 $\vec{L}\cdot\vec{S} = \dfrac{J^2 - L^2 - S^2}{2}$ 을 활용하면 된다.

수소 원자에서 $l=1$인 상태에서 LS커플링을 계산해보면 $s=\dfrac{1}{2}$이므로 가능한 $j=\dfrac{1}{2}, \dfrac{3}{2}$ 이다.

$$\vec{L}\cdot\vec{S} = \dfrac{J^2 - L^2 - S^2}{2} = \dfrac{j(j+1)\hbar^2}{2} - \dfrac{l(l+1)\hbar^2}{2} - \dfrac{s(s+1)\hbar^2}{2}$$

$j=\dfrac{1}{2}\, ; \ \vec{L}\cdot\vec{S} = -\hbar^2$

$j=\dfrac{3}{2}\, ; \ \vec{L}\cdot\vec{S} = +\dfrac{\hbar^2}{2}$

2. 분광학적 기호

분광학적 표현은 아래와 같이 특별한 기호로 나타낸다.

$$^{2S+1}L_J$$

(1) 처음 위첨자는 스핀 상태를 나타낸다. 여기서 S는 전자의 총 스핀양자수이다.

(2) 가운데 L은 각운동량의 상태를 의미한다.

L value	0	1	2	3	4	5	6	7
Symbol	S	P	D	F	G	H	I	K

(3) 아래 첨자 J는 총 각운동량 양자수를 의미한다.

03 SS 스핀 커플링

페르미온 고유함수 특징

$\Psi = \psi(r, \theta, \phi)\chi\ ; \ \psi(r, \theta, \phi)=$공간 고유함수, $\chi=$스핀 고유함수

$|\Psi_{12}|^2 = |\Psi_{21}|^2$ ➡ 파울리 배타 원리에 의해서

$\Psi_{12} = -\Psi_{21}$

$\Psi_{12} = \psi_{12}\chi_{12},\ \Psi_{21} = \psi_{21}\chi_{21}$

따라서 $\begin{cases}\psi_{12}=\psi_{21}\\ \chi_{12}=-\chi_{21}\end{cases}, \begin{cases}\psi_{12}=-\psi_{21}\\ \chi_{12}=\chi_{21}\end{cases}$ 만 가능하다.

공간 대칭($\psi_{12} = \psi_{21}$)이면 스핀이 반대칭($\chi_{12} = -\chi_{21}$)이고 공간 반대칭($\psi_{12} = -\psi_{21}$)이면 스핀이 대칭($\chi_{12} = \chi_{21}$)이어야 한다.

$S^2 = s(s+1)\hbar^2$

$S_z|\chi\rangle = m_s\hbar|\chi\rangle$; $m_s = -s, -s+1, \cdots, +s$; 전자 1개의 경우 $m_s = -\frac{1}{2}, \frac{1}{2}$

$S^2 = S_x^2 + S_y^2 + S_z^2$

$[S_x, S_y] = i\hbar S_z$

파울리 스핀 행렬은 $\sigma_x = \begin{pmatrix} 0 & 1 \\ 1 & 0 \end{pmatrix}$, $\sigma_y = \begin{pmatrix} 0 & -i \\ i & 0 \end{pmatrix}$, $\sigma_z = \begin{pmatrix} 1 & 0 \\ 0 & -1 \end{pmatrix}$

$S_i = \frac{\hbar}{2}\sigma_i$

스핀의 경우 2마리 커플링이 자주 등장한다.

스핀 2마리의 경우 S_1, S_2

$S = S_1 + S_2$

2개의 페르미온 전자의 경우 커플링 되어 있을 때 가능한 스핀양자수는

$s = |s_1 - s_2|, |s_1 - s_2| + 1, \cdots, |s_1 + s_2|$ ➡ 0, 1

$s = 0$; $m_s = 0$

$s = 1$; $m_s = -1, 0, 1$

단일항 상태(singlet state): 공간 대칭, 스핀 비대칭

$$|s=0, m_s=0\rangle = \frac{1}{\sqrt{2}}(|\uparrow\rangle_1|\downarrow\rangle_2 - |\downarrow\rangle_1|\uparrow\rangle_2)$$

삼중항 상태(triplet states): 공간 비대칭, 스핀 대칭; 축퇴도 3

$$\begin{cases} |s=1, m_s=1\rangle = |\uparrow\rangle_1|\uparrow\rangle_2 \\ |s=1, m_s=0\rangle = \frac{1}{\sqrt{2}}(|\uparrow\rangle_1|\downarrow\rangle_2 + |\downarrow\rangle_1|\uparrow\rangle_2) \\ |s=1, m_s=-1\rangle = |\downarrow\rangle_1|\downarrow\rangle_2 \end{cases}$$

$\vec{S}^2 = (\vec{S}_1 + \vec{S}_2)^2 = S_1^2 + S_2^2 + 2\vec{S}_1 \cdot \vec{S}_2$ 이다. $S^2 = s(s+1)\hbar^2$ 이므로

$\vec{S}^2 = \frac{3}{4}\hbar^2 + \frac{3}{4}\hbar^2 + 2\vec{S}_1 \cdot \vec{S}_2 = s(s+1)\hbar^2$

전체 스핀양자수 $s = |s_1 - s_1|, |s_1 - s_1| + 1, \cdots, |s_1 + s_1|$ ➡ 0, 1이므로

$s=0$일 때, $\vec{S_1}\cdot\vec{S_2}=-\dfrac{3}{4}\hbar^2$ $(\because S^2=0)$

$s=1$일 때, $\vec{S_1}\cdot\vec{S_2}=\dfrac{1}{4}\hbar^2$ $(\because S^2=2\hbar^2)$

만약 두 스핀이 서로 같은 방향을 향할 때는 쉽다. 동시에 위나 아래면 고유함수는 다음과 같다.

$|s\,m_s\rangle=|1\,1\rangle=|\uparrow\rangle_1|\uparrow\rangle_2$

$|s\,m_s\rangle=|1-1\rangle=|\downarrow\rangle_1|\downarrow\rangle_2$

그런데 서로 다른 방향이면 $m_s=0$이다. $|s\,m_s\rangle=|0\,0\rangle$일 때와 $|s\,m_s\rangle=|1\,0\rangle$인 경우가 존재한다.

다른 방향이면 $|s,\,m_s=0\rangle=a|\uparrow\rangle_1|\downarrow\rangle_2+b|\downarrow\rangle_1|\uparrow\rangle_2$

규격화에 의해서 $a^2+b^2=2$가 된다.

$\vec{S_1}\cdot\vec{S_2}(|\uparrow\rangle_1|\downarrow\rangle_2)$을 계산해보자.

$\vec{S_1}\cdot\vec{S_2}(|\uparrow\rangle_1|\downarrow\rangle_2)$

$=(S_{1x}|\uparrow\rangle_1)(S_{2x}|\downarrow\rangle_2)+(S_{1y}|\uparrow\rangle_1)(S_{2y}|\downarrow\rangle_2)+(S_{1z}|\uparrow\rangle_1)(S_{2z}|\downarrow\rangle_2)$

$=\dfrac{\hbar^2}{4}\left[\begin{pmatrix}0&1\\1&0\end{pmatrix}\begin{pmatrix}1\\0\end{pmatrix}_1\right]\left[\begin{pmatrix}0&1\\1&0\end{pmatrix}\begin{pmatrix}0\\1\end{pmatrix}_2\right]+\dfrac{\hbar^2}{4}\left[\begin{pmatrix}0&-i\\i&0\end{pmatrix}\begin{pmatrix}1\\0\end{pmatrix}_1\right]\left[\begin{pmatrix}0&-i\\i&0\end{pmatrix}\begin{pmatrix}0\\1\end{pmatrix}_2\right]+\dfrac{\hbar^2}{4}\left[\begin{pmatrix}1&0\\0&-1\end{pmatrix}\begin{pmatrix}1\\0\end{pmatrix}_1\right]\left[\begin{pmatrix}1&0\\0&-1\end{pmatrix}\begin{pmatrix}0\\1\end{pmatrix}_2\right]$

$=\dfrac{\hbar^2}{4}\left[\begin{pmatrix}0\\1\end{pmatrix}_1\right]\left[\begin{pmatrix}1\\0\end{pmatrix}_2\right]+\dfrac{\hbar^2}{4}\left[\begin{pmatrix}0\\i\end{pmatrix}_1\right]\left[\begin{pmatrix}-i\\0\end{pmatrix}_2\right]+\dfrac{\hbar^2}{4}\left[\begin{pmatrix}1\\0\end{pmatrix}_1\right]\left[\begin{pmatrix}0\\-1\end{pmatrix}_2\right]$

$=\dfrac{\hbar^2}{4}|\downarrow\rangle_1|\uparrow\rangle_2+\dfrac{\hbar^2}{4}|\downarrow\rangle_1|\uparrow\rangle_2-\dfrac{\hbar^2}{4}|\uparrow\rangle_1|\downarrow\rangle_2$

$=\dfrac{\hbar^2}{4}(-|\uparrow\rangle_1|\downarrow\rangle_2+2|\downarrow\rangle_1|\uparrow\rangle_2)$

1과 2를 순서를 바꾸면

$\vec{S_1}\cdot\vec{S_2}(|\downarrow\rangle_1|\uparrow\rangle_2)=\dfrac{\hbar^2}{4}(2|\uparrow\rangle_1|\downarrow\rangle_2-|\downarrow\rangle_1|\uparrow\rangle_2)$

$\vec{S_1}\cdot\vec{S_2}(a|\uparrow\rangle_1|\downarrow\rangle_2+b|\downarrow\rangle_1|\uparrow\rangle_2)=\dfrac{\hbar^2}{4}\left[(2b-a)|\uparrow\rangle_1|\downarrow\rangle_2+(2a-b)|\downarrow\rangle_1|\uparrow\rangle_2\right]$

이때 $a^2+b^2=1$이고, $s=0$일 때 $\vec{S_1}\cdot\vec{S_2}=-\dfrac{3}{4}\hbar^2$ $(\because S^2=0)$이어야 하므로 $a=-b$를 만족하여 $|s=0,\,m_s=0\rangle=\dfrac{1}{\sqrt{2}}(|\uparrow\rangle_1|\downarrow\rangle_2-|\downarrow\rangle_1|\uparrow\rangle_2)$이고, $s=1$일 때 $\vec{S_1}\cdot\vec{S_2}=\dfrac{1}{4}\hbar^2$이므로 $a=b$만족한다.

$|s=1,\,m_s=0\rangle=\dfrac{1}{\sqrt{2}}(|\uparrow\rangle_1|\downarrow\rangle_2+|\downarrow\rangle_1|\uparrow\rangle_2)$

연습문제

정답_ 318p

01 다음 그림과 같이 자유 공간에 z축에 대한 전자의 스핀이 $\dfrac{\hbar}{2}$값을 갖는다. z'축은 그림과 같이 z축에 대하여 θ만큼 기울어져 있다.

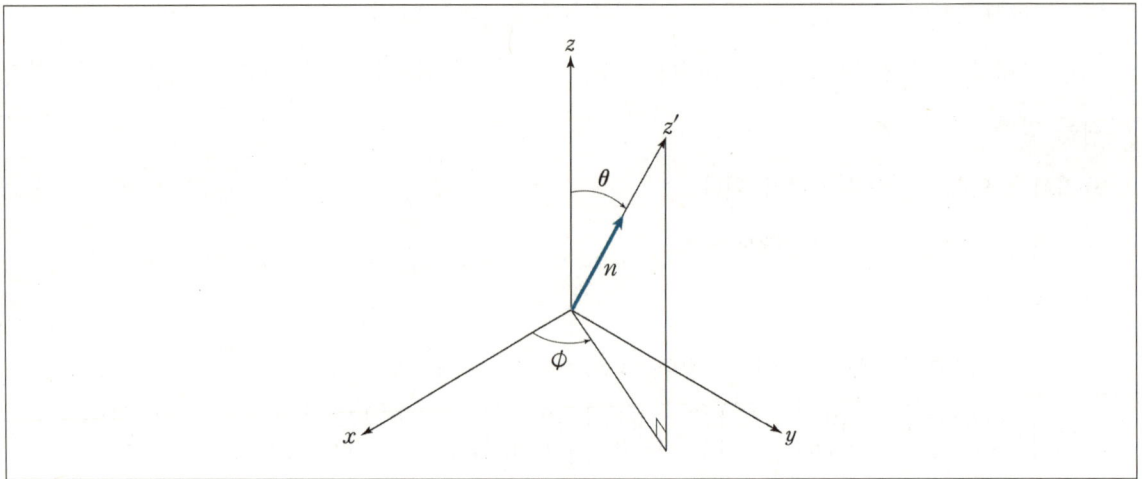

이때 z'축에 대한 전자의 스핀이 $\dfrac{\hbar}{2}$과 $-\dfrac{\hbar}{2}$일 확률을 각각 구하시오. 또한 z'에 대한 스핀의 기댓값 $\langle S_{z'} \rangle$을 구하시오. (단, 파울리 스핀 행렬은 $\sigma_x = \begin{pmatrix} 0 & 1 \\ 1 & 0 \end{pmatrix}$, $\sigma_y = \begin{pmatrix} 0 & -i \\ i & 0 \end{pmatrix}$, $\sigma_z = \begin{pmatrix} 1 & 0 \\ 0 & -1 \end{pmatrix}$이다.)

14-A08

02 중심력장에서 운동하는 스핀양자수 $s=1$, 궤도 각운동량 양자수 $l=2$인 입자의 스핀-궤도 결합에 의한 해밀토니안은 $H_{SO} = C\dfrac{\vec{L}\cdot\vec{S}}{\hbar^2}$이며, C는 에너지 차원을 갖는 물리량이다.

H_{SO}는 $H_{SO}|jm_jls\rangle = \alpha C|jm_jls\rangle$를 만족하고, j는 총 각운동량($\vec{J}=\vec{L}+\vec{S}$) 양자수, m_j는 자기양자수이다. j가 최솟값을 갖는 경우, α를 구하시오.

03 스핀양자수가 각각 $\frac{1}{2}$인 구별 가능한 입자 2개로 이루어진 계의 파동함수는 다음과 같다.

$$|\psi\rangle = \frac{1}{\sqrt{5}}|\uparrow\rangle_1|\uparrow\rangle_2 + \frac{2}{\sqrt{5}}|\uparrow\rangle_1|\downarrow\rangle_2$$

$l = 0$이라고 할 때, 이때 가능한 J^2과 J_z의 고유값과 확률을 모두 구하시오.

19-A12

04 스핀양자수가 각각 $\frac{1}{2}$인 구별 가능한 입자 2개로 이루어진 계의 해밀토니안은 다음과 같다.

$$\hat{H} = \alpha \vec{S_1} \cdot \vec{S_2}$$

$\vec{S_1}$, $\vec{S_2}$는 각 입자의 스핀 각운동량 연산자이고, α는 양의 상수이다. 계의 에너지를 측정했을 때 측정 가능한 에너지 값은 E_a와 E_b이고, $E_a < E_b$ 이다. E_a와 E_b를 구하시오. 또한 E_b 갖는 상태의 총 스핀 양자수 s를 구하고, E_b의 축퇴도(degeneracy) g_b를 구하시오.

16-A06

05 스핀이 $\frac{1}{2}$인 동일한 두 페르미온 입자로 이루어진 계의 스핀 부분 해밀토니안은 $H_s = -\alpha(\vec{S_1} + \vec{S_2}) \cdot \vec{B}$ 이다. $\vec{S_i}(i=1, 2)$는 입자 i의 스핀 연산자이고, 자기장은 $\vec{B} = B_0 \hat{z}$이다. 두 입자 계의 파동함수를 $|\psi\rangle = \phi(\vec{r_1}, \vec{r_2})|\chi\rangle$라 할 때 $\phi(\vec{r_1}, \vec{r_2})$는 공간 좌표의 고유함수로 $\phi(\vec{r_1}, \vec{r_2}) = \phi(\vec{r_2}, \vec{r_1})$을 만족하며, $|\chi\rangle$는 H_s의 규격화된 스핀 고유벡터이고 고유값은 E_s이다. $|\chi\rangle$와 E_s를 각각 구하시오. (단, α와 B_0은 양의 상수이다. $|\chi\rangle$는 $|m_1\rangle|m_2\rangle$의 선형결합으로 나타내는데 각 입자의 스핀 상태벡터 $|m_i\rangle$는 $S_{iz}|m_i\rangle = \hbar m_i |m_i\rangle$를 만족하고 m_i는 $\frac{1}{2}$ 또는 $-\frac{1}{2}$이다.)

21-B08

06 질량이 m으로 서로 같고, 상호작용하지 않는 두 개의 동일한 입자가 다음과 같은 1차원 무한 퍼텐셜 $V(x)$ 안에 놓여 있다.

$$V(x) = \begin{cases} 0, & 0 \leq x \leq a \\ \infty, & x < 0, x > a \end{cases}$$

입자가 보손(boson)인 경우, 이 계의 첫 번째 들뜬상태와 바닥상태의 에너지 차를 풀이 과정과 함께 구하시오. 또한 입자가 스핀 $\frac{1}{2}$인 페르미온(fermion)인 경우, 스핀 삼중항(triplet) 상태에 있는 계의 가장 낮은 에너지와 이때의 공간 파동함수 $\psi(x_1, x_2)$를 각각 쓰시오.

자료

폭이 $a(0 \leq x \leq a)$인 1차원 무한 퍼텐셜에 놓인 질량 m인 입자 하나의 공간 파동함수 $\psi_n(x) = \sqrt{\dfrac{2}{a}} \sin\left(\dfrac{n\pi}{a}x\right)$, 에너지는 $E_n = \dfrac{\hbar^2 \pi^2}{2ma^2} n^2$이고, $n = 1, 2, 3, \cdots$이다.

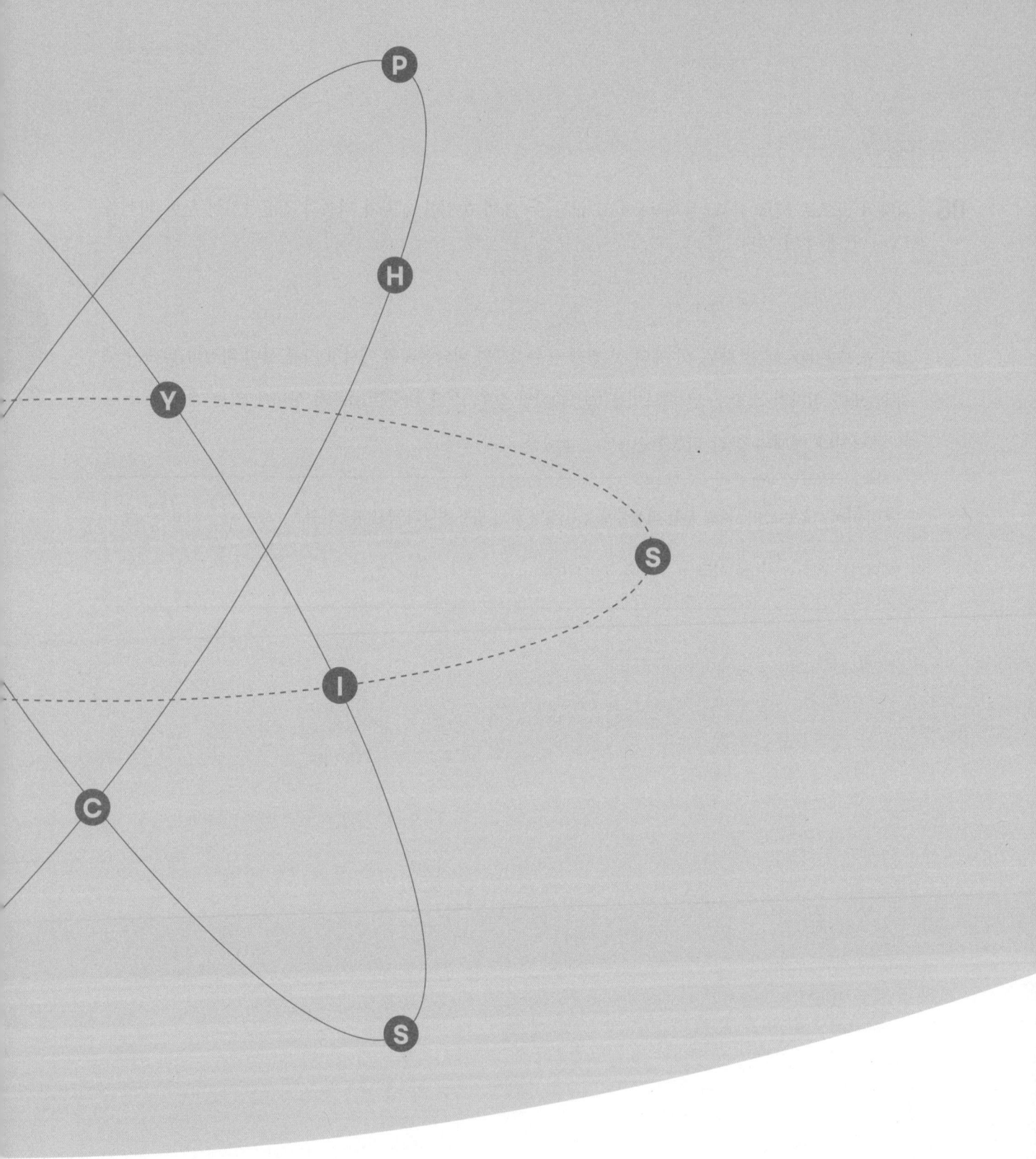

정승현
열 및 통계물리학
양자역학

연습문제 정답

Part 01 | 열 및 통계물리학 연습문제 정답

Chapter 01 열역학

01 1) $\dfrac{v_\text{나}}{v_\text{가}} = \sqrt{2}$, 2) $\Delta S = \dfrac{5}{2} R \ln 2$

02 1) $\dfrac{P_\text{B}}{P_\text{C}} = 32$, 2) $e = \dfrac{3 - 2\ln 2}{3}$

03 1) $V = e V_0$, 2) $\eta = \dfrac{2}{7}$

04 1) $\dfrac{V_\text{C}}{V_\text{A}} = 2^{\frac{5}{2}}$, 2) $S = \dfrac{5}{2} n R T_0 (1 - \ln 2)$, 3) $e = 1 - \ln 2$

05 1) $\dfrac{U_\text{A}}{U_\text{B}} = 1$, 2) $\dfrac{N_\text{A}}{N_\text{B}} = \sqrt{2}$

06 1) $\dfrac{V_\text{C}}{V_\text{A}} = 4$, 2) $\Delta S_\text{BC} = n R \ln 2$

07 1) $\dfrac{W_\text{AB}}{W_\text{CD}} = \dfrac{T_\text{L}}{T_\text{H}}$, 2) $e = 1 - \dfrac{T_\text{L}}{T_\text{H}}$

08 1) $T' = \dfrac{7 T_1 T_2}{T_1 + 6 T_2}$, 2) $P' = \dfrac{7}{3} P$

09 1) $P_\text{B} = \dfrac{3}{2} P_0$, $P_\text{C} = \dfrac{1}{2} P_0$, 2) $e = \dfrac{2 \ln 2}{3 + 3 \ln 2}$

10 1) $\dfrac{|Q_\text{out}|}{P_0 V_0} = \dfrac{27}{2}$, 2) $\dfrac{|W|}{P_0 V_0} = 1 + 8 \ln 2$

11 1) $T = \dfrac{k x^2}{R}$, 2) $Q = \dfrac{5}{2} k l^2$, 3) $\Delta S = 4 R \ln \dfrac{3}{2}$

12 1) $W = \pi \alpha^2 P_0 V_0$, 2) $\Delta E = -3 \alpha P_0 V_0$, 3) $\Delta S = \dfrac{5}{2} R \ln \left(\dfrac{1+\alpha}{1-\alpha} \right)$

Chapter 02 열통계역학의 기본

*본문_ 67~71p

01 1) $U = Nk_B T$, 2) $p = \dfrac{Nk_B T}{V}$

02 $k = \dfrac{1}{3}$

03 1) $S(T, V, N) = S_0 + Nk \ln\left[\left(\dfrac{3}{2}\dfrac{NkT}{U_0}\right)^{\frac{3}{2}} \left(\dfrac{N_0}{N}\right)^{\frac{5}{2}} \left(\dfrac{V}{V_0}\right)\right]$

2) $C_V = \left(\dfrac{\partial Q}{\partial T}\right)_V = \left(\dfrac{\partial U}{\partial T}\right)_V = T\left(\dfrac{\partial S}{\partial T}\right)_V = \dfrac{3}{2}Nk$

3) $F(T, V, N) = U - TS = \dfrac{3}{2}NkT - TS_0 - NkT \ln\left[\left(\dfrac{3}{2}\dfrac{NkT}{U_0}\right)^{\frac{3}{2}} \left(\dfrac{N_0}{N}\right)^{\frac{5}{2}} \left(\dfrac{V}{V_0}\right)\right]$

04 1) $\Delta S(T, V) = C_V \ln\dfrac{T}{T_0} + Nk \ln\dfrac{V - Nb}{V_0 - Nb}$, 2) $\Delta U(T, V) = C_V(T - T_0) - N^2 a\left(\dfrac{1}{V} - \dfrac{1}{V_0}\right)$

05 1) $T = \dfrac{T_1 + T_2}{2}$, 2) $\Delta S = \dfrac{5Nk}{2}\ln\left(\dfrac{(T_1 + T_2)^2}{4T_1 T_2}\right)$

Chapter 03 고전 통계

*본문_ 92~100p

01 1) $P_\text{도} = \dfrac{2^5 \times 3}{5^4}$, $P_\text{결} = \dfrac{2^3 \times 3^3}{5^4}$, 2) $S_\text{결} - S_\text{도} = k\ln\dfrac{9}{4} = 2k\ln\dfrac{3}{2}$

02 1) 5J, 6J, 7J, 2) 5J : 3가지, 6J : 9가지 7J : 3가지, 3) 엔트로피는 $S = k\ln\Omega$ 이므로 Ω가짓수가 가장 높은 6J일 때가 엔트로피가 가장 크다.

03 1) $\dfrac{P_B}{P_A} = 24$, 2) $S_B - S_A = k\ln\left(\dfrac{\Omega_B}{\Omega_A}\right) = k\ln\left(\dfrac{P_B}{P_A}\right) = k\ln 24$

04 1) $F = -2smB - kT\left[N\ln N - \left(\dfrac{N}{2} + s\right)\ln\left(\dfrac{N}{2} + s\right) - \left(\dfrac{N}{2} - s\right)\ln\left(\dfrac{N}{2} - s\right)\right]$

2) $E_\text{평형} = -NmB\tanh x$ $[where\ x = m\beta B]$

05 1) $U = 2k_B T$, 2) $S = 2k_B + k_B \ln a(2\pi k_B T)^2$

06 1) $v_p = \sqrt{\dfrac{2kT}{m}}$, $\langle v \rangle = \sqrt{\dfrac{8kT}{\pi m}}$, 2) $\Delta v = \sqrt{\langle v^2 \rangle - (\langle v \rangle)^2} = \sqrt{\dfrac{3kT}{m} - \dfrac{8kT}{\pi m}} = \sqrt{\dfrac{kT}{m}\left(3 - \dfrac{8}{\pi}\right)}$

3) $\langle E_k \rangle = \dfrac{1}{2} m \langle v^2 \rangle = \dfrac{3}{2} kT$

07 ②

08 ④

09 1) $Z_1 = \dfrac{8\pi V}{h^3}\left(\dfrac{k_B T}{c}\right)^3$, 2) $U_1 = 3k_B T$, 3) $C_V = 3Nk_B$

Chapter 04 고전 통계의 응용

본문_114~128p

01 1) $Z = e^{-\beta\epsilon} + e^{-2\beta\epsilon} + e^{-3\beta\epsilon}$, 2) $\overline{E} = \dfrac{\epsilon e^{-\beta\epsilon} + 2\epsilon e^{-2\beta\epsilon} + 3\epsilon e^{-3\beta\epsilon}}{Z}$

02 1) $Z = (e^{\beta E} + 1 + e^{-\beta E})^N$, 2) $U = -NE\left(\dfrac{e^{\beta E} - e^{-\beta E}}{e^{\beta E} + e^{-\beta E} + 1}\right)$

3) $S = -Nk_B \beta E\left(\dfrac{e^{\beta E} - e^{-\beta E}}{e^{\beta E} + e^{-\beta E} + 1}\right) + Nk_B \ln(e^{\beta E} + e^{-\beta E} + 1)$

03 1) $Z = 1 + e^{-\beta\epsilon} + e^{-2\beta\epsilon} + e^{-3\beta\epsilon}$, 2) $\overline{E} = \epsilon\left(\dfrac{e^{-\beta\epsilon} + 2e^{-2\beta\epsilon} + 3e^{-3\beta\epsilon}}{1 + e^{-\beta\epsilon} + e^{-2\beta\epsilon} + e^{-3\beta\epsilon}}\right)$, 3) $T_0 = \dfrac{\epsilon}{k_B \ln 2}$

04 ②

05 1) $Z_1 = e^{\frac{mB}{kT}} + e^{-\frac{mB}{kT}} = 2\cosh\dfrac{mB}{kT}$, $P_+ = \dfrac{e^{\frac{mB}{kT}}}{Z_1} = \dfrac{e^{\frac{mB}{kT}}}{e^{\frac{mB}{kT}} + e^{-\frac{mB}{kT}}}$

2) $Z_N = \left(e^{\frac{mB}{kT}} + e^{-\frac{mB}{kT}}\right)^N = \left(2\cosh\dfrac{mB}{kT}\right)^N$, $F = -NkT\ln\left(2\cosh\dfrac{mB}{kT}\right)$

06 1) $Z_N = (1 + e^{-\beta\epsilon})^N$, 2) $U = -\dfrac{N\partial \ln Z_1}{\partial \beta} = \dfrac{N\epsilon e^{-\beta\epsilon}}{1 + e^{-\beta\epsilon}}$

3) $S = \dfrac{Nk\beta\epsilon e^{-\beta\epsilon}}{1 + e^{-\beta\epsilon}} + Nk\ln(1 + e^{-\beta\epsilon})$, 4) $\langle L \rangle = \dfrac{(a + be^{-\beta\epsilon})}{1 + e^{-\beta\epsilon}}$

07 ④

08 1) $\dfrac{P_1}{P_0} = e^{-\beta\hbar w}$, 2) 모두 바닥상태에 있게 된다.

09 1) $\overline{E} = \dfrac{3}{2} N k_B T$, 2) $pV = N k_B T$

10 1) $Z = \left(\dfrac{\sinh\left(J+\dfrac{1}{2}\right)\mu B\beta}{\sinh\dfrac{\mu B\beta}{2}} \right)^N$, 2) $\langle m_Z \mu \rangle = \left(J+\dfrac{1}{2}\right)\mu \coth\left[\left(J+\dfrac{1}{2}\right)\mu B\beta\right] - \dfrac{\mu}{2} \coth\left(\dfrac{1}{2}\mu B\beta\right)$

3) $\langle m_Z \mu \rangle_{\text{고온}} \simeq \dfrac{1}{3} J(J+1) \mu^2 B \beta$

11 1) $S = k\ln\Omega = k\ln 11$, 2) $\langle N_+ \rangle = \dfrac{45}{11}$

12 1) $Z = Z_1^N = (1 + 2e^{-\beta\epsilon})^N$, 2) $F(T, N) = -kT\ln Z = -NkT\ln(1 + 2^{-\beta\epsilon})$

3) $U(T, N) = -\dfrac{\partial \ln Z}{\partial \beta} = 2N\epsilon\left(\dfrac{1}{e^{\beta\epsilon}+2}\right)$

4) $U_{\text{저온}} = \lim\limits_{T\to 0} 2N\epsilon\left(\dfrac{1}{e^{\beta\epsilon}+2}\right) = 0$, $U_{\text{고온}} = \lim\limits_{\beta\epsilon\to 0} 2N\epsilon\left(\dfrac{1}{e^{\beta\epsilon}+2}\right) = \left(\dfrac{2N\epsilon}{3}\right)$

5) $S(T, N) = \dfrac{U-F}{T} = \dfrac{2Nk\beta\epsilon}{e^{\beta\epsilon}+2} + Nk\ln(1 + 2e^{-\beta\epsilon})$

6) $S_{\text{저온}} = 0$이므로 $\Omega_{\text{저온}} = 1$이다. $S_{\text{고온}} = Nk\ln 3 = k\ln 3^N$이므로 $\Omega_{\text{고온}} = 3^N$이다. 이것은 물리적으로 저온일 때는 입자 모두 바닥상태에 있게 됨을 의미한다. 반대로 고온일 경우에는 ϵ_1, ϵ_2, ϵ_3의 3가지 에너지 상태의 확률이 동일함을 의미한다. 그래서 입자 1개의 상태수가 3개이고 입자 N개의 가능한 상태수는 3^N이 됨을 의미한다. 온도가 커지면 엔트로피가 급격히 증가함을 알 수 있다.

13 1) $Z_1 = 1 + e^{-\beta\epsilon}$, 2) $\langle E_1 \rangle = \dfrac{\epsilon e^{-\beta\epsilon}}{1 + e^{-\beta\epsilon}}$

14 1) $S = k\ln\left(\dfrac{N!}{n!(N-n)!}\right)$

2) $F(n, T) = (N-2n)mB - kT[\ln N! - \ln n! - \ln(N-n)!]$
$\qquad\qquad = (N-2n)mB - kT[N\ln N - n\ln n - (N-n)\ln(N-n)]$

3) $U_{\text{평형}} = NmB\left(\dfrac{1 - e^{\frac{2mB}{kT}}}{1 + e^{\frac{2mB}{kT}}}\right)$, 4) $U_{\text{고온}} = 0 \Rightarrow U = (N-2n)mB$, $n_{\text{고온}} = \dfrac{N}{2}$

5) $U_{\text{저온}} = -NmB$, $n_{\text{저온}} = N$

15 1) $Z = (2 + e^{\beta\mu B} + e^{2\beta\mu B})^N$, 2) $\langle \vec{m} \rangle = N\langle \vec{\mu} \rangle_z = N\mu \left(\dfrac{e^{\beta\mu B} - e^{-\beta\mu B}}{2 + e^{\beta\mu B} + e^{-\beta\mu B}} \right) \hat{z}$

3) $\vec{m}_{고온} = \dfrac{N\mu^2 \beta B}{2} \hat{z}$, 4) $\vec{m}_{저온} = N\mu \hat{z}$

Chapter 05 양자 통계

본문_138~141p

01 ④

02 1) $Z = \sum e^{-\beta\varepsilon} = 1 + e^{-\beta hf} + e^{-2\beta hf} + \ldots = \dfrac{1}{1 - e^{-\beta hf}}$, 2) $\langle \varepsilon_f \rangle = \dfrac{hf}{e^{\beta hf} - 1}$

03 1) $\langle n \rangle = \dfrac{1}{e^{\beta E} - 1}$, 2) $U = \dfrac{8\pi V}{c^3 h^3} (kT)^4 \int_0^\infty \dfrac{x^3}{e^x - 1} dx = \dfrac{8\pi^5 V}{15 c^3 h^3} (kT)^4$

04 1) $\dfrac{dN}{d\epsilon} = \dfrac{8\pi V \epsilon^2}{h^3 c^3} \left(\dfrac{1}{e^{\epsilon/kT} - 1} \right)$, 2) $U = \dfrac{8\pi^5 V}{15 h^3 c^3} (kT)^4$

Chapter 06 양자 통계의 응용

본문_156~161p

01 1) $\omega_D = k_D c_s$, 2) $D(\omega) = \dfrac{dN}{d\omega} = \dfrac{L^3}{2\pi^2 c_s^3} \omega^2$, 3) $T_D = \dfrac{\hbar k_D c_s}{k_B}$

02 1) $E_F = \dfrac{\hbar^2 k_F^2}{2m}$, 2) $D(E) = \dfrac{mL^2}{\pi \hbar^2}$, $U = \dfrac{mL^2}{2\pi \hbar^2} E_F^2 = \dfrac{L^2 \hbar^2}{8\pi m} k_F^2 = \dfrac{1}{2} N E_F$

03 1) $E_F = \dfrac{\hbar^2 k_F^2}{2m}$, $D(E) = \dfrac{dN}{dE} = \dfrac{V}{2\pi^2} \left(\dfrac{2m}{\hbar^2} \right)^{\frac{3}{2}} E^{\frac{1}{2}}$, 2) $u = \dfrac{U}{N} = \dfrac{3}{5} E_F$

04 ④

05 $\dfrac{N_{유도}}{N_{자발} + N_{유도}} = e^{-\frac{31}{11}}$

06 ③

Part 02 | 양자역학 연습문제 정답

Chapter 01 양자역학 기본/연산자 성질 및 슈뢰딩거 방정식

01 1) $\lambda = \pm 1$

2) $\lambda = 1 \Rightarrow \pm \frac{1}{\sqrt{2}}(|1\rangle + |2\rangle)$, $\lambda = -1 \Rightarrow \pm \frac{1}{\sqrt{2}}(|1\rangle - |2\rangle)$

02 1) 4ϵ, 2) $a = \sqrt{3}$

03 1) $E_1 = 0$, $E_1 = 2$, $E_3 = 4$

$E_1 = 0$, $\phi_1 = \frac{1}{2}\begin{pmatrix} -\sqrt{3} \\ 0 \\ 1 \end{pmatrix}$, $E_2 = 2$, $\phi_2 = \begin{pmatrix} 0 \\ 1 \\ 0 \end{pmatrix}$, $E_3 = 4$, $\phi_3 = \frac{1}{2}\begin{pmatrix} 1 \\ 0 \\ \sqrt{3} \end{pmatrix}$

2) $P(0) = |\langle \phi_1 | \psi \rangle|^2 = \frac{(1+\sqrt{3})^2}{24} = \frac{2+\sqrt{3}}{12}$

$P(2) = |\langle \phi_1 | \psi \rangle|^2 = \frac{4}{6} = \frac{2}{3}$

$P(4) = |\langle \phi_3 | \psi \rangle|^2 = \frac{(1-\sqrt{3})^2}{24} = \frac{2-\sqrt{3}}{12}$

$\langle E \rangle = \langle \psi | H | \psi \rangle = P(0)0 + P(2)2 + P(4)4$

$= \frac{4}{3} + \frac{2-\sqrt{3}}{3} = 2 - \frac{\sqrt{3}}{3}$

04 $\frac{\hbar^2 B}{m}$

05 $[A, B^3] = 3i\hbar B^2$

06 $[A, B] = -2x^2$

Chapter 02 무한 퍼텐셜 우물

01 1) $\phi_n(x) = \sqrt{\dfrac{2}{L}} \sin\dfrac{n\pi}{L}x$, $E_n = \dfrac{n^2\pi^2\hbar^2}{2mL^2}$

2) $P_{바닥}\left(\dfrac{L}{4} \leq x \leq \dfrac{3L}{4}\right) = \dfrac{1}{2} + \dfrac{1}{\pi}$, 2) $P_{들뜬}\left(\dfrac{L}{4} \leq x \leq \dfrac{3L}{4}\right) = \dfrac{1}{2}$

02 1) $\psi(x,t) = \sqrt{\dfrac{8}{5L}}\, e^{\frac{-iE_1}{\hbar}t}\sin\dfrac{\pi}{L}x + \sqrt{\dfrac{2}{5L}}\, e^{\frac{-iE_2}{\hbar}t}\sin\dfrac{2\pi}{L}x$

2) $\langle E \rangle = \dfrac{4\pi^2\hbar^2}{5mL^2}$, 3) $P\left(0 \leq x \leq \dfrac{L}{2}\right) = \dfrac{1}{2} + \dfrac{16}{15\pi}\cos\left(\dfrac{3\pi^2\hbar t}{2mL^2}\right)$

03 1) $\langle E \rangle = \dfrac{2\pi^2\hbar^2}{3mL^2}$, 2) $P_1 = \dfrac{256}{27\pi^2}$

04 1) $\psi(x,y) = \begin{cases} \dfrac{\sqrt{2}}{L}\sin\left(\dfrac{n_y\pi y}{L}\right)\cos\left(\dfrac{n_x\pi x}{2L}\right) ; n = odd \\ \dfrac{\sqrt{2}}{L}\sin\left(\dfrac{n_y\pi y}{L}\right)\sin\left(\dfrac{n_x\pi x}{2L}\right) ; n = even \end{cases}$

2) $E(1,1) = \dfrac{5\pi^2\hbar^2}{8mL^2}$, $E(2,1) = \dfrac{\pi^2\hbar^2}{mL^2}$

05 1) $\psi_{바닥}(x) = \sqrt{\dfrac{2}{L}}\cos\dfrac{\pi}{L}x$, 2) $\Delta p = \sqrt{\langle p^2 \rangle - \langle p \rangle^2} = \dfrac{\hbar\pi}{L}$

06 1) $\psi_{n_x, n_y, n_z}(x,y,z) = \left(\sqrt{\dfrac{2}{a}}\sin\dfrac{n_x\pi}{a}x\right)\left(\sqrt{\dfrac{2}{a}}\sin\dfrac{n_y\pi}{a}y\right)\left(\sqrt{\dfrac{2}{a}}\sin\dfrac{n_z\pi}{a}z\right)$,

$E_{n_x, n_y, n_z} = \dfrac{\hbar^2\pi^2}{2mL^2}(n_x^2 + n_y^2 + n_z^2)$

2) $E = \dfrac{107\hbar^2\pi^2}{2mL^2}$

07 1) $A = \sqrt{\dfrac{30}{L^5}}$, 2) $c_n = \begin{cases} \dfrac{8\sqrt{15}}{n^3\pi^3} ; n = odd \\ 0 \qquad ; n = even \end{cases}$, 3) $\psi(x,t) = \dfrac{8\sqrt{15}}{\pi^3}\sqrt{\dfrac{2}{L}}\sum_{n=1,3,5\cdots}\dfrac{1}{n^3}\sin\dfrac{n\pi}{L}x\, e^{-i\frac{E_n}{\hbar}t}$

4) $\langle H \rangle = \dfrac{5\hbar^2}{mL^2}$

08 1) $\psi_0(x) = \dfrac{1}{\sqrt{L}}\cos\dfrac{\pi}{2L}x$, $\psi_1(x) = \dfrac{1}{\sqrt{L}}\sin\dfrac{\pi}{L}x$, 2) $\langle |x| \rangle = \dfrac{L}{2}$

Chapter 03 유한 및 델타함수 퍼텐셜 우물

본문_ 222~226p

01 1) $E = -\dfrac{ma^2}{2\hbar^2}$, 2) $x_0 = \dfrac{\ln 2}{2k} = \dfrac{\hbar^2}{2ma}\ln 2$

02 1) $\psi(x) = \begin{cases} A\sin k(x + \dfrac{L}{2}) \,;\, -\dfrac{L}{2} < x < 0 \\ A\sin k(\dfrac{L}{2} - x) \,;\, 0 < x < \dfrac{L}{2} \end{cases}$; $k = \dfrac{\sqrt{2mE}}{\hbar}$

2) $\lambda = -\dfrac{k\hbar^2}{m}\cot\dfrac{kL}{2}$

03 1) $\dfrac{d^2\psi}{dx^2} - \dfrac{2m(V_0 - E)}{\hbar^2}\psi = 0$, 2) $\psi_2(x) = A_2 e^{k_2 x} + A_2' e^{-k_2 x}$; $-a < x < a$

04 1) $q^2 + k^2 = \dfrac{2mV_0}{\hbar^2}$, 2) $\tan qa = \dfrac{k}{q}$

05 1) $E_{\min} = U + \dfrac{\pi^2\hbar^2}{2mL^2}$, 2) $\lambda = 2L$

Chapter 04 조화진동자

본문_ 238~246p

01 1) $\phi_0(x) = \left(\dfrac{m\omega}{\pi\hbar}\right)^{\frac{1}{4}} e^{-\frac{m\omega}{2\hbar}x^2}$, 2) $\phi_1(x) = 2A\sqrt{\dfrac{m\omega}{2\hbar}}\,x\,e^{-\alpha x^2}$

02 $\Delta x \Delta p = \dfrac{\hbar}{2}$

03 1) $[a, H]|n\rangle = \hbar\omega\sqrt{n}\,|n-1\rangle$, 2) $[a^\dagger, H]|n\rangle = -\hbar\omega\sqrt{n+1}\,|n+1\rangle$

04 1) $\phi_0(x) = \left(\dfrac{m\omega}{\pi\hbar}\right)^{\frac{1}{4}} e^{-\frac{m\omega}{2\hbar}x^2}$, 2) $P = |\langle\phi_0|\phi_0'\rangle|^2 = \dfrac{2\sqrt{2}}{3}$

05 1) $\phi_1(x) = Axe^{-\alpha^2 x^2/2} = 2\pi^{-1/4}\alpha^{3/2}xe^{-\alpha^2 x^2/2}$, 2) $\epsilon_3 = \left(3 + \dfrac{1}{2}\right)\hbar\omega = \dfrac{7}{2}\hbar\omega$

06 1) $E_{바닥} = 2\hbar\omega$, 2) 축퇴도는 2이다.

07 1) $\psi_0(x, y) = \sqrt{\dfrac{2}{L}}\left(\dfrac{m\omega}{\pi\hbar}\right)^{\frac{1}{4}} e^{-\frac{m\omega}{2\hbar}\left(x - \frac{\lambda}{m\omega^2}\right)^2}\sin\dfrac{\pi}{L}y$, 2) $E = \hbar\omega\left(n_x + \dfrac{1}{2}\right) - \dfrac{\lambda^2}{2m\omega^2} + \dfrac{n_y^2\pi^2\hbar^2}{2mL^2}$

08 1)

에너지	E	(n_x, n_y, n_z)	축퇴도
바닥	$3\hbar\omega$	$(0, 0, 0)$	1
첫 번째	$4\hbar\omega$	$(1, 0, 0)$	1
두 번째	$5\hbar\omega$	$(2, 0, 0), (0, 1, 0)$	2

2) $\psi_0(x, y, z) = 6^{\frac{1}{4}} \left(\frac{m\omega}{\pi\hbar}\right)^{\frac{3}{4}} e^{-\frac{m\omega}{2\hbar}(x^2 + 2y^2 + 3y^2)}$

09 1) $j = 3$, 2) $\alpha = -12$

Chapter 05 섭동이론과 수소 원자
본문_261~270p

01 $V_0 \left(\dfrac{1}{3} - \dfrac{\sqrt{3}}{4\pi}\right)$

02 $\lambda\epsilon$

03 1) $\varepsilon_{바닥} = \dfrac{3\pi^2\hbar^2}{2ma^2}$, 2) $U(x, y, z) = -\dfrac{qE_0}{a}xy$, 3) $\varepsilon^{(1)}_{바닥} = -\dfrac{qE_0 a}{4}$

04 ⑤

05 1) $E_{바닥} = \dfrac{\hbar^2\pi^2}{2\mu a^2}$, 2) $\psi_{바닥}(r, \theta, \phi) = \dfrac{1}{\sqrt{2\pi a}} \dfrac{1}{r} \sin\dfrac{\pi}{a}r$

06 $4a_0$

07 $\langle r \rangle = \dfrac{3}{2}a_0$

08 1) $|\vec{L}| = 2\sqrt{3}\hbar$, $L_z = \pm 3\hbar, \pm 2\hbar, \pm \hbar, 0$, 2) $\theta = \dfrac{\pi}{6}$ or $30°$

09 $\dfrac{2}{3}, \dfrac{1}{6}$

10 1) $a = \dfrac{1}{\sqrt{2}}$, 2) $\langle L_z \rangle = \dfrac{1}{6}\hbar$

Chapter 06 각운동량과 스핀

01 1) $\lambda_1 = -\hbar$, $\lambda_2 = 0$, $\lambda_3 = \hbar$, 2) $\phi_1 = \frac{1}{2}\begin{pmatrix} 1 \\ -\sqrt{2} \\ 1 \end{pmatrix}$, $\phi_2 = \frac{1}{\sqrt{2}}\begin{pmatrix} 1 \\ 0 \\ -1 \end{pmatrix}$, $\phi_3 = \frac{1}{2}\begin{pmatrix} 1 \\ \sqrt{2} \\ 1 \end{pmatrix}$, 3) $P_2 = \frac{1}{7}$

02 ①

03 1) $[H, L_x] = \alpha[L_z, L_x] = i\hbar\alpha L_y$
$[H, L_y] = \alpha[L_z, L_y] = -i\hbar\alpha L_x$
$[H, L_z] = 0$

2) $|\psi(t)\rangle = \frac{1}{\sqrt{5}} e^{-\frac{i3\hbar}{I}t}(|2, 0\rangle + 2ie^{i\alpha t}|2, -1\rangle)$

3) $E_{2,0} = \frac{3\hbar^2}{I}$; $P(2, 0) = \frac{1}{5}$
$E_{2,-1} = \frac{3\hbar^2}{I} - \alpha\hbar$; $P(2, 0) = \frac{4}{5}$

4) $\langle E \rangle = \frac{1}{5}E_{2,0} + \frac{4}{5}E_{2,-1} = \frac{3\hbar^2}{I} - \frac{4}{5}\alpha\hbar$, $\langle L_z \rangle = -\frac{4}{5}\hbar$

04 1) $E_0 = 0$, $E_{\pm 2} = \frac{2\hbar^2}{I_z}$, $P_0 = \left(\frac{A}{2}\sqrt{2\pi}\right)^2 = \frac{2}{3}$, $P_{\pm 2} = \left(\frac{A}{4}\sqrt{2\pi}\right)^2 = \frac{1}{3}$

2) $\psi(\theta, t) = \frac{1}{\sqrt{3\pi}} - \frac{1}{2\sqrt{3\pi}}(e^{i2\theta} + e^{-i2\theta})e^{-\frac{i2\hbar}{I_z}t}$

05 1) $P(-z) = \sin^2\omega\tau = \frac{1 - \cos 2\omega\tau}{2}$, 2) $\tau = \frac{(2n-1)}{2}\frac{\pi}{\omega} = \frac{(2n-1)mc\pi}{eH}$

06 1) $\chi(t) = \frac{1}{\sqrt{3}}\begin{pmatrix} i\sqrt{2}\, e^{i\omega t} \\ e^{-i\omega t} \end{pmatrix}$, $\omega = \frac{\mu B_0}{2}$

2) $\langle S_y \rangle = -\frac{\sqrt{2}}{3}\hbar\cos 2\omega t$, 3) $P(x^+) = \frac{1}{2} - \frac{\sqrt{2}}{3}\sin 2\omega t$

07 1) $\alpha = \frac{\pi}{2}$ $|\psi_x^+\rangle = \frac{1}{\sqrt{2}}\begin{pmatrix} 1 \\ 1 \end{pmatrix}$, 2) $|\langle \psi_x^+ | \chi(t) \rangle|^2 = \cos^2 \gamma B_0 t$, 3) $\langle S_z \rangle = \langle \chi(t)|S_z|\chi(t)\rangle = 0$

Chapter 07 LS, SS 커플링

01 1) $P\left(\dfrac{\hbar}{2}\right)=\cos^2\dfrac{\theta}{2}$, $P\left(-\dfrac{\hbar}{2}\right)=\sin^2\dfrac{\theta}{2}$, 2) $\langle S_{z'}\rangle=\dfrac{\hbar}{2}\cos\theta$

02 $\alpha=-3$

03 $J^2=\begin{cases}0 & ;P(0)=\dfrac{2}{5}\\ 2\hbar^2 & ;P(2\hbar^2)=\dfrac{3}{5}\end{cases}$, $J_z=\begin{cases}0 & ;P(0)=\dfrac{4}{5}\\ \hbar & ;P(\hbar)=\dfrac{1}{5}\end{cases}$

04 1) $E_a=-\dfrac{3}{4}\hbar^2\alpha$, 2) $E_b=\dfrac{\hbar^2}{4}\alpha$, 3) $s=1$, 4) $g_b=2s+1=3$

05 1) $|\chi\rangle=|s=0,\,m_s=0\rangle=\dfrac{1}{\sqrt{2}}(\uparrow\downarrow-\downarrow\uparrow)$, 2) $E_s=0$

06 1) $\Delta E=\dfrac{3\hbar^2\pi^2}{2ma^2}$, 2) $E=\dfrac{5\hbar^2\pi^2}{2ma^2}$, $\psi(x_1,x_2)=\dfrac{\sqrt{2}}{a}\left(\sin\dfrac{\pi}{a}x_1\sin\dfrac{2\pi}{a}x_2-\sin\dfrac{2\pi}{a}x_1\sin\dfrac{\pi}{a}x_2\right)$

정승현
열 및 통계물리학
양자역학

초판인쇄 | 2025. 4. 21. **초판발행** | 2025. 4. 25. **편저자** | 정승현
발행인 | 박 용 **발행처** | (주)박문각출판 **등록** | 2015년 4월 29일 제2019-000137호
주소 | 06654 서울특별시 서초구 효령로 283 서경 B/D **팩스** | (02)584-2927
전화 | 교재 문의 (02) 6466-7202, 동영상 문의 (02) 6466-7201

저자와의
협의하에
인지생략

이 책의 무단 전재 또는 복제 행위는 저작권법 제136조에 의거, 5년 이하의 징역 또는 5,000만 원 이하의 벌금에 처하거나 이를 병과할 수 있습니다.

ISBN 979-11-7262-396-8 | 979-11-7262-393-7(SET)
정가 24,000원